私法的历史与理性

History and Doctrine
of
Private Law

朱晓喆 著

北京大学出版社
PEKING UNIVERSITY PRESS

目　录

序　言 …………………………………………………………………… 001

私法史

论近代私权理论建构的自然法基础
　　——以17世纪欧陆自然法思想为背景 ……………………… 003
从"资本主义精神"透视近代民法中的人 …………………………… 038

民法释义学

诉讼时效完成后债权效力的体系重构
　　——兼评最高人民法院《诉讼时效若干规定》第二十二条 ………… 057
民法上"生育权"的表象与本质
　　——对我国司法实务案例的解构研究 ……………………… 087
房、地分离抵押的法律效果
　　——《物权法》第一百八十二条的法教义学分析 …………… 114
寄送买卖的风险转移与损害赔偿
　　——基于比较法的研究视角 ………………………………… 141

买卖之房屋因地震灭失的政府补偿金归属
　　——刘国秀诉杨丽群房屋买卖合同纠纷案评释 ············ 176
论房屋承租人先买权的对抗力与损害赔偿
　　——基于德国民法的比较视角 ························· 190
第三人"惊吓损害"的法教义学分析
　　——基于德国民法的理论与实务的比较法考察 ············ 217

民法方法论
比较民法与判例研究的立场和使命 ·························· 247
布洛克斯的《德国民法总论》及其法学方法论 ················ 269
分工、法律与社会理论
　　——《社会分工论》的法律思想研究 ··················· 296
请求权基础实例研习教学方法论 ···························· 320
附录　民法教义学 ······································· 346

序　言

　　思想史家以赛亚·伯林（Isaiah Berlin）借用古希腊的寓言，说人有刺猬与狐狸两种类型，狐狸诡计多端，而刺猬只有一条百试不爽的蜷缩策略；并由此引申为狐狸知道很多事情，而刺猬只知道一件大事并将之进行到底。伯林以此区分两种类型的学者：刺猬型的凡事都归纳于一个普遍而具有统摄作用的原则，在一个领域的问题上进行彻底研究，能够发掘深刻的理论，构建连贯而条理明晰的体系；而狐狸型的并不专注于一个领域，而是追求多个甚至毫无关联的目的，其思维是离心的、扩散的，难以形成统一的原则观点或理论体系。[①] 当然，伯林并不认为所有学者在二者中非此即彼或有优劣之分，而只是为了便于对比观察而已。以此参照，本书的研究或许应属于狐狸型。这从本书的内容和写作思路即可推知。

　　本书第一部分是关于私法史的研究。其中，《论近代私权理论建构的自然法基础——以17世纪欧陆自然法思想为背景》的主体内容和研究思路形成于笔者的博士论文修改出版阶段。当时限于资料而未能将德国既有的自然法与私法史研究成果纳入参考范围，视野有局限。好在初稿是建立在研读格劳秀斯（Hugo Grotius，1583—1645）、普芬道夫（Samuel Pufendorf，1632—1694）、多玛（Jean Domat，1625—1696）等人原著的基础上，原始素材是准确的，这次修改时主要就是利用新收集到的文献作为参考、印证或校准。《从"资本主义精神"透视近代民法中的人》是笔者早期对于

[①] 参见〔英〕以赛亚·伯林：《刺猬与狐狸》，载《俄国思想家》，彭淮栋译，译林出版社2001年版，第26页以下。

"法律上的人"这一主题的探索。在该文中,笔者大胆尝试将社会学上"资本主义精神"命题与民法上的"人"联系起来,做一个思想史的研究。这种探索是笔者个人思考历程的呈现,理论稚嫩在所难免。

本书第二部分"民法释义学"是笔者近些年来积累的有关民法原理和制度的理论认识。这部分的主题并不集中,分布在民法总论、合同法、物权法和侵权法领域。这些作品的问题意识主要来自于司法实践,回应了我国当下民法理论和实务上的难点和疑点。就研究方法论而言,各篇作品并不统一,但都反映了笔者后文提及的"法释义学、比较法与判例研究"三位一体的研究思路。如果一定要归类,其中,关于寄送买卖、承租人优先购买权、第三人惊吓损害的研究侧重比较法;《民法上"生育权"的表象与本质》收集数十起司法案例,在分类整理的基础上,发现实践的规律和理论的突破点,是一种典型的类案研究;而《买卖之房屋因地震灭失的政府补偿金归属》则是基于代偿请求权和不当得利的民法原理,进行的个案研究;关于诉讼时效和房地分离抵押的研究,纯粹是为了解决"中国特色"的问题,试图构建本土的民法理论和制度。这些成果都以阐述民法教义为目标,对我国民事立法和司法具有一定的借鉴意义。

本书第三部分虽然名为"民法方法论",但具体的指向也是多面的。《比较民法与判例研究的立场和使命》反映了近年来笔者倡导的案例比较研究模式,概括了数年来笔者组织的"比较民商法与判例研究两岸学术研讨会"的核心思想。[①] 自认为,该文提倡的法释义学、比较法与判例研究三者相结合的方法论具有普遍的参考意义。关于布洛克斯及其法学方法论的研究,是由于笔者好奇为何布洛克斯的作品具有如此简洁而精准的魅力,从而溯源至20世纪初黑克开创的利益法学以及由此发展而来的第二次世界大战后的评价法学。该文对于理解现当代的德国法学方法论具有一定的参考价值。《分工、法律与社会理论》体现了笔者从社会学的外部视角考察民法现象的一种尝试。该文原本是关于社会学家涂尔干的名著《社会分工论》的一篇书评,笔者将其延伸至民法契约和所有权问题的社会学理论考

---

① 关于该会议的研究成果,参见詹森林、朱晓喆主编:《比较民法与判例研究》,第1—3卷,法律出版社2015—2018年。

察，着意凸显社会学理论与法学研究的对话。《请求权基础实例研习教学方法论》完全是德国鉴定式案例分析教学方法和笔者教学经验的介绍，算不得"民法方法论"，但其反映了我国法学院校展开民法案例教学新的发展方向，或许具有一定的借鉴意义，因而也收入本书。我国民法学者常将法教义学或释义学当作不言自明的方法前提，但法教义学到底是何含义仍不明确，笔者翻译的德国尼尔斯·扬森教授的《民法教义学》一文给出了清晰的答案，该文对于法律概念、体系、原理与法教义学的关系均有成熟的论述，使人一窥法教义学的真意。本文虽然是译文，但具有较高的民法方法论参考价值，因此收入本书第三部分附录中。

  由上可见，本书的成果真是属于狐狸型的，它呈现了一个民法教学研究者十多年来杂乱的思考和兴趣关注点。说得好听些，是视域开阔；说得不好听，是研究对象领域不专一。幸而它们还都是围绕着民法的思想史与教义展开的，反映了私法的普遍理性，因而姑且将本书命名为《私法的历史与理性》吧！

朱晓喆

2018年9月1日

私法史

History and Doctrine
of
Private Law

论近代私权理论建构的自然法基础*

——以 17 世纪欧陆自然法思想为背景

一、引言

弗朗茨·维亚克尔认为,17—18 世纪的欧洲启蒙时代,法学、立法和法律实践都深受由启蒙思想赋予其新面貌的理性自然法(rationalistische Naturrecht)思想的影响。尤其是在私法领域,自然法祛除了社会生活中的非理性力量,诸如权力、身份、权威之类,并使私法得以脱离罗马法文本和古老权威的束缚,从而开启近代私法自治体系的建构之路。[①] 与此类似,艾伦·沃森也指出,17 世纪以来,随着中世纪法律思想的衰落,传统的罗马法和教会法均无力继续充当世俗民法的权威性基础,而此时伴随启蒙运动蒸蒸日上的近代自然法恰好及时填充了这一法律意识领域的空白,一度成为欧陆近代民法的思想基础,"自然法对民法的重要性猛然高涨,是 17 世纪那个时代的特征"[②]。

维亚克尔和沃森的宏论揭示了本文的问题意识,即近代自然法对私法产生了重要的历史影响,自然法的理性精神要求一切法律秩序的合理性均建立

---

* 原载〔意〕斯奇巴尼、徐涤宇主编:《罗马法与共同法》(第一辑),法律出版社 2012 年版。现作修订后收入本书。

[①] See Franz Wieacker, A History of Private Law in Europe, With Particular Reference to Germany, Translated by Tony Weir, Clarendon Press, 1995, pp.199,217.

[②] 〔美〕艾伦·沃森:《民法法系的演变及形成》,李静冰、姚新华译,中国政法大学出版社 1997 年版,第 128 页。

在事物的自然本性的基础上,私法规则必须经过自然理性的检验。笔者对此深表赞同,但本文的研究将更进一步揭示近代自然法对私法影响的另一个维度,即近代自然法思想促成了17世纪以来法学家和立法者基于主观权利的视角,理解、分析和建构私法体系。

众所周知,在欧陆法律术语中,拉丁语 Ius、德语 Recht、法语 Droit、意大利语 Diritto,兼具"客观法"和"主观权利"的双重涵义。因而私权体系与私法体系、民法典编纂体例具有同构性。在当今大陆法系中,影响最为广泛的当属德国潘德克顿(Pandecten)民法体系。潘德克顿体系建立在人身权—财产权、物权—债权、所有权—他物权等一系列私权概念区分的基础上,它决定了德国民法典的编制体例。虽然理论界通说认为,该体系最早在19世纪初德国法学家海瑟(A. Heise,1778—1851)的《普通民法体系大纲:潘德克顿讲义》①一书中初步成型②,而本文的研究将表明,作为潘德克顿体系核心的各种主观权利概念及其区分,以及一些重要主观权利的制度意义,正是近代欧陆自然法学家的理论贡献。

无论赞成或是反对以私权分类为特征的潘德克顿体系,它事实上在中国社会的法律体制中已经成为一种历史性的存在。③ 因此,追本溯源地考察这一体系的近代起源,在中国当下制定民法典的过程中,无疑具有重要的理论参考价值和实践意义。

二、从古典自然法到近代自然法的思想转型

西方自然法传统历经了古代(希腊和罗马)、中世纪和近代三个发展阶段,并形成了古典自然法、中世纪自然法和近代自然法三种不同的类型。尽管它们都将自然法认作是一种超越实在法的普遍适用而永恒不变的法律原则,但是,正如列奥·斯特劳斯(Leo Strauss,1899—1973)指出的,古典自然法

---

① 该书的第二卷为"物权",第三卷为"债权",第四卷包括"配偶权""父权"和"监护",第五卷为"继承权"。参见 Arnold Heise, Grundriss Eines Systems des gemeinen Civilrechts Zum Behuf von Pandecten-Vorlesungen, Heidelberg, 1807。
② 参见杨代雄:《私法一般理论与民法典总则的体系构造——德国民法典总则的学理基础及其对我国的立法启示》,载《法学研究》2007年第1期。
③ 参见孙宪忠:《中国民法继受潘德克顿法学:引进、衰落和复兴》,载《中国社会科学》2008年第2期。

和中世纪自然法优先社会共同体的价值,而近代自然法更强调人类的个体本性和自然权利。① 笔者亦赞同这一区分,并主张从格劳秀斯开始,传统自然法开始向近代转型。②

古代和中世纪的自然法思想家认为人类的自然本性是社会性(sociability)。在他们看来,并不存在个体的自然权利,个体应对社会共同体尽自己的义务。亚里士多德(Aristotle,公元前384—公元前322)指出:"城邦在本性上则先于个人和家庭。就本性来说,全体必然先于部分……人类生来即有合群的性情,所以能不期而共趋于这样高级(政治)的组合。"③他断言人天生就是"政治动物"④"人在本性上就是社会性"⑤。这一观念被其他思想家接受。例如,西塞罗(Cicero,公元前106—公元前43)认为人天然具有社会性,它与人类的存在相始终。⑥ 中世纪的阿奎那(Thomas Aquinas,1225—1274)也忠实地重述亚里士多德的观点:"人天然是个社会的和政治的动物,注定比其他一切动物要过更多的合群生活。"⑦

既然人的本性是社会性,那么社会共同体的存续是首要的,它要求每一个体都要为此做好分内的工作、履行自己的义务。亚里士多德指出,社会全体的安全才是全体成员一致的目的。⑧ 而且,人类结成社会共同体的目的并不仅仅是为了生活或生存,即防御侵害和促进经济往来,而且是"必须以促进善德为目的"⑨。阿奎那也认为个人是社会整体的一个组成部分,法律必须以社会福利为其真正目标。⑩ 总之,根据亚里士多德的政治哲学,社会共同体的价值相较于个人利益居于优先地位;社会制度的出发点不是权利,而是

---

① 参见〔美〕列奥·斯特劳斯:《自然权利与历史》,彭刚译,生活·读书·新知三联书店2003年版,第121、148页。
② 参见朱晓喆:《格劳秀斯与自然法传统的近代转型》,载《东方法学》2010年第4期。
③ 〔古希腊〕亚里士多德:《政治学》,吴寿彭译,商务印书馆1996年版,第8—9页。
④ 〔古希腊〕亚里士多德:《尼各马可伦理学》,廖申白译,商务印书馆2006年版,第7、18—19页。
⑤ 〔古希腊〕亚里士多德:《尼各马可伦理学》,廖申白译,商务印书馆2006年版,第7、18—19页。
⑥ See Robert N. Wilkin, "Cicero and the Law of Nature", ed. Arthur L. Harding, Origins of the Natural Law Tradition, Southern Methodist University Press, Dallas, 1954, p.19.
⑦ 〔意〕阿奎那:《阿奎那政治著作选》,马清槐译,商务印书馆1997年版,第44页。
⑧ 参见〔古希腊〕亚里士多德:《政治学》,吴寿彭译,商务印书馆1996年版,第120页。
⑨ 〔古希腊〕亚里士多德:《政治学》,吴寿彭译,商务印书馆1996年版,第137—138页。
⑩ 参见〔意〕阿奎那:《阿奎那政治著作选》,马清槐译,商务印书馆1997年版,第105页。

义务①;社会制度的最终目的并不是个体利益,而是为了促进社会共同体的"善"(good)。近代自然法与此发生重大分歧。

在近代自然法正式登上历史舞台之前,16 世纪西班牙的晚期经院哲学家对自然法从中世纪向近代的过渡起到了关键性作用,其中最为关键的人物是弗朗西斯科·维多利亚(Francisco de Vitoria,1483—1546)和弗朗西斯科·苏亚雷茨(Francisco Suárez,1548—1617)。

维多利亚运用自然权利论驳斥了 16 世纪西班牙人对美洲印第安人的残暴殖民统治。他在《论美洲印第安人》中提出如下质疑:在西班牙人到来之前,究竟美洲野蛮人是否享有私人财产权和公共统治权?有一种观点认为,印第安人是因犯、异教徒或非理性的人,所以他们不应享有任何权利。对此,维多利亚一一批驳其理由。他认为,成为罪犯并不是享有所有权的障碍;不信教并不等于废止了法律制度;印第安人并非野蛮人,他们在社会事务方面具有井井有条的秩序,因而西班牙人不能任意剥夺他们的财产权和统治权。② 总之,他认为印第安人应享有自然权利,其根植于人类的自然本性之中。③

苏亚雷茨就法律的本质起源问题,试图调和中世纪以来的理智论(intellectualism)和意志论(voluntarism)之争。自阿奎那开始,中世纪学者一直争论,法律的本质究竟是上帝的理性还是上帝的意志。换言之,法律是因其正义本质而成为法律,还是因立法者的意志和命令而成为法律。④ 意志论者主张上帝意志的绝对性和无限自由,从而上帝决定的法律是偶然的、任意的。⑤

---

① 正如斯特劳斯所说,古典自然法学家不是教导人们如何争取个体的权利,而是教导人们如何尽义务。参见〔美〕列奥·斯特劳斯:《自然权利与历史》,彭刚译,生活·读书·新知三联书店 2003 年版,第 186 页。
② Vitoria, Political Writings, ed. Anthony Pagden, Jeremy Lawrance, 中国政法大学出版社 2003 年版,p.241, p.244, p.250.
③ Brian Tierney, The Idea of Natural Rights: Studies on Natural Rights, Natural Law, and Church Law, 1150 – 1625, Scholar Press for Emory University, 1997, p.271.
④ 参见〔英〕登特列夫:《自然法——法律哲学导论》,李日章译,台北联经出版社 2000 年版,第 61 页。
⑤ 参见〔德〕海因里希·罗门:《自然法的观念史和哲学》,姚中秋译,上海三联书店 2007 年版,第 53 页。

而理智论者认为法律反映事物的自然理性,是必然的。①

对此问题,苏亚雷茨首先肯定理智是法律的基础,他说:"(法律)必然要求理智的判断,而不是意志行动,后者对于法律的遵守和执行来说是必要的,但是对于法律的存在来说则不必要。法律先于主体的意志,并且约束该意志。"②但是,与此同时,法律的颁布和执行毕竟离不开立法者的意志。立法者为了实现公共福祉,达到保护和平和促进人们幸福的目的,需要将这种意志加于主体之上。因此,理性审慎地决定法律规则,但需要通过立法者的意志去贯彻和实施。③ 可见,法律需要理智和意志的双重作用。但是,归根到底,自然法来自于事物自身之中的善恶本性,它只要借助上帝意志的权威,即可获得规范的效力。然而,至于是否一定需要借助上帝,苏亚雷茨提出了一个"无神论假设"(Impious Hypothesis)。他说:"假使上帝不存在,或不能运用其理性,或判断事物不正确,但同样正确的理性指示如果仍存在于人类之中,并得到人类恒久的确信……那么人类事实上拥有的这些(理性)指示仍然具有同样的法律特性。"④可见,苏亚雷茨还是倾向于理智论。

西班牙经院哲学自然法思想,为格劳秀斯的转折铺平了道路。格劳秀斯在其名著《战争与和平法》(1625年)中明确主张理智论,他说:"自然法是正确理性的指令(dictate of right reason),它表明一项行为符合或不符合理性自然(rational nature),以及是否具有道德基础或道德上的必要性,从而,这种行

---

① 中世纪学者讨论人类灵魂中,理性(或理智)和意志哪一个更为本质和在先,从而产生理智论与意志论的争议。阿奎那认为,人的意志使人具有自决能力,但是,意志要作出决定,首先必须有善的观念,而善的观念则是由理智来决定的,从而理性处于主导地位。与阿奎那相反,唯名论者如约翰·邓·司各特(Johannes Duns Scotus,1265—1308)和威廉·奥卡姆(William of Occam,1290—1349)则主张意志论。他们认为,一方面,上帝的意志是无限的、绝对自由的,他的意志力可以支配对他来说一切可能的东西;另一方面,上帝的意志高于理智,他不被理性所决定,因而我们不能通过推断而认识他的目的和了解他的活动。我们也无法预测上帝如何按照其意志创造任何一个世界,因而宇宙并非产生于一种必然的合理思想,否则,人类就能推论出全部事态,似乎可以按照上帝的方式来思维上帝的思想。参见〔美〕梯利:《西方哲学史》,葛力译,商务印书馆2000年版,第217—218、233—235页。
② Suárez, De Legibus, ac Deo Legislatore(A Treatise on Laws and God the Lawgiver), in Selection from Three Works of Francisco Suárez, J. B. Scott ed. Oxford: Clarendon Press, 1944, p.53.
③ Suárez, De Legibus, ac Deo Legislatore, p.54.
④ Suárez, De Legibus, ac Deo Legislatore, p.190.

为就被自然的造物主所禁止或命令。"① 不仅如此,他还接受了苏亚雷茨的"无神论假设",使得意志论实质上被悬置起来。

在《战争与和平法》一书中,格劳秀斯首先从人类趋向社会的本性寻找法律的基础。他认为,确保人类社会秩序的存续是一切法律产生的根源,同时对此又附加一个假设,"如果没有上帝,或人类的事务与上帝无关",上述理论仍然是有效的。② 在另一处,他又指出:"人类的本性……它引导我们相互走向社会的联系,正是自然法之母。"③ 当然,我们不能据此轻易认为格劳秀斯是无神论者,身处基督教神学传统之中的格劳秀斯,并没有明确将自然法与神学相分离的愿望,也从未想建构一种无神论的伦理观。④ 但是,这一假设毕竟为自然法从上帝意志的分离开启了一种可能性。正如他自己所说:"自然法是如此不可改变,甚至连上帝自己也不能对它加以任何变更。尽管上帝的权力无限广泛,但有些事物仍然不受其左右。因为这些事物既不与具体现实相对应,也不会自相矛盾。正如上帝不能使二加二不等于四,那么,他也不能使固有的恶变得不是恶。"⑤

德国学者奥拓·冯·基尔克(Otto von Gierke,1841—1921)指出,当格劳秀斯及其他先行者,提出"假设没有上帝"自然法也不失其有效性的观点后,就会产生如下后果:近代自然法的后继者,完全可以放弃从上帝意志引申出自然法的观念,而直接求助于"自然秩序"(order of nature),从而使自然法与上帝的联系逐渐消失。⑥ 换言之,近代自然法有可能完全建立在世俗的人性的基础之上。例如,深受格劳秀斯影响的德国法学家萨缪尔·普芬道夫⑦明确指出,没有比通过仔细思考人类自身的本性、状况和欲望来学习自然法更

---

① Hugo Grotius, De Jure Belli ac Pacis Libri Tres, Translated by W. Kelsey, Oxford: Clarendon Press, 1925, pp. 38 – 39.
② Hugo Grotius, De Jure Belli ac Pacis Libri Tres, pp. 12 – 13.
③ Hugo Grotius, De Jure Belli ac Pacis Libri Tres, p. 15.
④ See M. B. Crowe, The "Impious Hypothesis": A Paradox in Hugo Grotius? In Grotius, Pufendorf, and Modern Natural Law, Edited by Knud Haakonssen, Datmouth, Ashgate, 1999, p. 5.
⑤ Hugo Grotius, De Jure Belli ac Pacis Libri Tres, p. 40.
⑥ Otto Gierke, Natural Law and the Theory of Society,1500 – 1800, Translated by Ernest Barker, Cambridge, 1950, p. 289.
⑦ 关于格劳秀斯对普芬道夫的影响,参见 John Macdonell ed. Great Jurists of the World, Boston Little, Brown and Company, 1914, p. 315。

合适和更直接的途径了,因此自然法就存在于人类的本性之中。① 法国自然法学家让·多玛借鉴哲学家笛卡尔所谓一切事物都形成无限数量的"自然秩序"②的哲学思想指出:"所有民法上的事物在其自身之中,形成一个简单而自然的秩序,并成为一个整体。"③孟德斯鸠在《论法的精神》的开篇就说:"有一个根本理性存在着。法就是这个根本理性和各种存在物之间的关系。"④可见,近代自然法思想家不再讨论上帝的意志,自然法的基础就在于人类的自然本性。

既然如此,那么人类本性究竟是个体性还是社会性？对于这个问题,古典思想家的回答无疑是后者,他们认为人不可能脱离社会状态和政治生活而孤独存在,"人天生就是社会的存在,人性本身就是社会性"⑤。但是这一点在格劳秀斯那里开始发生动摇。

他在《捕获法》中说道:"上帝创造万物并决定其存在,每一个部分从上帝处获得自然属性,借此维持其存在,并被引向自身的善……其基本力量和作用都导向自利的爱,就是全部自然秩序的第一原理。"⑥他由此推演出两条自然法则:①应当允许保护自己的生命和避免可能造成其伤害的威胁;②应当允许为自己取得并保有那些对生存有用的东西。⑦ 但他同时也认为,人类必须与他人交往,并彼此确保安全,互不伤害,为此必须补充另外两项自然法则:③不得伤害他人;④不得侵占他人已占有之物。⑧ 这里显然是从自我保存推导出人类的社会性,即人类结成社会、合作共生,是基于自利和自我保全

---

① Samuel Pufendorf, De Jure Natrurae et Gentium Libri Octo (On the law of Nature and Nation in Eight Books), Translated by C. H. Oldfather and W. A. Oldfather, Oxford: Clarendon Press, 1934, p.205.
② 〔法〕勒内·笛卡尔:《探求真理的指导原则》,管震湖译,商务印书馆2005年版,第32页。
③ Jean Domat, Civil Law in its Natural Order, Translated by William Strehan, LL. D., Boston: Charles C. Little and James Brown, 1850, Vol. I, p.96.
④ 〔法〕孟德斯鸠:《论法的精神》(上),张雁深译,商务印书馆1995年版,第1页。
⑤ 〔美〕列奥·斯特劳斯:《自然权利与历史》,彭刚译,生活·读书·新知三联书店2003年版,第130页。
⑥ Hugo Grotius, Commentary on the Law of Prize and Booty, Translated by G. L. Williams, Oxford: Clarendon Press, 1950, p.9.
⑦ Hugo Grotius, Commentary on the Law of Prize and Booty, p.10.
⑧ Hugo Grotius, Commentary on the Law of Prize and Booty, pp.13 – 14.

的需要,相对于社会性而言,自我保全才是最为根本和优先的。①

承认人类自我保全的本性,等于认可自然权利的存在。《捕获法》中的第1条和第2条自然法则(上文已述),实际上就是对生命和财产自然权利的确认。此外,格劳秀斯还特意突出了"天赋自由"。他说:"每个人的行为及对自己财产的使用,只应由自己决定,而不服从任何他人意志。……'天赋自由'(natural liberty)这个众所周知的概念,不就指个人根据自己意志进行活动的权利吗? 行动自由相当于财产所有权。正如谚云:'每个人都是关于自己财产事务的管理者和裁决者。'"②基于自然权利论的立场,格劳秀斯又指出,每个社会都要努力保护个人拥有的东西,包括生命、身体、自由,即使在文明的法律和习俗尚未发明之前也应如此。③

格劳秀斯之后的自然法思想家沿着自我保全与自然权利这个方向继续发展。普芬道夫说,人们将"自爱"(self-love)放在首位,是因为"他考虑自己的生命先于其他人的生命,这是他的本性"④。自然权利来源于人类自我保全的本性,理由有二:其一,在自然状态下,每个人都可以享用和获取对人类公开的共同资源,以保存自我;其二,自然状态下的人们,不服从于任何他人的指令,每个人都有自己的判断和决定,都不处于他人权力之下,每个人也都是平等的,都处于一种"天赋自由"的状态。⑤ 英国自然法学家霍布斯(Hobbes,1588—1679)以人类趋利避害的本性为起点指出,最大的损害莫过于死亡,"死亡的发生就其真正起于自然的必然性而言就如同石头必然要下落一般",每个人都应尽全力去保护他的身体和生命免遭损害,这是与正确理性相符合的行动。"因此,自然权利的首要基础就是:每个人都尽其可能地保护他的生命。"⑥荷兰的斯宾诺莎(Spinoza,1632—1677)也曾指出:"每个个体

---

① 参见 P. C. Westerman, The Disintegration of Natural Law Theory, Aquinas to Finnis, Brill, 1998, p.140。同旨参见〔美〕塔克:《战争与和平的权利》,罗炯等译,译林出版社2009年版,第108页。
② Hugo Grotius, Commentary on the Law of Prize and Booty, p.18.
③ Hugo Grotius, De Jure Belli ac Pacis Libri Tres, p.54.
④ Samuel Pufendorf, De Jure Natrurae et Gentium Libri Octo, p.207.
⑤ Samuel Pufendorf, De Jure Natrurae et Gentium Libri Octo, p.158.
⑥ 〔英〕霍布斯:《论公民》,应星、冯克利译,贵州人民出版社2003年版,第7页。在《利维坦》中,霍布斯重申了这一点:"一般称之为自然权利的,就是每一个人按照自己所愿意的方式运用自己的力量保全自己的天性——也就是保全自己的生命——的自由。"〔英〕霍布斯:《利维坦》,黎思复、黎廷弼译,商务印书馆1996年版,第97页。

应竭力以保存其自身,不顾一切,只有自己,这是自然的最高的律法与权利。"①

总之,近代自然法思想家预设了自然状态下绝对在先的个体,认可自我保全成为一种"绝对的天赋,绝对的冲动"②,并将此作为唯一有效的论证起点,赋予个体以优先性。由此,强调共同体价值的古典和中世纪自然法思想逐渐被抛弃,自然法转型为个人主义、权利本位的近代自然法。

近代自然法的转型奠定了欧洲近代私法的意识形态基础,它使得欧洲法学家在考察和研究私法时,不再受权威的束缚,而直接从事物的内在自然本性出发,以自然理性的尺度衡量和评判私法秩序的正当性,从而为构建一种逻辑严谨、独立自足的私法/私权体系确立了思想前提。

三、近代自然法中的私权一般理论

从近代自然法开始,主观权利成为法律思想中的主流话语,并渗透在私法理论中。近代自然法思想家多数以权利为中心构建其私法学说体系。

古罗马法上 ius 一词并不具有主观权利的意义。③ 但中世纪经院哲学家已经揭示了 ius 的主观权利和客观法律的双重含义,并将"权利"(ius)定义为一种道德能力(moral faculty)。让·格尔森(Jean Gerson,1363—1429)在1402年论述到:"ius 是根据正确理性的指令,归属于某人的能力或权力(facultas or power)……而法律(lex)则是一种实践的正确理性,它引导事物朝向预定的目的运行。"④西班牙晚期经院哲学家追随格尔森。例如,维多利亚也揭示 ius 的双重含义并指出"权利就是一种根据法律属于某人的权力或能力(power or faculty)"⑤。苏亚雷茨也认为权利是"个人拥有的某种特定的道德力量(moral power)"⑥。至格劳秀斯时代,尼德兰鲁汶大学的约翰·德雷多(Johannes Driedo,1480—1535)再次重申 ius 的两层含义:"其一,当我们说道

---

① 〔荷兰〕斯宾诺莎:《神学政治论》,温锡增译,商务印书馆1996年版,第212页。
② 〔德〕海因里希·罗门:《自然法的观念史和哲学》,上海三联书店2007年版,第86页。
③ See H. F. Jolowicz, Roman Foundations of Modern Law, Clarendon Press, Oxford, 1957, p.66.
④ Gerson, Oeuvres Complètes, III, ed. P. Glorieux, Paris 1962, p.134,转引自Richard Tuck, Natural Rights Theories: Their Origin and Development, Cambridge University Press, 1979, pp.26-27.
⑤ Vitoria, De justitia, 2.2ae.62.1, 转引自 Brian Tierney, The Idea of Natural Rights, p.259。
⑥ Suárez, De Legibus, ac Deo Legislatore, p.30.

摩西十诫是神法(ius divinum)时,ius 就是法律的意思;其二,当我们说某人因占有或者对土地享有一项权利(a ius)时,ius 就是土地所有权(dominium)的意思。"①

基于上述理论传统,格劳秀斯将 ius 区分为三个层次的含义②:其一,ius 是指正义的事物(what is just);其二,ius 是指法律(lex),即"强制人们正确地实施道德行为的规则";其三,ius 是指权利,它是一个人的道德力量或能力(faculty),借此可以合法地拥有某物或做某事。就权利的具体类型而言,格劳秀斯认为权利可分为:①权力(拉丁文 potestas,英文 power),包括针对主体自身自由(freedom)与针对他人的权力,后者包括父亲对孩子、主人对奴隶的权力;②所有权(拉丁文 dominium,英文 ownership),分为完整的所有权和不完整的所有权,后者包括用益权、抵押权等;③由契约所生之债权(contractual right)。③

普芬道夫也认可 ius 除了法律之外,还有权利的含义。他说,权利"具有一种伦理性质,借此我们可以合法地支配他人,或享有财物,或它的效力在于使某物归欠于我们(owed us)"。④ 同时他还指出,权力(power)与权利(right)是一件事物的两面,power 侧重描述对物或对人的某种实际状态,而 right 则表明某种事物如何合法地获得并保持。⑤ 普芬道夫根据权力的对象不同,将其分为四类:①对自己人格的权力,是指就自身人格或行为而享有的自由,即一个人按照自己意志对自我进行安排和处置的能力;②对自己财物的权力,即所有权;③对他人的权力可称为支配权(command);④对他人财物的权力称为使用权(easement)。⑥

由上可见,ius 一词的主观权利含义并非近代自然法思想家首创。但是,格劳秀斯等近代自然法学家更多地提到权利理论,并自觉地利用主观权利的分类构建私法体系。例如,格劳秀斯的私法著作《荷兰法学导论》

---

① Johannes Driedo,De Libertate Christiana, Louvain, 1548, p.33,转引自 Richard Tuck, Natural Rights Theories, p.51。
② Hugo Grotius, De Jure Belli ac Pacis Libri Tres, p.38.
③ Hugo Grotius, De Jure Belli ac Pacis Libri Tres, pp.35-36.
④ Samuel Pufendorf, De Jure Natrurae et Gentium Libri Octo, p.19.
⑤ Samuel Pufendorf, De Jure Natrurae et Gentium Libri Octo, p.19.
⑥ Samuel Pufendorf, De Jure Natrurae et Gentium Libri Octo, p.19.

被后世公认为"第一个真正的以权利的术语而非法律规则建构起来的法律体系"①。

就《荷兰法学导论》的结构而言,它分为三卷:第一卷是"法律原理以及人的法律地位";第二卷是"对物权"(Real Rights);第三卷是"对人权"(Personal Rights)。这种三卷结构表面上类似古罗马《法学阶梯》"人—物—诉讼"的三分结构,但二者存在本质区别。

首先,为什么《法学阶梯》按照"人法—物法"的顺序来安排?盖尤斯对此并未作出实质性回答,他说:"我们所使用的一切法,或者涉及人,或者涉及物,或者涉及诉讼。我们首先谈人。"②《优士丁尼民法大全》的编撰者的解释是:"因为如果不了解作为法律的对象的人,就不可很好地了解法律。"③显然,这些理由仍然流于表面。中世纪法学家也没有认真反思这个问题,他们认为这种结构理所当然。④ 但格劳秀斯对此却有一番独特见解:"由于法律存在于人与人之间,权利归属于人,而物是权利作用的对象,因此,要理解人对物的权利,我们必须首先要论述人的法律地位,其次论述物的法律地位。"⑤显然,他是在权利主体—权利客体的意义上认识人与物之间的关系,并且据此理解二者的安排顺序。

其次,就《荷兰法学导论》的内容而言,第一卷着重阐述人的法律地位;第二卷"对物权"具体包括如下权利类型:占有权(right of possession)、完全物权(即所有权,英文 complete ownership,拉丁文 dominium plenum)和不完全物

---

① Richard Tuck, Natural Rights Theories, p. 66.
② 〔古罗马〕盖尤斯:《盖尤斯法学阶梯》,黄风译,中国政法大学出版社2008年版,第3页。
③ 〔古罗马〕优士丁尼:《法学总论》(法学阶梯),张企泰译,商务印书馆1996年版,第11页。
④ See H. F. Jolowicz, Roman Foundations of Modern Law, Clarendon Press, Oxford, 1957, p. 62.
⑤ Hugo Grotius, The Jurisprudence of Holland, translated by Robert Warden Lee, Vol. I, Scientia Verlag Aalen, 1977, p. 15. 该书的中文译本可参见《格劳秀斯私法导论》,张淞纶译,法律出版社2015年版。

权(英文 incomplete ownership,拉丁文 dominium minus plenum)①,后者包括地役权、用益权、永佃权、地上权、抵押权等;第三卷"对人权"首先是债权总则,然后阐述各种债权发生的原因:赠与、契约、无因管理、不当得利、侵权行为等,以及债之消灭。可见格劳秀斯以主观权利为线索引导《荷兰法学导论》的体系。

普芬道夫的八卷本《自然法与万民法》是一部大全式法学著作,其中第三至六卷集中论述私法,其大致内容为:第三卷是允诺与契约总论,第四卷是物权与继承,第五卷是契约分论,第六卷是婚姻与亲属。可见普芬道夫是根据不同的权利类型来安排私法体系,其体系安排也贯穿着各种私权分类的思想。

通过以上宏观梳理,如果我们用现代民法术语初步总结格劳秀斯与普芬道夫发展出来的私权分类体系,可以发现以下脉络:①权利分为人身权和财产权;②人身权包括人格权②和身份权;③财产权分为对物权与对人权;④对物权包括完全物权(所有权)和不完全物权;⑤不完全物权包括用益物权和担保物权;⑥对人权包括契约、无因管理、不当得利和侵权行为之债权。显然,这一体系与现今德国法系以人身权—财产权、物权—债权的区分为基础的潘德克顿体系已极为接近。

---

① 《荷兰法学导论》的英译者用 ownership(所有权)对应翻译荷兰语 eigendom。由于现今大陆法系中的所有权概念是绝对的、排他性所有权,因而 complete ownership 直译为"完全所有权"尚且通顺,但是将 incomplete ownership 直译为"不完全所有权",似乎有点逻辑上的矛盾,因为现代民法上的所有权必然是完整的、排他的,而 dominium 从中世纪开始并非仅指绝对的、排他的所有权,其几乎相当于对物权的含义(参见方新军:《权利概念的历史》,载《法学研究》2007 年第 4 期。)因而笔者于此将 complete ownership 和 incomplete ownership 对应译为"完全物权—不完全物权",但其内涵相当于现代民法上的"所有权—限制物权"。德国艾森哈特教授也持这一点观点。参见 Eisenhardt, Deutsche Rechtsgeschichte, 5. Aufl., C. H. Beck 2008, S. 223. 此外,西蒙·范·利乌文(Simon van Leeuwen,1626—1682)所著《罗马—荷兰法》的英文本,在对格劳秀斯的物权理论评注中,将二者分别表述为"完全财产权"(full property)和"不完全财产权"(defective property),前者是指权利人可对物进行全面处置的权利;后者是指某物归属于一人,而另一人可对物进行收益,但该人并不享有完全依其意愿任意处置标的物的权利。参见 Simon van Leeuwen, Commentaries on the Roman - Dutch Law, London: A. Steahan, Law - Printer to the King's Most Excellent Majesty, 1820, p. 106. 这也印证了格劳秀斯的概念分类。

② 格劳秀斯与普芬道夫虽然均未明确将人格权与物权、债权并列而言,但是他们都认可侵权行为的客体包括生命、身体、自由、名誉等人格利益,由此通过侵权行为法确认了人格权的地位。参见 Hugo Grotius, The Jurisprudence of Holland, p. 471. Hugo Grotius, De Jure Belli ac Pacis Libri Tres, p. 430. Samuel Pufendorf, De Jure Natrurae et Gentium Libri Octo, p. 314.

实际上,近代自然法思想家并不仅仅从权利视角来思考社会秩序的构建。例如,普芬道夫指出,自然法施予人类三重义务:对上帝的义务,对自己的义务,以及对他人的义务。① 法国法学家德·阿居瑟(D'Aguesseau,1668—1751)模仿普芬道夫指出,人类的思想和行动指向三个目的:上帝,个人和社会,因此每个人要承担相应的义务。② 而让·多玛的《论自然秩序中的民法》是民事义务体系论的代表,如果不考察这一体系,那么我们对近代自然法的认识是片面的。

多玛认为,热爱上帝和人人互爱是法律秩序的第一原理,上帝命令人类参与社会生活,并相互关爱,他指引人类朝向社会团结,以实现至善之境。③ 上帝要使得人类结合更为紧密,从而在人与人之间设定一些特殊的义务(engagement④),以加强相互联系。这些义务分为两类:其一,基于婚姻、生育等自然联系而产生夫妻、父母子女等亲属之间的义务⑤;其二,人类因社会交往和生活需要而发生各种联系,通过劳动、生产、服务、协作而产生义务。⑥ 其中,后者又分为:基于自己意志形成自愿的(voluntary)义务(如契约义务、无因管理之义务),以及非自愿的(involuntary)义务(如监护人之义务)。⑦ 既然由义务建立和维持了社会秩序,那么民法的自然秩序就可分为两个部分:义务与义务的继承。⑧ 多玛据此构造其著作的体系如下:①序章,包括法律的一般问题、法律主体、法律主体支配的对象(物);②第一部分,义务,包括自愿和非自愿义务,前者主要是指契约,后者包括监护、无因管理、不当得利、侵权行为等。此外,这一部分还包括义务的担保以及义务的消灭等。③第二部分,继承,包括总论、法定继承、遗嘱

---

① Samuel Pufendorf, On the Duty of Man and Citizen According to Natural Law, Translated by Michael Silverthorne, 中国政法大学出版社 2003 年版, pp. 39 – 41, pp. 46 – 47, pp. 56 – 57.
② See Shael Herman and David Hoskins, "Perspectives on Code Structure: Historical Experience, Modern Formats, and Policy Consideration", Tulane Law Review, Vol. 54, 1980, p. 1010.
③ Jean Domat, Civil Law in its Natural Order, Vol. I, pp. 9 – 10.
④ "engagement"一词有契约、债务、义务等含义。笔者将其翻译为更具有包容性的"义务"一词。因为:①在多玛的体系中,engagement 并不限于契约债务,还包括法定义务;②债务,限于债之渊源产生的义务,多玛的 engagement 还包括身份法、继承法方面的义务。
⑤ Jean Domat, Civil Law in its Natural Order, Vol. I, p. 11.
⑥ Jean Domat, Civil Law in its Natural Order, Vol. I, p. 11.
⑦ Jean Domat, Civil Law in its Natural Order, Vol. I, pp. 17 – 18.
⑧ Jean Domat, Civil Law in its Natural Order, Vol. I, p. 96.

继承、遗产和遗赠、代位继承和遗产信托等。①

多玛的著述对 1804 年《法国民法典》产生了重要影响,构成该法典草案的学理基础。② 但在自然法时代,他毕竟是少数未采用私权分类建构民法体系的学者之一。萨维尼(Savigny,1779—1861)认为,多玛的体系是不够精确的。③ 后世也很少有法学家再遵照多玛的民法自然秩序来构建理论著作或立法体系。相比而言,以私权分类为基础的私法体系获得了更多理论家的支持。

四、以主观权利为中心的私法体系构建

1. 对物权—对人权的区分

对物权—对人权这对概念相当于现代民法上物权—债权的区分。但中世纪早期的法律理论是将对物权(ius in re)与向物权(ius ad rem)④相对而言的,前者是指对某物享有的支配权,相当于现代民法中的物权;而后者是指对某物尚未形成权利,但已拥有指向将来获得该物的权利(简称"向物权"),具有对人权的含义。中世纪奥尔良法学家雅克·惹维尼(Jacques de Révigny,？—1296)将向物权定义为:"向物权就是要求某物的权利,例如当你允诺给我一匹马时,我就有权要求得到它,虽然还不是对它已有权利。"⑤

西班牙晚期经院哲学家关于对物权—向物权的讨论已经非常成熟,苏亚雷茨说:"权利或是针对权利人自己的财物,或是针对(他人)欠他的某样东西。例如,某物的所有人被称为对该物享有权利,而劳动者可要求就其劳动价值产生工资的权利。"⑥16 世纪新教人文主义法学家约翰·阿佩尔(Johann

---

① Jean Domat, Civil Law in its Natural Order, Vol. Ⅰ, pp. 96 – 102.
② Vgl. Hans Thieme, Das Naturrecht und die europäische Privatrechtsgeschichte, Verlag von Helbing & Liechtenhan, 2. Aufl. , 1954, S. 27.
③ 参见〔德〕萨维尼:《当代罗马法体系Ⅰ》,朱虎译,中国法制出版社 2010 年版,第 290 页。另,萨维尼在他处指出,"多玛是一个陌生的学者……从他的书中能够找到一些不同寻常的观点。"参见〔德〕萨维尼:《萨维尼法学方法论讲义与格林笔记》,杨代雄译,法律出版社 2008 年版,第 52 页。
④ 学界通常将 ius ad rem 翻译为"向物权"。参见方新军:《盖尤斯无体物概念的建构与分解》,载《法学研究》2006 年第 4 期;金可可:《持有、向物权与不动产负担》,载《比较法研究》2008 年第 6 期。
⑤ See Meijers Etudes,Ⅳ, p. 177. Cited from Richard Tuck, Natural Rights Theories, p. 17.
⑥ Suárez, De Legibus ,ac Deo Legislatore, p. 30.

Apel,1486—1536)也接受对物权—向物权的区分,并认为对物权包括所有权（dominium）、准所有权（quasi dominium）以及特殊对物权（ius in re specificum）;而向物权包括债和诉讼①,后者基本上等同于对人权。②

由上可见,17世纪之前,虽然对物权—向物权的区分基本相当于对物权（物权）—对人权（债权）的区分,但是学者们就这对概念的内涵和外延的理解并未统一。而近代自然法思想家以更为明晰的方式确立二者的区分。

格劳秀斯明确以"对物权"（荷兰语 Beheering,拉丁语 ius reale）和"对人权"（荷兰语 Inschuld,拉丁语 ius personale）③这对术语表达物权—债权的区分观念。《荷兰法学导论》中写道:"财产权可以分为对物权和对人权（II. I. 57）。对物权是指存在于人与物之间的一种财产权（II. I. 58）。对人权是指一个人对另一个人有权受领某物或者行为的财产权（II. I. 59）。"④具体而言,对物权包括占有权、完全物权和不完全物权;对人权包括允诺、契约、无因管理、不当得利、侵权行为。对物权与对人权的区分,逻辑上必然导致债权契约与物权变动的区分。例如,买卖契约并不使买受人直接取得标的物所有权,而必须要通过交付。⑤ 不仅如此,格劳秀斯还区分了永佃权与设定永佃权的契约、质押权与质押契约⑥,即他物权与设定他物权契约也被区分开来。

与格劳秀斯同一时代的荷兰法学家阿诺德·维尼乌斯（Arnold Vinnius,1588—1657）参考《荷兰法学导论》也建构起一个以对物权与对人权区分为

---

① See Robert Feenstra, "Dominium and ius in re aliena: The Origins of a Civil Law Distinction", Peter Birks ed. , New Perspectives in the Roman Law of Property, Oxford Clarendon Press, 1989, pp. 113 – 114.

② 维亚克尔认为阿佩尔首次在私法体系中运用对物权与对人权的区分。参见 Franz Wieacker, A History of Private Law in Europe, With Particular Reference to Germany, p. 117。

③ 《荷兰法学导论》拉丁文注释者用 ius reale 对应 Beheering,用 ius personale 对应 Inschuld。参见 Hugo Grotius, The Jurisprudence of Holland, Vol. I, 1977, p. 2。关于对物权应无歧义;关于"inschuld",《荷兰法学导论》英译者 R. W. Lee 将其解释为从债的主动一面即债权人视角来定义债,参见 Hugo Grotius, The Jurisprudence of Holland, Vol. II, Commentary, 1977, p. 222。据此将其翻译为"债权"（而不是债务）较为妥当。本文有时在与对物权相对应的意义上将其翻译为"对人权"。

④ Hugo Grotius, The Jurisprudence of Holland, Vol. I, 1977, p.75。格劳秀斯在讨论对人权时再次明确:对人权并不是直接对某物享有权利,而是一种从他人那里要求取得某物的权利。Ibid, p. 295.

⑤ Hugo Grotius, The Jurisprudence of Holland, Vol. I, 1977, p. 95.

⑥ See Hugo Grotius, The Jurisprudence of Holland, Vol. I, pp. 241 – 244. p. 383. p. 285. pp. 341 – 342.

基础的私法体系。① 这一区分得到其他自然法学家的响应。普芬道夫在《自然法与万民法》中指出,买卖契约仅仅使受让人获得"向物权",只有取得实际占有后,受让人才能获得"对物权"。② 法国自然法学家朴蒂埃(Pothier, 1699—1772)也说,契约并非使债权人取得对物权,它仅仅授予债权人向债务人要求给付的权利,即"向物权"。③ 可见,在近代自然法学家那里,向物权具备了对人权(债权)的含义。

但是,尚有疑问的是,在近代早期,对人权除了债权含义之外,是否还包括其他权利。例如,有学者认为,在萨维尼提倡物权—债权这对概念区分之前,"家庭关系也可能是一种对人权,从而也可以构成与对物权的对立"④。换言之,如果对人权中仍然包含家庭关系,那么,对物权—对人权的区分便不能直接对应现代民法中物权—债权的区分。然而,近代自然法思想家已经解决了这个问题。格劳秀斯在《荷兰法学导论》中虽然未将身份权作为与对物权、对人权同等位阶的权利类型看待,但是他已认识到家庭关系的独特性,从而将纯粹身份方面的权利义务,置于第一卷的监护、婚姻部分;因身份产生的财产关系,置于第二卷夫妻共有财产和财产继承部分。普芬道夫在《自然法与万民法》中首次将家庭关系(婚姻、父母子女关系)独立作为一章,与债权、物权并列⑤,但遗嘱和继承仍然作为所有权的取得方式而被置于物权法中。可见,家庭关系完全被排除在对人权的范畴之外。

18世纪哲学家康德(Kant,1697—1737)在《法的形而上学原理》中提出对物权、对人权、对物性的对人权(即家庭关系)的三分法。康德认为对物权或对人权均不能涵盖家庭关系,因为在夫妻以及父母子女之间,不能将对方作为物来对待,但也不是像债权人那样仅仅只能请求对方履行债务,而是可

---

① Peter Stein, "The Fate of the Institutional System", The Character and Influence of the Roman Civil Law, The Hambledon Press, 1988, p.81.
② Samuel Pufendorf, De Jure Natrurae et Gentium Libri Octo, 1934, p.611.
③ Pohtier, A Treatise on Obligation Considered in a Moral and Legal View, Vol. I, N. C. Newbern, Martin & Ogden, 1802, pp.88-89. 科英指出朴蒂埃以此概念区分作为体系基础。参见 Helmut Coing, Europäisches Privatrecht, Band I, Älteres Gemeines Recht (1500-1800), C. H. Beck'sche Verlagsbuchhandlung, München, 1985, S. 176。
④ 金可可:《私法体系中的债权物权区分说——萨维尼的理论贡献》,载《中国社会科学》2006年第2期。
⑤ See Samuel Pufendorf, De Jure Natrurae et Gentium Libri Octo, pp.839-934.

以直接支配对方。所以称之为对物性的对人权。① 19 世纪初,德国法学家海瑟在《普通民法体系大纲:为潘德克顿讲授之用》一书中一方面继承康德的对物权、对人权、对物性对人权的三分法②,另一方面更进一步将继承关系独立出来,形成物权、债权、亲属权、继承权的四分法私权体系。

通过以上的概念梳理可见,17 世纪以来的欧陆自然法思想家将中世纪"对物权—向物权"的区分,发展为"对物权—对人权"或"物权—债权"的区分,为日后成熟的潘德克顿民法体系奠定了关键性的概念区分基础。

2. 所有权—他物权的区分

今天大陆法系所使用的所有权一词的拉丁语是 dominium,在罗马法上并不仅仅是指财产权,而是家父对家庭财产和家子的统治权或主宰权的一部分。③ 与此同时,罗马法上虽然存在永佃权、地上权、役权、抵押权这些具体的他物权类型,但没有将它们统一在一个总的概念之下。

在中世纪西欧封建社会,封建领主对土地享有名义上的所有权并获取地租,而佃农实际占有和利用土地并从土地收获作物。面对这种经济事实,注释法学家把地主名义上的所有权称为"直接所有权"(dominium directum),而佃户的权利称为"用益所有权"(dominium utile)。④ 有时候又称为"上级"(superior)所有权和"下级"(under)所有权。⑤ 在对物权—对人权这对概念流行以后,dominium 逐渐被看作对物权的一种,即一种可以对抗任何人、可让与的财产权,而不再是总体的统治权(right of total control)。⑥ 因而对物权(ius in re)成为 dominium 的上位概念,包括直接所有权与用益所有权。同时,中

---

① 参见〔德〕康德:《法的形而上学原理》,沈叔平译,商务印书馆 1997 年版,第 74 页。
② 在该书第四卷亲属权的开篇,海瑟在一处脚注中说明采用康德的观点。参见 Arnold Heise, Grundriss eines Systems des Gemeinen Civilrechts zum Behuf von Pandecten – Vorlesungen, 1807, S. 65。
③ 参见〔意〕彼得罗·彭梵得:《罗马法教科书》,黄风译,中国政法大学出版社 2005 年版,第 148—149 页;〔意〕朱塞佩·格罗索:《罗马法史》,黄风译,中国政法大学出版社 1996 年版,第 111 页。
④ See Robert Feenstra, "Dominium and ius in re aliena: The Origins of a Civil Law Distinction", Peter Birks ed., New Perspectives in the Roman Law of Property, Oxford Clarendon Press, 1989, p.112.
⑤ See Rudolf Huebner, A History of Germanic Private Law, translated by Francis S. Philbrick, Little, Brown, and Company, Boston, 1918, pp. 233 – 234.
⑥ Richard Tuck, Natural Rights Theories, p. 16.

世纪法律也认可永佃权、地上权、役权、抵押权等物权类型。因此在概念逻辑上就出现如下困境:同样是对物的用益,为什么"用益所有权"是所有权(dominium),而其他的(如永佃权、地上权等)就不是所有权呢?① 这一问题一直延续到 16 世纪。

西班牙晚期经院哲学家将 dominium 和 ius 区别开来。索图(Domingo de Soto,1494—1560)认为:"dominium 是指所有人的一种能力(facultas)。ius 不能与 dominium 相混淆,ius 更为高级,且有更宽泛的所指。"②换言之,所有权(dominium)只是权利(ius)的一种类型。维多利亚进一步指出,dominium 是指财产所有权(ownership),除了所有权人之外,如果其他人对物也享有部分财产权,例如用益权(usufruct),则只能用 ius 来表示。③ 他显然已经意识到所有权与其他类型的对物权存在差别。

人文主义法学家雨果·多诺(Hugo Doneau,1527—1591)首先解决了上述问题。多诺摒弃直接所有权和用益所有权的区分,他认为永佃权、地上权、役权、抵押权等,虽然有区别,但其共同之处在于:它们都是由所有权中分离出来的权能所构成。多诺将这些权利统称为他物权(ius in re aliena)。④ 由此,所有权和他物权都属于对物权的下位范畴。

多诺于 1579—1587 年间在荷兰莱顿大学任教,正是格劳秀斯的求学时代。虽然格劳秀斯并没有直接引用多诺的他物权概念,但其解决问题的思路与多诺惊人地相似,并更有体系性。格劳秀斯认为对物权包括三种:占有权、完全物权和不完全物权。就后面两者的区分,《荷兰法学导论》中写道:"物权区分为完全的和不完全的(Ⅱ.3.9)。完全物权是在法律不禁止的前提下,根据权利人的意愿,为自己利益而对物任意处置的权利(Ⅱ.3.10)。不完全物权是比(完全物权)完满地位较为欠缺某些内容的权利(Ⅱ.3.11)。"⑤就不完全物权的产生而

---

① 参见方新军:《盖尤斯无体物概念的建构与分解》,载《法学研究》2006 年第 4 期。
② Soto, De Iustitia et Iure, Salamanca, 1553, f. 99r, Cited from Richard Tuck, Natural Rights Theories, p.47.
③ See Brian Tierney, The Idea of Natural Rights: Studies on Natural Rights, Natural Law, and Church Law, 1150 – 1625, Scholar Press for Emory University, 1997, p.260.
④ See Robert Feenstra, "Dominium and ius in re aliena: The Origins of a Civil Law Distinction", Peter Birks ed., New Perspectives in the Roman Law of Property, Oxford Clarendon Press, 1989, p.117.
⑤ Hugo Grotius, The Jurisprudence of Holland, Vol. I, 1977, p.85.

言,它们是从完全物权中"分绎"(deduct)出来的权利。① 显然,不完全物权就是指权能不完整的对物权,相当于多诺所说的他物权。继格劳秀斯之后,普芬道夫谈到所有权人让与其权利时认为,可以向他人转让完全的(perfect)或者不完全(imperfect)的物权,前者是指转移所有权,而后者是指设定永佃权、地上权、役权、质权和抵押权等。② 这印证了格劳秀斯的分类方式。

罗伯特·芬斯特拉(Robert Feenstra)认为,格劳秀斯保留了中世纪双重所有权的区分。其理由是:格劳秀斯在论述永佃权时,用上级所有权(荷兰语opper-eigendom,英语upper-ownership)一词来表述与永佃权相对的土地所有权。上级所有权是德国人文主义者乌尔里希·查休斯(Ulrich Zasius,1461—1535)将中世纪的直接所有权(dominium directum)翻译为"hoher Eigentum",对应于荷兰语中就是"opper-eigendom"。芬斯特拉指出,格劳秀斯受查休斯的影响而使用这一术语,显示出其还没有像多诺那样彻底放弃中世纪的分割所有权理论。③ 换言之,永佃权是不完全所有权或下级所有权;真正的土地所有人享有完全所有权或上级所有权。我国也有学者据此指出,格劳秀斯复活了中世纪分割所有权理论。④

笔者认为芬斯特拉的质疑并没有足够的说服力。首先,就具体文本分析而言,格劳秀斯在论述永佃权关系中谁是真正的所有人时指出,谁能够收取地租并能够根据其"上级所有权"要求土地的回复(reversion),谁就是土地所有人,显然土地的出租人拥有"完全物权",而不是佃户。⑤ 众所周知,根据大陆法系现代民法通行的规则,用益物权终止后,所有人收回土地的请求权基础是基于所有权弹力恢复性而产生的原物返还请求权。但"请求权"(Anspruch)这一术语是19世纪德国法学家温德沙伊德的创造,囿于时代原因,不能苛求格劳秀斯用"请求权"来解释上述问题,因而我们应该理解格劳秀斯借"上级所有权"来论证永佃权终止后土地所有人收回土地的理由,而

---

① Hugo Grotius, The Jurisprudence of Holland, Vol. I, 1977, p.223.
② See Samuel Pufendorf, De Jure Natrurae et Gentium Libri Octo, p.598.
③ See Robert Feenstra, "Dominium and ius in re aliena: The Origins of a Civil Law Distinction", Peter Birks ed., New Perspectives in the Roman Law of Property, Oxford Clarendon Press, 1989, pp.121-122.
④ 参见方新军:《盖尤斯无体物概念的建构与分解》,载《法学研究》2006年第4期。
⑤ Hugo Grotius, The Jurisprudence of Holland, Vol. I, 1977, p.223.

且也仅止于此。何况他没有认可"下级所有权"的概念,更没有否定完全所有权在本质上的完满性、排他性以及不可分割性。

其次,就其定义的内涵而言,完全物权是权利人可以依照自己意志对物进行任何处分的权利,相当于现代民法上绝对性、排他性所有权。① 不完全物权,则是由完全物权之中分离出去的权能形成的对物权,因此,它并不会在根本上对完全物权的绝对性和排他性造成妨害。相反,在双重所有权结构中,究竟谁能够排他性地对物进行支配是不明确的,从而导致对所有权本质的分割,不利于产权明晰。因此我们不能用双重所有权来对应理解格劳秀斯完全物权和不完全物权这对概念。

最后,就概念的外延而言,格劳秀斯列举的不完全物权的具体类型,包括地役权、永佃权、居住权、地上权、质押权、抵押权以及封建性质的封地权(feudal tenure)、什一税权利(tithe-right)。如果排除掉其中的封建因素,剩下的内容几乎等同于现代民法上他物权的外延,即用益物权和担保物权。英译者李(R. W. Lee)也在《荷兰法学导论》评注本中用他物权作为不完全物权的别称。② 因此,我们不能用中世纪的双重所有权来对应理解格劳秀斯完全物权和不完全物权的分类。

总之,无论是多诺的所有权—他物权,还是格劳秀斯的完全物权—不完全物权,这两对概念在认识逻辑和法律构造上都是一致的。它有助于形成一种清晰的产权界定模式:即一方面纯化和维持了(完全)所有权的绝对性和排他性,另一方面又能确认和保护他人对所有人之物的使用和收益,从而在根本上解决了中世纪双重所有权理论上下级两个"所有权"的概念矛盾。这种法学思想最终被近代资产阶级民法典接纳。但最终,"他物权"概念通过蒂堡(Anton F. J. Thibaut,1772—1840)被19世纪潘德克顿民法学采纳③,成为传播和使用更为广泛的术语。

---

① 普芬道夫给所有权一个完整的定义如下:"所有权的力量就是我们能够根据自己的意愿,对属于我的物进行处分,并排除他人干涉,除非他人通过契约从我这里获得了一项特殊的权利。只要某物是我的,就不可能以同样方式全部归属于另一人。"Samuel Pufendorf, De Jure Naturae et Gentium Libri Octo, p. 533.
② 李的注释本就是英文本《荷兰法学导论》第二卷。参见 Hugo Grotius, The Jurisprudence of Holland, Vol. II, Commentary, p. 186。
③ Robert Feenstra, "Dominium and ius in re aliena: The Origins of a Civil Law Distinction", Peter Birks ed., New Perspectives in the Roman Law of Property, Oxford Clarendon Press, 1989, p. 122.

3. 债的权利涵义:以允诺和契约为例

罗马法上债(obligatio)的本意是一种约束和纽带,如优士丁尼《法学阶梯》所说:"债为法锁,据之我们有必要被强迫根据我们城邦的法偿付某物。"① 可见,债被定义为一种关系,且更侧重义务的内涵。但现代民法上的债包含债权和债务两方面的意义。② 而债的主观权利内涵正是近代自然法的理论贡献。

格劳秀斯在《荷兰法学导论》第三卷开篇就写道:"另一类财产权是债权,即一个人从另一个人那里获得某物或者某种行为的财产权。"③ 他指出,广义而言,债务可以指根据道德法则负有某种义务,例如信守诺言、感恩回报,但这些义务并没有授予某一方以权利。而狭义上的债必然包含对人权,或者说,债与对人权不可分割。④ 受此启发,其他自然法法学家也从主观权利的视角界定债。普芬道夫说,当某人创设一项债务时,相对人同时就相应获得权利。⑤ 朴蒂埃在《论债法》中,将债区分为不完全之债(imperfect obligation)与完全之债(perfect obligation),前者未授予要求相对人履行债务的权利,例如,受人恩惠者应尽感恩回报义务,如其未尽义务时,虽被认为不合情理,但施惠者却没有权利要求对方感恩。因而,准确意义上的债,仅仅是指完全之债,它产生一种要求契约相对人履行义务的权利。⑥

债由义务或关系转向权利的涵义,通过近代自然法学家对允诺/契约的认识,即可明了。近代自然法学家继受了罗马法上的各种债因类型,包括契约、私犯、准契约和准私犯。虽然契约是最为重要债因,但近代自然法学家深受中世纪经院哲学的影响,尚未从合意角度而仍是从允诺(promise)的角度来理解和认识契约。⑦

---

① 〔古罗马〕优士丁尼:《法学阶梯》I.3,13pr.,转引自黄风:《罗马私法导论》,中国政法大学出版社2003年版,第251页。
② See Reinhard Zimmermann, The Law of Obligations: Roman Foundations of the Civilian Tradition, Oxford University Press, 1996, p.1.
③ Hugo Grotius, The Jurisprudence of Holland, Vol. I, 1977, p.293.
④ See Hugo Grotius, The Jurisprudence of Holland, Vol. I, pp.294-295.
⑤ Samuel Pufendorf, De Jure Natrurae et Gentium Libri Octo, p.390.
⑥ Pohtier, A Treatise on Obligation Considered in a Moral and Legal View, Vol. I, pp.1-2.
⑦ Vgl. Klaus-Peter Nanz, Die Entstehung des allgemeiner Vertragsbegriffs in 16. bis 18. Jahrhundert, J. Schweitzer Verlag, 1985, S. 146.

允诺本质上是单方意思表示①,虽然在罗马法上被当作一种独立的债因,但其地位并不显著,也没有被用来构造契约法理②,只是少量罗马法文献提到为了荣誉或完成公共职务而作出的无偿允诺具有约束力。③ 但是,中世纪的托马斯·阿奎那基于亚里士多德关于"诚实"的伦理学,将信守允诺提升到一种德性的高度。他说:"允诺某件事的人如果有做他所允诺之事的意图,他就没有撒谎……他没有做他允诺之事,那他的行为就显得不诚实。"④ 因而,"人们因允诺而对他人负有义务,并且这是一项自然法债务"⑤。从而,阿奎那将允诺的法律效果界定为:一项允诺就像允诺人为自己制定的法律,据此允诺人要为对方有所作为。⑥

阿奎那不仅揭示允诺具有法律约束力的伦理基础,而且他还指出当事人通过允诺实践了亚里士多德所谈到的两种美德:交换正义或慷慨。⑦ 前者体现在双方获益的交易行为中(如买卖),后者则体现在无偿行为中(如赠与)。赠与本来在罗马法上是双方契约行为之一种,并可作为转移所有权的正当原因(iusta causa),这也为欧洲中世纪的法律理论所接受。⑧ 但是,在阿奎那德性论的视角下,赠与和其他契约交易有本质区别。阿奎那认为,当一个人允诺将来把财产转让给另一个人时,他要么践行交换正义,要么践行慷慨。他

---

① 由中世纪(单方)允诺理论向近代(双方)合意契约观念的发展,近代自然法学家对此也有贡献。参见下文契约合意原则的阐述。本节着重论述近代自然法学家如何将允诺/契约与主观权利观念相结合。
② 参见〔美〕詹姆斯·戈德雷:《现代合同理论的哲学起源》,张家勇译,法律出版社2006年版,第39—40页。
③ 参见〔意〕彼得罗·彭梵得:《罗马法教科书》,黄风译,中国政法大学出版社2005年版,第268页。
④ Summa theological,11-11,q.110,a3,ad5,转引自〔美〕詹姆斯·戈德雷:《现代合同理论的哲学起源》,张家勇译,法律出版社2006年版,第14页。
⑤ Summa theological,11-11,q.88,a3,ad1,转引自〔美〕詹姆斯·戈德雷:《现代合同理论的哲学起源》,张家勇译,法律出版社2006年版,第92页。
⑥ 参见〔美〕詹姆斯·戈德雷:《现代合同理论的哲学起源》,张家勇译,法律出版社2006年版,第14页。
⑦ 依亚里士多德所见,正义分为分配正义和矫正正义,前者遵循几何比例,即适当的人应得到适当的事物;后者又称交换正义,其遵循算术比例,是指在交易者之间保持得失的适度,如果一个人得到太多而另一个人太少,就违背了交换正义。至于慷慨,就是指"以适当的数量、在适当的时间、给予适当的人"。参见〔古希腊〕亚里士多德:《尼各马科伦理学》,廖申白译,商务印书馆2003年版,第97、134—140页。
⑧ See Reinhard Zimmermann, The Law of Obligations: Roman Foundations of the Civilian Tradition, p.499.

说:"当一个人将他的东西自愿转让给另一个人时就是自愿交换。如果他的转让并不使接受者负担义务,就像在赠与时一样,它不是一个关于正义的行为,而是有关慷慨的行为。"①西班牙晚期经院哲学家继承亚里士多德—托马斯传统,以德性论来解释允诺的约束力。他们认为交换正义或慷慨是允诺的正当原因,仅仅是允诺本身足以产生拘束力,甚至不以对方承诺为必要。②总之,在罗马法中并不重要的允诺,经过中世纪经院哲学的改造,承载了强烈的伦理价值,并成为契约之债的核心要素。

近代自然法思想家延续了中世纪的允诺理论。③格劳秀斯指出,允诺能防止人们善变而将人的内心意志确定下来,信守允诺能够促进人类的诚信。④就允诺的原因而言,他认为具有正当原因的允诺有可诉性,而正当原因就是指:允诺是通过赠与或交易而发生。⑤基于慷慨和交换正义两种德性,他区分了赠与和交易性契约,后者包括买卖、租赁、借贷、合伙等。普芬道夫也指出:人类的社会本性要求必须信守诺言,如果缺乏这项保障,则人们就没有信心期待相互协助。因此,"自然法中存在一项神圣规则,支配着全部人类生活中的仁善、礼仪和理性,即每个人都不可食言,必须履行他的诺言"⑥。

法国自然法学家也深受允诺理论的影响。例如,朴蒂埃将契约界定为一方当事人向相对人作出给予某物、作为或不作为的允诺。⑦他接受中世纪的原因理论,根据慷慨或交换正义的德性,将赠与和交易性契约分开,并指出,有偿契约的原因是对方给予或将要给予某物;无偿契约的原因就是慷慨。⑧多玛也认为,赠与是慷慨之行,它或是基于感恩,或基于某种功绩之铭感,或

---

① Summa theological,11-11,q.61,a3.,转引自〔美〕詹姆斯·戈德雷:《现代合同理论的哲学起源》,张家勇译,法律出版社2006年版,第17页。
② 参见〔美〕詹姆斯·戈德雷:《现代合同理论的哲学起源》,张家勇译,法律出版社2006年版,第92、101页。
③ 格劳秀斯通过承接晚期经院哲学家莫雷纳(Molina)和莱西乌斯(Lessius)的允诺理论而中世纪哲学理论。参见 Klaus - Peter Nanz, Die Entstehung des allgemeiner Vertragsbegriffs in 16. bis 18. Jahrhundert, J. Schweitzer Verlag,1985, S. 142 f. 。
④ Hugo Grotius, The Jurisprudence of Holland, Vol. I, p.293. Hugo Grotius, De Jure Belli ac Pacis Libri Tres, pp.329 -330.
⑤ Hugo Grotius, The Jurisprudence of Holland, Vol. I, p.307.
⑥ Samuel Pufendorf, De Jure Natrurae et Gentium Libri Octo, pp. 380 -381.
⑦ Pohtier, A Treatise on Obligation Considered in a Moral and Legal View, Vol. I, p.4.
⑧ Pohtier, A Treatise on Obligation Considered in a Moral and Legal View, Vol. I, pp.28 -29.

对需要帮助之人施予援手。①

但如果仅仅看到近代自然法思想家对中世纪允诺理论继承的一面②,而未关注其创新之处,就可能忽略了他们的历史贡献,因为他们明确赋予允诺/契约之债以主观权利的内涵。晚期经院哲学家莱西乌斯(Leonardus Lessius,1554—1623)虽然已经提出:"允诺不仅是向相对人确认将给予某物或做某事,而且还要向相对人负担债务,从而授予对方以要求履行的权利。"③但这并没有引起其他经院哲学家的关注。而格劳秀斯则将此认作允诺的本质。

在《荷兰法学导论》中他已指出,允诺是"人的自愿行为,借此他允诺给相对方某样东西,并以相对方接受它和针对允诺人取得一种权利为目的"④。在《战争与和平法》中,允诺的主观权利内涵有更完整的阐述。于此,格劳秀斯区分了允诺的三个效力层次⑤:①单纯的声明(bare assertion),即表意人声明有关某些将来事情的内心意图,但并不产生有约束力的债务。此时允诺人有权随时改变自己的内心意向。②根据自然法具有约束力但并未使另一方取得权利的允诺。这种允诺表示了允诺人遵守诺言的意图,但没有市民法上的约束力,因为其未授予相对方以权利。例如基于同情、感恩产生的道德义务。③授予相对方以相应权利的允诺。这是一种完整的允诺(perfect promise),允诺人借此对他人要么让与某项财物、要么让与某种行为自由。前者属于给予(give)的允诺,后者属于行为(perform)的允诺。当代德国私法史研究表明,在格劳秀斯的体系中,具有法律约束力的完整允诺包括三个要件:一是表明将来做某事的意思(Willen);二是这种表示受约束的意图(Absicht);

---

① Jean Domat, Civil Law in its Natural Order, Vol. I, p. 398.
② 如詹姆斯·戈德雷指出格劳秀斯的契约理论根本未脱离经院哲学传统。参见〔美〕詹姆斯·戈德雷:《现代合同理论的哲学起源》,张家勇译,法律出版社2006年版,第94—95页。
③ Leonardus Lessius, De iustitia et iure: ceterisque virtutibus cardinalibus libri quatuor lib. 2, cap. 18, dub. 8, no. 52 (1628). Cited from James Gordley, Enforcing Promises, California Law Review, 83, March, 1995, p. 554.
④ Hugo Grotius, The Jurisprudence of Holland, Vol. I, 1977, p. 295.
⑤ Hugo Grotius, De Jure Belli ac Pacis Libri Tres, pp. 330 - 331。关于格劳秀斯允诺三层次论的私法史研究,参加如下文献:Diesselhorst, Die Lehre des Hugo Grotius vom Versprechen, Böhlau Verlag, 1959, S. 34 ff.; Martin Lipp, Die Bedeutun des Naturrechts für die Ausbildung des Allgemeinen Lehren des deutschen Privatrechts, Duncker & Humblot, 1980, S. 140 f.; Klaus - Peter Nanz, Die Entstehung des allgemeiner Vertragsbegriffs in 16. bis 18. Jahrhundert, J. Schweitzer Verlag, 1985, S. 144 f.。

三是使表示的相对人产生对应债权的意思。① 可见格劳秀斯超越经院哲学家之处在于,他将允诺的约束力与权利联系起来。

其他自然法学家追随格劳秀斯,从主观权利视角讨论允诺契约之债。普芬道夫模仿格劳秀斯将允诺区分为不完整的(imperfect)允诺和完整的(perfect)允诺。前者是指某人宣称将来某个时间为他人做某事,但没有授予他人可以主张获得某物的权利。例如,受人恩惠时,施惠者并不能主张获得感恩回报的权利。② 后者是指某人不仅宣告将来对他人履行债务,而且授予相对人以权利,据此对方有权要求获得允诺的对象,这种允诺或将导致财产权的移转,或将导致一部分行为自由的转移。③ 克里斯蒂安·沃尔夫(Christian Wolff,1679—1754)也从主观权利角度解释允诺的拘束力。他说:"允诺人实际上将要求履行允诺的权利转让给了受诺人,因此,如果允诺人自己不希望履行允诺,受诺人可以强制他履行。"④ 朴蒂埃指出,严格意义上的债是指能够产生一种要求契约相对人履行义务的权利。⑤

综上所述,近代自然法学家基于主观权利视角分析允诺/契约,与他们将债界定为主观权利的思想前后保持逻辑一致,从而上承中世纪经院哲学家的允诺理论,下启后世契约之债的权利理论,是理解现代契约法的关键。⑥

五、私权变动中的自由意志论

1. 所有权让与的意思表示

按民法原理,私权之变动或基于法律行为,或非基于法律行为而发生,前者如买卖、赠与、租赁等,它们更能体现权利人的主观意志;后者如法定继承、

---

① Klaus - Peter Nanz, Die Entstehung des allgemeiner Vertragsbegriffs in 16. bis 18. Jahrhundert, J. Schweitzer Verlag, 1985, S. 144.
② Samuel Pufendorf, De Jure Natrurae et Gentium Libri Octo, pp. 393 - 394.
③ Samuel Pufendorf, De Jure Natrurae et Gentium Libri Octo, p. 395.
④ C. Wolff, Ius naturae methodo scientifica pertractatum Frankfurt - on - Main, 1764, III, §363,转引自〔美〕詹姆斯·戈德雷:《现代合同理论的哲学起源》,张家勇译,法律出版社2006年版,第96页。
⑤ Pothier, A Treatise on Obligation Considered in a Moral and Legal View, Vol. I, pp. 1 - 2.
⑥ 齐默尔曼指出,格劳秀斯区分了授予相对方以权利的允诺与没有权利的许诺,首先影响了荷兰的冯特(Johannes Voet,1647—1713)和德国的普芬道夫,然后通过朴蒂埃又间接传到了英美普通法。参见 Reinhard Zimmermann, The Law of Obligations: Roman Foundations of the Civilian Tradition, pp. 575 - 576。

侵权行为等,未充分体现权利人的主观意志。就前者而言,近代自然法学家意图论证由法律行为导致所有权转移以及成立契约之债的根本原理何在。为便于阐述,笔者先从所有权让与开始介绍自然法学家的有关理论。

首先,近代自然法学家贯彻对物权—对人权的区分原则,清晰地界定债之关系与物权变动。以买卖为例,从罗马法开始,就将买卖契约与所有权的变动区分开来,前者仅产生买卖双方各自的给付义务;买受人要取得所有权,尚须通过交付(tratitio),或者完成对标的物的占有时效才能实现。中世纪欧洲普通法也坚持这一原则。[1]

近代自然法学家也认可交付原则。格劳秀斯指出,买卖契约只是使得出卖人负担让与所有权的义务,买受人负担支付价金的义务,但并未直接导致所有权的变动。[2] 所有权的让与,必须存在特别的要件。他说:"市民法为了防止有欠考虑的权利转让行为,并使让与人不至于后悔,从而规定受让人必须取得实际占有,即交付或过户(delivery or transfer[3])。可见,仅仅是契约本身并不足以使相对方成为所有人或者确保他(对物)的权利(II.5.2)。"[4] 普芬道夫也认为,买受人取得占有之后才能获得所有权。[5] 多玛认为交付的法律效果是:交付完成买卖契约的履行,并导致所有权移转,而且即使出卖人不是所有权人,善意买受人受到交付的保护,也取得所有权。[6] 朴蒂埃指出,通过交付买卖契约的债权人才能成为所有权人。[7]

交付原则区分了债之关系与物权变动,有助于保障交易安全,但交付仅仅是物权变动的要件,而它本身并没有说明为什么所有权在当事人之间会发

---

[1] 参见刘家安:《买卖的法律结构——以所有权转移问题为中心》,中国政法大学出版社2003年版,第66、79页。

[2] Hugo Grotius, The Jurisprudence of Holland, Vol. I, 1977, p.359.

[3] 格劳秀斯将交付理解为动产和不动产的物权变动要件,但他同时指出,动产交付无须特定形式,而不动产的交付,需要在财产所在地法院进行"过户"(transfer),否则不生物权变动的效力。参见Hugo Grotius, The Jurisprudence of Holland, Vol. I pp.97 – 99. 此处的过户应指不动产的交付。

[4] Hugo Grotius, The Jurisprudence of Holland, Vol. I, 1977, p.95.

[5] Samuel Pufendorf, De Jure Natrurae et Gentium Libri Octo, p.611.

[6] Jean Domat, Civil Law in its Natural Order, Vol. I, pp.201 – 203.

[7] Pohtier, A Treatise on Obligation Considered in a Moral and Legal View, Vol. I, pp.88 – 89. 对此,T.H.Watkin认为格劳秀斯、普芬道夫以及朴蒂埃将所有权的移转仅仅取决于契约合意。参见Watkin, An Historical Introduction to Modern Civil Law, Ashgate Publishing Ltd., 1999, p.249. 与其相反,笔者恰恰看到近代自然法学家普遍地肯定了所有权移转的交付原则。

生变动。因此,格劳秀斯指出,交付只是市民法的实证规则,并非基于普遍法律原理。他需要进一步寻找和确证所有权让与的自然理性根据。在他看来,所有权让与的真正根源,是所有人表明了内心希望让与所有权的意思(will)或"意思行为"(act of will, Willensakt)。更完整地说,让与人一方要表明其让与意思,而受让人一方,则须表明其接受的意思。① 于此须指出,虽然直至19世纪德国法学家才明确意思表示(Willenserklärung)的概念包含内心意思与外在表示两个要素②,但实际上格劳秀斯已经强调了所有权让与的内心意思与外在表示两个方面③,因此我们甚至可以用现代的术语来表达格劳秀斯的想法,即所有权转移需双方让与和接受的"意思表示"。

实际上,人文主义法学家多诺已经考虑过所有权变动中的主观意志要素,即所有权转移需要两个前提:交付和所有权转移的意思。而且,转让所有权意思不同于负担转移所有权的义务的意思。④ 在多诺的物权变动模式中,隐含着物权—债权的区分原则以及独立的物权变动的意思表示。⑤ 由此看

---

① See Hugo Grotius, The Jurisprudence of Holland, Vol. I, p. 93; Hugo Grotius, De Jure Belli ac Pacis Libri Tres, p. 260.
② Helmut Coing, Europäisches Privatrecht, Band II, 19. Jahrhundert, C. H. Beck'sche Verlagsbuchhandlung, München, 1989, S. 276.
③ 格劳秀斯在谈到所有权根据所有人的意思让与时指出,如果所有权的让与人仅仅具有"心理上的意思行为"(mental act of will)尚不足以导致所有权发生转让,而必须要用言辞或者其他外在的符号表达出来,这是因为单纯的心理活动不能满足人类交往的需要。Hugo Grotius, De Jure Belli ac Pacis Libri Tres, p. 260.
④ 参见〔德〕乌尔里希·胡贝尔:《萨维尼和物权法的抽象原则》,田士永译,《中德私法研究》(总第5卷),北京大学出版社2009年版,第72页。多诺在《优士丁尼法典评论》(Commentarii in Codicem Iustinianii)中写道:"只有肯定所有权人愿意转让所有权,所有权才通过交付转让所有权;至于债法合同是否有效或者无效,甚至根本不存在,或者存在无效债法合同,出让人是否有错误或者他是否知道合同无效,都不重要;只有所有权人转让其所有权的意思,才具有决定性。"同上书,第72页,注释105。
⑤ 胡贝尔认为,在多诺那里,物权契约理论已经基本形成。参见〔德〕乌尔里希·胡贝尔:《萨维尼和物权法的抽象原则》,田士永译,《中德私法研究》(总第5卷),北京大学出版社2009年版,第73页。

来,格劳秀斯的观点似乎并不新鲜。① 然而,相较于多诺,格劳秀斯的优势在于,他是站在自然法的理性视角提出其论证理由的。他说,"所有权制度发明以后,根据自然法,财产的所有人,拥有转让所有权的权利……这项权利体现在所有权的本性之中"。他还引用亚里士多德说,所有权的定义包含着可让与所有权的能力。② 在另一段落,格劳秀斯又强调所有权人表达出来所有权让与的意思行为,必须是一种理性的意志(rational will)。③ 由上可见,格劳秀斯提出的所有权变动模式,与多诺基本保持一致,但他更加注重所有人的自由意思表示④,这根源于所有人可根据自己意志对所有权进行支配的自然法思想。

普芬道夫沿着格劳秀斯的思路,继续加强论证所有权让与的意思表示问题。与格劳秀斯一样,他指出根据所有权本性,权利人具有让与所有权的能力。而且,他更为明确地说道:所有权让与"必须要有两个意思的合致(meeting of two wills),即让与人的意思和受让人的意思一致"。他同时也强调,所有权转移的意思合致必须以恰当的符号表达出来。⑤ 但是,普芬道夫不赞同格劳秀斯所谓交付只是市民法的规定而不具有自然法上必要性的观点。他

---

① 实际上,罗马法时代的盖尤斯更早地提到当事人转移所有权的意思,"没有什么比尊重想将其物转让给另一个人的所有权人的意思更符合自然的公平"(D.41,1,9,3),转引自黄风:《罗马私法导论》,中国政法大学出版社2003年版,第197页。但是,在罗马法契约形式主义的历史背景下,所有权人的意志没有受到重视,而待到近代自然法学才将其中理性揭示出来。此外,有些近代早期潘德克顿现代运用派作者曾强调在所有权转让中,需要出让人的让与意思(Übertragungswillens)和受让人的接受意思(Erwerbswillens)。(Helmut Coing, Europäisches Privatrecht, Band I, S. 303)。
② Hugo Grotius, De Jure Belli ac Pacis Libri Tres, p.260.
③ Hugo Grotius, De Jure Belli ac Pacis Libri Tres, p.260.
④ 格劳秀斯的重点是突出所有人的让与意思,但这容易令人误解以为他是后世《法国民法典》物权变动意思主义的肇端。例如,乌尔里希·胡贝尔分别将格劳秀斯与多诺当作两种相互对立的物权变动模式,多诺代表了物权—债权区分原则,而格劳秀斯则主张"所有权取得的合同本身就可以转移,尤其是买卖合同"。参见〔德〕乌尔里希·胡贝尔:《萨维尼和物权法的抽象原则》,田士永译,《中德私法研究》(总第5卷),北京大学出版社2009年版,第74页。在笔者看来,胡贝尔的说法既缺乏体系上的考察,又欠缺文本的根据。无论在《荷兰法学导论》还是在《战争与和平法》中,格劳秀斯始终坚持物权与债权的区分,他从未认可买卖合同本身足以导致所有权转移。查阅胡贝尔引证《战争与和平法》的段落(第二卷第十二章第15节),格劳秀斯在讨论买卖合同时,的确提到一种观点:即所有权在买卖合同成立时即转移。但从后文来看,他恰恰并不赞成这一观点。相反,他想说明的是:在标的物交付之前,所有权以及标的物的收益和风险,都应归于出卖人。参见Hugo Grotius, De Jure Belli ac Pacis Libri Tres, p.352.因此,将格劳秀斯作为《法国民法典》意思主义物权变动模式的近代起源应属误解。
⑤ Samuel Pufendorf, De Jure Natrurae et Gentium Libri Octo, pp.606 - 607.

认为,所有权具有一种伦理性质,意思合致足以导致权利转移,但所有权同时也包含一种现实的权利,权利人只有取得占有才能有效行使之。为了确保这一点,必须要交付,这也是自然理性的要求。①

科英(Coing)指出,格劳秀斯和普芬道夫的所有权让与理论,已经预示后世物权契约思想。② 笔者对此深表赞同。19 世纪萨维尼提出的物权契约理论有三个要点:其一,交付是一项契约,它包含双方当事人转移所有权的意思表示;其二,物权契约独立于债权契约,债权契约导致负担义务,物权契约导致物权直接发生变动;其三,物权契约不受其原因瑕疵的影响。③ 在格劳秀斯和普芬道夫看来,所有权本性之中蕴含着所有人可任意对物处分的意志,因此,让与人的让与意思与受让人的受让意思达成一致,足以导致所有权发生变动。只不过囿于时代原因,他们未将其表述为物权意思表示一致,或物权契约。④ 再者,他们根据对物权与对人权的区分,分别安排和处理物权法律关系和债权法律关系,将债权契约与物权变动区分开来。格劳秀斯甚至指出,所有权转让中的让与意思和接受意思,与作为债因的允诺/契约相似,因而有关允诺/契约的各项有效要件(意思能力、意思瑕疵等)也适用于所有权让与的意思。⑤ 换言之,所有权的让与意思与接受意思,与债权契约意思是独立并存的两类意思。可见,物权契约理论的三个要点,有两个已经在格劳秀斯和普芬道夫那里出现萌芽。

2. 契约之债的自由意志基础与合意原则

私权变动中的自由意志论,还体现在契约之债的产生上。罗马法采取严格的契约形式主义,不大注重当事人的主观意图。虽然在古典法时期,合意(consensus)契约尊重当事人的主观意志,使得契约法呈现主观化(subjectiv-

---

① Samuel Pufendorf, De Jure Natrurae et Gentium Libri Octo, pp. 610 – 611.
② Helmut Coing, Europäisches Privatrecht, Band I, S. 303.
③ 参见田士永:《物权行为理论研究》,中国政法大学出版社2002年版,第59—62页。
④ 19世纪之后的德国私法理论逐步明确物权契约。康德将交付理解为一项以移转占有为内容的特殊契约;胡说"交付需要出让人的意思,而接受则需要受让人的意思";最终萨维尼提出"交付是一项真正的契约"。参见金可可:《私法体系中的债权物权区分说——萨维尼的理论贡献》,载《中国社会科学》2006年第2期。
⑤ Hugo Grotius, De Jure Belli ac Pacis Libri Tres, pp. 260 – 261.

ize)的发展趋势①,但也仅限于买卖、租赁、合伙和委托四种类型,因而合意并不是所有契约的一般构成要素和基础概念。② 中世纪教会法对契约中的合意给予极大尊重。"从加洛林王朝以来,教会就鼓励契约当事人就他们的允诺在圣经上,或十字架上,或地方圣徒的遗物上宣誓。这意味着协议是在对上帝的神圣许诺之下作出的,所以违约将会影响上帝对人类的救赎。"③后来,教会法进一步认可违反不具有神圣誓约形式的允诺也是有罪的,从而形成"协议必须恪守"(pacta sunt servanda)原则。④ 契约合意原则被17世纪的罗马—荷兰法学家普遍接受⑤,但从格劳秀斯开始,近代自然法学家逐渐改造其法律原理。

格劳秀斯虽然赞同中世纪经院哲学家将信守诺言作为契约约束力的伦理基础,但是,他比经院哲学家更突出允诺/契约中的主观意志。在《荷兰法学导论》中具体谈到为什么人们可以通过允诺来授予他人一项债权时,他指出:"其理由在于一个人可以自由支配自己的行为……一个人对自己财产拥有支配力,无论是完全的或不完全的所有权,权利人都可以通过交付或许可,使他人成为(新的)权利人。同理,一个人也可以将自己的部分自由,或毋宁说是自由行为的后果,转让给他人。相对方因此获得的权利,被称为'对人权'(Ⅲ.1.12)。"⑥格劳秀斯认为既然根据自然法,所有权包含任意处分标的物的权能,那么所有权让与就是基于所有权人的让与意思而发生的(前文已述)。相应地,契约之债的产生,在本质上是债务人通过意志将自己的行为自由转让给债权人,这与所有人让与所有物是同样的道理。

实际上,将所有权与行为自由相类比,是格劳秀斯常用的修辞。在《捕获法》中论证自然权利时,他说:"'天赋自由'这个众所周知的概念,不就是指

---

① See Reinhard Zimmermann, The Law of Obligations: Roman Foundations of the Civilian Tradition, p. 564.
② 参见徐涤宇:《原因理论研究》,中国政法大学出版社2005年版,第57页。
③ Thomas Glyn Watkin, An Historical Introduction to Modern Civil Law, Ashgate Publishing Ltd., 1999, p. 302.
④ 参见〔美〕哈罗德·伯尔曼:《法律与革命——西方法律传统的形成》,贺卫方等译,中国大百科全书出版社1996年版,第299页。
⑤ See Reinhard Zimmermann, "Roman-Dutch Jurisprudence and Its Contribution to European Private Law", Tulane Law Review, Vol. 66, 1992, pp. 1692 – 1696.
⑥ Hugo Grotius, The Jurisprudence of Holland, Vol. Ⅰ, 1977, p. 295.

个人根据自己的意志进行活动的权力吗？行动自由相当于财产所有权。"①可见，所有权和人的自由都属于权利人的处分客体。那么，所有权可以根据所有人的让与意思而发生转让，而行为自由也可以根据债务人的意志而发生转让。在《战争与和平法》中，格劳秀斯再次将转让所有权与转让自由相类比。他针对康纳（Francois de Connnan，1508—1551）所谓允诺不转让权利的观点质疑道："财产所有权能够通过明确表达的意思行为发生转移。既然我们对自己的行为和对自己的财产都有同等权利，那么，为什么不能转让给他人一种旨在获取（相对人的）所有权或者要求（相对人）做某些事情的权利呢？"②因此，格劳秀斯认为，债权产生的根源在于：债务人像让与所有权一样，将自身的部分自由让与给相对人。对此，当代德国学者迪赛尔豪斯特（Diesselhorst）称格劳秀斯持一种"人的自由客体化"（vergegenständlichen）的观点，即一个人的现在和未来的行为自由是对于自身的主权支配（souveränen Herrschaft），如同处于该人支配之下的物。这种支配的权能可排除他人之侵害，而如果将其"让与"之后，则将转为他人的约束之下。③

债权的产生是债务人通过允诺交出他的部分自由并且让与给债权人的观点，虽然在现代法学中可能被认为降低了人格地位，但却是近代自然法学家的普遍想法。④ 这一观点直至19世纪仍被潘德克顿法学家所坚持。⑤ 例如，萨维尼在《当代罗马法体系》中指出，权利人的意志对外可以支配两类客体：即"不自由的自然"和"他人"。前者是物权的支配客体。至于后者，分两种情形：其一，以对待物的方式对待他人，那么他人的人格自由即不存在，从而沦为奴隶，这当然不值得赞同。其二，萨维尼设想另一种支配他人的法律关系："这种法律关系在于对于他人进行支配，但同时又没有破坏此人的自由，由此，这种法律关系类似于但却不同于所有权，它不是对于他人的整体进行支配，而只涉及此人的特定行为；该特定行为被认为从行为人的自由中分

---

① Hugo Grotius, Commentary on the Law of Prize and Booty, p.18.
② Hugo Grotius, De Jure Belli ac Pacis Libri Tres, p.329.
③ Diesselhorst, Die Lehre des Hugo Grotius vom Versprechen, Böhlau Verlag, 1959, S. 51.
④ 关于普芬道夫的观点参见 Samuel Pufendorf, De Jure Natrurae et Gentium Libri Octo, p. 395。关于托马休斯的观点参见 Klaus - Peter Nanz, Die Entstehung des allgemeiner Vertragsbegriffs in 16. bis 18. Jahrhundert, S. 161。对此一般性的说明参见 Helmut Coing, Europäisches Privatrecht, Band I, S. 93。
⑤ Helmut Coing, Europäisches Privatrecht, Band II, S. 431.

离出来,而从属于我们的意志。这种对于他人特定行为的支配关系,就被称为债(Obligation)。"①可见,19世纪德国民法学将债权客体界定为债务人之行为,体现出近代自然法到潘德克顿法学的一脉相承。②

正如所有权让与需要让与人自愿的让与意思,债务人允诺将部分行为自由让与债权人以设立债权契约,也必须是基于当事人的自由意志。基于此,近代契约法的合意原则获得了自由意志的伦理基础。

首先,近代自然法中,契约的约束力基础逐渐从(单方)允诺转向了双方合意。有些晚期经院哲学家曾提出允诺的约束力来自允诺本身,不以相对人承诺(acceptance)为必要,但莱西乌斯主张承诺是允诺人受到约束的必要条件。③ 格劳秀斯赞同后者并指出,正如所有权让与,允诺要达到转移权利(即产生债权)的效果,必需对方承诺。④ 但为了与允诺本身因信守诺言即产生约束力的自然法思想相调和,他又指出承诺只是市民法的规定,而并不必然是自然法的要求。⑤ 换言之,允诺的效力根源于信守诺言的伦理,实证法上要求的承诺则进一步强化其效力。如果忽略上述区别,在具体的民法原理上,格劳秀斯还从合意角度定义契约。他指出,契约是"两人或者两人以上为了实现一方或双方的利益而达成的意思合致(a union of wills)"⑥。

契约合意原则在近代自然法中蔓延开来。普芬道夫认为自由意志是契约的根本要素。他说:"一个人要作出完整而明确的合意,首先要求他能够充分运用自己理性,以便知晓当下交易对他是否合适、自身是否有履行能力。"⑦继而,他指出通过允诺和受诺人的承诺才能达成双方的合意。⑧ 18世纪沃尔夫创造了一个现代术语"Vertrag"(契约),强调契约的基础是当事人

---

① 〔德〕萨维尼:《当代罗马法体系Ⅰ》,朱虎译,中国法制出版社2010年版,第263页。
② Helmut Coing, Europäisches Privatrecht, Band Ⅱ, S. 431.
③ 参见〔美〕詹姆斯·戈德雷:《现代合同理论的哲学起源》,张家勇译,法律出版社2006年版,第101页。
④ Hugo Grotius, De Jure Belli ac Pacis Libri Tres, p. 338.
⑤ Hugo Grotius, De Jure Belli ac Pacis Libri Tres, p. 338.
⑥ Hugo Grotius, The Jurisprudence of Holland, Vol. Ⅰ, 1977, p. 341.
⑦ Samuel Pufendorf, De Jure Natrurae et Gentium Libri Octo, p. 404.
⑧ See Samuel Pufendorf, De Jure Natrurae et Gentium Libri Octo, pp. 423 – 424.

的合意。① 法国自然法学家也以合意作为契约法的核心要素。② 例如,多玛提出"合意创造协议"(consent makes the covenant),即"协议是通过当事人作出的相互同意而完成"③。朴蒂埃在《论债法》中明确引用多玛指出:协议是两人或两人以上之间的合意,通过协议可以设立、变更或消灭某种义务。④ 在此基础上,19 世纪德国潘德克顿法学家接受了自然法的契约理论,从意思表示一致(Vereinigung der Willenserklärung)来构造契约,并转化为 19 世纪民法典的规定。⑤

合意原则是契约的本质,也是各项契约制度的内在价值。就契约主体而言,因为"所有的债都须以人类意志的自由运用为前提"⑥,所以未成年人、疯人、痴呆人、醉酒的人订立的契约在效力上是有瑕疵的。⑦ 就错误、欺诈、胁迫而言,罗马法主要是从诉(actio)和抗辩(exceptio)的角度对错误和受胁迫的表意人予以救济⑧,而近代自然法学家普遍认为,它们影响了当事人自由意志的运用,导致契约合意存在瑕疵。⑨

在自然法学的理论基础上,欧洲各国民法典也贯彻了契约合意思想。例如 1804 年《法国民法典》第 1101 条规定:"契约是一种合意,依此合意,一人或数人对于其他一人或数人负担给予、作为或不作为的义务。"1881 年《瑞士债法典》第 1 条规定:"契约于双方当事人意思表示明确一致时成立。"1896 年《德国民法典》也在总则部分通过意思表示来规定契约的概念。正如齐默

---

① Klaus‐Peter Nanz, Die Entstehung des allgemeiner Vertragsbegriffs in 16. bis 18. Jahrhundert, S. 165 f.
② See Reinhard Zimmermann, The Law of Obligations: Roman Foundations of the Civilian Tradition, p. 566.
③ Jean Domat, Civil Law in its Natural Order, Vol. I, p. 163.
④ Pohtier, A Treatise on Obligation Considered in a Moral and Legal View, Vol. I, p. 4.
⑤ Klaus‐Peter Nanz, Die Entstehung des allgemeiner Vertragsbegriffs in 16. bis 18. Jahrhundert, S. 197 f.
⑥ See Hugo Grotius, The Jurisprudence of Holland, Vol. I, 1977, p. 297.
⑦ Hugo Grotius, De Jure Belli ac Pacis Libri Tres, p. 332. Samuel Pufendorf, De Jure Natrurae et Gentium Libri Octo, pp. 405–408.
⑧ See Reinhard Zimmermann, The Law of Obligations: Roman Foundations of the Civilian Tradition, pp. 602–604, pp. 654–658.
⑨ Hugo Grotius, De Jure Belli ac Pacis Libri Tres, pp. 333–335. Samuel Pufendorf, De Jure Natrurae et Gentium Libri Octo, pp. 409–423. Jean Domat, Civil Law in its Natural Order, Vol. I, p. 165. Pohtier, A Treatise on Obligation Considered in a Moral and Legal View, Vol. I, pp. 14–23.

尔曼所说,契约法的意思理论与合意原则是近代自然法的重要遗产。①

近代自然法学家发展出来的私权变动中的自由意志论,最终在德国古典哲学中上升为权利的自由意志哲学。② 康德和黑格尔指出,财产是自由意志支配的对象,所有权的转让是让与意志和接受意志共同作用的结果③;而契约就是通过两个自由意志的联合,当事人获得要求另一个自由意志去做某种行为的权利。④ 可见,近代自然法学家揭示了私权的变动与主体自由意志的内在关联性,甚至预示了近代民法私权概念与自由意志哲学在19世纪的结盟。

六、结论

一般而言,近代自然法思想家较少直接关注私法,他们更多地讨论宏观原理,诸如自然法的人性基础、自然状态与自然权利、国家起源与社会契约等。与近代自然法在法律哲学和宪政方面取得的非凡成就相比,它在私法领域的表现似乎并不突出。例如,一种典型的说法是"自然法进入私法实践活动的领域,就变得无精打采"⑤。勒内·达维德(René David)甚至认为自然法"不曾创造并向实践提供任何替代罗马法的制度"⑥。直至20世纪50年代,德国学者汉斯·蒂梅(Hans Thieme)还觉得自然法对于近代私法的影响研究

---

① See Reinhard Zimmermann, The Law of Obligations: Roman Foundations of the Civilian Tradition, p. 569.

② 在德国古典哲学中,自由意志成为道德实践领域的理论公设。康德认为在道德领域,自由意志不是一项事实,而是实践理性的公设,是道德领域必须接受的前提,是无条件的、绝对的。参见〔德〕康德:《实践理性批判》,韩水法译,商务印书馆1999年版,第1页;〔德〕康德:《法的形而上学原理》,沈叔平译,商务印书馆1997年版,第50页。换言之,自由是人类意志的根本性规定。对此,黑格尔更明白地说道:"不如直截了当地把自由当作现成的意识事实而对它不能不相信,来得更方便些。……可以说,自由是意志的根本规定,正如重量是物体的根本规定一样。说到自由和意志一样,因为自由的东西就是意志。意志而没有自由,只是一句空话;同时,自由只有作为意志,作为主体,才是现实的。"黑格尔:《法哲学原理》,贺麟、张企泰译,商务印书馆1996年版,第11—12页。

③ 康德说:某人放弃一个对象,他人以意志活动而接受,此物便成为他的财产。〔德〕康德:《法的形而上学原理》,沈叔平译,商务印书馆1997年版,第89页。黑格尔说:"我可以转让自己的财产,因为财产是我的,而财产所以是我的,只是因为我的意志体现在财产中。"〔德〕黑格尔:《法哲学原理》,贺麟、张企泰译,商务印书馆1996年版,第73页。

④ 参见〔德〕康德:《法的形而上学原理》,沈叔平译,商务印书馆1997年版,第89页。

⑤ 〔美〕艾伦·沃森:《民法法系的演变及形成》,李静冰、姚新华译,中国政法大学出版社1997年版,第140页。

⑥ 〔法〕勒内·达维德:《当代主要法律体系》,漆竹生译,上海译文出版社1986年版,第45页。

甚少。①但本文的研究已然表明,离开近代自然法学家对私法/私权的理论贡献,大陆法系近代民法的权利思想、意思自治等原理几乎无从确立。在笔者看来,近代自然法学家的私权学说,在如下几个方面具有承前启后的重要意义:

第一,他们以主观权利引导和安排全部的私法内容,使得私法体系呈现为一种主观权利的秩序。尽管也有自然法理论家以义务为中心来构建私法体系(例如多玛的《自然秩序中的民法》),但是以主观权利为中心的私法体系得到后世大陆法系学说和立法上更多的认同。

第二,他们继承并发展从中世纪到人文主义法学时期的私权区分理论,改造了中世纪的对物权—向物权分类体系和双重所有权理论,建构了近代民法的人身权—财产权、物权—债权、所有权—他物权等概念分类体系,影响到后世欧陆潘德克顿私法体系的发展方向。

第三,他们一方面延续了中世纪经院哲学关于允诺约束力的伦理基础,另一方面着意强调允诺/契约必须赋予当事人权利才能称为债,明确了债的主观权利涵义。

第四,他们认为所有权和行为自由都是归属于权利人的支配领域,基于法律行为而发生的私权变动必须体现权利人的自由意志。所有权的移转需要出卖人的让与意思与买受人的接受意思,债权契约是债务人自愿将自己的行为自由转让给债权人的结果。这奠定了两个重要的近代民法原理的自由意志基础:物权变动中存在独立的物权意思表示以及合意成立契约的原则。

总之,近代自然法学家不仅为近代公法和宪政理论提供丰富的思想资源,而且在欧洲私法从中世纪向近代的演变过程中起到了关键性作用,奠定了近代欧洲私法的发展趋势。

---

① Hans Thieme, Das Naturrecht und die europäische Privatrechtsgeschichte, Verlag von Helbing & Liechtenhan, 2. Aufl., 1954, S. 8.

从"资本主义精神"透视近代民法中的人[*]

近年来,我国法学界对"民法中的人"这一主题已有大量的探讨[①],这些研究从不同侧面揭示了民法对于人性的假设及民法上"人"的行为模式。笔者以为,这种民法基础理论研究有助于澄清民法上的基本理念,使人更清楚地认识民法的性质以及民法发展的历史规律。因此,继续深入探讨这一问题仍有重要的理论意义。

一、"资本主义精神"与近代民法的问题界定

资本主义通常被定义为一种经济制度体系。彼得·桑德斯认为资本主义是这样的一个体系:"个体或团体通过对土地、劳动和资本的购买使用,生产出物品或劳务,并按照能够获取利润的价格在市场上出售,以竞相积累财富。"[②]尽管很多学者认为,资本主义兴起的动力是资本家为了追求巨额利润,但马克斯·韦伯(Max Weber,1864—1920)在其名篇《新教伦理与资本主义精神》中追问:营利欲望在人类社会普遍存在,为什么偏偏在近代西方产生

---

[*] 原载《法律科学》2007年第2期,现经修订后收入本书。
[①] 参见赵晓力:《民法传统经典文本中"人"的观念》,载《北大法律评论》(第1卷第1辑),法律出版社1998年版;谢鸿飞:《现代民法中的"人"》,载《北大法律评论》(第3卷第2辑),法律出版社2001年版;周佳念:《经济人、制度人以及民法中假设的人》,载吴汉东主编:《私法研究》(第2卷),中国政法大学出版社2002年版;李永军:《民法上的人及其理性基础》,载《法学研究》2005年第5期。相关的译文参见〔日〕星野英一:《私法中的人》,王闯译,载梁慧星主编:《为权利而斗争》,中国法制出版社2000年版;〔德〕拉德布鲁赫:《法律智慧警句集》,舒国滢译,中国法制出版社2001年版。
[②] 〔英〕彼得·桑德斯:《资本主义——一项社会审视》,张浩译,吉林人民出版社2005年版,第13—14页。

了资本主义？早期资本家为什么改变闲逸、舒适的传统主义生活方式、经营方式，而转向一种节俭的、有计划的、理性的逐利行为？由此，韦伯提出一个设想，必有一种精神动力促使资本主义的发生，即"资本主义精神"(the Spirit of Capitalism)。20世纪以来，德国学者威尔纳·松巴特(Werner Sombart，1863—1941)、恩斯特·特洛尔奇(Ernst Troeltsch，1865—1923)以及马克斯·舍勒(Max Scheler，1874—1928)纷纷对此命题进一步展开探索。

综合这些学者的研究，笔者对"资本主义精神"进行初步的概括。传统的政治经济学家把资本主义定义为资本家为了追求财富而发明的一种经济组织形式和生产方式。与这种物质主义的解释不同，舍勒认为："资本主义首先不是财产分配的经济制度，而是整个生活和文化制度。"①而在韦伯看来，资本主义除了需要持久性的企业、理性的技术和理性的法律之外，还需要"理性的精神、理性的生活态度以及理性的经济伦理"②，即资本主义精神。那么，资本主义精神究竟根源何在？这些学者普遍认为，应当从促成资本主义产生的那种人的内心"体验结构"和"欲望结构"③来理解资本主义精神。不同的是，在松巴特那里，它是资产者的"赢利欲"；在韦伯那里，它是新教加尔文宗的禁欲主义和"工作欲"；而舍勒则认为是小市民对安稳的、可预测的生活的心理渴求。④

总体言之，这些理论家倾向于从纯精神的角度看待资本主义的起源。尤其是现象学(phenomenology)哲学家舍勒涉足这一领域之后，这种研究范式的唯心主义特征更为明显。现象学方法要求研究者悬置客观世界而不论，直接深入主观意识领域，体验人的内在意识和心理活动，从而在意识中重新构造出研究的对象。⑤例如舍勒断言，资本主义制度"源于特定的生物心理类型

---

① 〔德〕马克斯·舍勒：《资本主义精神三论》，罗悌伦译，载刘小枫编：《资本主义的未来》，三联书店1997年版，第62页。
② 〔德〕马克斯·韦伯：《韦伯作品集Ⅱ：经济与历史》，康乐等译，广西师范大学出版社2004年版，第181页。
③ 〔德〕马克斯·舍勒：《资本主义精神三论》，罗悌伦译，载刘小枫编：《资本主义的未来》，三联书店1997年版，第9页。
④ 参见〔德〕马克斯·舍勒：《资本主义精神三论》，罗悌伦译，载刘小枫编：《资本主义的未来》，三联书店1997年版，第15、17、32页。
⑤ 关于现象学的方法参见〔德〕胡塞尔：《纯粹现象学通论》，李幼蒸译，商务印书馆1996年版，第150—160页；叶秀山：《思·史·诗——现象学和存在哲学研究》，人民出版社1999年版，第92—93页。

的人(即资产者)的目的设定和价值评价"①。换言之,在历史唯物主义者看来由社会物质生活条件所决定的资本主义制度,其原动力却被舍勒说成是资产者的某种心理因素。因而"资本主义精神"这一命题招致历史学家费尔南·布罗代尔(Fernand Braudel,1902—1985)批评其是"为了躲避马克思而走的旁门"②。笔者以为,历史唯物主义对资本主义的批判认识具有深刻性,但这并不妨碍我们从多元视角透视资本主义,"资本主义精神"可以作为认知资本主义社会制度(包括法律)的一个理念视角。

在界定资本主义精神之后,需要说明如何在"近代民法中的人"与资本主义精神之间建立起问题关联。民法是商品经济社会交易的基本法,在近代,资本主义与民法是同步兴起的。民法理论按历史分期区分为"近代民法"与"现代民法"。简单地说,从16世纪资本主义兴起至19世纪末的西方民法为"近代民法",而20世纪以来的民法为"现代民法"。根据梁慧星教授的观点,近代民法的主要特征是:①抽象的人格,即民事主体不论其实际的地位和实力,在民法上统统被视为平等主体,都被赋予同样的权利能力;②财产权保护的绝对化,即维护私有制经济,赋予所有权和他物权以绝对的排他效力;③私法自治,即民事法律关系完全由当事人的自由意思决定;④自己责任,即民事主体只对由自己行为造成的损害承担责任,而对不是基于自己故意或过失而导致的损害不负责任。③ 由上述特征可知,近代民法其实是资本主义自由放任社会经济状态的反映,它确认和巩固了资本主义社会经济体制。近代民法的调整范围就是资本主义市民社会中的每一个平等主体之间,在家庭、社会、经济等私人生活领域发生的各种关系。因此,近代民法与资本主义具有结构同一性。笔者认为,前述理论家描述的资本主义社会中的"资产者"形象可以对应阐释近代民法中"人"的形象。"资产者"在资本主义经济活动中所表现出来的心理特征,正是近代民法民事主体制度的人性基础。

---

① 〔德〕马克斯·舍勒:《资本主义精神三论》,罗悌伦译,载刘小枫编:《资本主义的未来》,三联书店1997年版,第62页。
② 〔法〕费尔南·布罗代尔:《15至18世纪的物质文明、经济和资本主义》(第2卷),顾良译,三联书店2002年版,第431页。
③ 与此相对,现代民法的主要特征是:(1)具体的人格;(2)财产权的限制;(3)契约自由的限制;(4)社会责任。参见梁慧星:《从近代民法到现代民法》,载《民商法论丛》(第6卷),法律出版社1997年版。

因此,本文借用韦伯意义上的"资本主义精神",对比分析近代民法上人的心理活动机制,进而对近代民法人的权利意识以及理性计算精神作一个思想史的考察。

二、资产者的"赢利欲"与近代民法人的权利意识

要探究近代民法中的人,首先必须清楚近代民法人的现实原型。徐国栋教授指出,中文"民法"一词来源于西方语言中的 ius civile(拉丁语),droit civil(法语),Bürgerliche Recht(德语),diritto civile(意大利语)以及 Burgerlyk Regt(荷兰语),实际上这些词汇直译应该是"市民法",用"民法"来翻译它们遗漏了一个非常重要的信息,即市民法是调整市民社会的法律,市民法上的主体是"市民",不是"公民",更不是"人民"。①

近代西方的"市民"(法语 bourgeois,德语 Bürger)可以追溯到中世纪的行会城市。11 世纪以来,随着商业贸易的复兴,西欧出现了大量的商业城市,它们起初大多是商人的集散地。后来商人和手工业者的行会,通过和平或武装的斗争,从国王和封建领主那里取得城市自治权,从而确保他们的人身自由。韦伯说:"中世纪行会城市典型的市民为商人或手工业者;如果他还拥有房屋,那么他就是一个充分资格的市民。"②近代民法上的主体是"市民",西方的市民来源于商人,法律就是按照商人的形象来塑造法律上的人格。③ 商人是近代民法人的历史原型,此外,商人又是早期的资产阶级,基于这种身份重合,商人身上所体现的资本主义精神也反映在近代民法对法律人格的设计上。

关于资本主义精神,韦伯和松巴特的观点最具原创性。韦伯首先从新教伦理中发现了现代资本主义最强有力的精神根源。在《新教伦理与资本主义精神》中,韦伯把资本主义精神定义为"理性而有系统地追求利润的态度",并指出基督教新教的"禁欲主义"和"天职观"与资本主义精神之间具有一种

---

① 参见徐国栋:《市民社会与市民法——民法的调整对象研究》,载《法学研究》1994 年第 4 期。
② 〔德〕马克斯·韦伯:《韦伯作品集 II:经济与历史》,康乐等译,广西师范大学出版社 2004 年版,第 275 页。亨利·皮朗也认为中世纪城市的市民主要是指商人。参见〔比利时〕亨利·皮朗:《中世纪经济社会史》,乐文译,上海人民出版社 2001 年版,第 47 页。
③ 参见〔德〕拉德布鲁赫:《法律智慧警句集》,舒国滢译,法制出版社 2001 年版,第 144 页。

天然的亲和性。具体来说,根据新教加尔文宗的"预定论",尘世中的人们是否可以获得上帝的救赎已由上帝先行决定,任何圣礼、忏悔和教会组织等一切宗教仪式都无法改变已被决定的命运,因此教徒只能以世俗职业上的成就来确定上帝对自己的恩宠。① 由此引入的"天职观"导致清教徒用神意为追求经济利润的行为提供了正当的理由:

> 在清教徒的心目中,一切生活现象皆是由上帝设定的,而如果他赐予某个选民获利的机缘,那么他必定抱有某种目的,所以虔信的基督徒理应服膺上帝的召唤,要尽可能地利用这天赐良机。要是上帝为你指明了一条路,沿循它可以合法地谋取更多的利益(而不会损害你自己的灵魂或者他人),而你却拒绝它并选择不那么容易获利的途径,那么你会背离从事职业的目的之一,也就是拒绝成为上帝的仆人,拒绝接受他的馈赠并遵照他的训分为他而使用它们。他的圣训是:你须为上帝而辛劳致富,但不可为肉体、罪孽而如此。……清教徒时常争辩说,期待自己一贫如洗不啻是希望自己病入膏肓;它名为弘扬善行,实为贬损上帝的荣耀。特别不可容忍的是有能力工作却靠乞讨为生的行径,这不仅犯下了懒惰罪,而且亵渎了使徒们所言的博爱义务。②

新教伦理不仅解释了追逐利润的正当性,而且还对清教徒的日常生活提出了禁欲主义的要求:不能耽于享乐而浪费时间,不能大肆挥霍钱财,保持勤勉、刻苦、节制和盈利的生活和工作态度。所有这些清教徒的内在品格和素质,就是现代资本主义的精神动力。

松巴特在《资产者》一书中把资本主义精神分为两种成分。①实干精神,它的表现是资产者"对众多意志的组织、夺取、统治、强制力的贪婪",而且是出于一种冒险的、进取的、意在规化大众的目的。舍勒对此质疑道,把"实干精神"当作资本主义精神解释不了一个悖论,即所谓的"实干家"都是积极进取、深谋远虑、坚毅大胆的人,在传统社会中,这些秉性甚高的人一般都献身于国家、教会、战争、科学和艺术等更加高尚的事业,他们怎会甘心于

---

① 参见苏国勋:《理性化及其限制——韦伯思想引论》,上海人民出版社 1988 年版,第 120 页。
② 〔德〕马克斯·韦伯:《新教伦理与资本主义精神》,于晓、陈维纲译,三联书店 1996 年版,第 127 页。

一己私利之满足？相对而言,舍勒更赞同松巴特提出的第二种资本主义精神,即②市民精神。松巴特通过对比两种类型的人来说明市民精神:第一种人"铺张浪费"或"显贵作风",第二种人善于"持家"或"发家"。第一种类型的人具有贵族气质,热爱他人、不会妒忌和吃醋、乐于牺牲、出手大方。而第二种类型的人具有"小市民"气质,他们时刻操心自己,使自己在一切事情中寻求"安稳"和"保险",寻求事物的规律性,计算一切东西;这种人必定通过挣得某种价值来证明自己,他们一心想超过别人,若他们占据支配地位,将导致无限制的竞争体系的出现。① 后一种人以"赢利"为一切经济生活的目的,更加适应资本主义优胜劣汰的市场机制。随着资本主义经济制度的扩展,市民精神就扩散为一种具有普遍性的现代资本主义伦理,松巴特称之为"世界的市民化"②。

舍勒对比韦伯和松巴特的区别并指出,松巴特认为资产者的"赢利欲"是资本主义精神的起源;而韦伯的出发点则是清教徒的天职观所带来的"工作欲",而不仅仅是赢利的内容。因为韦伯认为,清教徒赢利和赚钱并不是为了消费和享乐,赚钱本身就是目的,就是他们的"天职"。在清教徒眼中,"仅当财富诱使人无所事事,沉溺于罪恶的人生享乐之时,它在道德上方是邪恶的;仅当人为了日后的穷奢极欲,高枕无忧的生活而追逐财富时,它才是不正当的"③。可见,清教徒注重的是赢利活动之所"赢",获取财富之所"获",而不在于利益和财富本身,这与庸俗的享乐主义划开了界限。舍勒认为,韦伯更深刻地揭示了资本主义精神的根源,因而主张按照如下顺序排列资产者的内心欲望结构:新的工作欲—新的赢利欲—新的尘世欢乐和享受欲。④

尽管韦伯和松巴特对资本主义精神的界定不完全一致,但二者都承认"赢利欲"是资产者的普遍心态。赢利欲促使资产者无休无止地追逐利润,

---

① 参见〔德〕马克斯·舍勒:《资本主义精神三论》,罗悌伦译,载刘小枫编:《资本主义的未来》,三联书店1997年版,第5、23—24页。
② 刘小枫:《现代性社会理论绪论》,三联书店1998年版,第355页。
③ 〔德〕马克斯·韦伯:《新教伦理与资本主义精神》,于晓、陈维纲译,三联书店1996年版,第127页。
④ 参见〔德〕马克斯·舍勒:《资本主义精神三论》,罗悌伦译,载刘小枫编:《资本主义的未来》,三联书店1997年版,第5、52、57页。

因为"赚钱的欲望永远不会满足"①。这一个方面暴露了资产者对金钱的赤裸裸欲望,但是,从另一方面看,这何尝不是显示近代早期的商人/资产者不断地奋进向上、赢取财富以验证自身价值的意志情态。前文已述,近代民法上人的原型是商人/资产者,近代民法中的人也具备商人/资产者那种积极赢取利益的心理结构,商人/资产者的经济利益翻译成民法上的语言,即民事权利。

大陆法系民法理论对民事权利的通常定义是:权利是法律为了满足某人的需要而赋予他的一种"法律的力",即权利人根据法律的授权,可以从事特定行为,例如所有权人不受干涉地支配所有物,形成权人可以单方面从事行为,债权人要求债务人为一定给付。② 民事权利是国家法律授予给私人个体的,权利人要通过自己的行为来主张和行使权利,否则,权利就不会自动实现。其隐含的前提是,在近代民法上,每个人都应当是理性的"经济人",他就是自身利益的最佳判断者,是否以及如何行使权利,应由其独立自主地进行判断。正如拉德布鲁赫描述的那样:"这是一种不仅非常自私自利,而且在自私自利时又非常精明的个人;是不过追逐自己的正当个人利益的人。……任何一部法律必须假定很自私、很精明的人这样的虚构。"③

据此推论,法律赋予某人权利,只是创造一个满足权利人利益的地位,至于他是否能够获取权利所带来的利益,则在所不问。法谚有云:"法律为聪明人而立。"④这种自由放任的权利观,实际上鼓励那些为追逐自身利益而主动行使权利的人。换言之,在利己心的驱使下,那些能够意识到权利并为之斗争的人,才配得上享有权利以及享受权利带来的好处。为此,近代民法积极引导民事主体对权利的感知力,努力塑造民法人"赢取"权利的心理机制,培养主体的"权利意识"。

近代民法通过各种具体的制度设计来促成和鼓励这种"权利意识"。我们可以从这一视角揭示资本主义市场经济的两大必备制度——所有权和契

---

① 〔法〕雷吉娜·佩尔努:《法国资产阶级史》(上),康新文等译,上海译文出版社1991年版,第91页。
② 参见〔德〕卡尔·拉伦茨:《德国民法通论》(上),谢怀栻等译,法律出版社2003年版,第276—277页。
③ 〔德〕拉德布鲁赫:《法律智慧警句集》,舒国滢译,中国法制出版社2001年版,第146页。
④ 〔德〕拉德布鲁赫:《法律智慧警句集》,舒国滢译,中国法制出版社2001年版,第146页。

约的运作原理。

第一,资本主义市场经济的前提是对财产所有权的尊重和保护。从民法人的权利意识出发,法律必须清晰地界定商品交易当事人的产权,以及确保交易后权利让渡的合法性。近代民法所有权和他物权制度对财产的静态安全予以完全的保护,例如常被引证的《法国民法典》第544条"所有权是对于物有绝对无限制地使用、收益和处分的权利,但法令所禁止的使用不在此限",以及《德国民法典》第903条"物的所有人,以不违反法律或第三人的权利为限,可以随意处分物,并排除他人的任何干涉"都被认为是确立了所有权绝对原则。这一原则赋予交易者对财产所有权稳定的预期,免除其权利遭受不法侵害之忧,维持私人产权合法性的观念,释放人们在市场上追求和占有财富的欲望。

第二,就契约制度而言,罗马法上的契约法是为了利用财产而非寻求利润,它是取得或处分所有权的一种手段;但从西欧中世纪城市的商法开始,契约被作为交易的工具,是商人从事投机、实现盈利的工具。① 近代民法普遍用这种商品交易观念来理解契约制度,并实行契约自由原则。海因·克茨指出:契约自由包含订立或拒绝一项合同的自由(即缔约自由),以及当事人共同商定合同内容、事后变更合同内容和退出合同的自由(即内容自由)。契约自由是私法自治的一种体现。② 商品交易者据此可以根据自己的意愿,不受他人意志的支配,自主地确立自己在合同中的各项权利。并且法律为确保契约交易目的的实现,赋予债权人请求权、保全权、处分权、变更权,以及违约时的各种救济权。凡此种种,均是为实现此目的而进行的权利制度设计。

即使不考虑经济利益因素,也可以合理地解释近代民法人的权利意识。在一些民事讼争中,经济价值大小也许是次要的,当事人更看重标的所体现的权利。权利意味着当事人的诉求在法律上得到认可,即使是价值菲薄的标的,也是如此。当事人宁愿耗费远远超过标的价值的成本,通过诉讼赢取权利,只是为了说明自己行为的合法性与正当性,为了确证其权利的存在。正如韦伯笔下的清教徒,并不是为了享乐和挥霍而挣取财富,而仅仅是为了证

---

① 参见〔意〕卡尔卡诺:《商法史》,贾婉婷译,商务印书馆2017年版,第32页。
② Vgl. Hein Kötz, Vertragsrecht, Mohr Siebeck, 2009, S. 10.

明自己在尘世生活中没有虚度,为了获得上帝的眷顾。耶林早在 19 世纪就已参透蕴藏在"小额诉讼"之下的重大意义,正如他在《为权利而斗争》中的经典论述:

> 日常经验告诉我们,有的诉讼争议标的物的价值与估计到的辛苦、不安和费用不符。没有人肯为落入水中的一个塔勒银币而投入两个塔勒银币——对他而言,为此事应该出多少费用是纯粹的计算问题。既然如此,那么他为什么在诉诸公堂之际不去尝试相同的计算问题呢!……原告为保卫其权利免遭卑劣的蔑视而进行诉讼的目的,并不在于微不足取的标的物,而是为了主张人格本身及其法感情这一理想目的,与这一目的相比,诉讼带来的一切牺牲和劳神对权利人而言,通通无足挂齿——目的补偿了手段。被害人为提起诉讼而奔走呼号,不是为金钱利益,而是为蒙受不法侵害而产生的伦理痛苦。对他而言,所要求的并非单单是返还标的物——此时常常为确认诉讼动机而把标的物事先捐给济贫院——为的是主张自己正当的权利。心灵之声告诫他自己,决不后退,重要的不是区区标的,而是他的人格,他的名誉,他的法感情,他作为人的自尊——即诉讼对他而言,从单纯的利益问题变化为主张人格抑或放弃人格这一问题。①

三、资本主义"计算精神"与近代民法人的计算性

德国社会学家格奥尔格·西美尔(Georg Simmel,1858—1918)认为"计算"是现代社会生活的独特精神。从哲学根源上说,近代的理性主义哲学把世界设想成一个巨大的算术问题,把其中发生的事件和事物的性质当成一个数字系统,不仅自然科学可以应用数学计算,而且人们的生活价值也可以通过计算人生的快乐和痛苦来把握。② 韦伯也认为,近代资本主义经济和法律制度到处渗透着计算精神。他说:"要想合理地经营资本主义形式的工业组

---

① 〔德〕鲁道夫·冯·耶林:《为权利而斗争》,胡宝海译,载梁慧星主编:《为权利而斗争》,中国法制出版社 2000 年版,第 10—11 页。
② 参见〔德〕西美尔:《货币哲学》,陈戎女等译,华夏出版社 2002 年版,第 358 页。

织,就必须可以预先算定、判断和管理。"①即资本主义经济是一种能够事先精确"计算"的经济。资本主义法律秩序努力维护这种计算性的经济,因为它"可以给予个人对其拥有的经济财货或者在某些前提下可在将来取得的财货,某种计算的可能性"②。在计算性法律的保障下,资本家能够安全地预期资本的运作以及营利情况,从而可以在较为广泛的时空中,达到理性地控制和规划经济活动的目的,并造成资本主义向世界扩张的结果。

经济行为的计算有"实物计算"和"货币计算"两种方式。韦伯认为,实物计算以满足消费需求为取向,与资本主义营利性经济并不契合,因为资本主义经济活动是各种生产要素的复杂结合,实物计算无法对此进行客观化的衡量。相反,货币可以对经济机会、生产手段和生产效用作客观的精确评估,因而货币是最完美的经济计算手段,即在经济行动的取向中,是在形式上最为理性的手段。在资本主义经济活动中,货币计算就是对资本的营利机会和营利损益的估算和监控。③

货币的计算精神,随着资本主义经济在现代社会的扩展,更加深入地支配着人们的日常生活,西美尔说:

> 货币经济迫使我们在日常事务处理中必须不断地进行数学计算。许多人的生活充斥着这种对质的价值进行评估、盘算、算计,并把它们简化成量的价值的行为。按照金钱对价值斤斤计较教会我们学会了把价值确定和具体到最后一厘,并且在对比各种各样的生活内容时给它们强加上越来越大的精确度和明确的界限。……生活中经济关系的准确、精密、严格与金钱事务的扩张携手并进。④

近代民法作为维护资本主义市场秩序的法律,其计算特性很明显。市场交易者的各种有形、无形的财物或经济利益,在近代民法上都可以兑换成各种形式的"权利单元",如对物的支配权、债权人的请求权、无形财产的知识

---

① 〔德〕马克斯·韦伯:《韦伯作品集 II:经济与历史》,康乐等译,广西师范大学出版社2004年版,第153页。
② 〔德〕马克斯·韦伯:《韦伯作品集 IV:经济行动与社会团体》,康乐等译,广西师范大学出版社2004年版,第200页。
③ 参见〔德〕马克斯·韦伯:《韦伯作品集 IV:经济行动与社会团体》,康乐等译,广西师范大学出版社2004年版,第37、42、55页。
④ 〔德〕西美尔:《货币哲学》,陈戎女等译,华夏出版社2002年版,第358页。

产权、继承权、股权等。各项民商事法律其实是对这些民事权利单元进行分配和计算的规则。在货币经济兴起以后,近代民法的计算精神更为明显。19世纪时萨维尼早已觉察到这一点,他指出,个人财产的各种组成成分在货币的计算中被转化为纯粹的数量,货币成为衡量一切财产权的客观手段,由此"财产"的概念被理解为一定数量货币的所有权,或被理解为所负担的金钱债务。①

因而,近代民法在将人塑造成"权利主体"的同时,还进一步教导人如何对权利进行计算。这种计算性格也是根源于商人/资产者的心性结构。在前资本主义社会生活中,人与人之间利益交换的方式一般是不成文的习俗和人情规则。各种经济行为并不是依靠纯粹冷冰冰的商品交易规则,而主要是根据人的身份属性以及人的社会地位。然而,在资本主义商人们看来,没有什么不能在市场上进行交易,没有什么不能通过市场确定价值,也没有什么不能通过货币进行计算。② 换言之,资本主义把传统社会对事物的"质"的评价替换为对事物的"量"的计算,"重视质量的凝思性认识态度变为重视数量的计算性态度"③。计算精神逐渐扩散为商人/资产者日常生活的心理机制。法国历史学家雷吉娜·佩尔努在描述18世纪法国资产者时说道:

> (资产者)按照某些既定的准则行事,他自觉遵守这些准则,这很容易使人们相信是他本人在按照自己的意愿安排生活;他工作并积攒钱财,他在算计和估量,在推理和预测,他不仅把一切都安排得有条有理,对一切都不存侥幸心理,并且在为他的生活寻求坚实的基础的同时,善于在道德领域和经济领域排除神秘的力量。④

近代民法根据商人/资产者的形象塑造法律人格,要求人们在民事生活领域时刻抱有这种计算精神。为此,各项民法制度设计必须从民法人的计算

---

① 参见〔德〕罗尔夫·克尼佩尔:《法律与历史:论〈德国民法典〉的形成与变迁》,朱岩译,法律出版社2003年版,第282页。
② 资本主义的关键要素之一是"物品和劳务按照市场价格进行交换"。参见〔英〕彼得·桑德斯:《资本主义——一项社会审视》,张浩译,吉林人民出版社2005年版,第10页。
③ 〔德〕马克斯·舍勒:《资本主义精神三论》,罗悌伦译,载刘小枫编:《资本主义的未来》,三联书店1997年版,第13页。
④ 〔法〕雷吉娜·佩尔努:《法国资产阶级史》(下),康新文等译,上海译文出版社1991年版,第239页。

心理出发。这体现在如下几个方面：

第一，传统社会中人们注重经济财物的使用价值，即财物只有在发挥它的作用时才会被认识到其价值。尤其在欧洲封建社会，财产所有权的存在理由不仅在于其经济价值，而且还在于它为众人服务的目的。例如，在一块封建社会的土地之上，存在并维持着众多非所有权人的利益，土地并不完全属于所有权人，而只是在收获的时节才属于土地的主人。一般来说，在地主收割完庄稼之后的3天时间里，拥有拾麦穗权的人进入土地拾取掉在地里的麦穗（拾穗权）；然后当地的居民可以割走留在田地里的麦秆（除茬权），用作牲口的垫草或者覆盖屋顶；最后，每逢休闲年，畜群可以在撂荒的土地上自由放牧（公共放牧权）。① 由此形成的所有权只是为了完成某种社会责任，从而拥有一项"职权"的观念：如果"只着力于经济可能性而利用其所有权之人，既败坏了所有权的本质，亦毁坏了本人的道德，因为他享有众人的生计而不尽任何人的职责"②。可见，在这种法律体制下，所有权根本不可能在数量上进行精确计算。而近代民法则把所有权固定为权利人与其所有物之间对应的绝对性、排他性法律关系，明明白白地确定所有权的权能范围，为所有权的计算提供了前提条件。而且，由于货币经济的发达，所有权的经济价值可以用定额的货币来表现，财产的使用价值被交换价值遮蔽。这样一来，近代民法人在对各项权利的经济价值进行估算时，无须像封建地主那样还要考虑其烦杂的社会负担，而只用单纯地依据其在市场上的价值，通过货币单位来计算。

第二，传统社会往往把契约看成维持当事人之间一种道德上忠实关系的纽带。例如，封建社会的领主和封臣通过分封仪式而结成宣誓效忠的契约关系；中世纪教会法则把由起誓而订立的契约作为当事人对上帝许下的诺言，违反契约就等于破坏了上帝与当事人之间的神圣联系。舍勒指出，现代社会人与人之间的一种根本不信任的态度，把人们引向了"外在的契约和利益的结合"③。在近代民法人的眼中，契约丧失了传统的道德约束力，为了确保自

---

① 参见〔法〕雷吉娜·佩尔努：《法国资产阶级史》（下），康新文等译，上海译文出版社1991年版，第217页。
② 〔美〕泰格、〔美〕利维：《法律与资本主义的兴起》，纪琨译，学林出版社1996年版，第189页。
③ 〔德〕马克斯·舍勒：《资本主义精神三论》，罗悌伦译，载刘小枫编：《资本主义的未来》，三联书店1997年版，第61页。

己在契约关系中的利益不致无端受损,民法人需要以商人的斤斤计较心态,考察对方当事人的资信状况,评估其履约能力,衡量可获的利润以及承担的风险。经过一番计算之后,当事人才缔结和履行契约。计算性的契约关系中不存在什么道德情感,它仅仅通过确定和分配法律上的权利和责任,达到对交易中的利润和风险进行精确预期和控制的目的。理论上说,计算性的契约交易完结之后,当事人又重归于一种陌生人的关系状态。

第三,相对于财产法而言,近代家庭法中计算精神的发展略显迟缓,甚至19世纪末的《德国民法典》中的家庭法还保持了浓重的伦理感情色彩,但其最终逃脱不了资本主义计算精神的侵蚀。

在传统社会,家庭和婚姻被看成建立在"爱"的基础之上的伦理关系。① 家庭是一个区别于市场的伦理实体,在这个领域中,不适用冷酷的商品交易法则,不适用自私自利的计算理性②,因为从根本上说,"爱"是不可计算的。因此,家庭法有别于财产法,它始终把个人作为某个家庭团体的一员来看待,个人的利益计较应让位于社会利益的考虑。③ 家庭法上,亲属之间的法律关系源于他们之间的伦理之"爱",如《法国民法典》第212条规定"夫妻负相互忠实、帮助、救援的义务",第213条规定"夫应保护其妻,妻应顺从其夫",第371条规定"子女不问其年龄如何,对父母负尊敬的义务",第372条规定"子女在成年或解除亲权前,均处于父母权力之下"。这些权利义务关系,并不以资本主义商人那种平等、自由、等价的交换关系为基础。相反,家庭世界的"生活联系并不遵循商品抽象和合同核算的逻辑,对立商品世界的家庭世界防止人类沦丧到商品载体的功能中"④。

然而市场经济对家庭关系的渗透在19世纪已然开始。首先,受启蒙思想的影响,近代民法理论将婚姻视为一项"契约"。如霍布斯、格劳秀斯、沃尔夫都认为婚姻如同社会或国家组织一般,基于当事人的约定而成立。婚姻

---

① 参见〔德〕黑格尔:《法哲学原理》,范扬、张企泰译,商务印书馆1996年版,第175—177页。
② 参见〔德〕罗尔夫·克尼佩尔:《法律与历史:论〈德国民法典〉的形成与变迁》,朱岩译,法律出版社2003年版,第106页。
③ See Alexander Alvarez, "Dominant Legal Ideas in the First Half of the Century after the French Revolution", in The Progress of Continental Law in the Nineteenth Century, Rothman Reprints, Inc., New Jersey, 1969, p.21.
④ 〔德〕罗尔夫·克尼佩尔:《法律与历史:论〈德国民法典〉的形成与变迁》,朱岩译,法律出版社2003年版,第111页。

就是男女通过意思一致而建立的生活共同体。① 夫妻的财产关系也首先通过契约的调整。19世纪欧洲各国对于婚姻财产制的立法,都注重给予夫妻双方约定财产关系的可能性,法定财产制只在没有财产契约调整的前提下予以适用。② 例如《法国民法典》第三编第五章,《德国民法典》第四编第一章第六节。此外,有的国家采用婚姻分别财产制,配偶的财产独立分开,各自管理各自的财产,婚姻对各人的处分行为和负担行为皆不发生限制,各人对各自债务独立承担责任③,由此更加突显婚姻关系的个人主义色彩。

20世纪以来资本主义社会的家庭法改革,进一步瓦解了以伦理感情为基础的家庭关系,商品关系逐步替代家庭中的感情纽带。现代的家庭法不再把家庭描绘成一个自然的伦理生活共同体,家庭法"如同一个社团章程,在该章程中涉及名称、登记、婚姻事务执行权、家庭内部的收入平衡与清算程序"④。由于货币经济渗入家庭,并对家庭成员之间的情感造成心理影响,家庭的经济意义和结算功能日益突出,克尼佩尔如此描述现代家庭中的货币联系:

> 家庭是遵守一定期限之下的、可终止的持续债之关系,该持续债之关系既不反对享乐的个人主义,也不反对货币结算。……货币关系是解放的、孤立的、松动的、客观的。除了目的—手段关系之外,没有任何理由认为货币关系造成交流、团结、合作。货币关系并没有促成人与人之间的关系,而是促成正确交易行为的客观化标准。⑤

可见,随着货币关系占据主导地位,民法上也把家庭成员之间的权利义务视为计算的对象。

第四,近代民法确立了损害赔偿作为主要的民事权利救济手段,即绝大

---

① Vgl. Hattenhauer, Grundbegriffe des Bürgerlichen Rechts, C. H. Beck München, 1982, S. 146 – 147.
② Vgl. Coing, Europäisches Privatrecht, Band II, 19. Jahrhundert, C. H. Beck München, 1989, S. 312 – 313.
③ 参见〔德〕迪特尔·施瓦布:《德国家庭法》,王葆莳译,法律出版社2010年版,第108页。
④ 〔德〕罗尔夫·克尼佩尔:《法律与历史:论〈德国民法典〉的形成与变迁》,朱岩译,法律出版社2003年版,第114页。
⑤ 〔德〕罗尔夫·克尼佩尔:《法律与历史:论〈德国民法典〉的形成与变迁》,朱岩译,法律出版社2003年版,第122页。

多数民事纠纷的解决方式最终都落实为经济赔偿。权利是利益的法律形式，侵害权利就是损坏某种利益。在资本主义社会，一切有价值的物品都可以用金钱衡量，所以，对权利补救的必要前提就是被侵害权利可转换为一定计量单位的经济价值。不仅财产权遭受侵害可以进行经济赔偿，而且无形的精神损害也可用一定数额的货币作为赔偿手段。例如，法国的判例确立《法国民法典》第1382条规定的"任何行为使他人受损害时，因自己的过失而致行为发生之人对该他人负赔偿的责任"已经包含了非财产损害的赔偿。而《德国民法典》第253条更明确规定对于非财产损害，在法律规定的情形下，亦得请求以金钱赔偿。由此，精神利益被兑换成经济价值。

　　资本主义发明了理性的经济制度、理性的科学技术、理性的文化精神以及理性的法律，韦伯认为这归根结底是因为资本主义使人类对世界达到了前所未有的计算控制程度。正如他所说："透过计算，我们可以支配万物。"理性化的社会制度创造了巨大的物质财富，提供了便捷高效的生活模式，维持了安全稳定的社会秩序，而理性化的致命问题在于：社会生活通过各种技术手段和程序到达了可计算性，但它仅仅是一种"形式理性"，至于形式理性能否达到合理的目的和价值（实质理性、价值理性）则在所不问。① 舍勒不无伤感地指出，在充满计算精神的资本主义社会，"世界不再是真实的、有机的'家园'，而是冷静计算的对象和工作进取的对象，世界不再是爱和冥思的对象，而是计算和工作的对象"②。对于近代民法中的人来说，计算精神固然明确了他们的财产数额以及对利润的可靠预期，但是，这种民法人何尝不是一个斤斤计较的"夏洛克"，何尝不像一具无血无肉无感情的"权利计算机"，何尝不因为被近代民法"拔根而起"③而丧失了家园感？

---

① 参见苏国勋：《理性化及其限制——韦伯思想引论》，上海人民出版社1988年版，第227页。
② 〔德〕舍勒：《伦理学与认识论》，Bonn 1986，第28—29页，转引自刘小枫：《现代性社会理论绪论》，三联书店1998年版，第20页。
③ 西蒙娜·薇依（Simone Weil）指出，货币经济给现代社会带来一种"拔根"状态，"金钱渗透到哪里，就毁坏了哪里的根，用赢利的欲望替换掉所有的动机。金钱不费吹灰之力就把这欲望带向各种其他的动机，因为……再没有比数目字更简单明了的了"。〔法〕西蒙娜·薇依：《扎根》，徐卫翔译，生活·读书·新知三联书店2003年版，第34页。近代民法的理性化和抽象化，加深了现代人的这种拔根状态。

四、结语

政治哲学家列奥·斯特劳斯说:"对人而言,最好指望他们为了他们的权利而战,而不是履行他们的义务。"①本文对近代民法中人的考察,确切印证了斯特劳斯的这一洞察。民事法律关系的结构,从一个人看是他的"权利",从另一个人看就是一种"义务"。②"权利"与"义务"虽然同是民事法律关系的基本要素,但无论从学理叙事上,还是从民法典编纂设计上,近代民法都围绕权利展开,义务通常只被当作满足权利的手段。本文研究表明,近代民法中人的原型是商人/资产者,他们的"赢利欲"是普遍的资本主义精神,这说明民法人的权利意识在社会心理根源上的正当性与合理性。不宁唯是,在资本主义市场经济中,各种形式的民事利益都可以换算成法律上的权利单元,并以货币单位计量。因而,近代民法人不仅具备权利意识,而且还要学会以一种冷静的计算精神对各项民事权利的价值进行评估和计算。随着计算精神在近代民法人心理上的渗透与扩张,近代民法制度必将呈现(形式)理性化的特征。

---

① 〔美〕列奥·斯特劳斯:《自然权利与历史》,彭刚译,生活·读书·新知三联书店2003年版,第186—187页。
② 参见〔德〕卡尔·拉伦茨:《德国民法通论》(上),谢怀栻等译,法律出版社2003年版,第276—277页。

民法释义学

History and Doctrine
of
Private Law

诉讼时效完成后债权效力的体系重构[*]

——兼评最高人民法院《诉讼时效若干规定》第二十二条

一、引言

2008年8月11日最高人民法院颁布了《关于审理民事案件适用诉讼时效制度若干问题的规定》(法释〔2008〕11号)(以下简称《诉讼时效若干规定》),它进一步完善了我国诉讼时效法律制度,对于统一司法尺度,公正高效审理案件,保护当事人合法权益,维护社会经济秩序具有重要意义。[①] 最高人民法院的司法解释具有权威性,属于广义上的民事法律渊源。[②] 立法者在设计规则时,应当慎重考虑相关法律原理并运用恰当的立法技术,如若不然,将造成条文理解的困难以及法律适用的障碍。例如该司法解释第22条规定:"诉讼时效届满,当事人一方向对方当事人作出同意履行义务的意思表示或者自愿履行义务后,又以诉讼时效期间届满为由进行抗辩的,人民法院不予支持。"考其立法本意,在于解决诉讼时效完成后债务人愿意继续履行义

---

[*] 原载《中国法学》2010年第6期,现经修订收入本书。本文发表后,2017年通过的《中华人民共和国民法总则》第192条第2款将最高人民法院《关于审理民事案件适用诉讼时效制度若干问题的规定》第22条进行了合理改变,其立法意旨基本符合本文的结论。

[①] 参见最高人民法院民二庭负责人就《关于审理民事案件适用诉讼时效制度若干问题的规定》答记者问(2008年9月1日),载奚晓明主编:《最高人民法院关于民事案件诉讼时效司法解释理解与运用》,人民法院出版社2008年版,第9页。

[②] 参见最高人民法院《关于司法解释工作的规定》(法发〔2007〕12号)第5条规定:"最高人民法院发布的司法解释,具有法律效力。"

务的问题。该条虽然明确区分了义务人"作出同意履行义务的意思表示"和"自愿履行义务"两种行为方式,但赋予二者相同的法律效果,即"以诉讼时效期间届满为由进行抗辩的,人民法院不予支持"。殊不知,前者为时效抗辩权之抛弃,后者则为时效完成后之给付;前者为尚未履行的状态,后者则是已经履行完毕,将二者等同处理,恐难具有法理依据。

为厘清这一问题,本文以诉讼时效完成后债权债务关系的法律效力状态为中心,考察诉讼时效完成后债权与请求权之关系、债务人抛弃时效抗辩权的法律效果、债务人自愿作出给付的法律效果、债务人与债权人达成自愿履行债务的协议的法律效果等相关民法问题,在此基础上,对司法实务中常见的当事人处理诉讼时效完成后债权债务的典型方式进行分析和回应,进而为了解《中华人民共和国民法总则》(以下简称《民法总则》)第192条的形成及其解释,提供理论参考。

二、诉讼时效的一般法律效力:从胜诉权消灭说到抗辩权发生说

要解决本文提出的问题,必须对诉讼时效的一般法律效力进行界定。我国民法通说认为大陆法系有三种诉讼时效(消灭时效)效力的立法模式[①]:一是实体权利消灭主义,例如《日本民法典》第167条规定,债权因10年间不行使而消灭;债权或所有权以外的财产权,因20年间不行使而消灭。二是诉权(或胜诉权)消灭主义,如《法国民法典》第2262条规定的一切对物之诉和对人之诉的诉权,皆经过30年而消灭;1922年《苏俄民法典》第44条规定的起诉权逾法律规定之期间而消灭;1964年《苏俄民法典》继承之。三是抗辩权发生主义,如《德国民法典》第194条第1款规定的"请求他人作为或不作为的权利(请求权)受消灭时效的限制"以及第214条第1款规定的"消灭时效完成后,义务人有权拒绝给付"。我国台湾地区"民法"从之。归根到底,上述立法模式的本质区别在于诉讼时效适用的客体不同,换言之,诉讼时效所消灭者或为实体权利,或为诉权,或为请求权。长期以来,我国深受苏联民法的影响,接受了胜诉权消灭说。

---

① 参见梁慧星:《民法总论》,法律出版社2001年版,第268—269页。

1. 胜诉权消灭说的兴起与展开

自 20 世纪 50 年代以来,我国大规模移植苏联民法,并继受了苏联的诉讼时效理论。苏联的民法学说将诉权分为起诉权和胜诉权,前者是程序意义上的诉权,是指当事人请求法院审判民事案件的权利;后者是实质意义上的诉权,是指权利人能够对义务人强制实现其民事权利,即获得审判保护的权利。诉讼时效消灭的客体是胜诉权。① 在此基础上,我国民法理论形成了对诉讼时效法律效力的认识:

> 诉讼时效是权利人经过一定期间不行使自己的权利,法律规定消灭其胜诉权的一种制度。胜诉权和起诉权是有区别的,前者是权利人请求法院通过诉讼程序获得强制保护的权利。后者是权利主体向法院起诉的权利。超过诉讼时效期间不向法院提起诉讼,并不是丧失了起诉权,法院不能以超过诉讼时效期间为由,对权利人提起的诉讼不予受理。②

而且,为了显示社会主义民法的优越性,还需要突出资本主义民法上抗辩权发生说的本质是利用广大劳动人民不知时效法律这一点,来保护和服务剥削阶级债权人的利益;而依照社会主义国家的民法,"人民法院应该向当事人交代政策法律的规定,实事求是的解决问题,不能因为债务人不了解时效的规定,法院即满足债权人的请求,强制债务人履行义务"③。由此,胜诉权消灭说包含了法院主动审查时效的内涵,并延续数十年之久。在理论继受的同时,中华人民共和国的民法草案也显示立法上接受了胜诉权消灭说。④

20 世纪 80 年代,我国开始恢复法治建设,但苏联的诉讼时效理论仍然支配着这一时期的民法学理和立法观念。这体现在如下几个方面:

---

① 参见〔苏联〕M. A. 顾尔维奇:《诉权》,康宝田、沈其昌译,中国人民大学出版社 1958 年版,第 47、153—154 页;〔苏联〕诺维茨基:《法律行为、诉讼时效》,康宝田译,中国人民大学出版社 1956 年版,第 155 页。
② 中央政法干部学校民法教研室编著:《中华人民共和国民法基本问题》,法律出版社 1958 年版,第 103 页。
③ 中央政法干部学校民法教研室编著:《中华人民共和国民法基本问题》,法律出版社 1958 年版,第 105 页。
④ 例如《中华人民共和国民法总则草稿》(1955 年 10 月 5 日)第 61 条第 1 款规定:"向法院请求他人履行义务的诉讼期间,如超过法律规定时,法院不予保护。"参见何勤华、李秀清、陈颐编:《新中国民法典草案总览》(上),法律出版社 2003 年版,第 10—11 页。20 世纪 50 年代其他三次民法草案关于诉讼时效的规定,参见本书第 20、31、45 页。

首先,在《中华人民共和国民法通则》(以下简称《民法通则》)颁布前后,国内翻译出版的苏联民法著作主张胜诉权理论,并产生较大的影响。例如格里巴诺夫和科尔涅耶夫在《苏联民法》中认为诉讼时效完成后之法律效果是,"实体意义上的诉权,也就是强制行使遭受侵犯的民事权利的可能性,即告消灭",但是,"向法院、仲裁机关或公断法庭请求保护的可能性,不因诉讼时效期满而丧失"①(《苏俄民法典》第81条)。斯米尔诺夫等人在《苏联民法》中也持相同的观点。②

其次,《民法通则》颁布之前,国内重要的民法论著参照苏联民法,认为我国应采胜诉权理论。例如佟柔等人所著的《民法概论》一书指出:"诉讼时效是指权利人在诉讼时效成就,即丧失请求法院依诉讼程序强制义务人履行义务的权利。但是,因诉讼时效期间届满而消灭的,只是实体意义上的诉权,即胜诉权。"③20 世纪80 年代初期的全国人民代表大会法制工作委员会民法起草小组提出的四次中国民法草案,继续模仿苏联立法,将诉讼时效定义为"向人民法院或仲裁机关请求保护财产权益的诉讼时效期限"④。

最后,《民法通则》颁布之后,我国民法学者一般以胜诉权理论阐释《民法通则》的相关条文。尤其是理论界一致认为第138 条表明诉讼时效期间届满以后,权利人的民事权利本身并没有消灭,只是不再受到法院的强制保护而已。换言之,诉讼时效所消灭的只是胜诉权,而当事人向法院提起诉讼的起诉权并没有消灭。⑤ 这一时期仍然延续20 世纪50 年代的诉讼时效理论,将胜诉权消灭说与法院主动审查诉讼时效的做法相挂钩。有学者指出:"人

---

① 〔苏联〕B. Ⅱ. 格里巴诺夫、〔苏联〕C. M. 科尔涅耶夫:《苏联民法》(上),中国社会科学院法学研究所民法经济法研究室译,法律出版社1984 年版,第256 页。
② 参见〔苏联〕B. T. 斯米尔诺夫等:《苏联民法》(上),黄良平、丁文琪译,中国人民大学出版社1987 年版,第225 页。
③ 佟柔、赵中孚、郑立主编:《民法概论》,中国人民大学出版社1982 年版,第78 页。相同观点参见佟柔主编:《民法原理》,法律出版社1983 年版,第110 页。
④ 20 世纪80 年代四次中国民法草案关于诉讼时效的规定,参见何勤华、李秀清、陈颐编:《新中国民法典草案总览》(下),法律出版社2003 年版,第379、444、558、621 页。
⑤ 参见江平、张佩林编著:《民法教程》,中国政法大学出版社1986 年版,第144 页;中国政法大学民法教研室编:《中华人民共和国民法通则讲话》,中国政法大学出版社1986 年版,第234 页;佟柔主编:《中华人民共和国民法通则简论》,中国政法大学出版社1987 年版,第273 页;唐德华、王利明主编:《民法教程》,法律出版社1987 年版,第118 页;刘岐山主编:《民法通则读本》,中国人民公安大学出版社1987 年版,第275 页;梁慧星:《民法》,四川人民出版社1988 年版,第177 页;王利明、郭明瑞、方流芳:《民法新论》(上),中国政法大学出版社1988 年版,第577 页。

民法院应该向当事人说明法律的有关规定,实事求是地解决问题,不能因为债务人不懂得时效规定,人民法院就可以满足债权人的请求,强制债务人履行义务。这也说明,人民的法律和人民法院同资本主义的法律和法院有着本质的区别。"①一些参与《民法通则》起草的学者也认为胜诉权消灭说当然包括法院主动审查时效的内涵。②

2. 抗辩权发生说的原理与实务继受

胜诉权消灭说自其产生即影响深远,至今,我国仍有学者坚持该理论③,实践中也有法官依此裁判。但随着我国民法理论研究的深入,胜诉权消灭说日益暴露其问题,并遭到强烈质疑。

对于胜诉权消灭说首要的批判理由是其违背了私法自治精神。④ 从实体法上说,时效抗辩权既为一项民事权利,是否行使,应属当事人的自由;从程序法上说,当事人是否以诉讼时效期间届满进行抗辩,也只应由其自我决定。如果司法机关主动审查诉讼时效,既违背民法的意思自治原则,又违背民事诉讼法的处分原则。由胜诉权消灭说产生的历史渊源可知,主动审查诉讼时效的做法,反映了计划经济和国家干预的思想,而目前这一理论的历史条件已经发生改变,故而不应再继续坚持。

其次,胜诉权消灭说的兴起与我国诉权理论息息相关,因为其前提是起诉权与胜诉权区分的"二元诉权论"。从20世纪50年代我国开始继受"二元诉权论"以来,该理论一直影响至今。例如,20世纪80年代我国翻译多勃罗沃里斯基的《苏维埃民事诉讼》,将诉权分为程序意义上诉权和实体意义上的诉权,前者是指"原告提起诉讼,自然地享有提起诉讼的权利(起诉的权利)",后者是指"满足自己对被告人实体权利要求的权利"或"通过法院提起

---

① 刘岐山主编:《民法通则读本》,中国人民公安大学出版社1987年版,第276页。
② 参见佟柔主编:《民法总则》,中国人民公安大学出版社1992年版,第317页;顾昂然:《民法通则概论》,北京师范学院出版社1989年版,第142页。
③ 参见彭万林主编:《民法学》(第3版),中国政法大学出版社2002年版,第151页;魏振瀛主编:《民法》(第2版),北京大学出版社、高等教育出版社2007年版,第193页;江平主编:《民法学》,中国政法大学出版社2000年版,第241页;梁慧星:《民法总论》,法律出版社2001年版,第269页;李开国:《民法总则研究》,法律出版社2003年版,第403页。
④ 参见梁慧星:《民法总论》,法律出版社2001年版,第270页;王利明:《民法总则研究》,中国人民大学出版社2003年版,第745页;韩松:《民法总论》,法律出版社2006年版,第293页。

强制实现自己实体权利要求的权利"。① 据此,国内民事诉讼法学界把二元诉权论总结为:程序性意义上的诉权在原告方面为提起诉讼的权利;在被告方面表现为应诉的权利或在程序上进行答辩的权利。实体意义上的诉权,在原告方面表现为期待胜诉的权利;在被告方面表现为对原告的诉讼请求进行实质性答辩,以反驳原告的诉讼请求,或提起反诉。前者又称起诉权,后者又称胜诉权。②

但随着我国民事诉讼法学的发展,二元诉权论遭到越来越多的批判,其主要理由是:①诉权是一种启动司法裁判程序的程序性权利,与实体权利没有直接关系,如将实体诉权(即请求权)纳入诉权内涵之中,就会掩盖诉权的本质③;实体权利是否能够得到法院的支持,并不影响诉权的存在。④ 尤其是二元诉权论认为诉权是程序性诉权与实体性诉权的统一,在当事人虽拥有程序性诉权但未享有实体权利的时候,即丧失解释力。⑤ ②实体性诉权的基本含义是当事人的诉讼请求在实体法上具有依据,其内涵与实体请求权并无区别,因而没有独立存在的价值。⑥ 实际上,大陆法系传统的诉权理论并不认可实体性诉权这一概念,因为诉讼当事人根据宪法已经享有要求法院实施司法行为的请求权,所以"从法院的法律拘束中派生出一种针对国家的、要求其根据实体法作出正确裁判的请求权是没有什么意义的"⑦。综上所述,胜诉权在民事程序法中已无存在之必要,在民事实体法中更无运用之余地。

---

① 〔苏联〕多勃罗沃里斯基:《苏维埃民事诉讼》,李衍译,法律出版社 1985 年版,第 177—178 页。
② 参见常怡主编:《新中国民事诉讼法学研究综述:1949—1989》,长春出版社 1991 年版,第 183 页。另参见刘家兴:《民事诉讼法》,北京大学出版社 1982 年版,第 122 页;柴发邦主编:《民事诉讼法学》,法律出版社 1982 年版,第 197 页;周道鸾主编:《民事诉讼法教程》,法律出版社 1988 年版,第 133 页。
③ 参见张卫平:《民事诉讼法》,法律出版社 2005 年版,第 31 页。
④ 参见常怡主编:《民事诉讼法学》,中国政法大学出版社 2008 年版,第 164 页。
⑤ 参见张卫平:《民事诉讼法》,法律出版社 2005 年版,第 32 页。
⑥ 参见张卫平:《民事诉讼法》,法律出版社 2005 年版,第 32 页。
⑦ 〔德〕罗森贝克、〔德〕施瓦布、〔德〕格特瓦尔德:《德国民事诉讼法》(上),李大雪译,中国法制出版社 2007 年版,第 17 页。

由于胜诉权消灭说受到诸多质疑①,日益显现其不合理性,近年来,我国的民法学界倾向于采纳抗辩权发生说,其内涵可以简要地分析为如下三个层次:其一,在诉讼时效完成后,请求权并不当然消灭,义务人只是取得时效抗辩权,而且法院也不得依职权主动适用时效抗辩权。其二,如义务人主张时效抗辩权以对抗权利人之请求权,则请求权即告消灭。换言之,请求权因义务人主张抗辩权而附条件地消灭,在此意义上,又可将抗辩权发生说称为请求权附条件消灭说,二者实为同一所指。② 其三,如义务人未主张抗辩权或虽主张抗辩权,但又继续履行了义务,权利人受领义务人之给付,不构成不当得利,因为债权本体仍未消灭。

随着理论上对诉讼时效法律效力的澄清,我国司法实务界也逐渐接受抗辩权发生说。在《诉讼时效若干规定》颁布之前,已有实务界专家根据最高人民法院《关于适用〈中华人民共和国民事诉讼法〉若干问题的意见》第153条③的规定指出:只有当事人提出时效抗辩,法院才能予以审查时效情况,而不得主动援用诉讼时效进行裁判。④ 最高人民法院于2008年颁布的《诉讼时效若干规定》第3条规定的"当事人未提出诉讼时效抗辩,人民法院不应对诉讼时效问题进行释明及主动适用诉讼时效的规定进行裁判",明确地采纳了抗辩权发生说。⑤ 在此基础上,才出现2017年《民法总则》第192条第1款:"诉讼时效期间届满的,义务人可以提出不履行义务的抗辩。"

---

① 除了违背私法自治原理和二元诉权论遭到摒弃这两点批判之外,学界对胜诉权消灭说还有质疑如下:胜诉权不是严谨的法学术语,胜诉是审判活动的结果而非一项固有的权利;诉讼时效仅是影响胜诉、败诉的因素之一,并不是绝对导致胜诉或败诉的因素;在仲裁、非讼和执行程序中都存在诉讼时效问题,胜诉权并不能涵盖这些领域。参见王利明:《民法总则研究》,中国人民大学出版社2003年版,第745页;奚晓明主编:《最高人民法院关于民事案件诉讼时效司法解释理解与运用》,人民法院出版社2008年版,第77页。

② 参见史尚宽:《民法总论》,中国政法大学出版社2000年版,第698—699页;马俊驹、余延满:《民法原论》(第3版),法律出版社2007年版,第247页。

③ 最高人民法院《关于适用〈中华人民共和国民事诉讼法〉若干问题的意见》(1992年)第153条规定:"当事人超过诉讼时效期间起诉的,人民法院应予受理。受理后查明无中止、中断、延长事由的,判决驳回其诉讼请求。"

④ 参见杨永清:《人民法院能否主动援用诉讼时效进行裁判》,载最高人民法院民事审判第一庭编:《中国民事审判前沿》(第1集),法律出版社2005年版,第226—234页。相同观点参见宋晓明、张雪楳:《诉讼时效制度适用中的疑难问题》,载最高人民法院民事审判第二庭编:《民商事审判指导》(2007年第1辑,总第11辑),人民法院出版社2007年版,第176—177页。

⑤ 参见奚晓明主编:《最高人民法院关于民事案件诉讼时效司法解释理解与运用》,人民法院出版社2008年版,第69—84页。

三、诉讼时效完成后债权请求权的消灭与恢复

1. 罹于诉讼时效之债权的效力

依抗辩权发生说,诉讼时效消灭的客体是请求权,由此涉及请求权与其母体权利之关系的问题,本文以请求权与债权为例说明之。

民法教科书上通常将债权定义为"请求他人为或不为特定行为之权利",由此导致债权与请求权的概念混淆。实体法意义上的请求权(Ansprueche)最早由19世纪德国法学家温德沙伊德提出,并反映在《德国民法典》第194条上。关于请求权与债权,民法典债务关系编的起草者屈贝尔(Kübel,1819—1884)曾经指出:在民法典中,要求特定人作为或不作为的权能,称之为请求权。但在债法中,则称之为债权(Forderung)。① 德国学界也遵循此说,认为请求权在债法中就是债权。② 但是,如果将债权与请求权画等号,可能得出如下的结论:诉讼时效完成之后,如果请求权消灭,则债权即消灭,此后,债务人即便进行给付,债权人也没有权利受领。可见,关键问题是请求权消灭后,债权人凭何受领和保有债务人之给付。

为化解这一矛盾,有学者认为债权与请求权是基础权利与权能的关系,即债权是基础权利或母体权利(Mutterrecht)③,请求权为债权权能之一,除了请求权之外,债权尚有受领、抗辩、代位、撤销、抵销、解除、处分等权能。根据债之关系的目的,受领才是债权最为本质的权能,而请求权不过是经常表现于外的要素而已。民国时期的学者李宜琛早已指出:"债权云者,其权利人有受领相对人所为之一定给付之权利也。……学者颇有误以债权与请求权为同一观念者,殊欠允适。盖此请求权的作用,并非债权内容之全部;债权之主

---

① 参见《第一委员会1874年11月28日会议纪要》,转引自金可可:《论温德沙伊德的请求权概念》,载《比较法研究》2005年第3期。
② 梅迪库斯认为:"我们只能根据二者在法律中所处的不同地位去寻找这种区别。请求权的定义在总则编中,而债权的定义在债法编中,因此请求权比债权更具一般性。……在请求权和债权之间不存在实质上的区别。"〔德〕迪特尔·梅迪库斯:《德国民法总论》,邵建东译,法律出版社2000年版,第68—69页。施瓦布也指出:在债法范围内,请求权就是债权。参见〔德〕施瓦布:《民法导论》,郑冲译,法律出版社2006年版,第146页。
③ 母体权利一词是德国学者梅迪库斯的表述。他指出:"消灭时效适用于请求权。而往往导致请求权产生的母体权利(Mutterrechte)本身,则不会因时效届满而消灭。"〔德〕迪特尔·梅迪库斯:《德国民法总论》,邵建东译,法律出版社2000年版,第90页。

要内容原在受领债务人之给付(给付受领权)。"①王泽鉴对此也总结道:"债权系将债务人的给付归属于债权人,债权人亦因而得向债务人请求给付,受领债务人的给付。易言之,债权之本质的内容,乃有效的受领债务人的给付,债权人得向债务人请求给付,则为债权的作用或权能。……债权请求权罹于消灭时效时,债权本身仍属存在,债务人仍为履行之给付者,不得以不知时效为理由,请求返还"②。

总之,请求权仅系债权权能之一,"因时效而消灭者,非权利之基本权能(如给付受领权),仅其请求权能而已"③。诉讼时效完成之后,债权人仍可受领给付,甚至债权仍可抵销或转让。学理上将这种债权债务关系称为"自然债务"(或自然债权)。④

上述请求权与母体权利关系之理论,逻辑合理,应值赞同。但尚须考虑如下问题:如采抗辩权发生说,则罹于诉讼时效的债权请求权并不当然消灭,而需待债务人主张抗辩权才告消灭,《德国民法典》第194条也只是表述为请求权"受消灭时效的限制",因此原债权并非当然沦为无请求权的自然债权,而只是"请求力减弱"⑤而已。笔者认为,对此不必过分计较,因为:其一,现实中债务人不提出时效抗辩权的情形极为少见,以至于罹于诉讼时效的债权几乎不会取得任何结果⑥,换言之,它几乎等同于无请求权的债权。其二,诉讼时效完成后,债权请求权不论是受到限制还是因抗辩而消灭,都不具备普通债权那样完整的效力,即"可诉请履行性"受到限制或排除,这种效力不完整的债权可称为"不完全债权"(unvollstaendige Forderung)。⑦

应当指出,上述结论对于物权也部分适用。请求权并非债权独有,物权亦有请求权,且适用诉讼时效。在德国民法上,所有权本身并不因消灭时效

---

① 李宜琛:《民法总则》,中国方正出版社2004年版,第40—41页。
② 王泽鉴:《债法原理》(第1册),中国政法大学出版社2001年版,第9页。
③ 洪逊欣:《中国民法总则》,台北三民书局1992年版,第631页。
④ 参见郑玉波:《民法债编总论》,中国政法大学出版社2004年版,第8页;洪逊欣:《中国民法总则》,台北三民书局1992年版,第631页。
⑤ 邱聪智:《新订民法债编通则》(上),中国人民大学出版社2003年版,第6页。
⑥ 参见〔德〕迪特尔·梅迪库斯:《德国债法总论》,杜景林、卢谌译,法律出版社2004年版,第22页。
⑦ 参见〔德〕迪特尔·梅迪库斯:《德国债法总论》,杜景林、卢谌译,法律出版社2004年版,第19—23页。

之完成而消灭,只会因取得时效届满由他人取得所有权,原所有权人才丧失所有权。① 换言之,物权请求权因时效消灭后,母体权利仍由原权利人享有,因此拉伦茨说:"只有从所有权发生的请求权才会因时效而消灭,作为支配权的所有权本身是不因时效而消灭的。"②但是,理论上不会认为,因为物权请求权罹于时效消灭而沦为"不完全物权"或"自然物权"。笔者认为,不完全债权是要解决债权的请求力丧失后,债务人如为给付,债权人如何有效受领并排除不当得利的问题;而在物权请求权罹于诉讼时效后,如义务人返还原物,权利人当然因物权的支配权(或归属权)而受领原物的返还,不需要额外的权利根据,因而无须多此一举。

2. 时效抗辩权抛弃之效果:债权的请求力恢复

诉讼时效抗辩权,既为权利,当然可以抛弃。时效抗辩权之抛弃属于时效利益抛弃之一种。时效利益之抛弃,是指抛弃已经经过时效期间之利益,包括时效进行前、进行中及完成后之抛弃三种情形。③ 在诉讼时效完成前,法律一般禁止预先抛弃时效利益(《德国民法典》原第225条④、我国台湾地区"民法"第147条、《诉讼时效若干规定》第2条、《民法总则》第197条第2款);如在诉讼时效进行中抛弃已经经过时效期间的利益,可认为是"承认",从而发生时效中断之后果。诉讼时效完成后,债务人已经取得时效抗辩权,此时抛弃时效利益就是拒绝履行抗辩权之抛弃。⑤《诉讼时效若干规定》第22条规定当事人"作出同意履行义务的意思表示",包含了债务人抛弃时效抗辩权的情形。

时效抗辩权的抛弃,属于有相对人的意思表示,在性质上是单方法律行

---

① 参见〔德〕迪特尔·梅迪库斯:《德国民法总论》,邵建东译,法律出版社2000年版,第90页。
② 〔德〕卡尔·拉伦茨:《德国民法通论》(上),谢怀栻等译,法律出版社2003年,第327页。
③ 参见史尚宽:《民法总论》,中国政法大学出版社2000年版,第710页。
④ 但根据德国新债法第202条的规定,原则上允许加重或减轻债务人的消灭时效,但故意的责任不得预先以法律行为减轻消灭时效,且最长的加重消灭时效期间不得超过30年。参见杜景林、卢谌编著:《德国债法改革:〈德国民法典〉最新进展》,法律出版社2003年版,第149—150页。
⑤ 史尚宽:《民法总论》,中国政法大学出版社2000年版,第710页。

为,且为处分行为,要求行为人有处分能力和处分权限。① 时效抗辩权抛弃的法律效果,自债务人方面言之,不得再以时效完成为由而拒绝给付。自债权人方面言之,罹于诉讼时效的不完全债权,现又恢复了请求力,得诉请法院强制履行。从诉讼时效期间来看,债权开始计算新的诉讼时效期间。②

时效抗辩权的抛弃,具体可以通过请求延期、部分清偿③、支付利息、主张抵销、和解商谈等方式为之。但无论如何,必须以时效抗辩权人明知时效完成为必要,因此"非对于时效之完成有认识,则不得谓抛弃"④。如当事人不知时效已经完成,而从事上述各种行为,虽不构成时效抗辩权的抛弃行为,但如果该行为符合"时效完成后之给付"要件,则当事人不得以不当得利为由要求债权人返还。因此,明知时效抗辩权而为抛弃,发生不完全债权请求力恢复的法律效果;明知或者不知⑤时效完成而进行给付,则发生债权人有权受领给付、债务人不得请求返还的法律效果(下文详述)。

3. 诉讼时效完成后债务人"承认"债务

在诉讼时效进行过程中债务人承认债务存在的事实,因时间点不同,其法律效果亦不相同。在诉讼时效期间届满之前,债务人承认债务存在,将导致时效中断。此时债务人的承认在性质上为观念通知,属准法律行为,对债务人来说是抛弃经过的时效期间之利益,对于债权人来说是时效期间重新起算。而诉讼时效期间届满之后,债务人未明确表示同意履行债务,仅仅承认

---

① 参见〔日〕我妻荣:《新订民法总则》,中国法制出版社2008年版,第422—423页;〔日〕山本敬三:《民法讲义I总则》,解亘译,北京大学出版社2004年版,第388页。
② 参见〔日〕山本敬三:《民法讲义I总则》,解亘译,北京大学出版社2004年版,第388页。
③ 我国司法实务中,有认可部分清偿是一种抛弃时效抗辩权的默示意思表示。上海市第一中级人民法院(1999)沪一中民终字第3255号民事判决书:债务人清偿部分欠款,"(部分)还款的行为,应当视为其对原债务的重新确认"。观点相反的见解,参见江西省赣州市中级人民法院(2006)赣中民二终字第91号民事判决书"法律保护之债成为自然之债后,债务人愿意重新为自己设定义务应有明确的意思表示。债务人偿还部分自然债务的行为也不能认为是对剩余自然债务的重新确认,是否愿意偿还剩余自然债务是债务人的权利而并非义务"。
④ 史尚宽:《民法总论》,中国政法大学出版社2000年版,第711页。洪逊欣指出:"时效之抛弃,须于时效完成后,知悉时效完成之事实,依一方之意思表示,向相对人为之。"洪逊欣:《中国民法总则》,台北三民书局1992年版,第643页。
⑤ 根据《德国民法典》第214条第2款、我国台湾地区"民法"第144条第2项的规定,时效完成后之给付并不以债务人明知为要件。史尚宽认为,如债务人明知而为给付,常含有抗辩权抛弃之意思,如不知而为给付,亦可构成时效完成后之给付。参见史尚宽:《民法总论》,中国政法大学出版社2000年版,第709页。

债务存在的事实(例如,债务人在债权人发出的催款函上签字或盖章,但未明确表示同意履行债务),其法律效力如何则存在争议。首先必须明确,此时承认债务,不可能发生时效中断的效力,至于是否构成时效抗辩权之抛弃,则有肯定与否定两种见解。

  我国台湾地区通说为肯定观点,认为承认债务可视为债务人抛弃时效抗辩权之默示的意思表示,从而不得再主张时效抗辩权。① 即从债务人承认债务这一事实推断出其有抛弃时效抗辩权的意思表示。这一观点得到我国台湾地区司法实务的支持。② 虽然大陆民法学界对此问题鲜有论述,但司法实务中早已采纳这一观点。根据最高人民法院《关于超过诉讼时效期间借款人在催款通知单上签字或者盖章的法律效力问题的批复》(法释〔1999〕年第7号)的规定,债务人如果在债权人发出的催款通知单上签字或盖章,发生"原债务的重新确认"的效果。所谓"原债务的重新确认"实质上就是债务人抛弃时效抗辩权。③ 换言之,债务人即使没有明确表示愿意清偿债务,仅仅对债务存在的事实表示"承认",也会发生抛弃时效抗辩权的效果。除此之外,实务中还可债务人签收债权人发出的对账单、费用表、催款函④,以及债务人主动向债权人发出核对贷款本息的询证函⑤等,该批复认定债务人抛弃时效抗辩权的法律效果相同。

---

  ① 洪逊欣说:"故知消灭时效已完成而为承认者,应解为系时效利益之抛弃。"洪逊欣:《中国民法总则》,台北三民书局1992年版,第595页。王泽鉴说:"债务人明知时效完成之事实而为承认者,其承认可认为系抛弃时效利益之默示意思表示。"王泽鉴:《民法总则》,中国政法大学出版社2001年版,第544页。
  ② 我国台湾地区"最高法院"1961台上字第2868号判例:"债务人于时效完成后所为之承认,固无中断时效可言,然既明知时效完成之事实而仍为承认行为,自属抛弃时效利益之默示意思表示,且时效完成之利益,一经抛弃,即恢复时效完成前状态,债务人显不得再以时效业经完成拒绝给付。"转引自林诚二:《民法总则》,法律出版社2008年,第533页。
  ③ 参见殷媛:《如何解决本案的诉讼时效及债务的确认——河南证券有限责任公司与中国人民银行郑州中心支行借款合同纠纷上诉案》,载最高人民法院民事审判第二庭编:《民商事审判指导》(2004年第1辑,总第5辑),人民法院出版社2004年版,第158页。另参见"中国东方资产管理公司大连办事处为与辽宁华曦集团公司、辽宁时代集团有限责任公司、辽宁省畜产进出口公司借款担保纠纷案"最高人民法院(2003)民二终字第93号民事判决书。
  ④ 参见上海市第一中级人民法院(2002)沪一中民四(商)终字第444号民事判决书;福建省厦门市中级人民法院(2000)厦经终字第49号民事判决书;广东省佛山市中级人民法院(2007)佛中法民二终字第557号民事判决书。
  ⑤ 参见最高人民法院《关于超过诉讼时效期间后债务人向债权人发出确认债务的询证函的行为是否构成新的债务的请求的答复》(2003年民二他字第59号)。

但是,最高人民法院对肯定说似乎存有疑虑,因此在《诉讼时效若干规定》中采取否定的观点,其主要理由有三:①抛弃时效抗辩权制度的价值取向应侧重对债务人的保护,因而对债务人抛弃时效抗辩权的条件应严格限定,即抛弃时效抗辩权需要有较为明确的抛弃意思,债务人仅仅承认债务存在的事实,并不等于债务人同意履行债务。① ②各国民法典大多规定在诉讼时效期间届满前"承认"就会导致时效中断,但是我国《民法通则》第140条则规定债务人"同意履行义务"才能发生中断,最高人民法院也认为诉讼时效届满前"义务人同意履行义务,是指义务人承认并同意履行义务"②。因此,从体系角度而言,债务人放弃进行中的诉讼时效利益(中断时效),尚且需要明确地"同意履行债务",更何况在诉讼时效期间届满之后,债务人放弃的时效利益为一种抗辩权,就更需要债务人明确地表示"同意履行义务"才能构成时效抗辩权的抛弃。③ 这一推论在法学方法论上可称为"举轻以明重"。③考虑到具体案件的复杂性,不能简单地认定只要有"在催款单上签字或盖章"等类似承认债务的行为,即构成抛弃时效抗辩权,如有相反证据显示虽然签收了催收债权的文书,但债务人同时表明不认可或不愿意履行债务的,则不应认定为抛弃时效抗辩权。④

对于否定说的构成理由,笔者存有如下质疑:

第一,抛弃时效抗辩权的制度价值是否仅在于侧重保护债务人?诉讼时效制度的理由大致为:维持社会秩序现状、保护债务人因时日久远而举证困难遭受诉讼上不利益、权利上之睡眠者不值保护、减轻法院讼累,等等。⑤ 以上诸端均属该制度所追求之法律价值,诉讼时效各项具体制度应体现上述价

---

① 参见奚晓明主编:《最高人民法院关于民事案件诉讼时效司法解释理解与运用》,人民法院出版社2008年版,第367页。学术界对此持相同观点的参见马俊驹、余延满:《民法原论》(第3版),法律出版社2007年版,第250页。
② 奚晓明主编:《最高人民法院关于民事案件诉讼时效司法解释理解与运用》,人民法院出版社2008年版,第287页。
③ 参见奚晓明主编:《最高人民法院关于民事案件诉讼时效司法解释理解与运用》,人民法院出版社2008年版,第368页。
④ 参见奚晓明主编:《最高人民法院关于民事案件诉讼时效司法解释理解与运用》,人民法院出版社2008年版,第368、378页。
⑤ 参见王泽鉴:《民法总则》,中国政法大学出版社2001年版,第517页;史尚宽:《民法总论》,中国政法大学出版社2000年版,第623页。

值原则之间的相互协作、配合和限制。① 诉讼时效制度赋予债务人抗辩权,使其免于本应履行之义务,已经对其有所偏袒;为平衡双方利益,法律特设时效利益抛弃制度(包括时效中断和时效期间届满后之承认),使得权利人如有证据证明债务人有抛弃时效利益之意思表示,则债权请求力恢复,因此时效利益抛弃制度价值取向在于保护权利人。②

第二,虽然《民法通则》第 140 条规定"同意履行"而不是"承认"才发生时效中断的效力,但从《民法通则》的起草参与者的论述③,以及理论界通说来看④,二者都将第 140 条的"同意履行"等同于对债务表示"承认"。《诉讼时效若干规定》第 16 条总结我国司法实务经验,将债务人作出分期履行、部分履行、提供担保、请求延期履行、制定清偿债务计划等承诺或者行为,均认定为《民法通则》第 140 条的"同意履行义务",发生时效中断的效力。这种扩张解释,几乎将"同意履行义务"的内涵等同于"承认"。因此,所谓时效届满前抛弃时效利益需要"同意履行义务",而时效届满后抛弃时效抗辩权更需要"同意履行义务"的这种举轻明重的推论就失去其前提基础。

第三,对于类似法释〔1999〕年第 7 号批复中"在催款单上签字或盖章"等签收催收债权文书的行为,的确需要具体判断,如债务人在签收的同时,表示不认可或拒绝履行债务的意思,当然不能认为抛弃时效抗辩权,此毋庸赘言。但问题的焦点是,如果债务人没有任何主张抗辩权的意思,签收催收债权文书仅仅表明其承认债务事实存在,究竟是否可以认定为时效抗辩权之抛弃?

笔者赞同肯定说。债务人通过签收债权文书等行为,承认债务事实存

---

① 关于法律原则形成的内部体系问题,参见〔德〕卡尔·拉伦茨:《法学方法论》,陈爱娥译,商务印书馆 2003 年版,第 348—355 页。
② 王利明认为,对债务人抛弃时效抗辩权的意思表示应当按照客观目的解释,"也就是要从有利于债权人的意思的角度进行解释。因为债权人与债务人之间本来就存在债权债务关系,债务人本来应该及时履行债务,而其没有做出履行,其本身就是违反诚实信用原则的,如果从有利于债务人的角度来解释时效利益的抛弃,则认为债务人没有抛弃时效利益,也不符合公平正义的理念"。参见王利明:《民法总则研究》,中国人民大学出版社 2003 年版,第 751 页。
③ 参见江平、张佩林编著:《民法教程》,中国政法大学出版社 1986 年版,第 120 页;顾昂然、王家福、江平等:《中华人民共和国民法通则讲座》,中国法制出版社 1990 年版,第 267 页;佟柔主编:《民法总则》,中国人民公安大学出版社 1992 年版,第 325 页。
④ 参见王利明、郭明瑞、方流芳:《民法新论》(上),中国政法大学出版社 1988 年版,第 571 页;彭万林主编:《民法学》(第 3 版),中国政法大学出版社 2002 年版,第 149—150 页;梁慧星:《民法总论》,法律出版社 2001 年版,第 279 页。

在,由此可以推测债务人有同意履行债务的意思表示,这属于默示意思表示中的"补充解释"。所谓补充解释,即当事人的意思表示不完整,就其已经发出的表示(话语或行为),将其中未表达出来的意思予以补充,经补充解释之后意思表示变得完整,或者其意义也有可能得到改变。① 进行补充解释的主要依据是"可推测的当事人意思",但是在发生争议时,各方当事人都会从有利于自己的角度提出各自的主张,因此可推测的当事人意思"并不是由合同双方当事人的主观想法(所决定的),而是由法院在依据客观情形作利益权衡的基础上得出的"②。由此可见,补充解释未必一定是当事人的本意,而是法官根据衡平得出的客观意思,具有明显的目的考量和价值判断的特点。就时效届满后债务人承认债务而言,为保护债权人,对于债务人签收催收债权文书、发出承认债务的通知、对债权人主张抵销等行为,均不妨补充解释为有时效抗辩权抛弃的意思表示,从而使原本失去请求力的债权得以恢复。而且,就债务人方面而言,如其不同意履行债务,完全可以拒绝承认债务,或者在承认债务事实的同时明确表示拒绝履行债务,由此可以清晰地赋予其行为相应的法律效果。如若不然,债务人对是否愿意履行债务的模糊态度,也会使得债权人处于权利义务不明之中。③

4. 小结

诉讼时效完成后发生请求权附条件地消灭的效果,故而罹于诉讼时效的债权请求权受到限制或丧失,而沦为不完全债权。如果债务人单方作出抛弃时效抗辩权的意思表示,则债权的请求权即告恢复,重新获得强制请求力。《诉讼时效若干规定》第 22 条"作出同意履行义务的意思表示"的规定包含了时效抗辩权抛弃的意思表示,但如果诉讼时效完成后债务人仅仅对债务存在的事实表示"承认",并无明确抛弃的意思表示,其法律效果存有争议。笔

---

① 参见〔德〕迪特尔·梅迪库斯:《德国民法总论》,邵建东译,法律出版社 2000 年版,第 252 页。
② 〔德〕迪特尔·梅迪库斯:《德国民法总论》,邵建东译,法律出版社 2000 年版,第 252 页。
③ 本文的客观目的论证,从相反的方面也可以得到检验。例如在保证人承认债务的情形,因为保证人毕竟不是债务人本人,因此不宜从宽认定保证人签收催款函即构成时效抗辩权抛弃。例如,最高人民法院《关于锦州市商业银行与锦州市华鼎工贸商行、锦州经济开发区实华通信设备安装公司借款纠纷一案的复函》(2002 民监他字第 14 号)规定:"保证人如无其他明示,仅在债权人发出的催收到期贷款通知单上签字或盖章的行为,不能成为重新承担担保责任的依据。法释〔1999〕年第 7 号批复不适用于保证人。"

者倾向于法释〔1999〕年第 7 号批复的做法,认为债务人承认债务的行为可以补充解释其有抛弃时效抗辩权的默示意思表示,但如有相反的意思除外。

四、诉讼时效完成后债务人自愿履行义务

1. 自愿履行义务的法律效果:债务人不得请求返还给付

《诉讼时效若干规定》第 22 条规定诉讼时效届满后义务人"自愿履行义务",源于《民法通则》第 138 条"超过诉讼时效期间,当事人自愿履行的,不受诉讼时效限制"。此后,最高人民法院《关于贯彻执行〈中华人民共和国民法通则〉若干问题的意见(试行)》(1988 年)第 171 条以及最高人民法院《关于适用〈担保法〉若干问题的解释》(2000 年)第 35 条亦有类似规定。义务人自愿履行义务发生怎样的法律效果,笔者首先从比较法上予以考察。

同类问题在德国法系中被构想为"时效完成后之给付"。《德国民法典》第 214 条第 2 款规定:"为履行已因时效而消灭的请求权所进行的给付,不得请求返还,即使给付系不知时效消灭而履行的,也不例外。对于义务人的约定承认以及提供担保,适用相同规定。"欲理解该规则,必须联系不当得利法的相关原理。不当得利分为给付型不当得利与非给付型不当得利,就前者来说,如果给付行为使他人获得利益但欠缺给付目的,则构成无法律原因之给付,或称非债清偿,给付人自可请求返还不当得利。给付目的欠缺主要有三种情形:债权自始根本不存在(如合同无效)、债权嗣后不存在(如合同解除或被撤销)、债权虽然存在但附有永久性抗辩权(或灭却性抗辩权)。[①] 就第三种情形而言,由于债务人本来可以行使抗辩权以对抗债权人、消灭自己的义务,但如果债务人没有行使抗辩权,反而作出给付,则因给付目的欠缺从而成立不当得利,《德国民法典》第 813 条第 1 款规定,"以债务履行为目的所进行的给付,如果存在永久排除主张请求权的抗辩对抗请求权时,可以请求返还"。诉讼时效抗辩权属于灭却性抗辩权,如果债务人在时效期间届满后向债权人履行义务,依上述规则,似乎可以向债权人请求返还不当得利。但根据第 813 条第 1 款第二句以及第 214 条第 2 款,债务人对附有时效抗辩权的

---

① 参见〔德〕迪特尔·梅迪库斯:《德国债法分论》,杜景林、卢谌译,法律出版社 2007 年版,第 528—529 页。

债权进行给付,却不得以不当得利为由请求返还,其理由在于:

> 消灭时效的抗辩之所以特殊,是因为时效已消灭的债务作为一种涉及声誉的债务还是应当可以得到履行的。……重要的是消灭时效应当尽可能地带来法律上的和平;如若(自始至终都有主观动力的)给付后,再重新争论返还的问题,是违背这个目标的。①

我国台湾地区"民法"虽无类似《德国民法典》第813条第1款之规定,但学者将附有灭却性抗辩权之债权解释为无给付义务②,或者将债权视为不存在。③ 此时,债务人如为给付,应构成非债清偿的不当得利。但根据我国台湾地区"民法"第144条第2项之规定,履行消灭时效完成后之债务,不得请求返还,属于上述不当得利原则之例外。④ 总之,《德国民法典》第214条第2款、我国台湾地区"民法"第144条第2项的立法目的在于否定债务人向债权人以不当得利为由请求返还已经作出的给付。

如果从正面立论,就必须确立债权人受领债务人给付的合法性。根据抗辩权发生说,诉讼时效完成后,债务人如自愿履行义务,可能出现如下两种情形:①如果债务人未援用时效抗辩权而履行义务,则债权的请求权和受领权均未消灭,债权人当然可以受领债务人之给付;②如债务人援用时效抗辩权后再履行义务,则请求权虽已消灭,债权成为不完全债权,但其受领权仍未消灭,债权人仍可受领并保持该给付。以上二者,均说明债权人受领给付并非无法律上原因,并不构成不当得利。至于上述效果是否以债务人明知时效完成为要件,笔者认为:不论债务人明知或不知,都不妨碍债权人合法地受领给付,因而在法律效果上也无区别之必要,这与时效抗辩权抛弃必须以债务人明知为要件不同。

以此对比观察《诉讼时效若干规定》第22条则会发现:该条规定义务人自愿履行义务的法律效果是"以诉讼时效期间届满为由进行抗辩的,人民法院不

---

① 〔德〕迪特尔·梅迪库斯:《德国债法分论》,杜景林、卢谌译,法律出版社2007年版,第529—530页。拉伦茨说:"过了时效的债权仍然能履行,而且,如果履行是在不知道时效已完成而进行的,履行者也不能再根据第813条第1款的规定要求返还给付物。"〔德〕卡尔·拉伦茨:《德国民法通论》(上),谢怀栻等译,法律出版社2003年版,第346页。
② 参见史尚宽:《债法总论》,中国政法大学出版社2000年版,第85页。
③ 参见王泽鉴:《债法原理(二)不当得利》,中国政法大学出版社2002年版,第55页。
④ 参见史尚宽:《债法总论》,中国政法大学出版社2000年版,第85页。

予支持",与上述原理明显不符。所谓抗辩,必以权利人请求为前提,而在债务人已经自愿履行完毕之后,权利人之债权已获满足并告消灭。换言之,权利人无须提出请求,债务人更无须抗辩。剩下的问题只是:债务人如认为该义务附有灭却性抗辩权,相对人受领的给付因欠缺给付目的,从而主张返还;因而需要明确时效完成后之给付,债权人为有权受领,债务人不得请求返还,这才比较符合事理。换言之,在债务人自愿履行时效完成后之义务的情况下,并不需要考虑产生抗辩权问题,而是需要解决债权人受领的合法性问题。

对此,《民法通则》第138条没有采纳德国民法规定的"义务人不得以不知时效为由而请求返还",而是规定"不受诉讼时效限制",但最高人民法院《关于贯彻执行〈中华人民共和国民法通则〉若干问题的意见(试行)》第171条规定"义务人履行义务后,又以超过诉讼时效为由翻悔的,不予支持"。以上的表述虽然不够精确,但可以容纳恰当的学理阐释。自《民法通则》颁布以来,我国民法学界对第138条的一般理解,或者认为债务人自愿履行的义务是自然债务,或者认为权利人的实体权利(受领权)仍然存在,均得出义务人不得要求返还给付的结论。① 未见有学者认为其发生"债务人不得抗辩"的效果。但《诉讼时效若干规定》第22条的表述,反倒突显不出时效完成后之给付,应排除债务人之返还给付请求权、确认债权人有权受领的法律效果。

总之,在《诉讼时效若干规定》第22条规范的第一种情形,即债务人"作出同意履行义务的意思表示",属于时效抗辩权之抛弃,发生原债权请求力恢复的效果,债权人向债务人请求给付,债务人才有抗辩之必要,从而才有人民法院不予支持抗辩的可能。而《诉讼时效若干规定》第22条规范的第二种情形,即债务人"自愿履行义务后",应属时效完成后之给付,赋予其同样的法律效果,实在是不相匹配。

---

① 参见佟柔主编:《中华人民共和国民法通则简论》,中国政法大学出版社1987年版,第273页;江平、张佩林编著:《民法教程》,中国政法大学出版社1986年版,第115页;刘岐山主编:《民法通则读本》,中国人民公安大学出版社1987年版,第275页;徐开墅、成涛、吴弘编著:《民法通则概论》,群众出版社1988年版,第258页;王利明、郭明瑞、方流芳:《民法新论》(上),中国政法大学出版社1988年版,第577—578页;彭万林主编:《民法学》(第3版),中国政法大学出版社2002年版,第151页;魏振瀛主编:《民法》(第2版),北京大学出版社、高等教育出版社2007年版,第193页;马俊驹、余延满:《民法原论》(第3版),法律出版社2007年版,第248页。

但是,赋予"自愿履行义务"不得以时效"抗辩"的法律效果,是否另有深意? 于此,我们可以构想如下案型:时效期间届满后,债权人与债务人以契约方式达成履行债务的协议,但此后债务人翻悔,债权人诉至法院,债务人提出时效届满之抗辩,法院即可根据上述规定对其抗辩不予支持。这似乎是《诉讼时效若干规定》第 22 条"自愿履行义务"可能的出路,为此我们需要进一步厘清当事人在时效完成后达成履行债务的协议问题。

2. 自愿履行义务的特殊形态:无因债务承认契约

诉讼时效完成后,为清偿时效完成后的债务,债务人与债权人常常达成自愿履行债务的协议。例如最高人民法院《关于超过诉讼时效期间当事人达成的还款协议是否应当受法律保护问题的批复》(法复〔1997〕第 4 号)规定:"超过诉讼时效期间,当事人双方就原债务达成的还款协议……应受法律保护。"对此,我国民法学理界和司法实务界常将其理解为时效抗辩权之抛弃。然而,在德国民法上,时效完成后自愿履行债务的协议被认为是一种独特的给付类型,即无因的"债务承认契约",从而发生时效完成后之给付不得请求返还的后果(《德国民法典》第 214 条第 2 款第二句)。这里首先分析这一立法模式,并对我国民法是否可以作同样理解进行检讨。

根据《德国民法典》第 214 条第 2 款第二句的规定,为履行因时效而消灭的请求权,债务人以契约承认债务的,也不得请求返还。此处所谓以契约承认(Anerkenntnis),既不是发生时效中断效力之承认(即认可债务存在事实的观念通知),也不是时效完成后抛弃抗辩权之承认(即抛弃抗辩权之意思表示),通说认为此处的"承认"是《德国民法典》第 781 条规定的无因的"债务承认"(Schuldanerkenntnis)①,它与第 780 条的"债务约束"(Schuldversprechen)一并构成一种独立的债务合同。② 所谓债务承认或债务约束,实为同一所指,即当事人不表明债务的原因,而约定负担某种债务之契约,二者总称为"无因债权契约",其法律效果是:"当事人若不标明原因而负担债务,即成立

---

① 陈自强认为,时效完成后债务人以契约承认债务,是否仅指无因的债务承认契约,或者可能包括其他形态指债务承认契约,存在疑问。参见陈自强:《无因债权契约论》,中国政法大学出版社 2002 年版,第 253—254 页。
② 参见〔德〕迪特尔·梅迪库斯:《德国债法分论》,杜景林、卢谌译,法律出版社 2007 年版,第 446 页。

无因债务;原因纵无效,亦不影响其债务之效力,仅发生不当得利返还之问题。"①债务承认在实务中最为常见的是交互计算中的差额承认,另外,如果对票据行为采契约行为说,则签发票据也是典型的债务承认契约。② 总之,与时效中断的承认、时效抗辩权抛弃之承认均不同,此处的"债务承认"为法律行为,并且是负担行为、无因行为。

债务承认或债务约束最大的特点在于无因性或抽象性,即不受基础法律关系的影响,独立地成为当事人的请求权基础。③ 但由于无因的债务承认契约可能存在给付目的欠缺的情形,为弥补无因性之弊端,须以不当得利法为救济,将抽象的债务承认重新置于当事人的经济关联之中。④ 因此《德国民法典》第812条第2款规定,"以契约对债务关系的存在或者不存在予以承认,也视为给付"。据此,如果债务承认没有真实的交易基础,或者没有"实质性的债务原因"时,即构成一种欠缺给付目的的给付,应依不当得利返还,从而债务人可以撤销该契约。在自始无给付目的、嗣后给付目的丧失以及债务附有灭却性抗辩权的情形中,债务承认均构成不当得利。⑤ 如依此逻辑,时效完成后,债务人以契约承认债务,则该债务承认因附有灭却性抗辩权而应当返还。但实际上恰恰相反,为保护债权人,《德国民法典》第214条第2款第二句排除了债务人的返还请求权,换言之,时效完成后的债务承认,具有合法的给付目的,并不构成欠缺法律原因之给付。

---

① 陈自强:《无因债权契约论》,中国政法大学出版社2002年版,第234页。另参见郑玉波:《民法债编总论》,中国政法大学出版社2004年版,第30页。至于债务承认和债务约束是否有区别,王泽鉴老师指出二者仅是表达方式的不同,例如"某甲谨此表示定于某年某月某日支付某乙若干金钱"是债务约束,或者"某甲谨此承认欠某乙若干金钱,定于某日偿还"是债务承认。参见王泽鉴:《债法原理(一)基本理论债之发生》,中国政法大学出版社2001年版,第129页。梅迪库斯也认为二者仅是表述上的不同。参见〔德〕迪特尔·梅迪库斯:《德国债法分论》,杜景林、卢谌译,法律出版社2007年版,第446页。
② 参见陈自强:《无因债权契约论》,中国政法大学出版社2002年版,第257页。
③ 参见〔德〕迪特尔·梅迪库斯:《德国债法分论》,杜景林、卢谌译,法律出版社2007年版,第445页。
④ 参见〔德〕迪特尔·梅迪库斯:《德国债法分论》,杜景林、卢谌译,法律出版社2007年版,第446页。梅迪库斯说无债务承认或债务约束,"只有在得到不当得利法的修正之后,才能予以容忍。一项许诺或者一项承认能够存在于所有的经济关联之外,当是不合法的"。
⑤ 参见〔德〕迪特尔·梅迪库斯:《德国债法分论》,杜景林、卢谌译,法律出版社2007年版,第447页。

综上可知,在德国民法上,时效完成后,债务人如自愿履行义务,既可提供现实的给付(《德国民法典》第 214 条第 2 款第一句),亦可以契约承认债务(《德国民法典》第 214 条第 2 款第二句),二者均构成时效完成后之给付,都不允许债务人向债权人主张返还。①

通过以契约承认债务的方式,债务人进行时效完成后之给付,如果债权人主张债务承认契约,就会发生债务人不得以时效期间届满为由进行抗辩的后果。② 因此,如果采"以契约承认债务"构成时效完成后之给付的观点,则《诉讼时效若干规定》第 22 条债务人自愿履行义务后不得抗辩之规则,似有适用之可能。但从体系角度来说,德国民法上的债务承认契约被视为不当得利法上给付的一种类型(《德国民法典》第 812 条第 2 款),从而在消灭时效法上,债务承认契约与实际履行完毕都构成时效完成后之给付,二者都发生不得请求返还不当得利的后果。然而,我国民法上既没有一般的无因债务契约的概念(不包括票据法)③,也没有不当得利法上将负担无因债务视为给付的明文规定,从而无法在时效法上认定时效完成后当事人达成(无因)债务履行协议为一种时效完成后之给付的类型,并赋予不当得利请求权排除的后果。易言之,没有相关的辅助制度或原理的支撑,不能贸然得出同样的结论。

3. 自愿履行义务与"表示自愿履行"

《民法通则》第 138 条"自愿履行义务"既然不包括无因债务契约,那么是否包括当事人一般地作出自愿履行义务的意思表示(但尚未实际履行)呢?如果包括,则《诉讼时效若干规定》第 22 条意义上的"自愿履行义务后不得抗辩"仍有存在之必要。

对此问题,我国民法学理上的争论由来已久。梁慧星教授采"包含说",认为《民法通则》第 138 条"当事人自愿履行"包括三种情形:①表示自愿履

---

① 如果说实际给付与以契约承认债务在给付形态上有差别,也只是导致债务人要求给付"返还"的形式不同:前者为实际给付利益的返还,后者则为撤销债务承认契约。
② 参见史尚宽:《民法总论》,中国政法大学出版社 2000 年版,第 709 页。
③ 就是否应一般地承认无因债务契约问题,陈自强指出,除非只有成立无因债务契约才能满足当事人的交易目的需要之外,例如交互计算、票据等,对于二人之间发生的不表明原因的债权证书,原则上不宜认定为无因债权契约。换言之,惟有当债权无因化,才能达到当事人契约目的时,才有无因债权契约成立之必要。参见陈自强:《无因债权契约论》,中国政法大学出版社 2002 年版,第 238 页。

行并已经履行完毕;②表示自愿履行但尚未履行;③表示自愿履行但尚未履行,并事后反悔。据此,《民法通则》第138条所谓"不受诉讼时效的限制"可能发生两种法律效果:一是当事人自愿履行完毕的,不得要求返还;二是如当事人表示自愿履行但尚未履行,法院应判决强制履行。① 与此不同,魏振瀛教授采"扩张解释说",认为《民法通则》第138条仅指已经完成的自愿履行,而不包括"表示自愿履行但尚未履行",它构成了法律漏洞,但考虑到立法目的,可以对它扩张解释,使得当事人在时效完成后作出自愿履行的意思表示具有强制效力。② 江平教授采"协议变更说",也认为《民法通则》第138条不包括债务人"表示自愿履行但尚未履行",时效完成后债务人向债权人表示自愿履行是双方达成变更原合同的协议,依此协议可以强制债务人履行。③

虽然以上学说为达到保护债权人的目的,都肯定时效完成后债务人作出自愿履行义务的意思表示应具有法律强制力,但是笔者不能赞同梁慧星教授的包含说。

首先,从《民法通则》第138条"当事人自愿履行"的字面含义来看,应仅指已经履行完毕的状态,"债务人表示自愿履行义务但尚未履行"无法纳入其文义射程的范围。其次,江平和魏振瀛两位教授都不同意包含说,二位学者均参与《民法通则》的起草工作,法律起草者的观点应具有更可靠的说服力。④ 此外,最高人民法院《关于贯彻执行〈中华人民共和国民法通则〉若干问题的意见(试行)》第171条"义务人履行义务后,又以超过诉讼时效为由翻悔的,不予支持"的规定,显然也仅指义务人已经履行完毕的情形。拉伦茨指出:文义是解释的起点,同时也划定了解释的界限,"字义可能范围外的说明,已经不再是阐明,而是改变其意义"⑤。虽然此类案型中债权人的利益需要保护,但不能通过任意扩大法律字面含义的方式去解决问题。法学方法论教导我们,只有明确哪些是可以基于现行法律得出的结论,哪些是不能得出

---

① 参见梁慧星:《裁判的方法》,法律出版社2003年版,第85—86页。
② 参见梁慧星:《裁判的方法》,法律出版社2003年版,第86页。
③ 参见梁慧星:《裁判的方法》,法律出版社2003年版,第85页。
④ 拉伦茨认为,法律文字的起草者及审查法案的委员会成员,虽然不是"立法者",但他们的见解对解释具有重大价值,因为我们假定:他们在选择表达方式时,就其适用范围曾加考虑,再者,他们也会努力选择一些能配合立法者规定意向的表达方式。参见〔德〕卡尔·拉伦茨:《法学方法论》,陈爱娥译,商务印书馆2003年版,第208页。
⑤ 〔德〕卡尔·拉伦茨:《法学方法论》,陈爱娥译,商务印书馆2003年版,第202页。

的结论,才能划定法院必须遵守法律与有必要续造法律之间的界限①,从而才有可能审查法院对法律续造是否进行审慎的论证。

相比之下,扩张解释说坦白地承认《民法通则》第138条不包含债务人表示自愿履行义务的情形,从而为扩张解释奠定了前提。根据立法目的,既然为了保护诉讼时效完成后之债权,规定"自愿履行义务的"不得请求返还,根据同等事物同等对待的正义原理,如果债务人作出自愿履行义务的意思表示,那么法律也应对债权人进行保护,但其效果是抛弃时效抗辩权,使得原债权恢复请求力。由此必须对《民法通则》第138条"不受诉讼时效限制"增添新的内涵,即债务人抛弃时效抗辩权。②

《诉讼时效若干规定》第22条规定债务人作出同意履行义务的意思表示(尚未履行)不得再以时效进行抗辩,并且有意识地将其与债务人自愿履行义务(履行完毕)分别列举,正说明二者应分属两种情形,该条恰好弥补了《民法通则》第138条的法律漏洞。但遗憾的是,该条却赋予二者相同的"以时效抗辩为由不予支持"的法律后果,使得本应厘清的概念,却又纠缠不清。

以上的包含说和扩张解释说,都赋予债务人表示自愿履行义务以恢复原债权请求力之效果,但协议变更说主张当事人达成债务履行的协议为新的债权债务关系,使得问题更为复杂,拟于下文阐述。

4. 小结

诉讼时效完成后,债权人的受领权仍存续,如果债务人自愿履行,仍可受领和保有该给付,债务人不得以不知时效为由,请求债权人返还给付。但《诉讼时效若干规定》第22条却规定"自愿履行"债务人不得再以时效进行抗辩的法律效果,这与民法一般原理不符。而且,在我国民法上,债务人"自愿履行"的,既不包括无因的债务承认契约,也不包含表示自愿履行(尚未履行),因而"不得以时效进行抗辩"的法律效果也无其他可能适用的途径,其完全

---

① 参见〔德〕卡尔·拉伦茨:《法学方法论》,陈爱娥译,商务印书馆2003年版,第114页。
② 应当指出,这里的扩张解释不同于广义解释,实为一种法律续造方法。通过广义解释的方法,文字被解释出来更多的含义,但仍然属于文字所能指涉的范围,只不过被解释的含义距离文字核心含义更远、更为边缘。而扩张解释,又称目的性扩张,是指法律对本应予以规范的案型没有规范,存在法律漏洞,从而基于法律目的的考量,比附援引最为相近的现有法律条文,赋予其相同的法律效果。参见〔德〕卡尔·拉伦茨:《法学方法论》,陈爱娥译,商务印书馆2003年版,第229、273页。

是一个立法上的败笔。

五、诉讼时效完成后达成自愿履行债务的协议

1. 自愿履行债务的协议性质:"抗辩权抛弃说"与"负担新债说"

严格言之,上文所谓债务人"表示自愿履行"应分为两种情形:

(1)债务人单方作出抛弃时效抗辩权的意思表示,使得罹于诉讼时效之债权恢复请求力。这在我国司法实践中被称为"重新确认债务",当事人应按原债务履行义务。对此法律效果已经明确,无论对《民法通则》第138条采扩张解释说,还是根据《诉讼时效若干规定》第22条的规定,均可得出这一结论。

(2)债务人"表示自愿履行"的方式是与债权人达成自愿履行债务的协议。对此可有两种解释:一是与单方的表示自愿履行的效果一样,发生时效抗辩权抛弃之效果(以下简称"抗辩权抛弃说"),原债务恢复请求力,这是我国民法理论界①和司法实务界②的通说;二是自愿履行债务的协议是债务人负担新的债务(以下简称"负担新债说"),当事人为代替原定给付而负担新债务,可能采取如下几种方式:

第一,代物清偿。当事人如约定负担无因债务,由于无因债务被视为一种给付③,因而新债务成立时旧债务即消灭,从而构成代物清偿,例如德国民法上的"债务承认契约"。此时,原债务如不存在,无因债务并不当然无效,但发生返还不当得利的后果。④

第二,更改。当事人如约定负担有因债务,并且有消灭原债务的意思表示,为债之更改(Novation),例如将原买卖价金债务协议转换为消费借贷债务。⑤ 债之更改为有因契约,如新债务不成立则旧债务不消灭。

---

① 参见王利明:《民法总则研究》,中国人民大学出版社2003年版,第751页;马俊驹、余延满:《民法原论》(第3版),法律出版社2007年版,第249页。
② 参见奚晓明主编:《最高人民法院关于民事案件诉讼时效司法解释理解与运用》,人民法院出版社2008年版,第371页。
③ 参见史尚宽:《债法总论》,中国政法大学出版社2000年版,第817页。
④ 参见史尚宽:《债法总论》,中国政法大学出版社2000年版,第817页。
⑤ 参见史尚宽:《债法总论》,中国政法大学出版社2000年版,第817页;孙森焱:《民法债编总论》(下),法律出版社2006年版,第861页。

第三,间接给付。当事人负担新债务但没有消灭旧债务的意思表示,或者意思表示不明确,法律应从保护债权人的角度出发,推定为间接给付(《德国民法典》第364条第2款、我国台湾地区"民法"第320条),其效果为新债务未获清偿则旧债务不消灭;新债务获得清偿则旧债务消灭。①

我国民法没有一般性地认可无因债务契约,负担无因债务惟有签发票据行为,但是如果认为以票据清偿原债务构成代物清偿,则原债务的担保随之消灭,而且新的票据债权存在不能实现的风险,因而基于保护债权人的考虑,除非当事人有明确的意思表示,否则不宜认为是代物清偿,而是间接给付。②因此,笔者认为,在我国民法上,当事人为代替原定给付而负担新债,或为债之更改,或为间接给付,原债务并不当然消灭。

实践中当事人达成自愿履行债务的协议内容比较复杂,有时仅仅是为了恢复旧债务的效力(抛弃时效抗辩权),有时可能是债务人愿意负担新债务以代替原定给付(债之更改或间接给付),因此,要根据其具体的意思表示内容来进行判断。但二者在旧债务存续及其担保是否消灭问题上,存有差异。

2. 自愿履行债务的协议对担保人的效力

对于自愿履行债务的协议采"抗辩权抛弃说"还是"负担新债说",对于原债务的担保人(包括保证人或物上担保人)影响重大,故有辨析之必要。

根据抗辩权抛弃说,时效抗辩权抛弃后,产生原债务的请求力恢复的效果,债务人按原来的债之关系履行义务,因此原债务没有消灭。继而,原债务的担保也就不当然消灭。那么,担保人是否可以主张原债务人的时效抗辩权呢?

首先,原债务的保证人可以主张时效抗辩权,不负担保责任。《中华人民共和国担保法》第20条第1款规定:"一般保证和连带责任保证的保证人享有债务人的抗辩权。债务人放弃对债务的抗辩权的,保证人仍有权抗辩。"(《德国民法典》第768条、我国台湾地区"民法"第742条亦是如此。)

其次,对于物上担保人的效力如何,情况较为复杂。就担保的从属性而

---

① 参见郑玉波:《民法债编总论》,中国政法大学出版社2004年版,第486页;陈自强:《无因债权契约论》,中国政法大学出版社2002年版,第341—344页。
② 参见傅鼎生:《票据无因性二题》,载《法学》2005年第12期。

言,物上担保人类似于保证人,本可以援引时效抗辩权①,但各国或地区立法就诉讼时效对担保物权的影响作出不同的规定,大致有以下两种情形:①担保物权并不当然因主债权的时效届满而当然消灭,例如德国民法规定请求权虽因时效消灭但不妨碍权利人就担保物取偿(《德国民法典》第216条第1款);瑞士民法规定债权人因时效届满不能获得债务人清偿,可以通过抵押实现其权利(《瑞士债法典》第140条);我国台湾地区"民法"规定请求权虽经时效消灭,并不影响债权人就其抵押物、质物或留置物取偿,但是抵押权人于消灭时效完成后5年间不实行其抵押权则抵押权消灭(我国台湾地区"民法"第145条、第880条)。②担保物权因主债权经诉讼时效的完成而随之消灭,例如在日本民法上,诉讼时效消灭的对象是债权,所以抵押权所担保的债权因时效而消灭,则抵押权也随之消灭(《日本民法典》第396条)。②

综上所述,如采抗辩权抛弃说,债务人应当继续履行原债务,但保证人可主张时效抗辩权。而物上担保则各国立法不同:或者物上担保在主债权诉讼时效完成后继续存在(或须经除斥期间而消灭),物上担保人不得主张时效抗辩权;或者物上担保随主债权的时效完成而自动消灭,故而可以主张时效抗辩权。关键的分歧就在于此。

《中华人民共和国物权法》(以下简称《物权法》)对抵押权采严格的从属性,第202条规定主债权经诉讼时效期间未行使,则抵押权也不受人民法院保护。这一规定违背了诉讼时效的原理,因为物权乃是对物的支配权,诉讼时效消灭的对象只是请求权,故而原则上物权本身不适用诉讼时效。③《物权法》第202条与物权本性存在冲突,并且置抵押权登记的效力于不顾,存在重大的制度缺陷,值得商榷。而且,《物权法》并未明确质权和留置权是否作同样处理,而根据最高人民法院《关于适用〈中华人民共和国担保法〉若干问

---

① 参见〔德〕迪特尔·梅迪库斯:《德国民法总论》,邵建东译,法律出版社2000年版,第103页。

② 参见〔日〕我妻荣:《新订物权法》,罗丽译,中国法制出版社2008年版,第384—385页;〔日〕近江幸治:《担保物权法》,祝娅等译,法律出版社2000年版,第209页。

③ 例如梅迪库斯指出:"消灭时效适用于请求权。……例如对所有权不适用消灭时效,所有权只会因取得时效届满、他人取得所有权而丧失。"〔德〕迪特尔·梅迪库斯:《德国民法总论》,邵建东译,法律出版社2000年版,第90页。拉伦茨说:"只有从所有权发生的请求权才会因时效而消灭,作为支配权的所有权本身是不因时效而消灭的。"〔德〕卡尔·拉伦茨:《德国民法通论》(上),谢怀栻等译,法律出版社2003年,第327页。

题的解释》第 12 条第 2 款的规定,质权或留置权在主债权诉讼时效届满后两年之内还可以行使。总之,笔者认为,如采抗辩权抛弃说,则原债务存在,物上担保也应继续存在。

如采负担新债说,则根据当事人是否有消灭原债务的意思表示,来判断旧债务究竟是否消灭以及对担保人的影响如何。第一,如为债之更改,由于更改后新债成立,则旧债消灭,因而旧债的担保也相应地随之消灭。① 第二,如为间接给付,则旧债务并不因新债务成立而消灭,旧债务的担保也不随之消灭。但是,因为旧债务的请求权已因时效而消灭,此时担保人的地位与抗辩权抛弃说的担保人地位相同,即保证人可主张时效抗辩权,而物上担保人不得主张时效抗辩权。

3. 本文观点

"抗辩权抛弃说"和"负担新债说"体现为不同的法律效果。于此首先应当承认当事人在诉讼时效完成后达成履行债务的协议,应具有多种理解的可能:其一,虽然抛弃时效抗辩权的意思表示无须以协议为之,但如果当事人通过协议确认抛弃的意思表示,亦无不可,司法实务界认为:"依当然解释,在债务人单方放弃诉讼时效抗辩权时,尚且确认其有效性,那么,在当事人双方以契约的方式放弃诉讼时效抗辩权时我们自应也确认其有效性。"②据此,笔者认为,《诉讼时效若干规定》第 22 条"一方向对方当事人作出同意履行义务的意思表示"的文义应包括双方协议达成履行义务的意思表示。其二,如果当事人达成负担新债的协议以代替原定给付,或为债之更改或为间接给付,显然属于双方法律行为,应采负担新债说。

其次,就法律效果而言,旧债务及其担保是否消灭?按抗辩权抛弃说,重新确认原债务的效力,虽然保证人可主张时效抗辩权,但物上担保人原则上应继续承担担保责任;按负担新债说,如为债之更改,则旧债消灭,其担保也随之消灭;如为间接给付,则旧债务不消灭,担保人的地位与抗辩权抛弃说相同。

---

① 参见史尚宽:《债法总论》,中国政法大学出版社 2000 年版,第 818、832 页;郑玉波:《民法债编总论》,中国政法大学出版社 2004 年版,第 485、528 页。
② 奚晓明主编:《最高人民法院关于民事案件诉讼时效司法解释理解与运用》,人民法院出版社 2008 年版,第 366 页。

综上所述,抗辩权抛弃说和负担新债说各有适用的余地,并且在法律性质和法律效果上存有差异,因此,有必要根据当事人的具体意思表示来确定究竟属于何种情形。如果按照通说,一律简单地认为这是时效抗辩权之抛弃,就会排斥其他解释以及发生其他法律效果的可能。

此外,负担新债务说尚需解决如下问题。在债之更改或间接给付的情况下,若新债务不成立、无效或被撤销,债权人仍可主张旧债务。一般情形下,旧债务未经诉讼时效,债权人仍可有效主张;但如果旧债务已经过诉讼时效,此时再主张旧债务,债务人是否可以旧债务的诉讼时效经过为由进行抗辩呢?笔者认为,虽然自愿履行债务的协议本身不是时效抗辩权之抛弃,但从债务人与债权人缔结自愿履行债务的协议的行为中,可以推断出债务人默示地抛弃时效抗辩权。可见,负担新债说还需要时效抗辩权抛弃制度的补充和配合。

当然,如果债务人在负担新债时的意思表示具有欺诈、胁迫等情形,则不可认为时效抗辩权被抛弃。

六、结论

诉讼时效制度最为核心的问题是诉讼时效完成后对于债之关系的法律效力。我国民法理论和立法长期受苏联的胜诉权消灭说影响,使得该问题扑朔迷离。近年来,随着诉讼时效法律效力问题的澄清,我国民法理论界确立了抗辩权发生说的合理性,《诉讼时效若干规定》也作出相应规定,此举意义重大。虽然抗辩权发生说已成定论,但是,上述司法解释第22条以及国内相关的学理见解,对于诉讼时效完成后当事人自愿履行、单方表示自愿履行、双方协议自愿履行等问题仍然是概念不清、逻辑不明。

诉讼时效为民法总则制度之一,诉讼时效完成后的法律效果,必须结合债权法和物权法上的具体配套规则才能了悟其体系的逻辑完整性和一致性。因此,应在民法原理层面审慎考虑与此相关的各项具体民法制度,包括债权与请求权之关系、时效完成后之给付(以及负担无因债务)与不当得利之关系、为代替原给付而负担新债务的债之更改或间接给付、诉讼时效完成后债之担保是否存续,等等,只有明确了上述制度原理与诉讼时效制度的相互呼应关系,才能合理地构建诉讼时效完成后法律效果的规则体系。

基于以上指导思想,笔者意图澄清诉讼时效完成后当事人可能对原债权债务关系作出的各种处置方式及其相应的法律效果:

第一,抛弃诉讼时效利益。时效利益一般不得由当事人预先抛弃,在时效进行中抛弃时效利益即构成时效中断,而时效完成后抛弃时效利益是时效抗辩权之抛弃,其后果使得原债务已经时效限制或消灭的请求权得以恢复。《诉讼时效若干规定》第22条规定当事人作出"同意履行义务的意思表示"应指抛弃时效抗辩权的意思表示。另外,债务人对债务事实的"承认",在诉讼时效届满前构成时效中断,在诉讼时效届满后构成抛弃时效抗辩权的默示意思表示。

第二,时效完成后之给付。诉讼时效完成后,债务人如自愿作出履行(已经履行完毕),则构成时效完成后之给付,其法律效果是债务人不得以不当得利为由请求债权人返还已经受领的给付。但《诉讼时效若干规定》第22条赋予"自愿履行义务"与时效抗辩权抛弃同样的法律效果,未能切中要点。虽然德国法上有负担无因债务视为给付之规定,但我国民法未设有无因债务契约的一般规定,不宜遽然认定未表明原因的债务契约就是无因债务契约。惟有可能是债务人对债权人签发票据,根据票据的无因性原理,债务人当然不得进行抗辩,但这是特别法的规定,并非诉讼时效法上的问题。

第三,诉讼时效完成后当事人达成履行债务协议。首先应依当事人具体的意思表示确定是抛弃时效抗辩权,还是为清偿旧债务而负担新债务。如果是前者,可以适用《诉讼时效若干规定》第22条"同意履行义务"的规定,不得再以时效期间届满为由进行抗辩[①];如果是后者,则应根据负担新债务的性质,按照债之更改或间接给付处理,同时需要补充,如新债不成立、无效或被撤销,则由于达成履行债务协议本身表明债务人有履行原债务的意愿,推定其默示抛弃时效抗辩权。

在制定中国民法典的过程中,有几部民法典草案建议稿对诉讼时效完成

[①] 参见奚晓明主编:《最高人民法院关于民事案件诉讼时效司法解释理解与运用》,人民法院出版社2008年版,第371页。

后的法律效果尚存在一些误解。① 而笔者本文有利于澄清相关概念和制度原理,避免在立法上出现类似《诉讼时效若干规定》第 22 条那样逻辑不清的法律规则。最终通过的《民法总则》第 192 条第 2 款"诉讼时效期间届满后,义务人同意履行的,不得以诉讼时效期间届满为由抗辩;义务人已自愿履行的,不得请求返还"的规定显然采用了上述法律效果的区分。

---

① 王利明教授主编中国民法典草案建议稿第 240 条和第 241 条明显混淆了时效抗辩权之抛弃与时效完成后之给付这两个问题,参见王利明主编:《中国民法典学者建议稿及立法理由》(总则编),法律出版社 2005 年版,第 420—422 页。梁慧星教授主编的中国民法典草案建议稿第 195 条内容为时效抗辩权之抛弃,但条标却名为"时效完成后义务人的承认",而且立法理由中将双方达成履行债务的协议也界定为时效抗辩权之抛弃。参见梁慧星主编:《中国民法典草案建议稿附理由》(总则编),法律出版社 2004 年版,第 252—253 页。

民法上"生育权"的表象与本质*

——对我国司法实务案例的解构研究

近年来,我国民法理论界和司法实务界常常提到"生育权"的概念。涉及生育问题的民事纠纷层出不穷,理论上对生育权的论述更是连篇累牍,生育权成为民法上极热门的课题。然而对于生育权之内容与性质如何,民法应如何保护生育利益,以及如何适用涉及生育的法律,各方均未达成共识。有鉴于此,笔者并不打算从纯粹逻辑的角度研究这一问题,并对生育权进行概念推导,而是采取一种"回到事物本身"的态度,观察司法实务中如何认识和运用"生育权"这一概念。在此基础上,笔者以民法原理和比较法为分析工具,指出我国法院民事审判中运用"生育权"来解决生育利益方面的民事纠纷以及在民法学上提出和讨论"生育权"这一概念,或属多余,或属不精确,而理论上将生育利益提升为一项民事权利类型也无必要。

一、司法实务中"生育权"民事纠纷案件的类型

就我国司法实务中涉及生育问题的民事纠纷,笔者以"生育权"为关键词,检索北大法意网中国司法案例数据库(http://www.lawyee.net)、最高人民法院各部门机构主编的《人民法院案例选》和《民事审判案例要览》、公开发表的学术刊物以及少量的新闻报道,收集整理了48起典型的生育民事纠纷

---

* 原文发表于《法学研究》2010年第5期,与徐刚合作。现作修订后收入本书。本文发表后,最高人民法院《关于适用〈中华人民共和国婚姻法〉若干问题的解释(三)》第9条擅自终止妊娠一方不构成侵害生育权的规定,与本文观点完全一致。

案件。虽然实际发生的生育纠纷案件远不止于此,但笔者就上述渠道获得的案件,进行归类整理,基本概括出实务中生育民事纠纷的三种类型:

第一,生育器官损害类型。例如:甲司机违章行车,导致乙子宫内胎儿受损害,乙以生育权受侵害为由,起诉甲要求赔偿;或者医生甲误将节育环置于乙子宫之内,导致其生育功能障碍并多年未孕。此类案件中,法院一般在认定原告生育器官的完整性或生殖能力(身体健康)遭受损害的同时,支持原告提出的生育权主张。

第二,配偶之间的生育纠纷类型。例如:甲男与乙女为夫妻,甲欲生养子女,而乙却拒绝生育或已单方流产,甲起诉乙生育侵权或要求乙履行生育义务;或者甲男起诉为乙女实施堕胎的医院,主张医院侵害甲之生育权。此类案件中,对于配偶向对方提出的生育权诉讼请求,法院一般不予支持。而且,基于夫妻之间生育利益而向第三人提出的生育侵权主张,从未获得法院支持。

第三,不当出生或不当怀孕类型。例如:甲怀孕,乙医院为其作产前检查,检验报告显示胎儿发育一切正常。但婴儿出生后发现为先天残疾,甲(或夫妇)起诉医院侵害生育权;或者甲女到乙医院做绝育手术,但手术不成功,甲随后怀孕并进行堕胎手术,甲起诉乙医院侵害其生育权。此类案件中,医院诊疗行为存在过错或提供不实信息,导致受害人不能进行妥当的生育选择,多数法院认为其构成生育侵权。

下表初步反映司法实务中48起涉及生育纠纷的民事案件类型及其审判结果情况:

表1 生育纠纷民事案件统计表①

案件类型	提出生育权侵害的成因	案件总数	是否支持生育主张 支持②/调解/不支持
生育器官损害	器官完整性的损害	3	2/1/0
	器官功能的损害	2	2/0/0

---

① 说明:本文发表于2010年10月,案件裁判情况统计截至2010年6月。
② 此处"支持"意思为:法院支持原告基于契约、侵权或伴随离婚请求而提出的各种生育主张。不完全等同于原告"胜诉"。例如,可能法院判决原告离婚请求胜诉,但未判决生育侵害的请求。详见下文此类案件分析。

（续表）

案件类型	提出生育权侵害的成因	案件总数	是否支持生育主张 支持/调解/不支持
生育器官损害	其他①	3	2/1/0
配偶之间生育要求	一方主张生育侵权或违约	24	5/7/12
	一方向第三人主张生育侵权	4	0/0/4
不当出生或不当怀孕	医院错误诊断胎儿	11	7/2/2
	医院错误人流手术	1	0/0/1
合计		48	18/11/19

二、作为宪法基本权利的生育权

笔者认为,生育权在严格意义上是一项基本人权。首先,一些国际性法律文件已将人类的生育事务纳入基本人权范畴。例如,1968年德黑兰第一次国际人权会议首次宣布人类享有"决定子女数量及其出生间隔的基本人权,有获得有关教育和信息的权利"。1979年第34届联合国大会颁布《消除对妇女一切形式歧视公约》第16条中规定了缔约国应保障妇女自由地决定子女人数和生育间隔的权利。1994年国际人口与发展大会通过的《国际人口与发展大会行动纲领》再次重申所有夫妇和个人均享有自由决定其子女人数和生育间隔的基本权利。理论上将这些国际公约中的生育权利视为一项基本人权。②

---

① 三个案件检索名称和内容分别为:(1)"车祸引发的维护生育权案"(说明:本文所收集的少量案例在北大法意网中国司法案例数据库中没有相应案号,因此以检索出来的案例名称来指代;如有案号,则直接引用案号),本案中钟某儿子被林某驾车撞死,且钟某只有这一个子女,钟某以自己作了结扎手术,不能继续生育为由,主张林某侵害其生育权。(2)"遭狗咬殃及生育后代,准孕妇状告狗主人获赔",原告于某已开始接受试管婴儿手术,但因被告杨某的狗咬伤于某,于某被迫终止后续手术,因而主张侵害生育权。(3)"孕期被丈夫毒打流产导致的离婚纠纷案",孕妇王某因被丈夫杨某毒打而流产,提出离婚同时主张侵害生育权。以上案例来源于北大法意网中国司法案例数据库。须指出,这里将三个案例归入生育器官损害中的"其他",理由是:一方面,原告并非以配偶之间违反生育义务或医院错误诊断为由提起诉讼,不可归入后面两类;另一方面,它们都涉及原告生命或身体受害,类似于生育器官受损的案件类型,因此将其归入"其他"。

② 参见王世贤:《生育权之检讨》,载《河北师范大学学报(哲学社会科学版)》2006年第3期。

《中华人民共和国宪法》(1982,以下简称《宪法》)中并未明确规定生育权。但宪法基本权利是一个不断发展的体系,在成文法国家,基于宪法条文的不完满性与开放性,一般认为宪法条文中的权利并未涵盖所有的基本人权。因此,应认可我国宪法上还存在未列举的基本权利。① 根据《宪法》第37条人身自由权、第48条男女平等权、第49条第1款对家庭和妇女儿童的特别保护以及第49条第2款夫妻双方的计划生育义务,可以综合总结上述权利中隐含着生育权,尤其是妇女的生育自由。再者,《中华人民共和国妇女权益保障法》(1992年,以下简称《妇女权益保障法》)属于宪法性法律,该法第47条第1句规定,"妇女有按照国家有关规定生育子女的权利,也有不生育的自由",可被认为是妇女的生育基本人权之规定。与此类似,《中华人民共和国人口与计划生育法》(2002年,以下简称《人口与计划生育法》)第17条规定,"公民有生育的权利"②。作为宪法基本权利的生育权首先应该通过立法者制定各个部门法律来将其"具体化"(Konkretisierung)③,例如民法上设立自然人人格权制度,刑法上确立侵害公民人身权利的犯罪类型④,都能起到具体化宪法上公民生育权的作用。

宪法上的生育权具有较强的国家干预性。生育出于人类的自然本能,本无须国家或社会机构的介入即可实现。但是在传统社会,男女两性由于在自

---

① 日本学者芦部信喜认为,宪法明确列举的权利不过是"在历史上受国家权力侵害较多的重要权利自由,并非意味着已然网罗和揭示了所有的人权(人权的固有性)"。参见[日]芦部信喜:《宪法》,林来梵等译,北京大学出版社2006年版,第114页。我国宪法学者认为,宪法基本人权的固有性来自于天赋人权观念。参见韩大元等:《宪法学专题研究》,中国人民大学出版社2004年版,第259页。

② 国家计划生育机关也认可生育权是基本人权。参见国家计生委政法司:《〈中华人民共和国人口与计划生育法〉有关名词解释》,载《人口与计划生育》2002年第4期。

③ 拉伦茨指出,宪法上的原则是有待填补的价值准则,立法者和司法判例都应对其进行价值补充,以俾适用。但相对于法官而言,立法者享有具体化的优先权(Konkretisierungsprimat des Gesetzgebers)。参见 Karl Larenz, Methodenlehre der Rechtswissenschaft, 6. Aufl., Springer Verlag, 1991, S. 341。

④ 例如,在"陈晓燕等决定并实施切除智障少女子宫故意伤害案"中,被告人为避免智障少女月经期的生活不能自理而擅自决定切除其子宫,法院判决被告人非法损害他人身体健康,构成故意伤害罪。本案中,被告人曾抗辩,智障少女属法律禁止结婚的人,不具有生育权利。对此,受理案件法院的法官评析道,"生育权是人类繁衍的基本保证,是人类与生俱来的权利",不能因为法律对生育有所限制或因妇女之生育器官无生育作用而任意切除之。参见江苏省南通市崇川区人民法院(2005)崇刑初字第179号刑事判决书;江苏省南通市中级人民法院(2006)通中刑一终字第0068号刑事判决书,载北大法意网中国司法案例数据库。

然和社会政治经济方面存在重要差别,因而生育制度偏重考虑男性一方的利益,而女性的生育自由往往被剥夺或受限制。伴随着20世纪风起云涌的男女平权化运动①,现代国家逐渐通过各种干预手段,平衡男女之间在政治经济社会文化方面的实力,并积极促进和落实妇女在生育方面的基本人权。换言之,生育权首先意味着国家应保障妇女有生育或不生育的自由。但由此可能引发男性是否享有生育权的争议。对此,《人口与计划生育法》第17条规定:"公民有生育的权利,也有依法实行计划生育的义务,夫妻双方在实行计划生育中负有共同的责任。"可见,生育权主体不限于妇女。

生育权在我国还伴随着《宪法》确立的公民计划生育义务(第49条)。据此,我国公民的生育权是在一定法律限制范围内的生育自由。但即使在此限制前提下,国家还是必须负担促进和落实公民生育方面的规划和行动的义务。《妇女权益保障法》第47条第2款规定:有关部门对计划生育夫妻应提供安全、有效的避孕药具和技术,保障实施节育手术妇女的健康和安全。《人口与计划生育法》第19条第2款规定:国家创造条件,保障公民知情选择安全、有效、适宜的避孕节育措施;第21条又规定:实行计划生育的夫妻可免费享受计划生育技术服务。

综上可见,生育权是一项宪法基本权利。那么,生育权及相关宪法规范能否作为民事案件的裁判依据呢?司法实务中,生育权作为基本人权往往被法官援引作为裁判的法理依据。例如,在"石华诉崔新峰强制履行生育协议案"中,妻子(崔新峰)在丈夫(石华)的要求下签订了如下协议:"堕胎约定:夫同意堕胎,妻愿堕胎后二年内怀胎生子或支给夫生育权安慰金78 500元。"丈夫据此诉至法院,要求妻子怀胎生子。一审法院审理后认为:

> 生育权是一种基本人权,是法律赋予公民生育子女的权利,属于人民自由权的范畴。生育权是一种男女共享且需要特定男女相互配合才能实现的权利……只有夫妻双方协商一致,共同行使这一权利,才能实现生育权。……本案中原告要求被告履行生育义务,怀胎生子,被告不

---

① 例如德国于1957年制定了《男女平权法》,在宪法上提出男女平等、禁止性别歧视。据此1976年修订民法的亲属编,以落实男女平等原则。参见刘德宽:《就西德亲属法之修改展望婚姻法及收养法之新趋向》,载刘德宽:《民法诸问题与新展望》,中国政法大学出版社2002年版,第146—176页。

愿生育,原告的诉讼请求本院不予支持。①

此外,还有的法院在认定生育权作为基本人权的同时,又认为它也是一项人身权,从而更加模糊了宪法权利与民事权利之间的界限。例如,在"李健诉启东市陈黄秀珍医院、王海霞其他人身权案"中,法院认定"生育权是公民的基本权利,不受非法的干预"。该案审判法官对裁判理由解说道:

> 生育权是所有适宜生育的公民应当享有的一项基本权利。……生育权是人之为人的神圣权利,自人出生即得享有,体现了作为人的尊严。虽然我国《人口与计划生育法》在规定公民生育权的同时,又规定公民计划生育的义务,但这种义务仅是对公民行使生育权方式的一种要求,并非是对未婚男女生育权利的否定,生育权作为人格权的性质不因此而改变。②

与实务中的看法几乎一致,我国很多研究者在阐述生育权性质的时候,一方面认同生育权的基本权利性质,另一方面又理所当然地认为生育权是一项民事权利。有人指出:"生育权既是宪法赋予公民的基本权利,也是受民法保护的基本民事权利,属于人身权的范畴,这是不言而喻的。"③

理论界和实务界的以上观点在本质上涉及宪法基本权利能否适用于具体民法案件的问题。基本权利本是针对国家与人民之间的宪法关系而设,如将其运用于具体的民事纠纷案件中,就是将其效力向国家与人民之外的第三者扩张,涉及"宪法基本权利对于第三人的效力"。该问题在德国民法中存在直接效力和间接效力两种观点。④

---

① 河南省方城县人民法院(2003)方城民初字第17号民事判决书,载国家法官学院、中国人民大学法学院编:《中国审判案例要览》(2006年民事审判案例卷),中国人民大学出版社2007年版,第478页以下。同样的裁判旨趣见于类似案件,例如"殷文辉诉袁叙轮应其妻的请求为其妻行终止妊娠手术侵犯生育权赔偿案",案例来源:北大法意网中国司法案例数据库。
② 江苏省启东市人民法院(2006)启民一初字第0558号民事判决书,载国家法官学院、中国人民大学法学院编:《中国审判案例要览》(2007年民事审判案例卷),中国人民大学出版社2008年版,第168页以下。
③ 谭桂珍:《论"生育权"及其救济》,载《湘潭大学社会科学学报》2003年第27卷第2期。类似观点参见马强:《论生育权——以侵害生育权的民法保护为中心》,载《政治与法律》2013年第6期。
④ Vgl. Larenz/Wolf, Allgemeiner Teil des Bürgerlichen Rechts, 9. Aufl., C. H. Beck, 2004, S. 88.

支持宪法基本权利可以直接约束私人关系的学者,如尼佩代(Nipperdey)、缪勒(Müller),认为古典的宪法基本权利仅仅是消极地对抗国家权力,维持个人自由领域,但基于《德国基本法》的社会国家原则,为保障社会中经济弱者而设立的基本权利,如劳动权、受教育权、平等权,并非消极性权利,而是有待于国家采取措施予以实现的积极权利。故而,法院可以直接引用基本权利的规定,不必经过民事法律来进行审判,使基本权利在民事个案中获得实现。自20世纪50年代开始,德国联邦劳工法院开始采纳此见解,认为私人之间的劳动协议,不得与宪法基本权利抵触,从而直接适用基本权利的规定。

反对者如杜立希(Durig)、盖格尔(Geiger)认为,宪法基本权利系针对国家与人民之间的关系而设,基本权利的实现首先应以国家立法的方式为之,而不能直接适用于私人关系,否则法官无异于完全取代立法者地位,更使私法的独立性受到威胁。他们主张,基本权利所表达的价值内涵,如自由、平等、人格尊严,可以通过民法中的"概括条款"导入私法秩序,如善良风俗原则。因而称之为"间接效力说"①。德国联邦宪法法院自1950年以来的一系列判决采纳了这种观点,并且驳斥联邦劳工法院的直接适用方式,认为其失之过宽。② 这种观点在德国民法学界已成通说。③

笔者赞同间接效力说。④ 这归根到底是因为宪法所规范的对象是国家权力的行使,公民的基本权利实乃针对国家而设,民事主体之间并无"侵害基本权利"之必要性和可诉性。司法实务中以"生育权"受侵害作为裁判涉及生育纠纷案件的依据,显然是对宪法和民法的关系认识不清所致。

---

① 卡纳利斯指出,间接效力的"间接"是指:"基本权利只有通过直接支配该法律领域的法条规定的媒介才能产生影响。"Claus – Wilhelm Canaris, Grundrechte und Privatrecht, Walter de Gruyter, 1999, S. 91。
② 参见陈新民:《德国公法学基础理论》,山东人民出版社2001年版,第302—312页;张千帆:《论宪法效力的界定及其对私法的影响》,载《比较法研究》2004年第2期;张巍:《德国基本权第三人效力问题》,载《浙江社会科学》2007年第1期。
③ Vgl. Larenz/Wolf, Allgemeiner Teil des Bürgerlichen Rechts, 9. Auflage, C. H. Beck, 2004, S.89. ; Rüthers/Stadler, Allgemeiner Teil des BGB, 16. Aufl., C. H. Beck, 2009, S. 19. ; Schwap/Löhnig, Einführung in das Zivilrecht, 17. Aufl., C. F. Müller Verlag, 2007, Rn. 87 – 88.
④ 参见朱晓喆:《在知与无知之间的宪法司法化》,载《华东政法大学学报》2001年第6期。

三、生殖器官及其生育功能之侵权

人类的生育功能和生育利益建立在完整健康的身体器官的基础之上,尤其是生育器官直接决定了人类的生育能力。从自然因果关系上看,对生育器官完整性的破坏,或妨碍生育器官功能的正常运转,致使受害人生育机能的减弱或丧失,的确对当事人现在或将来的生育利益造成损害。但民法上现有的身体权、健康权已足以保护此处的生育利益。

1. 生育器官完整性的损害:双重侵权?

对身体器官完整性的破坏,有时并不影响器官功能的发挥,因而不会影响到健康权,例如打人耳光、割须断发,仅侵害身体权。① 但如果侵害身体器官的完整,致使生育器官的功能受到影响,势必导致生育利益的损害。例如医院误切除患者子宫或卵巢、交通事故中生育器官被毁坏等。于此,身体权和健康权均受到损害。但是否有必要将生育健康的损害独立为"生育权",并以此作为受害人的请求权基础(尤其是精神损害赔偿)呢?

我国司法实务中流行一种普遍的看法:"未婚男女的生殖器官因侵权行为受到不可逆转的损害时,侵权行为人不仅侵害了受害人的健康权,同时也侵害了受害人的生育权。"② 笔者姑且将其称为"双重侵权说"。这一观点的理论基础在于:"非法伤害了怀孕妇女生育过程,致使受害者非自愿流产的,基本上没有任何处罚。甚至许多医疗或堕胎事故的受害者,即使部分或完全丧失了生育能力,也根本得不到任何补偿。……对侵害公民健康权,又侵害了夫妻共同生育权的事故或暴力行为,应认定为双重侵权,加重处罚,实行双重赔偿制。"③

身体健康受侵害而致生育利益丧失,本可以作为衡量精神损害抚慰金的考量因素。在"广州新世界巴士服务有限公司与吴漫纯等道路交通事故人身损害赔偿纠纷案"中,一审法院支持怀孕妇女(原告)因交通事故而流产侵害

---

① 参见王泽鉴:《侵权行为》,北京大学出版社2009年版,第103页。
② 江苏省启东市人民法院(2006)启民一初字第0558号民事判决书,载国家法官学院、中国人民大学法学院编:《中国审判案例要览》(2007年民事审判案例卷),中国人民大学出版社2008年版,第168页以下。
③ 何志:《婚姻法判解研究与适用》,人民法院出版社2004年版,第333页。

其身体健康权的诉讼请求,并从生育利益减损的角度,指出应给予精神抚慰金赔偿。① 但是,遗憾的是,该案二审法院的判决又回到了"双重侵权说"的立场:

> 本案交通事故显然侵害了吴漫纯的身体权、健康权,然而使吴漫纯在本案中享有精神损害赔偿请求权的原因不仅在于其身体或者健康受到损害……更在于本案交通事故致胎儿停止发育而致吴漫纯被迫终止妊娠。……《中华人民共和国妇女权益保障法》第四十七条规定,妇女有按照国家有关规定生育子女的权利,也有不生育的自由。该权利与自由乃是人之自然属性,基于自然事实,与自然人之人格不可分割,解释上宜肯定为人格权。②

由上可见,二审法院将身体健康损害,与由此导致的胎儿流产这种妊娠生育利益区分开来,并将后者作为精神损害请求权的法律基础。而笔者认为,侵害自然人的身体健康权,造成生育能力或生育利益的丧失以及由此带来精神痛苦,是侵害身体健康权带来的间接损害,以此为由即可主张抚慰金赔偿。换言之,本案中所谓侵犯"生育权"其实只是侵犯身体健康权的损害后果。而二审法院的裁判,实际上是将侵害身体权造成的身体器官功能的损害后果,作为侵权行为的客体,并进行二次法律评价。以此推论,如果某人眼睛受到侵害导致其视觉受损,或肢体受侵害导致其不能运动,那么侵权人不仅侵害其身体健康权,同时也侵害了其"观看权"或"运动权",这显然是荒谬的。因此,在身体健康权受侵害时,其生育能力或生育利益的减损,可以作为给予精神损害赔偿的认定依据。③ 以生育权受侵害为由赔偿精神损害,显属画蛇添足。

---

① 一审法院判决:"吴漫纯在此次交通事故中,不仅自己的身体受到伤害,而且怀孕月余的胎儿也因此流产,除了身体受到伤痛以外,精神上也受到巨大创伤。在事故后经过努力试图保住的胎儿也停止发育,不得不进行清宫手术,此对一个准备成为母亲的女性来说,不仅在于外科手术带来的身体创伤,且还带来了对未来生育的不利因素和家庭等各方的压力,对未来的生活也产生负面影响,因此此次事故对吴漫纯的精神伤害非常巨大。"参见广东省广州市中级人民法院(2008)穗中法民一终字第868号民事判决书,案例来源:北大法意网中国司法案例数据库。
② 广东省广州市中级人民法院(2008)穗中法民一终字第868号民事判决书,案例来源:北大法意网中国司法案例数据库。
③ 相同观点参见谭桂珍:《论"生育权"及其救济》,载《湘潭大学社会科学学报》2003年第2期。

2. 生殖器官生育功能的减损

侵害身体权有时并不导致健康权受损,反之,健康权的损害也不以身体权受侵害为前提。因此,即使未有身体完整性的损害,也可能使器官生育能力受到减损,例如医生未征得妇女同意而擅自置入节育环①,或未取出节育环而告知妇女已经取出,导致其多年不孕。于此是否有必要认可独立的生育权侵权行为? 试举一例分析。

在"周美兰、洪永高夫妇诉常青乡卫生院行节育取环术告知取出实际未取出致其未能生育赔偿案"中,原告周美兰于1979年在被告江苏省如皋市常青乡卫生院,由妇产科医生为其放置节育环。1981年,周美兰要求取环生育,至被告处取环。医生在手术后告知周美兰环已取出,可以生养小孩。然而此后近二十年,原告夫妇却一直未能生育,虽经多方诊治,终不见效果。直至1999年周美兰进行妇科检查时,得知其体内仍留有节育环。原告周美兰夫妇遂向人民法院起诉。本案一审、二审法院均确认,被告侵犯了原告的生育权和身体权。审理本案的法官对其裁判理由作出如下阐述:

> 本案是一起典型的侵害生育权纠纷。所谓生育权,是指自然人享有的决定是否生育子女以及如何生育子女的自由。……原告夫妇作为正常人,他们要求生育,这既是人身自由,也是社会常理,对此无须加以证明。而被告常青卫生院极不负责任的行为显然妨碍了原告这一正当权利的实现,造成原告近二十年来竭尽所能依然未育的遗憾和痛苦。这里,原告有因未能生育而致精神痛苦的危害后果,被告既有主观过错又有客观上的行为,并且原告所受的损害与被告的行为之间具有直接的因果关系,完全具备侵害生育权四个法定要件。②

笔者认为,此类案件也无承认"双重侵权"的必要。因为在我国民法上健康权是指"自然人以其机体生理机能正常运作和功能完善发挥,以维持其

---

① 参见周征:《生育权的私权化》,载《中华女子学院学报》2005年第5期。在该文所报告的案件中,法院仅以"身体健康权"被侵犯为由作出判决,应值赞同。
② 施汉嵘、沈杨二位法官对于本案之评析。"周美兰、洪永高夫妇诉常青乡卫生院行节育取环术告知取出实际未取出致其未能生育赔偿案"(中国司法案例数据库中无本案案号),案例来源:北大法意网中国司法案例数据库。

人体生命活动的利益为内容的人格权"①。如果生殖器官的完整性虽未被破坏,但侵害行为阻碍其功能的正常发挥,足以构成侵害健康权。至于该行为导致生育利益之减损或丧失,实乃侵害健康权之损害后果。换言之,通过保护健康权即可保护生育器官的生育能力不受侵害,而无须另起炉灶,将此认定为侵害"生育权"。

3. 因配偶身体健康受损而提起生育侵权之诉

上文所述"广州新世界巴士服务有限公司与吴漫纯等道路交通事故人身损害赔偿纠纷上诉案"中,原告吴漫纯的丈夫杨楚杰也作为原告一并提起诉讼,并获得精神损害赔偿。一审法院的裁判理由是:

> 作为丈夫虽然不直接孕育胎儿,但其与妻子的怀孕、生育具有法律上的利害关系;夫妻在婚姻关系中享有生育权,杨楚杰的身体虽没有受到伤害,但婚姻中的生育权并非在己方身体无恙的情况下就能予以保证,还需配偶的健康才能保证其生育权不受侵害,如无发生此次事故,杨楚杰便已经行使了自己的生育权,但现因其妻子吴漫纯的流产导致杨楚杰生育权遭到侵害,因此此次事故给杨楚杰的精神上造成的影响也非常巨大,给杨楚杰精神上造成了侵害。……杨楚杰具备主体资格。②

二审法院认同此项观点:

> 妊娠之发生是基于父母的共同作用,胎儿在母体内发育成长,其安危也关系到胎儿父亲的利益。从本质上而言,作为胎儿未来的父亲,杨楚杰因胎儿停止发育而遭受的痛苦并不亚于吴漫纯。……就本案而言,吴漫纯腹中胎儿停止发育系第三人侵权导致,考虑到父母双方对胎儿应享有平等的人格利益,也宜肯定杨楚杰同样享有该项权利。据此,原审法院关于杨楚杰在本案中享有精神损害赔偿请求权的认定适当。③

本案的裁判理由可以概括为:夫妻双方对胎儿之发育生长均有同等利益

---

① 王胜明主编:《中华人民共和国侵权责任法释义》,法律出版社2010年版,第24页。
② 广东省广州市中级人民法院(2008)穗中法民一终字第868号民事判决书,案例来源:北大法意网中国司法案例数据库。
③ 广东省广州市中级人民法院(2008)穗中法民一终字第868号民事判决书,案例来源:北大法意网中国司法案例数据库。

和关切,母亲因胎儿停止发育而"生育权"受侵犯,同样,父亲的"生育权"也受到侵犯。

笔者认为,此类案件中,由侵害人导致妻子腹中的胎儿终止妊娠,丈夫对此损害并无请求权。其理由在于:

其一,如上文所述,妻子一方被迫终止妊娠,实为身体健康权受侵害,于此可以将生育利益的丧失作为精神损害赔偿的酌情考虑因素,但无承认侵害"生育权"之必要。因此,既然对妻子不成立"生育权"侵权行为,那么,对于其身体健康并无直接损害的丈夫一方,更无从成立此项侵权行为。

其二,对妻子终止妊娠此项损害事实,丈夫可否以"间接损害"为由而主张损害赔偿请求权?换言之,请求权主体是否得向丈夫一方发生扩张?侵权行为法原则上只对直接的受害人给予救济,而第三人(间接受害人)并无损害赔偿请求权。究其原因,一方面,立法者担心大量的间接受害人提出请求权,导致侵权责任过分宽泛;另一方面,拒绝受害人的亲属对于加害人之直接请求权,也保障了受害人是否提出损害赔偿的意思自治。① 如果要对间接受害人进行赔偿,则非由法律明文规定不可。例如,受害人所抚养之人、承担丧葬费之人得对侵权人提出抚养费请求权、丧葬费请求权②;死者之父母子女及配偶,得因近亲属死亡而请求精神损害赔偿③,这些均有法典明文规定。而无论是从比较法上还是从国内法上考察,均未有法典明文规定夫妻一方因

---

① 以上两端,是德国民法限制第三人请求权的理由。参见〔德〕福克斯:《侵权行为法》,齐晓琨译,法律出版社 2006 年版,第 196 页;MünchKomm BGB/Wagner, Band 5, C. H. Beck, 2009, § 844, Rn.1。我国司法实务界主要采前一种理由,即间接受害人的范围难以预料和确定。参见陈现杰:《最高人民法院〈关于确定民事侵权精神损害赔偿责任若干问题的解释〉的理解与适用》,载最高人民法院民事审判庭编:《民事审判指导与参考》(2001 年第 1 卷,总第 5 卷),法律出版社 2001 年版,第 82 页。

② 参见《德国民法典》第 844 条、第 845 条;我国台湾地区"民法"第 192 条;《中华人民共和国侵权责任法》第 18 条。

③ 参见我国台湾地区"民法"第 194 条;《中华人民共和国侵权责任法》第 22 条。最高人民法院《关于确定民事侵权精神损害赔偿责任若干问题的解释》第 7 条甚至将死亡的精神损害赔偿请求权扩及"其他近亲属"。

对方之身体健康权受侵害,而得主张损害赔偿请求权。① 因此,并不是与直接受害人关系密切的近亲属的间接损害,均可获得法律保护。如对间接损害请求权不予限制,将会使责任范围难以预期。如果丈夫可对妻子身体健康损害而主张"生育权"受侵害,依此推论,各种因近亲属之身体器官遭受损害,间接受害人都可以主张各种"权利",从而将导致损害赔偿请求权漫无边际。因此,上述法院判决结论不值赞同。②

四、配偶之间的"生育权":不可能的权利主张

1. 拒绝生育或单方堕胎

理论界一种观点认为,生育权是夫妻之间的身份权,属于配偶权的范畴。其主要理由在于:生育是夫妻之间的自然事务,基于夫妻特定身份而产生,以婚姻关系为前提。③ 配偶权本质上为相对权,多表现为夫妻之间有相互请求对方保持忠诚、同居、扶养方面的权利义务。如果将生育权界定为配偶权,并肯定夫妻之间相互要求生育的利益,似乎解决了夫妻之间要求对方生育的问题,即夫妻一方如果不愿生育或擅自堕胎,另一方即可请求损害赔偿。然而,生育活动必须通过夫妻之间的人身接触或器官支配才能进行,换言之,生育

---

① 但欧洲有些法院有例外的判决,例如,根据冯·巴尔的报告,意大利热那亚上诉法院于1993年7月5日判决,因医疗过失错误切除一妇女的卵巢,他的丈夫获得了自己的精神损害赔偿;西班牙最高法院于1988年2月9日判决,认可一妇女因丈夫受伤后不能再与她有性生活的损害赔偿请求权。参见〔德〕冯·巴尔:《欧洲比较侵权行为法》(下卷),焦美华译,法律出版社2001年版,第73页,注释312。但我国法院在一起妻子请求因加害人造成丈夫身体伤害并失去性功能,并给自己带来精神损害的案件中,基于损害的不可预见性以及反射性损害须有法律规定才能请求赔偿的理由,判决驳回原告的诉讼请求。参见上海市第一中级人民法院(2005)沪一中(民)终字第1814号民事判决书,载国家法官学院、中国人民大学法学院编:《中国审判案例要览》(2006年民事审判案例卷),中国人民大学出版社2007年版,第436页以下。

② 与以上结论不同,因目睹近亲属在事故中受伤害而发生"精神震颤"(nervous shock, Schockschäden),可以基于自己的身体健康损害而主张赔偿。但对于这种损害赔偿请求权,在德国侵权行为法理论和实践中,一般要求受害人自身法益受损害的程度必须达到应接受医治的状态。参见 MünchKomm BGB/Wagner, Band 5, C. H. Beck, 2009, § 823, Rn. 81。此外,国内报道支持"精神震颤"请求权的重要案件参见"林玉暖诉张建保等人身损害赔偿纠纷案",福建省厦门市思明区人民法院(2006)思民初字第5968号民事判决书,载最高人民法院中国应用法学研究所编:《人民法院案例选》(第70辑),人民法院出版社2010年版,第146页以下。

③ 参见姜玉梅:《中国生育权制度研究》,西南财经大学出版社2006年版,第44页;阳平、杜强强:《生育权之概念分析》,载《法律适用》2003年第10期;樊林:《生育权探析》,载《法学》2000年第9期。

必须是自由自愿的行为。如果将生育义务带入配偶权之中,确认夫妻之间具有相对的生育义务,必然与人格自由、生育自由发生价值冲突。

司法实务中,由于夫妻一方希望生育,另一方拒绝怀孕或怀孕之后单方堕胎,而发生夫妻之间的生育诉讼。在笔者收集的此类 24 件案例中,其中支持配偶之间原告生育权请求的有 5 件,法院调解结案的有 7 件,而判决驳回的有 12 件。

支持原告的生育权主张,均出现在一方堕胎的案件类型中,并分两种情况:①在 4 起案例中,一方提出离婚诉讼,同时原告或被告一方,提出生育侵权之诉,法院判决离婚,并判决侵害生育权损害赔偿。① 笔者认为,离婚中以单方堕胎请求精神损害赔偿,本质上是离婚中的过错赔偿,也即因对婚姻关系破裂有过错的一方在离婚时,应向对方承担赔偿责任。但《中华人民共和国婚姻法》第 46 条关于离婚过错赔偿的法定事由并不包含单方堕胎的行为②,因此只能类推适用该条。但无论如何,于此并不需要以侵害对方生育权作为请求权基础。②只有 1 起案件中,当事人并未主张离婚而仅仅主张生育侵权,法院支持原告诉讼请求。③ 可见,主流实务见解并不支持夫妻一方单纯主张生育侵权诉讼请求。至于其原因,法院一般都是以如下视角展开论证:

第一,权利冲突说。实践中,如果配偶一方主张生育权,而另一方以自身的人格自由予以对抗,遂产生权利冲突。例如在"叶光明诉妻子朱桂君擅自流产侵犯其生育权案"中,法院表达如下见解:

> 男、女公民均享有相应的生育权。被告享有的生育权是基于人身权

---

① 具体案件如下:(1)"赵某诉刘某私自堕胎侵害丈夫生育权案"(检索名称"私自堕胎 侵害丈夫生育权");(2)"张某诉顾某——妻子擅自做人流丈夫有权起诉离婚并要求赔偿案"(检索名称"妻子擅自做人流 丈夫有权起诉离婚并要求赔偿");(3)"陈某诉胡某——妻子擅自做人工流产侵犯丈夫生育权案"(检索名称"妻子擅自做人工流产 侵犯丈夫生育权")。以上案件资料来源:北大法意网中国司法案例数据库。以及(4)"夫妻的隐私权和生育权——陈某与许某离婚案",载蒋月、洪志坚编:《婚姻法与继承法案例精解》,厦门大学出版社 2004 年版,第 32 页。
② 《中华人民共和国婚姻法》第 46 条仅规定重婚、有配偶者与他人同居、实施家庭暴力、虐待或遗弃家庭成员作为离婚过错损害赔偿的要件。笔者认为,如夫妻一方为破坏婚姻关系而擅自堕胎,可以类推适用该条,无过错方得主张损害赔偿请求权。
③ "徐州市云龙区杨某诉李女士生育权侵权案",资料来源:北大法意网中国司法案例数据库。

中的一种生命健康权,原告所享有的生育权是身份权中的一种配偶权。当两权利相冲突时,法律应当更加关注生命健康权,而非配偶权,而且《妇女权益保障法》明确规定了妇女有生育的权利。因此,被告对腹中怀孕胎儿进行流产手术,不构成对原告生育权的伤害。①

这是一种代表性的裁判观点,它以承认男女双方均有生育权为前提,但一方主张生育权必须征得对方的同意,换言之,须受到另一人格自由或生育自由的制约,从而产生权利冲突。

第二,生育权共同行使说。在一起原告诉为其妻子做堕胎手术的医院生育侵权的案件中,法官阐述妻子一方单独决定堕胎并未侵害丈夫之生育权,其理由如下:

> 受到人类自身生理特征的限制,任何一个已婚男女要想行使生育权,必须得到配偶的支持,也就是说,生育权作为积极性权利时应由夫妻双方共同行使。虽然依托现代医学技术,夫或妻一方可以不必借助对方的身体而实现生育的愿望,但是,从一般法律原则看,在夫妻关系存续期间,选择该种生育方式仍应由夫妻双方共同决定,否则,将违背公序良俗,且所育子女无法成为双方的婚生子女。在此意义上,已婚夫妇无论以何种方式积极行使生育权,都应达成合意。②

以上理论虽然都得出妻子单方堕胎并不侵害生育权的结论,但它们都是围绕着"生育权"的限制展开论证。也即,先认可丈夫或夫妻之间均享有生育权,而后再寻求限制该权利的法律依据。笔者虽赞同法院判决结果,但并不认可其构成理由。此类案件并不需要从"生育权"角度来考虑问题并驳回原告的诉讼请求,理由在于:其一,生育权是宪法基本权利,不宜直接适用于民事案件裁判,换言之,民事关系领域并无生育权这项法定民事权利。其二,

---

① 浙江省余姚市人民法院(2006)余民一初字第1633号民事判决书,资料来源:北大法意网中国司法案例数据库。类似的,在"李刚诉金珠离婚并侵害生育权案"中,法院也认为,生育是男女双方的共同行为,在生育权问题上夫妻享有平等的权利,因而仅支持原告离婚的诉讼请求,而未判决生育权侵害。参见董冠祥:《女性生育权应优先保护——从案例分析的角度》,载《法制与社会》2008年第7期。
② 江苏省启东市人民法院(2006)启民一初字第0558号民事判决,载国家法官学院、中国人民大学法学院编:《中国审判案例要览》(2007年民事审判案例卷),中国人民大学出版社2008年版,第168页以下。

就民法领域而言,夫妻任何一方对自身享有人格自由,并可合法地支配自己的器官,因此,在我国法律原则上允许堕胎的情形下,拒绝生育或堕胎实属夫妻一方的人格自由范畴。① 其三,即使事实上拒绝生育或堕胎给对方造成一定损害,该行为也并不具有违法性,换言之,拒绝生育或堕胎既没有直接造成某种绝对权的损害并从而产生"结果不法"②,也不构成违反保护他人之法律或故意悖于善良风俗加损害于他人,因此,拒绝生育或单方堕胎,并不构成侵权行为。

2."生育协议"的法律效力

由上文可知,配偶之间对于相对方并不负担法定的生育义务。继而需要探讨,夫妻之间是否允许存在约定的生育义务。试以"石华诉崔新峰强制履行生育协议案"为例:原告石华和被告崔新峰系夫妻关系,被告怀孕后,双方协商好同意堕胎,并签订了一份协议:"堕胎约定:夫同意堕胎,妻愿堕胎后二年内怀胎生子或支给夫生育权安慰金 78 500 元。"但被告一直坚持不愿怀孕生育,原告诉至法院,要求被告怀胎生子,赔偿侵害生育权精神损失费 78 500 元。一审法院根据妇女生育自由、人格自由的原理,判决驳回原告诉讼请求:

> 根据《妇女权益保障法》(1992 年)"妇女有按照国家有关规定生育子女的权利,也有不生育的自由"的规定,本案中原告石华要求被告履行生育义务,怀胎生子,被告崔新峰不愿生育,原告的诉讼请求本院不予支持。③

---

① 马忆南教授认为妇女堕胎自由受到几乎绝对的保障,因此中止妊娠不构成对于丈夫的生育权侵害。参见马忆南:《夫妻生育权冲突解决模式》,载《法学》2010 年第 12 期。周永坤教授认为丈夫对于妻子根本没有私法上的生育权。参见周永坤:《丈夫生育权的法理问题研究——兼评〈婚姻法解释(三)〉第 9 条》,载《法学》2014 年第 12 期。事实上,妻子对于丈夫同样也不可主张生育权。例如,妻子希望生育并强迫丈夫为生育行为,或丈夫隐瞒结扎的事实,笔者认为,妻子对丈夫一方也不可主张生育侵权,因丈夫亦有人格自由。

② 侵权责任构成的违法性要件,自《德国民法典》立法伊始即有"结果不法说"和"行为不法说"的争议,但仍以前者为通说。参见〔德〕福克斯:《侵权行为法》,齐晓琨译,法律出版社 2006 年版,第 85 页;王泽鉴:《侵权行为》北京大学出版社 2009 年版,第 218 页。

③ 河南省方城县人民法院(2003)方城民初字第 17 号民事判决书,载国家法官学院、中国人民大学法学院编:《中国审判案例要览》(2006 年民事审判案例卷),中国人民大学出版社 2007 年版,第 478 页以下。

本案原告不服一审判决而上诉。河南省南阳市中级人民法院维持原判，但其构成理由与一审不同，而是侧重从案件的事实角度，驳回上诉人的请求：

> 男方的生育权是基于女方已经怀孕，男方享有生和育即做父亲的权利。女方的生育权是指男方有义务使女方怀孕的权利。如果女方未怀孕，男方的生育权就无从谈起。……至于双方因堕胎所签协议的效力问题，因与本案侵权不是同一法律关系本案不予一并审理。①

遗憾的是，两审判决均未对夫妻之间的生育约定的效力作出正面回应。而笔者认为，夫妻双方虽然可以就生育问题订立契约，但不得违反法律禁止性规定或善良风俗。生育行为是夫妻自愿支配自己身体及器官的行为，通过契约并以相应的违约责任来强迫对方进行生育或不生育，都是对人格自由的限制。因此，以生育义务为内容的协议，虽不违反法律禁止性规范，但属于违背善良风俗的法律行为中的"束缚性契约"②，因而该法律行为应无效。据此，原告如以生育契约为由而主张损害赔偿，因契约违背善良风俗无效而无法律上的依据。因而，于此类生育协议中，根本不须考虑是否一方享有生育权以及是否存在侵权行为。③

3. 第三人能否侵害"生育权"

如果配偶之间通过契约约定的生育义务，因限制人格自由而无效。那么，是否有必要承认生育是配偶之间的法定权利义务，以对抗第三人的侵害呢？换言之，配偶一方是否得以侵害"生育权"为由向第三人主张侵权？

---

① 河南省南阳市中级人民法院(2003)南民终字第548号民事判决书，载国家法官学院、中国人民大学法学院编《中国审判案例要览》(2006年民事审判案例卷)，中国人民大学出版社2007年版，第478页以下。

② 所谓"束缚性契约"(Knebelungsvertrag)是指过分限制了契约一方当事人的人格或经济上自由。参见 Brox/Walker, Allgemeiner Teil des BGB, 32. Auflage, Carl Heymanns Verlag, 2008, Rn. 338。

③ 与本文相同观点，参见陈信勇：《自然债与无名身份协议视角下的生育纠纷》，载《浙江社会科学》2013年第6期。此外，需要指出，如果"生育协议"并非在配偶之间，而是在配偶一方的父母与另一方配偶之间，如限制一方人格自由，也属无效。例如，在"限制生育权的协议无效案"中，刘某(男)与王某(女)系夫妻，王某怀孕期间，刘某因车祸去世。此后刘某父母与王某签订生育协议，约定如王某如不生育，应赔偿刘某父母5万元精神损失费。但王某擅自人工流产，刘某父母以其"违约"为由诉至法院。法院判决驳回原告诉讼请求。资料来源：北大法意网中国司法案例数据库。

实务中,法院一般驳回原告诉讼请求,其主要理由有以下两方面:

其一,保障妇女生育自由。在"殷文辉诉袁叙轮应其妻的请求为其妻行终止妊娠手术侵犯生育权赔偿案"中,被告袁叙轮是某诊所医生,应原告殷文辉的妻子张春兰的要求而行堕胎手术。原告起诉被告违法堕胎,影响其夫妻感情,其妻张春兰自堕胎后不辞而别,至今下落不明,造成原告终生无后,精神痛苦。法院判决驳回原告诉讼请求。对此,司法实务部门的见解是:

> 当女性公民不愿意生育的情况下,保护她的不生育自由应当重于保护男性公民的生育权的实现。……作为第三人的医生,应妊娠妇女的要求为其终止妊娠,是保护妇女不生育自由的重要手段,也是妨碍男性公民生育权实现的障碍之一。在要求中止妊娠的妇女具有完全民事行为能力的条件下,医生应妊娠妇女的要求为其做中止妊娠的手术,医生或医疗单位并不因此对该妇女的配偶承担侵犯生育权的责任。①

其二,医疗机构履行正常职责。在"李健诉启东市陈黄秀珍医院、王海霞其他人身权案"中,丈夫起诉医院要求侵害生育权的损害赔偿,而妻子王海霞列为第三人。法院首先明确妻子一方单独流产的行为,并不构成对丈夫生育权的侵害;既然妻子堕胎行为是合法行为,那么医院的手术行为不具有违法性:

> 由于第三人王海霞终止妊娠具有正当、合理的权利基础,被告为第三人王海霞施行终止妊娠术,既是对其意愿的尊重,更是被告为保障女性公民不生育权利而必须履行的义务,故被告的手术未侵犯原告的合法权益,不应受到法律上的责难。……被告的手术行为,是为第三人王海霞正当行使权利而提供的业务上的协助,不构成对原告生育权的侵害,无需承担民事责任。②

---

① 江西省高级人民法院程新生对本案的评析。"殷文辉诉袁叙轮应其妻的请求为其妻行终止妊娠手术侵犯生育权赔偿案",资料来源:北大法意网中国司法案例数据库。
② 江苏省启东市人民法院(2006)启民一初字第 0558 号民事判决书,载国家法官学院、中国人民大学法学院编《中国审判案例要览》(2007 年民事审判案例卷),中国人民大学出版社 2008 年版,第 168 页以下。

由此可见,司法实践中拒绝认可第三人实施流产手术对配偶一方构成侵害生育权。从民法原理上分析,配偶不得主张第三人侵害其生育权。侵权行为法所保护之客体首先是绝对权,例如人格权、物权、知识产权等。即使认可配偶对于对方在生育方面享有法律上利益,也只是在配偶之间特定的关系中产生,因为侵权行为法原则上不保护相对权,从而第三人实施流产手术并不构成侵害生育权行为。

进而言之,虽然相对权原则上对第三人并无绝对性效力,但如果第三人故意以悖于善良风俗之方法致使相对权的权利人遭受损害,则相对权人可径向第三人请求损害赔偿,典型者如第三人侵害债权。配偶关系本质上是具有相对性的权利义务关系,但在特殊情况下,得成立第三人侵害配偶权,另一方可对侵权人主张损害赔偿。① 据此,可能会产生一种第三人侵害生育权的论证方式:假设"生育权"是夫妻之间的相对权,丈夫可通过类似于第三人侵害配偶权之构造,向实施手术或帮助实施手术的第三人主张侵害生育权。对此,笔者认为原则上不应认可第三人侵害"生育权"。

首先,第三人侵害债权或配偶权的成立,以侵权人"故意"悖于善良风俗为要件。② 从笔者收集的案例来看,被起诉的医院或医生实施流产手术并非以破坏他人的生育计划为目的,这也是法院驳回原告诉讼请求的主要原因。

其次,债权和配偶权乃法律明确认可的相对权,而"生育权"首先是宪法上的权利,并未在实证法或民法理论上被认可为一项明确的民事权利,因此第三人侵害债权或配偶权的构造不宜轻率地类推适用。

---

① 例如我国台湾地区于1999年修正其"民法"债编,新增第195条第三项"前二项规定,于不法侵害他人基于父、母、子、女或配偶关系之身分法益而情节重大者,准用之"。也即,侵害父母子女以及配偶关系,得请求非财产损害(精神损害)。在德国民法一般认可第三者侵入婚姻住所时,配偶可主张排除妨害和不作为请求权,但无损害赔偿请求权。参见 Jauernig Bügerliches Gesetzbuch Kommentar/Teichmann, 12. Aufl., C. H. Beck, 2007, §823, Rn. 90; Larenz/Wolf, Allgemeiner Teil des Bürgerlichen Rechts,9. Aufl., C. H. Beck, 2004, S. 257 – 258。但也有学者认为应赋予婚姻配偶对第三者的损害赔偿请求权。参见 Brox/Walker, Besonderes Schuldrecht, 33。Aufl., C.H. Beck, 2008, S. 508. 我国司法实务中也有判决认可第三人侵害配偶权。参见"周某诉王某等侵犯配偶权案",江苏省南京市六合县人民法院(2000)六民初字第731号判决书,载国家法官学院、中国人民大学法学院编:《中国审判案例要览》(2001年民事审判案例卷),中国人民大学出版社2001年版,第3页以下。

② Vgl. Kötz/Wagner, Deliktsrecht, 10. Aufl., Wolters Kluwer GmbH, 2006, S. 104 – 105; Schwarz/Wandt, Gesetzliche Schuldverhältnisse, 3. Aufl., Franz Vahlen, 2009, S. 360.

最后,退一步而言,即使第三人以阻止夫妻生育为目的而使孕妇流产,从而可能构成故意悖于善良风俗侵害配偶的生育利益,但此也不需要假设夫妻之间"生育权"的存在。因为故意悖于善良风俗的侵权责任可以针对法定权利之外的利益,甚至纯粹经济损失。① 配偶的生育利益也可依此获得保护,而不必利用"生育权"这一容易滋生歧义的概念。

五、作为人格权的生育自主权

1. 不当出生、不当怀孕与生育自主权

医疗机构未尽职责范围内的注意义务,在胎儿检查中,提供有关胎儿发育状况错误的或不准确的信息,致使父母误信胎儿健康而非自愿地生育出残疾婴儿,在学理上称为"不当出生"(Wrongful Birth)。如果父母以此为由,提起诉讼要求损害赔偿,就其请求权基础,首先考虑的是医疗服务契约。医疗契约中医疗机构的给付义务是提供疾病诊治服务,但如果因医生未尽合理注意义务而发生错误诊治,则违反了保护患者人身安全的附随义务,从而构成加害履行(或积极违约 positive Vertragsverletzung),应负违约损害赔偿责任。② 因此,德国联邦最高法院20世纪80年代采纳违约责任观点,认为孩子的父母得以医疗机构违约为由而主张损害赔偿,尤其是对于孩子的特殊照顾费用。③ 学说对此见解亦有赞同。④ 但是,德国近期多数理论认为,医生错误的诊疗行为导致非自愿的生产,既是医疗合同的积极违约,也是一种对身体健康的侵害。⑤

根据笔者的案件调研,共统计我国司法实务中11起涉及不当出生的真

---

① 参见王泽鉴:《侵权行为》,北京大学出版社2009年版,第70页。
② 参见丁春燕:《错误出生案件之损害赔偿责任研究》,载《中外法学》2007年第6期。
③ See. BGHZ 86, 240, JZ, 1983, See B. S. Markesinis, Comparative Introduction to the German Law of Torts, Oxford Clarendon Press, 1990, p.120.
④ See. Kötz/Wagner, Deliktsrecht, 10. Aufl., Wolters Kluwer GmbH, 2006, S. 140.
⑤ 参见 Brüggemeier, Deliktsrecht, Nomos Verlagsgesellschaft, 1986, S. 143;Deutsch/Ahrens, Deliktsrecht, 5. Aufl., Carl Heymanns Verlage, 2009, Rn. 665。王泽鉴也主张债务不履行和侵权行为竞合。参见王泽鉴:《侵权行为》,北京大学出版社2009年版,第138页。

实案例。法院大多支持原告的诉讼请求(7起),驳回原告诉讼请求的有2起①,调解结案的有2起。虽然理论界和实务界对不当出生成立侵权行为原则上达成了共识,但尚有疑问的是:究竟医院侵犯原告的何种民事权利?我国法院大多是以医院侵害患者的"生育选择权"来支持原告诉讼请求。例如,在"何志强、吴秀秀诉重庆市第二人民医院侵害生育选择权案"中,法院裁判理由是:

> 原告吴秀秀前往被告处进行B超检查,双方即建立了医疗服务合同关系。被告在使用B超仪器进行胎儿发育检查后,应当提供较为完整的准确结论,但根据法医学鉴定,被告在对吴秀秀进行B超检查时,应该能够发现胎儿畸形而未发现,且其B超检查报告内容过于简单,由此说明,被告对本案医疗纠纷存在一定过错,在一定程度上侵害了原告吴秀秀的生育选择权,给原告精神上造成一定程度的损害,因此应当对其精神损害进行相应的赔偿。②

无独有偶,我国台湾地区实务界也在不当出生案件中确认妇女对生育选择自由的权利。例如,我国台湾地区"最高法院"2003年台上字第1057号判决指出,"优生保健法"课以医师发现胎儿不正常时,应将实情告知本人或其配偶,并于必要时,劝其施行人工流产之义务,而妇女对于怀有先天性疾病之不健康胎儿,有选择除去之权利,如因医院及相关人员之疏忽未发现此种情况并及时告知,"致妇女继续妊娠,最后生下不正常胎儿,自属侵害妇女对本身得决定施行人工流产之权利"③。

虽然我国大陆法院和台湾地区法院对不当出生所侵害的权利的称呼各异,但根本旨意相同,都是指妇女对于生育自主决定的权利,可简称"生育自

---

① 驳回的主要原因,一者是被告医疗行为没有过错("杨超等与彭州市妇幼保健院医疗侵权赔偿纠纷上诉案",四川省成都市中级人民法院(2008)成民终字第296号民事判决书,资料来源:北大法意网中国司法案例数据库);另一者是诉讼主体不适格(张健、向婧:《"不当出生"——侵权诉讼民事审判实证研究》,载《法律适用》2009年第5期)。
② 重庆市永川市人民法院(2003)永民初字第2229号判决书;重庆市第一中级人民法院(2005)渝一中民终字第308号判决书。资料来源:北大法意网中国司法案例数据库。
③ 我国台湾地区"最高法院"2003年台上字第1057号判决,转引自王泽鉴:《侵权行为》,北京大学出版社2009年版,第137—138页。

主权"①。

此外,生育自主权还可延伸到"不当怀孕"(Wrongful Conception)的案件类型,即妇女不愿生育,但由于医生节育手术失败而导致其错误怀孕并生子。不当怀孕与不当出生类似,均可以违约或侵权主张损害赔偿②,只是医院或医师的诊疗错误行为方式不同而已。我国法院亦支持此类案件原告的诉讼请求。③ 笔者认为,此类案件中原告所受侵害之权利与"不当怀孕"案件类型相同,为生育自主权。④

2. 侵害生育自主权的请求权基础

按上文,医院及其工作人员因医疗过失而违背当事人意愿,致其本应选择流产而未流产,或本来不愿怀孕而怀孕,即构成生育自主权的侵权行为。然而,生育自主权究竟是一项独立的具体人格权,抑或是一般人格权的具体类型,仍有疑义。

我们先从比较法入手。《德国民法典》第823条第1款保护的是生命、身体、健康、自由、所有权以及"其他权利"等绝对权。德国早期司法实务完全否定不当出生或不当怀孕案件中存在受侵害的"权利",尤其是所谓"家庭计划权"。⑤ 但近期有学说提出,不当出生或不当怀孕侵害原告的个人家庭计划权利(Rechts auf Familienplanung)⑥,似有将生育自主决定独立为权利之倾向。但主流观念还是将不当出生或不当怀孕作为《德国民法典》第823条第

---

① 王泽鉴:《侵权行为》,北京大学出版社2009年版,第138页。
② 参见丁春燕:《错误出生案件之损害赔偿责任研究》,载《中外法学》2007年第6期。
③ 参见李燕:《不当怀孕损害赔偿研究——从上海"绝育手术不绝育索赔案"说起》,载《东岳论丛》2009年第30卷第10期。
④ 王泽鉴说:"生育自主权,并适用于Wrongful conception(如为避孕而结扎失败)的情形。"王泽鉴:《侵权行为》,北京大学出版社2009年版,第138页。我国有研究者将不当怀孕中受侵害的权利名之为"计划生育自主权"。参见李燕:《不当怀孕损害赔偿研究——从上海"绝育手术不绝育索赔案"说起》,载《东岳论丛》2009年第30卷第10期。为了简便和概括,笔者倾向于"生育自主权"这一表述。
⑤ Vgl. BGHZ 86, 240, JZ, 1983. See B. S. Markesinis, Comparative Introduction to the German Law of Torts, Oxford Clarendon Press, 1990, p.120.
⑥ Vgl. Brüggemeier, Deliktsrecht, Nomos Verlagsgesellschaft, 1986, S. 143;MünchKomm BGB/Wagner, Band 5, C. H. Beck, 2009, § 823, Rn. 89.

1款下身体健康的损害问题来讨论①,因为其首先涉及怀孕妇女的身体健康利益,"怀孕和生产显然与身体的变化和痛苦相联系,妇女的身体损害是再明显不过的了"②。但是,此种损害本质上是干扰怀孕妇女对身体的自我支配自由(Dispositionsfreiheit),因而侵权损害赔偿既是保护其身体完整性,同时也是保护其人格自主权(Selbstbestimmungsrecht der Persönlichkeit)。正是在这个意义上,瓦格纳称此类案件位于身体伤害与一般人格权侵害之间的临界处。③ 但多伊奇以类似于《德国民法典》第823条第1款"其他权利"的表述,将此类"家庭计划损害"(Familienplannungsschaden)归入"损害的其他形式"④。总之,生育自主权在德国民法上徘徊在身体健康权、一般人格权与"其他权利"之间,尚未获得明确独立的地位,但均是《德国民法典》第823条第1款(即侵害绝对权)所保护的权利范围。

我国台湾地区民法学说也有类似处理方案。我国台湾地区"民法"采德国立法例,于第184条第1款第1句规定"因故意或过失,不法侵害他人之权利者,负损害赔偿责任",通说认为此处受侵害之"权利"一般为绝对权。第195条又规定,"不法侵害他人之身体、健康、名誉、自由、信用、隐私、贞操,或不法侵害其他人格法益而情节重大者,被害人虽非财产上之损害,亦得请求赔偿相当之金额"。人格权当然是绝对权,但不当出生或不当怀孕侵害的生育自主权,并不属于上述具体人格权。虽然生育自主本质上是一种"意思决定自由",似乎与自由权相关,然而第195条规定的自由权乃针对行动自由而言,不包括意思决定自由,生育自主应当纳入"其他人格法益"以作较为弹性的保护。⑤ 所谓其他人格法益,是"未经明定为个别人格权的人格法益,此一部分将随着人格自觉、社会进步、侵害的增加而形成具体的保护范围"⑥,生

---

① 参见 Brüggemeier, Deliktsrecht, Nomos Verlagsgesellschaft, 1986, S. 134 ff.; MünchKomm BGB/Wagner, Band 5, C. H. Beck, 2009, § 823, Rn. 86 - 98;〔德〕福克斯:《侵权行为法》,齐晓琨译,法律出版社2006年版,第12页以下。
② MünchKomm BGB/Wagner, Band 5, C. H. Beck, 2009, § 823, Rn. 89.
③ Vgl. MünchKomm BGB/Wagner, Band 5, C. H. Beck, 2009, § 823, Rn. 89.
④ Vgl. Deutsch/Ahrens, Deliktsrecht, 5. Aufl., Carl Heymanns Verlage, 2009, Rn. 663 ff.
⑤ 参见王泽鉴:《侵权行为》,北京大学出版社2009年版,第138页。
⑥ 王泽鉴:《侵权行为》,北京大学出版社2009年版,第133页。

育自主权恰符合上述特征,应为一种应受保护的人格利益。①

我国法院在讨论医疗机构侵害生育自主决定时,经常使用"生育权""生育选择权""优生优育权"等表述,但往往以民法之外的法律法规作为请求权基础,例如,在"云南平安中西医结合医院与陈武凤等医疗损害赔偿纠纷上诉案"中,两审法院都依据《中华人民共和国母婴保健法》(以下简称《母婴保健法》)和《人口与计划生育法》肯定原告享有优生优育选择权。② 笔者认为,虽然《母婴保健法》和《人口与计划生育法》从行政法或社会法的角度规定了妇女优生优育的选择自由,但不宜作为民事案件中当事人具体的请求权规范基础。生育自主权在我国民法体系中究竟应该如何定位,仍然是个问题。

最高人民法院《关于确定民事侵权精神损害赔偿责任若干问题的解释》第1条第1款规定人格尊严和人格自由为一般人格权;同时,该条第2款规定违反社会公共利益、社会公德侵害"隐私和其他人格利益"应赔偿精神损害,从而涵盖了不能归入"权利侵害"类型中的"其他人格利益"。③ 据此,生育自主权的受害人可能具有两个请求权基础,或者主张一般人格权(人格自由)受侵害,或者主张其他人格利益受侵害。

根据上述司法解释第1条第2款的规定,侵害其他人格利益的侵权行为须以行为悖于善良风俗(违反社会公共利益、社会公德)为构成要件,因而受害人须就行为悖于善良风俗的违法性负举证责任。而从学理上看,一般人格

---

① 需要指出的是,我国台湾地区"民法"第18条原本即规定了保护人格权的一般条款,学理上侧重强调一般人格权是一种母权,衍生出各种个别人格权。参见王泽鉴:《侵权行为》,北京大学出版社2009年版,第119页。但林诚二教授认为,台湾地区"民法"第195条第1款因增订"其他人格法益"之概括条款,显已扩张其适用范围,故而已无区分一般人格权与特别人格权之必要。参见林诚二:《民法总则》(上册),法律出版社2008年版,第162页。据此,我国台湾地区"民法"第18条规定的一般人格权与第195条第1款规定的其他人格利益之间的关系,尚待学理的进一步澄清。

② 参见昆明市五华区人民法院(2006)五法西民初字第487号民事判决书;云南省昆明市中级人民法院(2007)昆民三终字第854号民事判决书,载北大法意网中国司法案例数据库。

③ 陈现杰:《最高人民法院〈关于确定民事侵权精神损害赔偿责任若干问题的解释〉的理解与适用》,载最高人民法院民事审判庭编:《民事审判指导与参考》(2001年第1卷),法律出版社2001年版。

权是否受侵害亦须从法益衡量的角度加以判断。① 具体言之,一方面要考虑受害人的何种人格利益受侵害、侵害后果的严重性和持续时间以及受害人自身行为反应;另一方面从加害人方面要考虑侵害的动机,与宪法上言论、出版自由和艺术自由等是否冲突。如果利益权衡的结果不利于加害人,则侵害就具有违法性。② 因此,无论是以侵害一般人格权还是以侵害其他人格法益作为不当出生或不当怀孕案件的请求权基础,均需审慎判断加害人行为的违法性。至于何种请求权基础更具合理性,及其与侵权责任法之间如何协调③,尚待我国民法学说和判例的发展与检验。

由上可见,虽然不当出生或不当怀孕是新型的侵权案件,但如果现有的民法理论体系和法律规定足以应对此类纠纷,就没有必要在民法领域引入易生误解的(源自于宪法的)"生育权"概念。或者,如果一定要在民法领域谈论"生育权",那么也只能说宪法保障公民生育权的价值理念,通过一般人格权这一价值导管输入民法领域,并体现为达到法定婚育年龄的男女在生育事务上的自主决定权。换言之,作为一般人格权之具体类型的生育自主权落实了宪法上的生育权。④

3. 生育自主权的延伸案型

事实上,生育自主权并不限于医疗机构与怀孕妇女之间。以下试举两例笔者构造的案例:

(1)甲男与乙女是夫妻,乙患有严重疾病,甲因担心遗传而本不欲生育子女,而乙希望养育子女,于是采取欺诈手段使甲相信其疾病不会遗传。甲同意生育。此后,乙生产出一个带有该种遗传疾病的婴儿。甲起诉乙侵害其

---

① 参见 Larenz/Wolf, Allgemeiner Teil des Bürgerlichen Rechts, 9. Aufl. , C. H. Beck, 2004, S. 127。与德国民法理论相同,瑞士民法上关于人格权侵权行为的违法性判定,原则上均须进行法益衡量。参见 Basler Kommentar, Zivilgesetzbuch I, 3. Auflage, Helbing & Lichtenhahn Verlag, 2007, Art. 28, Rn. 49。

② Vgl. Hans Brox/Wolf Walker, Besonderes Schuldrecht, 33. Aufl. , C. H. Beck, 2008, S. 519 – 521; Jauernig Bügerliches Gesetzbuch Kommentar/Teichmann, 12. Aufl. , C. H. Beck, 2007, § 823, Rn. 67.

③ 根据《中华人民共和国侵权责任法》第 2 条的规定,侵权行为的客体为民事权益,不限于具体的法定权利,包括一般人格权或其他人格利益。

④ 有学者提出将"生育自主权"作为一项独立的人格权类型置于侵权责任法中。参见张学军:《生育自决权研究》,载《江海学刊》2011 年第 5 期。笔者认为并无此必要。

生育自主权。

（2）甲男与乙女是夫妻，乙怀孕期间，甲因车祸死亡。乙不愿继续生育，但甲之父母为传宗接代而胁迫乙继续生育。乙因恐惧而生育。乙生育后，情绪紧张、感情痛苦，不堪忍受，遂起诉甲之父母侵害其生育自主权。

上述案件中，侵害人采取欺诈、胁迫、使受害人对生育事务不知情等形式干扰受害人对生育一事的自主决定，致使受害人违背意愿而生育。于此，受害人可以一般人格权或其他人格权的相关法律规定为请求权基础，主张其生育自主权受侵害的损害赔偿。换言之，生育自主权并不限于不当出生或不当怀孕，在其他涉及生育自主决定的民事纠纷中，亦有适用之可能。因此，一般人格权或其他人格权意义上的"生育自主权"具有较为广泛的法律实用价值。

六、结论

理论界与实务界常常误将"生育权"作为一项新型的具体民事权利，多是因为"生育权不能为原有的民事权利所涵盖，即适用原有的民事权利种类无法周延保护公民的生育利益"[1]。但是，通过本研究可知，除了宪法中明确"生育权"作为一项公民基本权利，在生育纠纷的民事案件中，根本无需利用本属于宪法上的"生育权"概念，各种涉及生育民事纠纷的案件，各有其体系位置与解决方案。具体言之：

第一，在生殖器官完整性被破坏和生殖能力受减损的情况下，受害人以身体健康权受侵害为其请求权基础，即可保护其生育利益，而无需主张身体健康权与生育权受到双重侵害。

第二，根据我国现行法律，配偶之间在生育问题上既无法定生育义务，亦无约定生育义务。如一方拒绝生育或单方人工流产，实属个人人格自由的范畴，且此类行为并不具有违法性，从而不构成侵权行为。即使双方签订生育协议约定生育义务，该义务也因违背公序良俗而无效。配偶之间既无生育权主张，就更不可向实施或帮助实施堕胎行为的第三人主张生育侵权。

第三，不当出生和不当怀孕案型可以一般人格权或其他人格利益作为请

---

[1] 周征：《生育权的私权化》，载《中华女子学院学报》2005 年第 17 卷第 5 期。

求权基础以为救济。在此意义上,大陆法系各国和地区的判例和学说均认可"生育自主权"。

因此,实务中涉及的"生育权"仅对第三种案型有意义。当事人的生育自主权是人格权的内涵之一,将其命名为"生育权"也本无不可。但"生育权"本是宪法上的固有概念,将其引入民法中无助于增加解决案件的方便,反而徒增困扰。更重要的是,现今民法上的各种法定权利类型,如生命权、身体健康权、所有权、债权、配偶权,原属民事生活领域最重要之法益,将其明确为权利,实有必要。而一般人格权或其他人格利益等具有发展性和弹性的概念,其具体包含的权能内涵和类型均历经司法判例与学说整理的千锤百炼而终获确认。因此,如动辄将眼前的某种具体利益要求骤然提升为民事权利,诸如生活安宁①、安葬权或祭奠权等②,则将使我国民事权利体系呈现出一种过度膨胀的局面,实乃我国民事立法者和司法者过于缺乏自信的表现。

---

① 例如,在"章德基等诉上海盛彤实业有限公司金华分公司误登电话号码过失侵权案"中,原告因被告错误印刷电话号码簿,从而受到严重的电话骚扰,起诉被告承担侵害生活安宁权的侵权责任。参见浙江省金华市婺城区人民法院(2003)婺民一初字第3023号调解书,载国家法官学院、中国人民大学法学院编《中国审判案例要览》(2004年民事审判案例卷),中国人民大学出版社2004年版,第307—311页。

② 例如,同父异母的兄弟之间为争夺自己母亲与父亲安葬在一起,发生"祭奠权"的纠纷。参见河南省新乡县牧野区人民法院(2004)牧民一初字第346号判决书,载最高人民法院中国应用法学研究所编:《人民法院案例选》(第52期),人民法院出版社2006年版,第96—99页。

房、地分离抵押的法律效果*

——《物权法》第一百八十二条的法教义学分析

一、引言

《中华人民共和国物权法》(以下简称《物权法》)第 182 条第 1 款规定:"以建筑物抵押的,该建筑物占用范围内的建设用地使用权一并抵押。以建设用地使用权抵押的,该土地上的建筑物一并抵押。"从规范目的和规范内容来说,该条就建筑物与建设用地使用权①二者应如何设定抵押权,贯彻了我国民法早已确立的"房随地走、地随房走"的房地一体化原则,这与之前的法律规定基本保持一致。而令人瞩目的是,针对抵押人如果单独或分别将房屋或土地进行抵押的情形,《物权法》第 182 条第 2 款规定"抵押人未依照前款规定一并抵押的,未抵押的财产视为一并抵押",这与其颁布之前的相关规定②有显著的变化。但是,理论界和实务界对"视为一并抵押"的意义究竟如何,未能形成统一的见解。而且,目前房、地产分别抵押的现象仍然是困扰实

---

* 原文发表于《华东政法大学学报》2010 年第 6 期,现经修订后收入本书。国务院 2015 年实施的《不动产登记暂行条例》,2016 年实施的《不动产登记暂行条例实施细则》采取不动产统一登记制度,在抵押登记方面要求建设用地使用权和地上建筑物必须一并抵押,从而在技术上解决房地分离抵押的问题。但这种技术解决手段,还是需要回归法教义学上的解释,本文阐述的正是房地统一抵押登记的法理基础。

① 为行文方便,本文有时简称建筑物为"房",建设用地使用权为"地"。
② 参见 1990 年《中华人民共和国城镇国有土地使用权出让和转让暂行条例》第 33 条,1994 年《中华人民共和国城市房地产管理法》第 31 条,1995 年《中华人民共和国担保法》第 36 条。

务部门的重大疑难问题。① 因此,笔者认为有必要对《物权法》第182条进行法教义学②分析,以明确其法律效果。③

就本文拟解决的具体问题而言,《物权法》第182条第2款的"视为一并抵押"针对两种情况:"单独抵押"与"分别抵押",可将二者统称为"分离抵押"。所谓单独抵押是指抵押人仅将建筑物或建设用地使用权为债权人设定抵押权。本文将首先明确在单独抵押时,"未抵押的财产视为一并抵押"应如何理解?所谓分别抵押是指抵押人将建筑物与建设用地使用权分别为两个不同的债权人设定抵押权,并且在房屋管理部门和土地管理部门分别予以登记。其次,本文要解决在分别抵押时,两项抵押权是否均为有效的抵押权?在实行抵押权时,两个抵押权人是分别就房、地的变价各自优先受偿,还是将房地视为一体,按照抵押权登记的先后顺位获得清偿?

我国多年来的抵押登记实践和司法案例表明,房地分离抵押的情况大量存在,其引起的法律纠纷也屡见不鲜。究其原因,《中华人民共和国城市房地产管理法》第63条虽然早已明确县级以上地方人民政府可以确定由一个部门统一负责房屋和土地的登记管理体制,但事实上,在《不动产登记条例》实行统一登记制度之前,除了上海、广州、深圳等城市由统一的房地管理部门负责房地产的登记之外,我国绝大部分城市仍然处于房地分别登记管理的状态。④ 解决房地分离抵押的根本途径是建立统一的不动产登记制度,杜绝当

---

① 参见宋晓明:《物权法担保物权编实施中的几个重要问题》,载最高人民法院民事审判第二庭编:《民商事审判指导》(2008年第2辑,总第14辑),人民法院出版社2008年版,第7页。
② 根据德国法哲学家罗伯特·阿列克西的总结,法律教义学(juristische Dogmatic)包括三个层面的内涵:①对现行有效法律的描述;②对法律之概念—体系的研究;③提出解决法律案件的建议。可以简练地将其概括为三个维度:描述—经验的维度;逻辑—分析的维度;规范—实践的维度。参见〔德〕罗伯特·阿列克西:《法律论证理论:作为法律证立理论的理性论辩理论》,舒国滢译,中国法制出版社2002年版,第311页。
③ 一个完整的法律规范应当包括"事实构成"和"法律效果"两个组成部分。前者是法律规范适用的事实前提,后者主要是指某一法律事实在法律上产生的权利义务关系。参见〔德〕卡尔·拉伦茨:《法学方法论》,陈爱娥译,商务印书馆2003年版,第133—134页。据此,本文所称一并抵押、单独抵押、分别抵押的法律效果,是指该行为(事实构成)将产生怎样的权利义务关系(法律效果)。
④ 在《中华人民共和国物权法》实施前后,有的城市,虽然房地产的管理机构已经合一,但由于没有从技术上对房地产登记进行整合,仍然实行房屋和土地分别登记。参见全国人民代表大会常务委员会法制工作委员会民法室编:《物权法立法背景与观点全集》,法律出版社2007年版,第207页。当然这一现象在2015年实施《不动产登记暂行条例》后,绝大多数城市的土地和房屋登记部门趋于统一。

事人将房地单独抵押或分别抵押的行为。但是实践中若当事人和登记机关未能规范办理抵押登记,仍不可避免出现房、地分离抵押的现象。因此,正确理解"一并抵押"和"视为一并抵押"具有重要的现实意义。

二、房地"一并抵押"的性质分析

1. 房、地关系与房地抵押权客体的认定

《物权法》第182条第1款"一并抵押"究竟是指抵押权人就抵押物形成一项房地产整体的抵押权;还是抵押权人就房和地两个抵押标的物形成两项抵押权,并共同担保债权的实现,从而形成房、地共同抵押? 为解决上述问题,必须要清晰界定土地与建筑物的关系。

综观大陆法系各国及地区立法例,关于土地与建筑物是否可以分别作为抵押权的客体,有两种立法模式。

第一,德国民法采罗马法上土地吸附建筑物之原则,将建筑物作为土地或地上权的重要成分(《德国民法典》第94条、《地上权条例》第12条)。因此,在德国民法架构下,建筑物不得单独成为抵押权的客体,从而也不存在房屋与土地分离抵押的问题。从经济理由来说,土地与建筑物其实是一个经济整体,从抵押权人的利益出发,必须将那些对于土地经营所必要的财产纳入抵押标的物的范围,否则土地抵押权的可变价性将大打折扣。[①]

第二,日本民法采土地与建筑物的分别主义,即建筑物并非土地之重要成分,二者可分别作为抵押权的客体。[②] 我国台湾地区"民法"亦同。因而抵押人可以单独将土地或者建筑物设定抵押。不过,在实行抵押权并拍卖抵押物时,由于土地与建筑物各异其主,为确保建筑物所有人取得合法有效的基地利用权,法律视为在土地之上已经设定"法定地上权"(《日本民法典》第388条、我国台湾地区"民法"第876条)。可见,在土地私有制的前提下,日本和我国台湾地区"民法"通过法定地上权制度,允许土地与建筑物单独抵

---

① 参见〔德〕鲍尔、〔德〕施蒂尔纳:《德国物权法》(下),申卫星、王洪亮译,法律出版社2006年版,第131—132页。

② 参见〔日〕近江幸治:《担保物权法》,祝娅等译,法律出版社2000年版,第161页。

押,并且该抵押权的效力并非当然及于未抵押的土地或建筑物。①

我国立法向来对土地与建筑物的关系采取分别主义②,即建设用地使用权与地上建筑物是两项独立的物权客体。就设定抵押权来说,《中华人民共和国担保法》(以下简称《担保法》)第43条、《物权法》第180条均规定建设用地使用权与建筑物分别为两项抵押权客体。但是,我国大陆的分别主义又与日本和我国台湾地区稍有不同,即后者所谓土地与建筑物的分别主义,是建立在土地私有制基础上的土地所有权与建筑物的分别,因而允许建筑物与土地所有权单独抵押,并通过法定地上权制度解决了在抵押物拍卖时建筑物所有人的基地利用权问题。③ 而在大陆,法律并不允许在建设用地使用权之上再设定法定地上权④,从而缺乏房地分离抵押的后续制度安排,所以只能在源头上控制房地分离抵押,要求当事人将房地一并抵押且一并拍卖,如此才能确保建筑物具备合法的基地利用权。可见,我国大陆虽然认可房、地为分别的物权客体,但却并不允许其"单独"交易。

2. 房地一并抵押:一项抵押还是共同抵押?

建设用地使用权与建筑物既然是两项抵押客体,如果抵押人根据《物权法》第182条的规定主动将房地"一并抵押"给债权人,作为债权担保,那么二者将形成共同抵押,而并非就"房—地"整体成立一项抵押权。具体理由如下:

第一,根据大陆法系的一物一权原则,"一物之上只可成立同一内容的一个物权,反之一个物权的客体为一个物"⑤。从逻辑上说,房地产抵押权是否为一项抵押权,应就抵押物的本身状态来看。如果按照德国民法模式,建筑

---

① "建筑物为独立之不动产,非土地之构成部分,抵押权不当然及于建筑物。"参见史尚宽:《物权法论》,中国政法大学出版社2000年版,第278页。

② 参见梁慧星:《民法总论》,法律出版社2001年版,第102页;王卫国:《中国土地权利研究》,中国政法大学出版社1997年版,第63页。

③ 谢在全先生认为法定地上权的立法理由是确保建筑物有权利用土地,使建筑物免于被拆除的厄运。参见谢在全:《民法物权论》(下),中国政法大学出版社1999年版,第658页。

④ 在德国民法中,地上权之上再设定的地上权为"下级地上权"或"次地上权"(Untererbaurecht)。参见〔德〕鲍尔、〔德〕施蒂尔纳:《德国物权法》(上),张双根译,法律出版社2004年版,第652页;孙宪忠:《德国当代物权法》,法律出版社1997年版,第238页。如果我国法律规定了次地上权制度,那么未始不可通过"法定(次)地上权"来解决房地单独抵押的问题。

⑤ 〔日〕近江幸治:《民法讲义Ⅱ物权法》,王茵译,北京大学出版社2006年版,第15页。

物被土地所有权或者地上权所吸收,则只能设定一项抵押权;然而我国采分别主义,建设用地使用权与建筑物被视为两个分别的抵押客体,在设定抵押权时当然应就这两个标的物分别设定两项抵押权,前者为权利抵押权,后者为建筑物抵押权。

第二,从不动产登记来看,《物权法》第180条对建设用地使用权与建筑物采取分别列举的方式,将二者视为不同的不动产,因此在设定抵押权时,应就二者分别登记,从而形成两项抵押权。在实务中,如果房屋和土地分属不同的登记机关管理登记,那么,即使当事人愿意将建设用地使用权与建筑物一并抵押,也必须要在两个机关分别就房屋和土地进行两次抵押登记。如果房地产登记机关为统一的登记部门,也应该就建筑物与建设用地使用权分别予以登记确认,即使登记机关颁发给当事人统一的房地产权证书,其中也分别载明建筑物与建设用地使用权的物权状况。①

第三,从功能比较的视角来看,采分别主义立法的日本,认可土地(所有权)与建筑物设定抵押时,二者各自成立抵押权并形成共同抵押关系。② 在经济原理上,我国的建设用地使用权作为建筑物最为重要的基地利用权,实际上在社会经济生活中起到如同大陆法系民法上土地所有权的作用。换言之,我国的土地所有权更侧重于所有制和社会政治的意义,而实际发挥建筑物基地功能的是建设用地使用权。③ 如果对日本土地与建筑物共同抵押没有异议,那么对于同样采分别主义的我国法律上建设用地使用权与建筑物的共同抵押也应认可。在《物权法》颁布之前,我国已有学者指出《担保法》第36条规定的房地同时抵押,其实就是形成了一种特殊的土地使用权与地上建筑物共同抵押。④ 司法实务界,也有人赞同此说。⑤

---

① 《中华人民共和国城市房地产管理法》第63条规定:"……依照本法第六十一条的规定,将房屋的所有权和该房屋占用范围内的土地使用权的确认和变更,分别载入房地产权证书。"
② 参见〔日〕近江幸治:《担保物权法》,祝娅等译,法律出版社2000年版,第185页。
③ 张双根建议将我国建设用地使用权"准土地所有权化"。参见张双根:《论房地关系与统一不动产登记簿册》,载《中外法学》2014年第4期。
④ 参见梁慧星主编:《中国物权法研究》(下),法律出版社1998年版,第887页;邹海林、常敏:《债权担保的理论与实务》,社会科学文献出版社2005年版,第199页。《中华人民共和国物权法》颁布之后,也有学者赞同房地共同抵押说。参见高圣平:《物权法担保物权编》,中国人民大学出版社2007年版,第241页。
⑤ 参见潘桂林:《房地产的分别抵押及其在执行程序中的处理》,载最高人民法院执行工作办公室编:《强制执行指导与参考》(总第14集),法律出版社2006年版,第99页。

第四,对《物权法》第182条"一并抵押"采共同抵押说,可以从体系的角度进行检验。在法律论证理论上,所谓"体系检验"(systematisch überprüft)在狭义上是指任何一个法律观点(教义学语句),是否可以无矛盾地被纳入已被接受的法律观点(教义学语句)或者现行有效的法律规范。① 转换成当下的问题,就是对房地一并抵押采取共同抵押说,在逻辑上是否与既有的法律规范或法律观点相冲突? 如果检索一下《物权法》,会发现关于"一并抵押"的表述总共有六处,即第180条、第182条和第183条。其中最为重要的是《物权法》第180条第2款,即"抵押人可以将前款所列财产一并抵押"。该条款实际上来源于更早的《担保法》第34条第2款。如果能够确定该条款中"一并抵押"的含义,就可以检验上述关于《物权法》第182条"一并抵押"的理解是否正确。

对于《担保法》第34条第2款和《物权法》第180条第2款的"一并抵押",有人理解为"财团抵押"(或"集合抵押")。② 然而,财团抵押是指抵押人将各个不同种类的动产、不动产以及其他财产权利结合起来,作为一个财团,视为一个物,设定一项抵押权。财团抵押主要特点是:①就全部集合财产成立一项抵押权;②必须将作为抵押物的财团作成目录,即"集合财产抵押清单"③;③财团抵押一旦设定,企业对抵押财产的处分便受到严格的限制。④ 无论是《担保法》第34条第2款还是《物权法》第180条第2款,都是指数项财产一并抵押,即仅仅是数个财产抵押权的简单相加,并不具备上述财团抵押的法律特征。尤其是我国没有数个抵押物(不动产、动产、权利)作为一项集合财产进行的登记制度,如果抵押人要将数个抵押物共同作为债权的担保,只能分别登记设定数个抵押权。事实上,司法实务界对《担保法》第34条第2款早已进行定性,明确排除了"财团抵押"或"浮动抵押"的解释,而采纳

---

① 参见〔德〕罗伯特·阿列克西:《法律论证理论:作为法律证立理论的理性论辩理论》,舒国滢译,中国法制出版社2002年版,第324页。此外,还有所谓广义上的体系检验,即数个教义学语句发生观点争议时,究竟应采取何者,应参酌其他的教义学语句或法律规范来判断。同上书,第325页。参见下文对广义上体系检验的应用。
② 参见梁慧星主编:《中国物权法研究》(下),法律出版社1998年版,第901页;梁慧星:《特别动产集合抵押——物权法第一百八十一条解读》,载《人民法院报》2007年9月13日;黄松有主编:《中华人民共和国物权法条文理解与适用》,人民法院出版社2007年版,第538页。
③ 〔日〕近江幸治:《担保物权法》,祝娅等译,法律出版社2000年版,第215页。
④ 参见梁慧星、陈华彬:《物权法》,法律出版社2003年版,第331页。

了共同抵押的理解。① 因此,《物权法》第 180 条第 2 款的"一并抵押"也应认为是共同抵押。②

既然《物权法》第 180 条第 2 款的意义已经明确,那么,对于《物权法》第 182 条第 2 款采共同抵押的理解,恰好能够保持"一并抵押"的意义连贯性。而且,当没有更强有力的理由能够说明同一个法律概念应作意义区分时,"同一法律或者不同的法律使用同一概念时,原则上应作同一解释"③。可见,共同抵押说能够接受现有的体系检验,是较为恰当的解释。

既然建设用地使用权与建筑物一并抵押设定了共同抵押权,那么随即将发生抵押权人如何就共同抵押的标的物行使抵押权的问题。在一般意义上,如果共同抵押人与抵押人未就各个抵押物应负担之债权金额作特别约定,共同抵押中各个抵押物均应担保债权之全部,原则上由抵押权人任意选择抵押物行使抵押权,即抵押权人可以就全部抵押物一起实行抵押权,或者就各个抵押物顺次实行。④ 在我国民法上,如果就数个没有特殊关联的抵押物设定共同抵押权,应采上述规则。例如,抵押人将数个独立登记的房地产为债权人设定共同抵押权,债权人可以就任一或者各个抵押物实行抵押权。但是,在《物权法》第 182 条房地"一并抵押"的情况下,抵押权人是否能够就建设用地使用权、建筑物分别行使抵押权呢?笔者以为不可。原因在于,基于房屋和土地在经济利用上、使用价值上的一体性,法律必须确保建筑物取得人拥有合法的基地利用权,房地共同抵押权人如申请拍卖抵押物,必须将建设用地使用权和建筑物一并拍卖,不可择其一而行使抵押权。换言之,在房地一体化原则的制约下,房地一并抵押虽为共同抵押,但与普通的共同抵押不同之处在于,它不可由抵押权人就建设用地使用权或建筑物

---

① 参见李国光、奚晓明、金剑锋等《"关于适用〈中华人民共和国担保法〉若干问题的解释"理解与适用》,吉林人民出版社 2000 年版,第 196 页。
② 相同观点参见朱岩、高圣平、陈鑫:《中国物权法评注》,北京大学出版社 2007 年版,第 580 页。
③ 梁慧星:《裁判的方法》,法律出版社 2003 年版,第 81 页。拉伦茨教授也认为,在解释法律时,虽然并不能保证同一法律术语在法律的每个地方都应作相同的理解,"然而,主张应作他种理解者,就此应特别说明其理由。"参见〔德〕卡尔·拉伦茨:《法学方法论》,陈爱娥译,商务印书馆 2003 年版,第 202 页。
④ 德国民法学上形象地称共同抵押权人的这种任意选择权为"老爷式的地位"。参见〔德〕鲍尔、〔德〕施蒂尔纳:《德国物权法》(下),申卫星、王洪亮译,法律出版社 2006 年版,第 209—210 页。

选择实行抵押权。

总之,从拍卖和优先受偿的效果上来说,《物权法》中"一并抵押"的条款究竟是形成房地产整体的抵押权还是房地共同抵押权,区别的意义不大。但是,共同抵押是法律定性问题,拍卖和受偿是抵押权的执行问题,此不可不辨。为了确保《物权法》法律术语的意义连贯性、逻辑体系的严密性并贯彻一物一权主义,共同抵押说是一种较为恰当的解释。更为重要的是,对一并抵押的定性将成为《物权法》第 182 条第 2 款"视为一并抵押"的逻辑前提。

三、"视为一并抵押"与房地单独抵押的法律效果

1. "视为一并抵押":法律拟制的抵押权

根据《担保法》第 36 条的规定,如果抵押土地使用权或者房屋,则未抵押的财产"应当……同时抵押",但其并未明确违反同时抵押的法律后果。换言之,这是一条没有强制性的、法律效果残缺的"不完全法条"。与此不同,《物权法》第 182 条第 2 款规定"未抵押的财产视为一并抵押",似乎明确了法律后果是"视为一并抵押",但它究竟指未抵押的财产是已经设定的房屋(或土地)抵押权的效力所及范围;还是指依法推定抵押人对未抵押的财产作出法律拟制的意思表示,一并设定抵押权,并与原先已经设定的房屋(或土地)抵押权形成共同抵押呢?

我们先从"视为"一词谈起。从立法技术上说,"视为"表示某一法条采用了法律拟制的方法。法律拟制是指立法者"有意地将明知为不同者,等同视之",拟制的目的是将针对某一构成要件所作的规定,适用于另一构成要件。[①] 即当下要处理的案件类型,其事实构成不完全等同于被引用的法条所处理的案件类型,但立法者仍将二者等同看待,赋予其与被引用的法条相同的法律后果。"视为"作为法律拟制,起到多方面的作用:①立法者基于相同的价值判断标准,对事实上不同的事物等同处理,例如《中华人民共和国民法总则》第 18 条第 2 款规定 16 周岁以上未成年人,以自己的劳动收入为主要生活来源的,视为完全民事行为能力人。②立法者没有把握确信所处理的案

---

① 参见〔德〕卡尔·拉伦茨:《法学方法论》,陈爱娥译,商务印书馆 2003 年版,第 142 页。

件类型是否属于原先法律所规定的情形之一,为了省却说理的麻烦,采取拟制方法等同视之,例如在意思表示错误中,关于人之性质或物之性质认识错误属于动机错误,但如其重要者,法律也将其与内容错误等同视之,赋予可撤销的后果(《德国民法典》第 119 条第 2 款)。③拟制作为一种法律界定概念的方式,例如《合同法》第 15 条第 2 款规定"商业广告的内容符合要约规定的,视为要约"。④推定当事人为某种意思表示。① 民法采意思自治原则,法律上的权利义务系由当事人自愿的意思表示产生。但如果当事人本应就某些事项为明确的意思表示而未为表示者,则法律为结束不确定的关系状态、稳定法律秩序,推定当事人作出某种意思表示,赋予其确定的法律效果。例如《物权法》第 104 条规定按份共有人如未约定份额,推定共有人对共有份额作出等额的约定。

就"视为一并抵押"来说,应属于上述法律拟制的第四种类型,即推定性拟制。"视为一并抵押"可以解释为:当事人将房或地单独抵押时,法律推定抵押当事人对未抵押的财产作出一并抵押的意思表示,发生一并抵押的法律后果。② 而且,这一推定具有不可逆转性,即不得因相反的意思表示而推翻。③ 从产生的时间上来说,该拟制的抵押权应与当事人以明确意思表示就房或地设定抵押权时同时产生,即房或地的抵押权登记生效时,未抵押登记的房或地的拟制抵押同时设立。由此,当事人明确约定的抵押权与该拟制的抵押权形成房地共同抵押的关系。

理论界和实务界有一种观点认为,未抵押的财产一并抵押的意思表示既然是由法律推定直接产生,不容许当事人任意变更,则该抵押权应属于法定

---

① 参见黄茂荣:《法学方法与现代民法》,中国政法大学出版社 2001 年版,第 160 页。
② 相同观点参见陈甦:《论土地权利与建筑物权利的关系》,载《法制与社会发展》1998 年第 6 期;王利明:《物权法研究(修订版)》(下卷),中国人民大学出版社 2007 年版,第 430 页。
③ 黄茂荣指出,推定性拟制"不因反证而推翻",因此,它与单纯的"推定"不同,推定是允许反证推翻的。参见黄茂荣:《法学方法与现代民法》,中国政法大学出版社 2001 年版,第 160 页。就"视为一并抵押"来说,一旦抵押人将房或地单独抵押,经法律拟制未抵押的财产一并抵押,那么,当事人即不能以相反的意思表示来约定未抵押的财产没有一并抵押。

抵押权。① 笔者认为,根据"视为一并抵押"产生的抵押权,并非法定抵押权,其理由在于,"视为"既然是对于当事人未抵押财产一并抵押的拟制,那么拟制出来的是一并抵押的意思表示,既然是意思表示,就仍然属于因法律行为而生之抵押权的范畴。这与法定抵押权不需当事人约定[《中华人民共和国合同法》(以下简称《合同法》)第286条]而根据法律规定直接产生的特点具有根本区别。换言之,拟制的抵押权并非独立的抵押权形态,只不过其意思表示由法律推定产生而已。

2. 房地单独抵押的法律效果

"视为一并抵押"是法律拟制产生的一项抵押权。那么,根据这种理解,下文将进一步说明为什么房屋或土地在单独抵押时,不宜认定未抵押的财产作为已经成立的抵押权的效力所及范围。

日本和我国台湾地区"民法"采土地和建筑物分别主义,抵押人可以就土地所有权或建筑物单独设定抵押,并采取法定地上权来解决抵押权实行时建筑物之基地利用权问题。而在我国大陆,建筑物之基地利用权主要是建设用地使用权(地上权),法律禁止土地所有权交易,因此没有适用法定地上权的可能性。研究我国大陆的单独抵押问题,只能参考在分别主义的前提下,建筑物的基地利用权如果是地上权,单独抵押建筑物或地上权的法律效果的规则。

我国台湾地区学者谢在全曾经分析抵押人将建筑物与地上权进行抵押,可能出现如下几种情况:①以地上权和建筑物同时设定抵押;②仅以地上权设定抵押;③仅以建筑物设定抵押。在①之情形下,地上权与建筑物同时抵押时,因二者为两项抵押物,所以应认定为共同抵押。② 因而,在实现抵押权时,抵押权人就二者拍卖所得价金均享有优先受偿权。就②之情形来说,通常不会发生仅以地上权设定抵押权的情况,只有可能在建筑物是不能办理

---

① 在《中华人民共和国物权法》颁布之前,这一观点主要针对《中华人民共和国担保法》第36条而言。参见崔建远、孙佑海、王宛生:《中国房地产法研究》,中国法制出版社1995年版,第129页;陈现杰:《土地使用权与地上建筑物分别抵押的效力问题》,载《人民法院报》2003年9月16日。《中华人民共和国物权法》颁布之后,相同观点参见高圣平、严之:《房地单独抵押、房地分别抵押的效力——以〈物权法〉第182条为分析对象》,载《烟台大学学报(哲学社会科学版)》2012年第1期。

② 参见谢在全:《民法物权论》(上),中国政法大学出版社1999年版,第371页。

登记的建筑物,从而不能进行抵押权登记时才出现该情形。由于民法学理上认为地上权让与时必须将地上建筑物同时转移,始能完成其经济作用①,据此可以解释为:仅以地上权设定抵押的,抵押权人在实行抵押权时,应将地上权与建筑物一并拍卖,但对建筑物拍卖所得之价款并无优先受偿权,这属于拍卖标的物之扩张问题。在③之情形下,仅以建筑物设定抵押权,在实行抵押权时地上权如何处理?谢在全认为,应依我国台湾地区"民法"第862条第1款"抵押权之效力,及于抵押物之从物与从权利"之规定解决,即地上权为建筑物之从权利,由于建筑物抵押权效力及于从权利,因此抵押权人有权将二者予以一并拍卖并可以优先受偿。② 换言之,单独抵押建筑物,仅就建筑物成立一项抵押权,地上权为建筑物抵押权实行时效力所及范围而已。

对比上述物权法原理,笔者对房地单独抵押的法律效果检讨如下:

①倘若抵押人将建设用地使用权与建筑物一并设定抵押权,其法律效果为共同抵押,并非一个抵押权而效力及于另一者,前文已经对此论证,这与我国台湾地区的有关规定相同。

②倘若抵押人仅以建设用地使用权设定抵押。我国台湾地区的相关规定对此没有明确规定,从学理上推论,应解释为地上建筑物一并拍卖,但仅对地上权的变价享有优先受偿权为宜。与此不同,根据《物权法》第182条第2款的规定,抵押权人就未抵押的建筑物形成拟制的抵押权,从而与已经登记的建设用地使用权抵押权构成共同抵押。

③倘若抵押人仅以建筑物设定抵押。谢在全认为应采取建筑物的抵押权效力及于地上权的规则。那么我国民法是否应作相同的解释呢?笔者以为不可,理由如下:

第一,所谓抵押权的效力及于抵押物的"从权利",从权利是指以主权利

---

① 参见史尚宽:《物权法论》,中国政法大学出版社2000年版,第198页;谢在全:《民法物权论》(上),中国政法大学出版社1999年版,第370页。

② 参见谢在全:《民法物权论》(下),中国政法大学出版社1999年版,第741页。史尚宽虽未明确指明,但他说:"抵押权之从权利,亦为抵押权效力之所及。从权利……例如建筑物之抵押权及于基地之利用权。"在学理上,基地利用权应包括地上权、土地租赁权等,因此史尚宽间接认可了这一观点。参见史尚宽:《物权法论》,中国政法大学出版社2000年版,第279页。

为前提而存在并增强主权利效力的权利①,例如担保物权、地役权均为从权利,而地上权本身就是主权利而非从权利。我国台湾地区学者基于抵押物从权利扩张之理论,认为建筑物登记抵押时,地上权、租赁权等均为建筑物之从权利,因而成为建筑物抵押权效力的所及范围。② 可见,认为建筑物单独抵押效力及于地上权,其前提必然是将建筑物从权利的概念予以扩充解释,并非出自法律的当然逻辑。尤其是我国采取土地与建筑物的分别主义,建设用地使用权本身就是独立的用益物权,不宜遽将建设用地使用权解释为建筑物的从权利。

第二,根据谢在全的观点,单独以建筑物抵押,则地上权为建筑物抵押权效力所及范围,但是,如果单独以地上权抵押,却认为地上权抵押权的效力范围并不及于建筑物。如果我国照搬这种做法,就必须解释为什么建筑物抵押权效力及于建设用地使用权,而建设用地使用权单独抵押,效力却不及于建筑物?这种对相同或类似的案件事实采用不同规则的做法,显然在法学方法论上违反了"同种的事物(或具有相同意义的事物)应予相同处理的原则"③。笔者认为,在单独抵押建筑物时,未抵押的建设用地使用权视为一并抵押,与已经设定的建筑物抵押权形成共同抵押,共同担保债权的实现。

第三,从法律解释来说,首先应考虑法律术语的字面含意。"法律解释,应以文义解释为先",有复数解释之可能性时,方能继以其他解释。④ 就《物权法》第182条"一并抵押"的字面意思来看,立法者显然以"抵押"一词来限定未抵押的建设用地使用权由法律拟制另设定一项抵押,从而排斥了"抵押权效力所及范围"的解释。如果没有充分的理由,不宜超越其文义。

第四,我国也有学者采抵押权效力所及范围说。例如梁慧星和陈华彬举例说,农村居民以其私有房屋设定抵押时,其基地使用权应认为是从权利,为

---

① 参见史尚宽:《民法总论》,中国政法大学出版社2000年版,第29页。
② 谢在全认为:"所谓从权利,通说均加以从宽解释,即不仅指本质上之从权利,例如上述之地役权,其本质上虽非从权利,但抵押物存在上所必须之权利亦包括在内,例如以建筑物抵押时,建筑物对基地之利用权如地上权、租赁权、借贷权等,亦应认为系从权利,而为抵押权效力所及。"谢在全:《民法物权论》(下),中国政法大学出版社1999年版,第587页。
③ 〔德〕卡尔·拉伦茨:《法学方法论》,陈爱娥译,商务印书馆2003年版,第212页。
④ 参见杨仁寿:《法学方法论》,中国政法大学出版社1999年版,第106页。

抵押权的效力之所及。① 但是,农村住宅房屋抵押这一特例并不能说明我国城市建设用地使用权是否为建筑物的从权利。而且,《物权法》和《担保法》明确禁止宅基地使用权的抵押,因此,农村住宅房屋抵押权的效力及于宅基地使用权的观点,从根本上违背了《物权法》的立法目的,变相篡改了禁止宅基地使用权抵押的规定。②

事实上,新近修订的我国台湾地区"民法"(2007年3月28日修正公布)针对建筑物单独抵押问题,增加第877条之一:"以建筑物设定抵押权者,于法院拍卖抵押物时,其抵押物存在所必要之权利,应并付拍卖。但抵押权人对于该权利卖得之价金,无优先受清偿之权。"于此,当建筑物所有人单独抵押建筑物,且建筑物的基地不是土地所有权,而是地上权或者租赁权,不能以法定地上权解决建筑物买受人之基地利用权时,于执行抵押权时,应将建筑物与地上权或租赁权并付拍卖,以保障建筑物买受人获得合法的基地利用权。可见,单独抵押建筑物,地上权或租赁权只是"拍卖标的物扩张的范围",而并非建筑物抵押的效力所及范围。这再次印证了笔者对建筑物抵押权效力及于地上权观点的批判。

总之,基于房地一并抵押为共同抵押的观点,在单独抵押的情形下,"视为一并抵押"其实是就未抵押的房或地成立一项法律拟制的抵押权,与已经设定的抵押权形成共同抵押关系。由此,房地"一并抵押"和"视为一并抵押"保持了概念逻辑的统一。但是,这一结论在我国司法实务语境中受到一些特殊问题的限制。众所周知,如果建筑物占用的是以划拨方式取得的国有土地使用权,则划拨土地使用权在法律性质上属于不可抵押的财产,即使根据《物权法》第182条第2款"视为一并抵押"的规定,划拨土地使用权也不

---

① 参见梁慧星、陈华彬:《物权法》,法律出版社2003年版,第318页。郭明瑞教授也曾举出同样的例子:"如以(农村)房屋抵押,宅基地使用权作为从权利为抵押权效力之所及。抵押权实现时,宅基地使用权必将随房屋的所有权转移而转移。"郭明瑞:《担保法》,法律出版社2004年版,第114页。

② 关于禁止宅基地使用权抵押,其立法理由略谓:"目前我国农村社会保障体系尚未全面建立,宅基地使用权是农民基本生活保障和安身立命之本。从全国范围看,放开宅基地使用权转让和抵押的条件尚不成熟。特别是农民一户只有一处宅基地……农民一旦失去住房及其宅基地,将会丧失基本生存条件,影响社会稳定。"参见全国人大委员会法制工作委员会民法室编:《中华人民共和国物权法条文说明、立法理由及相关规定》,北京大学出版社2007年版,第280页。

可由法律拟制为抵押。在此情况下,司法实务部门一般只认可建筑物单独抵押的效力,而并不认可其与划拨土地使用权形成共同抵押关系。①

四、"视为一并抵押"与房地分别抵押的法律效果

房或地单独抵押时,未抵押的财产由法律拟制设定一项抵押权,从而使同一债权人就房地形成共同抵押权。如果抵押人将房和地分别抵押给两个债权人,则上述规则是否仍有适用的余地？分别抵押中的两个债权人如何实现其抵押权？为便于说明,试举一例:A 公司向 B 银行借款,为担保债务而将其所有的一幢房屋(a1)先抵押给 B 银行,其后 A 为担保对 C 银行的借款又将该房屋所占用的建设用地使用权(a2)抵押给 C 银行。如果 B 和 C 对 A 主张债权而不获清偿时,欲实行抵押权,则 B 和 C 是按照登记的顺序就房地整体实行抵押权,还是分别就房、地的变价各自优先受偿？

1. 分别抵押法律效果的理论分歧

在《物权法》颁布之前,《担保法》第 36 条和《城镇国有土地使用权出让和转让暂行条例》第 33 条并未明确规定当事人将房地分别登记抵押给两个债权人的法律效果如何,学理界和实务界存在如下三种观点。

（1）完全无效说

这种观点认为分别抵押时,两个抵押权均完全无效。其理由是,分别抵押违反了"房地同走"的一体化原则以及《担保法》第 36 条"同时抵押"的强制性规定。这一观点遭到理论界和实务界的普遍反对。首先,《合同法》第 52 条第（五）项规定"违反法律、行政法规的强制性规定"的合同无效,此处所谓强制性规定是指不能由当事人通过约定加以改变或不能违反的法律规定。从形式上说,一般可以通过法律条文中的"应当""必须""不得"等用词来判

---

① 参见中华人民共和国最高人民法院(2006)民二终字第 153 号民事判决书,载最高人民法院民事审判第二庭编:《民商事审判指导》(2008 年第 1 辑,总第 13 辑),人民法院出版社 2008 年版,第 272—280 页;中华人民共和国最高人民法院(2007)民二终字第 48 号民事判决书,载最高人民法院民事审判第二庭编:《民商事审判指导》(2007 年第 2 辑,总第 12 辑),人民法院出版社 2008 年版,第 234—239 页;李晓云:《划拨土地使用权之上的房屋抵押合同的效力问题——中国长城资产管理公司济南办事处与济南金冠毛纺集团有限责任公司借款担保合同纠纷上诉案》,载最高人民法院民事审判第二庭编:《民商事审判指导》(2008 年第 2 辑,总第 14 辑),人民法院出版社 2008 年版,第 184—194 页。此类现象是否构成对《中华人民共和国物权法》第 182 条第 2 款的特例,须进一步研讨,但已超出本文的题域。

断其是否属于强制性规定。但也未必尽然,有些法条虽然采用上述用语,但可能属于倡导性规范。强制性规定必须明确其相应的法律后果,而《担保法》第 36 条采用了"应当"一词,但欠缺违反该规定的后果,所以不宜将其视作强制性规定,应属于倡导性规定。①

其次,即使认为《担保法》第 36 条"应当同时抵押"具有强制性,这是否就必然导致抵押合同无效呢?违反强制性法律规定的合同是否无效,要通过衡量多种因素来判断:①该强制性规定的性质是效力规范还是取缔规范?如果当事人的行为违反了取缔规范,并不当然导致法律行为无效。② ②强制性规定的目的是保护公共利益还是保护私人利益?如果仅涉及私人利益,那也并不必然使法律行为无效。③强制性规定是针对一方还是针对双方,如果只是针对一方当事人,则不产生无效的问题。《担保法》第 36 条的立法目的在于贯彻房地一体化原则,然而并非只有强令没有同时抵押的抵押合同无效才能达到这个目的,只要在拍卖抵押物时,将建筑物与建设用地使用权一并拍卖给一个受让人即可确保房地一体化。③ 因此,不应遽然得出分别抵押均无效的结论。

再次,完全无效的后果对于抵押权设定在先的当事人尤为不公。虽然分别抵押中的第一个抵押权人按照法律规定进行抵押登记,已经就抵押物取得合法的抵押权,但是抵押人事后是否将未抵押的财产为他人设定抵押权,是第一个抵押权人所不能控制的。

最后,从社会效果上说,我国很多城市实行房地分别管理体制,实践中存在大量分别抵押的情形,如果分别抵押均为无效,很多银行债权得不到有效保障,会影响金融行业的安全稳定。

(2)重复抵押说

根据"同时抵押"的要求,以建筑物设定抵押权的,其占用范围内的建设用地使用权同时设定抵押权;以建设用地使用权设定抵押权的,其附着的建筑物同时设定抵押权。据此,两个抵押合同和抵押权均有效,从而形成了重

---

① 参见陈现杰:《土地使用权与地上建筑物分别抵押的效力问题》,载《人民法院报》2003 年 9 月 16 日;常鹏翱:《物权法典型判例研究》,人民法院出版社 2007 年版,第 353 页。
② 参见史尚宽:《民法总论》,中国政法大学出版社 2000 年版,第 330 页。
③ 参见王利明:《物权法研究》,中国人民大学出版社 2002 年版,第 322 页;陈现杰:《土地使用权与地上建筑物分别抵押的效力问题》,载《人民法院报》2003 年 9 月 16 日。

复抵押,并根据《担保法》第54条第(一)项之规定,以登记时间的先后确定抵押权的顺位。这种观点具有较强的说服力和合理性,笔者对此也表示认同。但是问题在于,重复抵押的解释必须建立在未抵押的房或地被法律拟制同时设定抵押权的基础之上,而《物权法》颁布之前的有关法律,从未规定这种法律后果。因此,该观点的合法性和正当性受到质疑。换言之,它超越了当时的法律,甚至有取代立法之嫌。

(3)分别评估、分别受偿说

这种观点认为分别抵押时,两个抵押权均有效,但并不形成重复抵押,而是两个抵押权人分别就各自登记的抵押物形成两个抵押权,分别支配房、地的交换价值。在实行抵押权时,将房地整体拍卖,分别评估房、地的价格[①],由两个债权人就房和地拍卖的价款分别受偿。可以把这种做法形象概括为整体拍卖、分别评估、分别受偿。[②] 上述实例中B、C银行分别对于A公司抵押的房屋(a1)和建设用地使用权(a2)形成的抵押关系,可以(B = a1) + (C = a2)这样的公式来表达(" + "表示并列关系)。

分别受偿说在《物权法》颁布之前是理论界和实务界的主流观点。其主要有以下几点论据[③]:

第一,当事人通过分别抵押的约定排除了《担保法》"同时抵押"的规则,于此,应当充分尊重当事人的意思自治,两个抵押合同均有效。而且,两个抵押权均已经过登记公示,发生物权变动的效力,应认可两个抵押权均有效。

第二,根据一物一权主义,分别抵押的抵押物为建设用地使用权和建筑

[①] 房、地价格分别评估的依据主要是建设部于1992年3月23日发布的《关于加强城镇地产价格评估工作的通知》(房建〔92〕162号)第2条规定:"在房地产经营活动中要实行房地分别计价、综合评估。各地要遵循房地产价格形成的客观规律,分别对房屋和土地进行价格估算、综合分析,科学确定房地产价格。"

[②] 参见潘桂林:《房地产的分别抵押及其在执行程序中的处理》,载最高人民法院执行工作办公室编:《强制执行指导与参考》(总第14集),法律出版社2006年版,第99页。

[③] 以下理由综述来源于下列文献:王利明:《物权法研究》,中国人民大学出版社2002年版,第321—322页;何志:《担保法司法解释实例释解》,人民法院出版社2006年版,第313页;杨永清:《论房屋所有权和土地使用权可以分别抵押》,载最高人民法院民事审判第一庭编:《民事审判指导与参考》(2003年第2卷,总第14卷),法律出版社2003年版,第278—279页;张国敏:《房地产一致原则质疑》,载《河北法学》2004年第7期;王闯:《冲突与创新》,载最高人民法院民事审判第二庭编:《民商事审判指导》(2007年第2辑,总第12辑),人民法院出版社2008年版,第92页;黄松有主编:《中华人民共和国物权法条文理解与适用》,人民法院出版社2007年版,第548页。

物,二者系两项抵押物。以举轻明重的方法推论,《担保法》第35条和最高人民法院《关于适用〈中华人民共和国担保法〉若干问题的解释》第51条既然允许一物之上设定数个抵押权,那么更何况房、地为两项抵押标的物,将它们分别抵押为"二物二押",自应当允许。

第三,如果严格按照法律要求,必须将房地一并抵押,可能造成抵押人的资源浪费。例如建设用地使用权人的土地面积较大,权利人仅仅开发建设了一部分土地。如果当事人欲将营造完成的建筑物进行抵押,在建筑物和相应的建设用地使用权的价值远远大于债权数额的情况下,法律强求当事人必须将一宗地的全部建设用地使用权一并抵押,既没有必要,也不利于抵押人将多余的建设用地使用权再次用作融资担保,充分发挥其交换价值。

第四,分别抵押的根本原因在于房地登记机关的不统一。让当事人分别在两个登记部门就一个房地产项目的抵押作两次登记,无疑增加了交易成本。而且,在由于登记机关的原因不能做到同时抵押的情形下,不应要求交易双方承担由此造成的风险。

第五,从利益衡量上说,在分别抵押中,两个抵押权人均进行了抵押登记,应对各自登记的抵押物优先受偿。如果按照登记的先后顺序受偿,很有可能登记在前的抵押权人就全部或大部分的价款优先受偿后,登记在后的抵押权人根本得不到或者得到很少的清偿,因而对第二个抵押权人有失公平。

第六,分别抵押、分别受偿的做法得到司法实务部门的支持。尤其是最高人民法院实务专家在相关研究中均表示赞同分别受偿说。

分别受偿说对我国的房地一体化原则提出了反思。其支持者认为,分别评估、分别受偿与房地一体化原则并不矛盾。我国房地一体化原则,只是要求房地产在转让之后,确保其建筑物和建设用地使用权最终的权利归属为一个主体即可。法院执行抵押权时将房地产统一拍卖给一个受让人即可实现房地的一体化。"只要在实现抵押权时,土地使用权与建筑物所有权归属同一竞买人或者买受人,就与我国现行法律规定的一体化原则并不相悖。"[①]在他们看来,房地一体化并非一定要通过同时抵押来确保,申言之,同时抵押不

---

① 陈现杰:《土地使用权与地上建筑物分别抵押的效力问题》,载《人民法院报》2003年9月16日。

具有法律强制性。笔者将在下文证立重复抵押说的过程中,对分别受偿说进行针对性的批评检讨。

2. 重复抵押说的证立与分别受偿说的再检讨

由于《担保法》对分别抵押没有规定明确的法律后果,因而存在解释空间。从上文的介绍来看,理论界和实务界的主流学说,也具有较为丰富的论证理由。但是,《物权法》第182条第2款如今明确规定"未抵押的财产,视为一并抵押"。那么,上述主流学说的立论是否仍然应予采纳?即在《物权法》生效之后,在"视为一并抵押"的规定之下,究竟应当如何看待分别抵押的效力?

为理解分别抵押的法律效果,须将分别抵押的过程拆解开来。其实分别抵押是抵押人将两个抵押物分别单独抵押给两个债权人,换言之,分别抵押包含了两个单独抵押。上述实例中A公司将房屋(a1)单独抵押给B银行,又将建设用地使用权(a2)单独抵押给C银行,最终形成了分别抵押的局面。只不过此种情况较一般的单独抵押复杂之处在于,如果两个抵押权人B、C均要实行抵押权,二者如何协调。因此,考察分别抵押的法律效果,须从单独抵押出发。

在分别抵押情形下,登记在先的抵押权,例如A公司先将房屋单独抵押给B银行,此时出现一个单独抵押行为。既然《物权法》第182条第2款推定单独抵押时抵押权人就未抵押的财产拟制设定抵押权,那么,B银行应当就未抵押的建设用地使用权亦获得一项抵押权,如此形成B银行对A公司的建筑物和建设用地使用权第一顺位抵押权。笔者暂且用(B = a1 + a2)来表示。

此后,A又将建设用地使用权登记抵押给C银行,这也是一个单独抵押行为。那么C银行在取得建设用地使用权抵押权的同时,也根据"视为一并抵押"的规定就建筑物取得拟制的抵押权。只不过C银行的建设用地使用权抵押权的登记时间在后,相应地,拟制的建筑物抵押权的成立时间也在后,所以C银行就A公司的建筑物和建设用地使用权形成第二顺位的抵押权,可以用(C = a2 + a1)来表示。如果B、C两个抵押权人的抵押权登记发生在同一天,仍然发生上述约定抵押权与拟制抵押权同时并存之效果,只不过两个抵押权人的抵押权顺位相同而已。总之,在分别抵押时,各个抵押权人就建筑物和建设用地使用权这两项抵押物成立了重复抵押,按登记的先后实现其抵押权。转换成公式,在 A 公司之房地产之上就形成了(B = a1 + a2)——(C = a2 + a1)这样的重复抵押关系("——"号表示先后顺序关系)。

重复抵押说严格遵照《物权法》第 182 条第 2 款的字面意思,可能被批评为僵硬的法律实证主义。但是法律实证主义本身并没有错,相反,在法律已有明文规定的情况下,以超越法律文义的学说取而代之,会触动法治的根基。因此,笔者尤其不能认可在《物权法》颁布之后,司法实务界仍然囿于旧见,采分别受偿说的做法。① 如果说法律实证主义只是表面论证理由,那么,就实质理由来说,分别受偿说的论据也有值得商榷之处,对此,笔者予以一一检讨。

第一,分别受偿说主张《担保法》的"同时抵押"是倡导性的规定,不具有明确的法律效果,因而当事人可以意思表示排除之。但是,《物权法》加强和巩固了房地一并抵押,用"视为"来拟制未抵押财产一并抵押,不容当事人任意变更或排除。据此,只有重复抵押说较能符合立法目的。

第二,分别受偿说根据一物一权主义,主张分别抵押为"二物二押",应予承认其效力。笔者亦赞同房、地为两项抵押物,但房地产抵押的特点在于"房地同走",所谓"二物二押"的说法其实将房、地割裂来对待,此与抵押人将两项不相关的抵押物(例如不动产和交通工具)分别抵押给两个债权人无异。可见其实质上否定了房地一并抵押规则。笔者认为,分别抵押中两个抵押权人各自就建筑物和建设用地使用权形成共同抵押,然后再按照登记先后确定其顺位,这样既坚持了房地一并抵押,又按照登记时间先后解决了重复抵押的冲突问题。

第三,分别受偿说同情地理解抵押人,认为如果强制房地一并抵押,将造成抵押人不必要地将建筑物未占用的建设用地使用权部分一并抵押给债权人的情况,不利于抵押人再次融资。笔者认为,是否坚持一并抵押规则与如

---

① 《中华人民共和国物权法》颁布之后,最高人民法院的观点仍然未变。参见黄松有主编:《中华人民共和国物权法条文理解与适用》,人民法院出版社 2007 年版,第 547—548 页;王闯:《规则冲突与制度创新(中)——以物权法与担保法及其解释的比较为中心而展开》,载《人民法院报》2007 年 6 月 27 日第 6 版。但是,学界的观点已经发生明显地改变,采用重复抵押说。参见王利明:《物权法研究下卷》(修订版),中国人民大学出版社 2007 年版,第 431 页;崔建远等编著:《物权法》,清华大学出版社 2008 年版,第 323 页。

何处理建筑物未占用的建设用地使用权是两个问题,后者完全可以从技术上予以解决。无论是《担保法》第 36 条还是《物权法》第 182 条均表明建筑物抵押时,一并抵押的对象是"建筑物占用范围内的建设用地使用权"[1]。据此可以作出如下几点推论:①如抵押人仅就同一宗地上某一建筑物进行抵押,并不必然导致整块宗地的建设用地使用权一并抵押;②抵押权人在实行抵押权时,如果将建筑物与整块宗地一并拍卖,则建筑物占有范围之外的建设用地使用权不属于抵押权的支配对象,该部分的变价,应归入抵押人的一般责任财产;③建筑物以及相应建设用地使用权抵押后,抵押人仍可以继续将剩余的建设用地使用权进行抵押融资,此时将涉及建设用地使用权是否可以分割抵押的问题。1997 年国家土地管理局发布的《关于土地使用权抵押登记有关问题的通知》(〔1997〕国土〔籍〕字第 2 号)第 4 条第 2 款规定:"土地使用权分割抵押的,由土地管理部门确定抵押土地的界限和面积。"可见,在一块较大的宗地上,就未营造建筑物的建设用地使用权进行分割抵押,在实务工作中是可行的。[2]

第四,分别受偿说认为分别抵押的根源在于房地分别管理的不动产登记体制,不能苛责当事人就一项房地产抵押同时在两个部门登记。但是这种观点混淆了法律的应然与社会生活的实然。我国民法始终坚持房地一并抵押,现实中由于不动产登记体制的不统一,固然给某些投机者创造了分别抵押的机会,但也不能因此置法律于不顾而一味迁就当事人,使分别抵押按照当事人的主观意愿发生分别受偿的效力。从司法经验来看,分别抵押的发生往往是由于抵押人基于自身利益的考虑,在房产设定抵押后,故意不办理土地使用权抵押登记,或在土地使用权设定抵押后,故意不办理房屋抵押权登记,并以未进行抵押登记的房产或土地使用权为抵押,从其他金融机构再行贷款。[3] 在实务部门看来,

---

[1] 另《中华人民共和国物权法》第 147 条规定:"建筑物、构筑物及其附属设施转让、互换、出资或者赠与的,该建筑物、构筑物及其附属设施占用范围内的建设用地使用权一并处分。"此处一并处分建筑物占用范围内的建设用地使用权,以正当使用该建筑物、构筑物及附属设施所必需的土地范围为限。参见黄松有主编:《中华人民共和国物权法条文理解与适用》,人民法院出版社 2007 年版,第 442 页。

[2] 参见刘泽华、何正启:《房地产分别抵押的法律风险及相关问题》,载《中国房地产金融》2004 年第 1 期。

[3] 参见潘桂林:《房地产的分别抵押及其在执行程序中的处理》,载最高人民法院执行工作办公室编:《强制执行指导与参考》(总第 14 集),法律出版社 2006 年版,第 98 页。

当抵押人建造完成建筑物之后,如需融资,应当按照正常的手续,将房地产进行整体抵押,或者将建筑物单元(建筑物区分所有权)进行抵押,而不应进行分别抵押。① 可见,分别抵押并非房地产抵押行为的常态,《物权法》采取"视为一并抵押"的法律推定,不失为一条稳定房地产交易秩序的途径。

第五,分别受偿说认为重复抵押说损害抵押登记在后的债权人利益,笔者认为这种论点有失偏颇。在分别抵押中存在两个债权人,因此在制度设计时,应充分衡量二者的利益,而不能片面考虑。其一,在房地分别登记体制下,分别抵押中的第一个抵押权人可能因种种原因,仅仅办理了房或地的抵押登记,然而根据《物权法》第182条之规定,他可以预期将来就房地整体一并实行抵押权。如采分别受偿说,则该抵押权人仅能就已经登记抵押的房或地的变价优先受偿,换言之,房或地抵押登记在后的另一个抵押权人,也可就房地拍卖后之价款分得一杯羹,如此,抵押权的顺位以登记时间先后为依据的规则将失去意义。而且,抵押登记在先的抵押权人,有可能不知,也有可能知道但无法阻止抵押人将未进行抵押登记的房或地再次抵押给后来的债权人。将这种不利的后果加于先进行抵押登记的债权人,其道理何在?分别受偿说未充分考虑登记在先的抵押权人的利益。其二,分别抵押对于第二个抵押权人存在较大的法律风险,尤其是如果法院采完全无效说或重复抵押说,则登记在后的抵押权人,其债权是否能够获得清偿,存在极大的不确定性。因此,金融部门一般不会轻易接受分别抵押。② 但是,分别抵押为什么在实践中大量存在?主要原因在于金融市场的激烈竞争,某些银行不得已而接受分别抵押,甘愿在抵押人已经将建筑物或者建设用地使用权抵押给其他债权人的情况下,再次向债务人放贷并接受未办理抵押登记财产的抵押权。就司法实践中此类案例来看,分别抵押中的债权人大多是商业银行,它们有能力在贷款抵押之前对抵押对象进行尽职调查,了解抵押物的权属状况,以杜绝

---

① 参见辽宁省高级人民法院:《关于审理房地产案件当中遇到的有关权利冲突问题的解决》,载最高人民法院民事审判第一庭编:《民事审判指导与参考》(2003年第2卷,总第14卷),法律出版社2003年版,第264页。
② 参见刘泽华、何正启:《房地产分别抵押的法律风险及相关问题》,载《中国房地产金融》2004年第1期。

抵押人的恶意欺诈。① 况且,如果债权人明知存在法律风险,而自愿接受登记在后的单独抵押权,法律当然应将其受偿的顺序排列在后。②

第六,最高人民法院倾向性意见是分别抵押说,该说本应在司法实务部门具有较强的影响力。但是笔者却发现,来自下级法院(例如辽宁省高级人民法院、山东省高级人民法院、四川省高级人民法院以及江苏省常州市中级法院)公开发表的研究结论却多数支持重复抵押说。③ 这种现象可能与各级法院的角色有关,最高人民法院拥有解释法律并指导下级法院工作的权力,敢于超越字面含意解释法律,而下级法院更多是法律的执行者。这也许恰好说明了下级法院更遵循法律本意、更严格贯彻房地一并抵押规则。从实际的执行程序来看,有的法院根据最高人民法院《关于人民法院民事执行中查封、扣押、冻结财产的规定》第 23 条"查封地上建筑物的效力及于该地上建筑物使用范围内的土地使用权,查封土地使用权的效力及于地上建筑物……"的规定,在强制执行分别抵押,查封抵押登记的房或地时,相应地也查封未抵押

---

① 有研究者认为,在我国分别登记体制下,后顺位的抵押权人无从知晓自己的风险。参见衷向东、李凤章:《论房地单独抵押的效力》,载《中国土地》2004 年第 8 期。笔者不能赞同这种说法,因为在发达的信贷市场上,对于债权人来说,尤其是商业银行等金融信贷部门,从事一项抵押贷款业务时,不做事先的法律调查、防范应有的法律风险是不可想象的。

② 例如,最高人民法院在一判决中指出:"物权法已经确立了房地应一并抵押的原则,并明确规定土地或者地上建筑物未一并抵押的也视为一并抵押,参与或从事房地产抵押实践的市场主体应当知悉该规定。其在设立土地抵押权时,对该土地上的建筑物是否已设定抵押权负有注意义务,并应积极向登记机关进行查询,以避免出现风险,反之亦然。市场主体如果因未尽到上述注意义务而遭受风险,则该损失应由其自行负担。"中华人民共和国最高人民法院(2015)民二终字第 269 号民事判决书。相同裁判理由亦可参见江西省高级人民法院(2017)赣民终 577 号民事判决书。

③ 参见辽宁省高级人民法院:《关于审理房地产案件当中遇到的有关权利冲突问题的解决》,载最高人民法院民事审判第一庭编:《民事审判指导与参考》(2003 年第 2 卷,总第 14 卷),法律出版社 2003 年版,第 268—269 页;山东省高级人民法院民二庭:《〈关于审理以建筑物及土地使用权设定抵押如何确定合同效力问题的通知〉的理解与适用》,载《山东审判》2005 年第 2 期;张斐:《土地使用权与房屋分别抵押时的效力》,载刘保玉主编:《担保法疑难问题研究与立法完善》,法律出版社 2006 年版,第 192 页;四川省高级人民法院《关于担保合同纠纷案件若干法律问题指导意见》第 9 条明确规定:"根据担保法第三十六条、第三十七条关于土地与房屋同时抵押的规定,土地使用权和该土地上的建筑物、其他附着物不能单独抵押,应当一并为抵押权的标的。因此,若土地与房屋分别抵押并办理了登记的,应优先保护对土地使用权和房屋登记在先的第一顺序抵押权人,登记在后的第二顺序抵押权人后实现抵押权。"载最高人民法院民事审判第二庭编:《民商事审判指导》(2007 年第 1 辑,总第 11 辑),人民法院出版社 2007 年版,第 208 页。

房或地。① 可见,重复抵押说在司法实务中也有可靠的依据。

3. 房地一体化原则与重复抵押说的体系检验

分别受偿说认为房地一并抵押仅仅是倡导性法律规定,当事人可以通过约定而排除;重复抵押说则根据"未抵押的财产一并抵押",严格坚持房地一并抵押。如果假设分别受偿说与重复抵押说均有其论证理由,都是可被接受的两种法律观点,那么,按照法律论证理论,当存在两种观点竞争时,可以借助和参酌其他的法律观点(教义学语句)或法律规范来检验何者更为可取。换言之,如果其中一者与现有被普遍认可的法律观点发生逻辑冲突,而另一者则保持逻辑一致,则必须放弃前者。这就是广义的体系检验。② 在本文中,分别受偿说与重复抵押说的争议焦点在于是否应坚持房地一并抵押,因此,通过比较二者对房地一并抵押的态度,即可明辨何者更具合理性。

房地一并抵押是我国法律上房地一体化原则的具体表现。《城市房地产管理法(草案)》第 3 条曾经规定:"国家实行城市国有土地使用权和土地上的房屋等建筑物及其附着物(以下简称房屋)所有权的主体一致,即房地产权利主体一致的原则。"虽然该法正式颁布时删除了此条规定,但《城市房地产管理法》第 32 条,《担保法》第 36 条,《城镇国有土地使用权出让和转让暂行条例》第 23 条、第 24 条、第 33 条,以及《物权法》第 146 条、第 147 条、第 182 条具体规定了房地产在转让、互换、赠与、投资、抵押时,必须将建筑物和建设用地使用权一并处分,从而在实质上确立了房地一体化原则。那么,为什么我国法律要确立房地一体化原则呢?探求法律规则的意义,首先必须考虑立法者的目的,正如德国法学家温德沙伊德所说的,最大可能地充分考虑到立法者的精神。因此,有必要探讨一下房地一体化原则产生的目的和意义。

在大陆法系国家或地区,无论将土地和建筑物视为一个物还是两个物,

---

① 参见潘桂林:《房地产的分别抵押及其在执行程序中的处理》,载最高人民法院执行工作办公室编:《强制执行指导与参考》(总第 14 集),法律出版社 2006 年版,第 100—101 页。崔崇明、潘仲:《在执行中对房地产采取查封措施的方法》,载《人民司法》2005 年第 11 期。

② 在阿列克西看来,广义与狭义的体系检验区别在于:后者仅须说明某一教义学语句,与现有教义学语句或法律规范的逻辑关系即可;前者则需要说明数个教义学语句发生观点争议时,应参酌其他的教义学语句或法律规范以判断何种观点更可取。参见[德]罗伯特·阿列克西:《法律论证理论:作为法律证立理论的理性论辩理论》,舒国滢译,中国法制出版社 2002 年版,第 324—326 页。

为了实现土地与建筑物在经济利用上的整体性和权利归属上的主体一致性，法律必须为建筑物所有人设计合法取得基地利用权的途径。在德国，根据土地（或地上权）吸附建筑物的原则，房地必然合并一起处分；而在日本和我国台湾地区，房地产的所有人即使将建筑物或土地所有权单独抵押，也可以通过法定地上权制度来确保建筑物的基地利用权。众所周知，一方面我国实行社会主义土地公有制，国家享有城市土地的所有权；另一方面法律又认可和保护民事主体对于房屋等地上建筑物的所有权，因而土地所有权与建筑物所有权发生了分离。但是，为了改革和发展房地产市场，为了增强城市土地开发和利用者对于土地投资的安全感，立法者必须考虑如何为建筑物所有人提供长远、可靠的基地利用权。既然我国法律禁止土地所有权的交易，那么只好寻找所有权之外的，并适于交易流转的基地利用权，要么是债权，要么是物权。相比而言，土地租赁权作为债权具有短期性和不稳定性，法律风险较高，不适宜作为基地利用权的主要类型，而土地使用权作为一种用益物权可以长期并稳定地发挥作用，是基地利用权的理想形式。因而，1988年我国全国人民代表大会通过宪法修正案，决定"土地的使用权可以依照法律的规定转让"，并于同年修改了《中华人民共和国土地管理法》。1990年国务院的《城镇国有土地使用权出让和转让暂行条例》具体规定了划拨或出让两种取得土地使用权的方式。由此开始，我国城市土地制度发生了巨大变革，城市土地得以充分利用，房地产市场也随之繁荣。可见，从根本上说，我国土地使用权制度的产生及其目的就是为了解决建筑物的基地利用权问题，这决定了建筑物与建设用地使用权在实际利用上、经济交易上和权利归属上必须时刻捆绑在一起，建筑物离开了建设用地使用权将成为空中楼阁，建设用地使用权离开了建筑物将失去经济目的和法律目的。按照陈甦的说法："现行法律制度规定土地使用权与建筑物所有权一体化，旨在保障建筑物所有人当然拥有土地使用权，从而保障其建筑物所有权的安全，促进其增加土地利用投入的信心。"[①]只有理解建设用地使用权制度的产生根源，才能理解房地一体化原则的立法目的。

如果对于房地一体化原则的重要性和规范性没有疑义，那么接着就来考

---

① 陈甦：《论土地权利与建筑物权利的关系》，载《法制与社会发展》1998年第6期。

察房地抵押时,应如何理解房地一体化原则。主张分别受偿说的学者认为房地一体化只是房地产最终在权利归属上的合一,并不意味着房屋所有权和土地使用权在交易中只能当作一项财产,如果将它们作为一项交易的财产对待,不利于不动产及其权利的有效利用,也不利于充分地鼓励交易,促进社会财富的增长。① 据此推论,房地产抵押时,房、地作为两个抵押物可以由当事人自由地决定如何抵押,并且只要确保房地拍卖时由同一个买受人取得房地产所有权即可保证房地一体化。《物权法》颁布之前有学者就曾经指出:土地使用权与房屋为不同的财产,《担保法》第36条同时抵押之规定未必合理,因而应当允许土地使用权与建筑物分别设定抵押权。② 由此可见,分别受偿说的前提就是认为房地一并抵押并不具有合理性和必要性,当事人通过意思自治可以排除其适用。

笔者以为房地一体化原则并非仅指房地产权利主体一致。为了确保房地产权利归属一致,在根本上杜绝房地产权利主体分离的现象,在法律上必须要求房地一并处分。因而《物权法》第146条规定:"建设用地使用权转让、互换、出资或者赠与的,附着于该土地上的建筑物、构筑物及其附属设施一并处分。"第147条规定:"建筑物、构筑物及其附属设施转让、互换、出资或者赠与的,该建筑物、构筑物及其附属设施占用范围内的建设用地使用权一并处分。"于此,转让、互换、投资、赠与固然是处分行为,应当一并处分,那么第182条的抵押,当然也是处分行为,也应当适用房地一并处分原则。③ 而令人诧异的是,一些主张分别抵押、分别受偿说者,却又分明坚持房地产转让、互换、投资、赠与时,必须一并处分。④ 因而问题是:转让等处分行为必须坚持房地一并处分,为什么单单抵押行为无须坚持房地一并处分? 难道抵押不

---

① 参见王利明:《物权法研究》,中国人民大学出版社2002年版,第319页。类似观点参见常鹏翱:《物权法典型判例研究》,人民法院出版社2007年版,第352页;孙宪忠:《中国物权法总论》,法律出版社2003年版,第139页。
② 参见郭明瑞:《担保法》,法律出版社2004年版,第105页。
③ 转让、赠与和抵押等均属狭义上的处分行为。即使将处分行为理解为广义的"法律上的处分",例如包括租赁,我国法律也要求一并处分。《城镇国有土地使用权出让和转让暂行条例》第28条规定:"土地使用权出租是指土地使用者作为出租人将土地使用权随同地上建筑物、其他附着物租赁给承租人使用,由承租人向出租人支付租金的行为。"
④ 参见黄松有主编:《中华人民共和国物权法条文理解与适用》,人民法院出版社2007年版,第443页。

属于处分行为吗？可见分别受偿说的概念体系不能一以贯之，对《物权法》相关条文的理解自相矛盾。

反之，重复抵押说从"视为一并抵押"的规定出发，认为房地一并抵押具有明确的法律效果，在概念逻辑上与《物权法》第146条、第147条规定的房地一并处分保持逻辑一致，从而更彻底地贯彻房地一体化原则。站在房地一体化原则的立场上，比较和评判分别受偿说和重复抵押说，后者应值赞同。

五、结论

尽管法律实证主义在20世纪以来的法哲学思潮中饱受批评，甚至有学者宣称法律实证主义"完全没有能力运用自己的力量来证明法律的有效性了"[1]。但是，在现代法治社会，实证法（主要是制定法）毕竟代表着全民的公意，为了维持法的安定性价值，法学家和法官在解释、运用法律时首先须以实证法为前提。只有当实证法不能实现法律的目的，并带来明显不公正的结果时，才能考虑如何超越实证法。正如卡尔·恩吉施所说："……之法律教义学者，必须强调的却是，制定法本身的实质内容，且首先是制定法的实践范围，即法律概念和法律条文的内容和范围，其次是这些东西的政治、传统和文化意义。"[2]而我国正处于法治建设的关键时期，法学界和司法实务界更应当注重维护法律的安定性，因此，我们的首要任务是统一和明确制定法规则在法律教义学上的具体效果，然后再斟酌该法律效果的合理性，以便界定那些在制度上可改进的问题。

基于上述指导思想，笔者主要以《物权法》颁布之前和之后的有关房地一并抵押的法律规定为前提，分析检讨房地一并抵押规则以及单独抵押和分别抵押的法律效果，得出结论如下：

第一，从房地关系来看，我国采分别主义，房、地分别为两项抵押物，按照《物权法》第182条的要求将房地一并抵押，形成房地共同抵押关系。由此确保"一并抵押"的含义在《物权法》上具有逻辑统一性。

第二，《物权法》颁布之前，法律没有规定抵押人将房地单独抵押的法律

---

[1] 〔德〕G.拉德布鲁赫：《法律的不公正和超越法律的公正》，载〔德〕G.拉德布鲁赫：《法哲学》，王朴译，法律出版社2005年版，第232页。
[2] 〔德〕卡尔·恩吉施：《法律思维导论》，郑永流译，法律出版社2004年版，第106页。

后果,但《物权法》第182条第2款明确规定"未抵押的财产视为一并抵押",从而由法律拟制未抵押的财产亦成立一项抵押权,与已经设定的抵押权,形成房地共同抵押。且不宜认为未抵押的房或地是已经设定的房或地抵押权的效力所及范围。

第三,就抵押人将房地分别抵押给两个债权人来说,各个债权人均各自获得房地的共同抵押权,并且按照抵押登记的时间顺序就房地产的整体变价优先受偿,从而形成重复抵押关系。重复抵押说坚持房地一并抵押的强制性,与我国房地一体化的法律原则保持一致。

第四,房地分离抵押的根源在于我国很多地方仍然采取房屋和土地分别登记管理的体制,解决问题的最终途径在于建构统一的不动产登记制度,消除不规范的房地抵押行为,贯彻房地一体化原则。在这个意义上,但愿本文只是一个在制度的历史过渡时期的研究。

寄送买卖的风险转移与损害赔偿[*]
——基于比较法的研究视角

一、问题之提出

2006年国家司法考试试卷三单项选项第10题涉及买卖合同风险转移。题目如下:"甲、乙签订货物买卖合同,约定由甲代办托运。甲遂与丙签订运输合同,合同中载明乙为收货人。运输途中,因丙的驾驶员丁的重大过失发生交通事故,致货物受损,无法向乙按约交货。下列哪种说法是正确的? A、乙有权请求甲承担违约责任;B、乙应当向丙要求赔偿损失;C、乙尚未取得货物所有权;D、丁应对甲承担责任。"该题给出的标准答案为A,因为题目的立意在于:债务人甲虽然因为第三人丙导致货物毁损而不能向债权人乙按约履行义务,但《中华人民共和国合同法》(以下简称《合同法》)第121条规定"当事人一方因第三人的原因造成违约的,应当向对方承担违约责任"。据此应当选A。[①]

---

[*] 原载《比较法研究》2015年第2期。
[①] 参见司法部国家司法考试中心编:《2006年国家司法考试试题解析》,法律出版社2006年版,第251—252页;北京万国学校组编:《国家司法考试五届真题汇编与详解》,中国人民大学出版社2010年版,第349—350页。类似题目出现于2002年国家司法考试试卷三单项选择第1题,题目和参考答案与2006年题目相似。

本题案情反映的是一种被称为"寄送买卖"(Versendungskauf①)的交易方式,即出卖人仅有义务办理货物运输而无须负责运输过程,仅将货物移交给承运人即可,买卖价金风险自货物移交承运人时发生转移。我国《合同法》第 145 条"标的物需要运输的,出卖人将标的物交付给第一承运人后,标的物毁损、灭失的风险由买受人承担"调整的正是此类交易,司法实践中又称为"代办托运"②。本案涉及寄送买卖诸多复杂的法律问题,具体包括:

(1)寄送买卖合同的履行地在何处? 出卖人是否有义务将货物安全运输至买受人所在地? 抑或仅负有谨慎注意义务将货物装运和发送?

(2)寄送买卖标的物于运输途中毁损灭失,出卖人是否仍有义务提供同种货物? 出卖人得否依《合同法》第 145 条的风险转移规则而请求买卖价金?

(3)买卖标的物因承运人原因而导致毁损灭失,出卖人是否应根据《合同法》第 121 条为第三人事由负责而向买受人承担违约责任?

(4)货物交与承运人后,出卖人是否完成动产占有之转移,从而导致所有权转移? 买卖双方是否可能通过指示交付方式[《中华人民共和国物权法》(以下简称《物权法》)第 26 条]而发生所有权转移?

(5)通常出卖人与承运人订立运输合同,如果运输途中货物毁损灭失,买受人可否请求承运人承担运输合同的违约责任或侵害货物所有权的侵权责任?

倘若未厘清上述问题、未限定寄送买卖牵涉的各种法律关系状态,那么 2006 年国家司法考试试卷三单项选择第 10 题将无法得出确定答案。首先,就选项 B 而言,如果甲乙之间存在委托代理关系,甲代理乙与丙订立运输合同,或将甲丙之间的运输合同解释为利益第三人合同,或甲通过指示交付而让乙取得货物所有权,那么乙得依违约或侵权直接向丙请求损害赔偿,B 选项所包括的上述可能性不应被完全排除。其次,就选项 C 而言,甲将货物交

---

① 《德国民法典》第 447 条称为 Versendungskauf,中文有译为:送交买卖(参见史尚宽:《债法各论》,中国政法大学出版社 2000 年版,第 65 页);代送买卖(参见邱聪智:《新订债法各论(上)》,中国人民大学出版社 2006 年版,第 123 页);送赴买卖(参见黄立主编:《民法债编各论(上)》,中国政法大学出版社 2003 年版,第 108 页)。在这种买卖交易形式中,出卖人仅负有将标的物交与运输人以运交买受人的义务,无须送赴、送交至买受人处。翻译为"寄送买卖"能够体现出卖人上述义务的特征。

② 奚晓明主编:《最高人民法院关于买卖合同司法解释理解与适用》,人民法院出版社 2012 年版,第 213 页。

与承运人丙,并未完成履行买卖合同义务的交付(详见后文分析),如果不存在指示交付的话,则乙不取得货物所有权,因此 C 选项的结论也可能成立。最后,就选项 D 而言,受雇人丁既是运输合同债务人丙的债务履行辅助人,又是丙的受雇人。在前一角色,应由债务人丙负违约责任;在后一角色,除了债务人丙作为用人单位要承担侵权责任[《中华人民共和国侵权责任法》(以下简称《侵权责任法》)第 34 条第 1 款],如果工作人员丁有故意或重大过失,应与用人单位承担连带赔偿责任。① 综上,B、C、D 选项的结论均可能成立。寄送买卖法律问题的复杂性由此可见一斑。

由上可见,从法律视角考察寄送买卖交易,涉及风险是否转移、所有权是否转移、出卖人是否违反合同义务,以及买受人的损害赔偿请求权等诸多民法问题。按卡尔·拉伦茨的说法,寄送买卖风险负担是民法典的诸多法条相互交织与合作产生的一项复杂的法律规整(Rechtsregelung)。② 因此,笔者拟将寄送买卖作为一个整体性课题,对其进行综合的、动态的研究,在准确把握其交易流程的基础上,既分析其风险转移的问题,也解决风险转移后的损害赔偿问题,从而为我国合同法律规范的理解与适用奠定合理的法释义学基础,便于民事裁判的展开。

二、寄送买卖风险转移的法律构造

1. 买卖合同中的给付风险与价金风险

自买卖合同签订到履行完毕,因不可归责于双方当事人的事由导致标的物毁损灭失,在买卖法上将发生如下两个典型的"风险"问题。

首先,给付风险(Leistungsgefahr)提出的问题是:出卖人原本计划交付的标的物毁损灭失后,是否仍须向买受人再为同种给付?③ 如果出卖人仍须给

---

① 《中华人民共和国侵权责任法》第 34 条并未明确用人单位承担侵权责任之外,工作人员是否也要承担责任。最高人民法院《关于审理人身损害赔偿案件适用法律若干问题的解释》第 9 条第 1 款规定:"雇员因故意或者重大过失致人损害的,应当与雇主承担连带赔偿责任。"周友军认为,该条规定属于《中华人民共和国侵权责任法》第 34 条的特殊规定,仍可适用。参见周友军:《侵权法学》,中国人民大学出版社 2011 年版,第 442 页。笔者对此赞同,并认为该条可以类推适用于工作人员侵害他人财产权的情形。
② 参见〔德〕卡尔·拉伦茨:《法学方法论》,陈爱娥译,商务印书馆 2003 年版,第 144—145 页。
③ Vgl. Fikentscher/Heinemann, Schuldrecht,10. Aufl., De Gruyter Berlin, 2006, S. 397 f.; Jauernig Kommentar/Berger, Vor §§ 446, 447, Rn. 2 ff.

付,则由其负担给付风险;反之,则由买受人负担给付风险。事实上,这种法律风险同时意味着经济损失的风险,因为出卖人如果继续提供给付,可能因市场价格上升而承担更高的采购成本。

给付风险的承担视买卖合同标的物性质而定。对于特定物之债(Stückschuld),买卖标的物是特定物,一旦毁损灭失,买受人就不可能得到该物。因此,特定物之债的给付风险始终由债权人(买受人)承担。[①] 对于种类物之债(Gattungsschuld),买卖标的物有可替代的产品,出卖人有义务在市场上采购同种类物以满足债权人。因此,种类之债的给付风险原则上由债务人承担。[②] 但是,种类之债通过特定化(Konkretisierung)而使给付风险发生转移。所谓特定化,意指将种类之债变更为特定之债。[③] 英美法上称为货物"划拨"(identification)于合同项下。[④] 通过特定化,债务人的给付义务限于所确定的标的物之上,如果该物毁损灭失,债务人(出卖人)无须再行提供相同给付,给付风险转移至债权人(买受人)。种类之债特定化是一种债的变更,原则上可由当事人约定特定化的方式或时间。[⑤] 如果缺乏当事人的合意,就需要区分不同债务形态的给付地,来具体判定特定化的发生时点。下文对此将予详述。

其次,价金风险(Preisgefahr)[⑥]针对的问题是:标的物发生毁损灭失后出卖人无须再为给付,那么他是否仍然可以获得对待给付?[⑦] 如上所述,在特

---

① Vgl. Jauernig Kommentar/Berger, Vor §§ 446, 447, Rn. 4; Hager, Die Gefahrtragung beim Kauf: Eine rechtsverleichende Untersuchung, Alfred Metzner Verlag 1982, S. 12.
② 参见 Fikentscher/Heinemann, Schuldrecht, S. 397 f.。在这一意义上,给付风险有时被称为债务人的"购置风险"(Beschaffungsrisiko)。参见 Looschelders, Schuldrecht Allgemeiner Teil, 10. Aufl., Franz Vahlen Verlag 2012, S. 108。
③ 参见 MünchKomm BGB/Emmerich, § 243, Rn. 24;郑玉波:《民法债编总论》,中国政法大学出版社 2004 年版,第 200 页。
④ 关于大陆法系的特定化与英美法上划拨的比较法研究,参见朱晓喆:《我国买卖合同风险负担规则的比较法困境》,载《苏州大学学报》2013 年第 4 期。
⑤ Vgl. MünchKomm BGB/Emmerich, § 243, Rn. 25.
⑥ 价金风险这一术语适用于买卖合同。其他双务合同,例如互易合同、承揽合同都有对待给付风险的问题。本文仅讨论买卖合同,故使用价金风险一词。关于各种双务合同的风险负担规则,参见宁红丽、耿艺:《合同法分则中的风险负担制度研究》,载陈小君编:《私法研究》(第 3 卷),中国政法大学出版社 2003 年版,第 492 页以下。
⑦ Vgl. Fikentscher/Heinemann, Schuldrecht, S. 397 f.; Jauernig Kommentar/Berger, Vor §§ 446, 447, Rn. 2 ff.

定之债或特定化后的种类之债中,倘若标的物发生毁损灭失,出卖人无须再行给付。从给付障碍的形态看,这种情形构成给付不能,出卖人(债务人)的给付义务自动消灭。① 基于双务合同给付义务的牵连性,买受人(债权人)也无须作出相应的对待给付。因而出卖人原则上不能获得对待给付,即承担价金风险。② 但各国法律大都规定,出卖人交付(Übergabe)标的物以后,即使买受人最终未能获得标的物所有权,也必须支付价金,即价金风险随交付转移至买受人。③ 交付作为价金风险转移的原则,一方面是因为买受人取得占有后,可以管领和支配标的物,有利于避免和控制风险;另一方面,买受人可以对标的物进行用益,符合利益与风险相一致原则。④ 我国《合同法》第 142 条基于相同理由也采取了交付主义。

就给付风险与价金风险的关系而言,前者是后者发生的前提。因为买卖标的物毁损灭失后首先提出的问题是,出卖人是否仍须给付? 如出卖人仍须给付(给付风险未转移),则买受人也须相应地提供对待给付,因而并无价金风险问题;如出卖人不须给付(给付风险转移),则买受人的对待给付要视价金风险是否转移而定。总之,只有当买卖标的物特定化、给付风险转移给买受人后,才会发生出卖人免予给付义务的问题,然后才有买受人是否仍须作

---

① Vgl. Brox/Walker, Allgemeines Schuldrecht, 35. Aufl., C. H. Beck 2011, S. 204; Looschelders, Schuldrecht Allgemeiner Teil, 10. Aufl., Franz Vahlen Verlag 2012, S. 176.
② 参见 Reinicke/Tiedkte, Kaufrecht, 8. Aufl., Carl Heymanns Verlag 2009, S. 52; Larenz, Lehrbuch des Schuldrechts, Band II, Besonderer Teil, 1. Halbband, 13. Aufl., C. H. Beck 1986, S. 96;Brox/Walker , Allgemeines Schuldrecht, S. 212. 但对待给付义务是自动消灭,抑或通过债权人解除合同而消灭,大陆法系最近出现多元的发展趋势。参见周江洪:《风险负担规则与合同解除》,载《法学研究》2010 年第 1 期。
③ 参见《德国民法典》第 446 条,《美国商法典》第 2 – 509(3)条,《国际货物买卖合同公约》第 69 条第 1 款。少数立法坚持将所有权的归属作为价金风险负担的判断准则,例如英国 1979 年《货物买卖法》第 20 条。
④ 参见 Staudinger/Beckmann(2004), § 446, Rn. 7; MünchKomm BGB/Westermann, § 446, Rn. 1; Jauernig Kommentar/Berger, § 446, Rn. 2;〔英〕施米托夫:《国际货物买卖中的货物损失风险的转移》,载《国际贸易法文选》,中国大百科全书出版社 1993 年版,第 347 页;黄茂荣:《买卖法》,中国政法大学出版社 2002 年版,第 442 页。此外,根据美国法的理论和实务,买卖的货物实际控制人可以更方便地进行货物保险,这也是采取交付主义的重要因素。参见 Gillette/Walt, Sales Law, Domestic and International, Foundation Press 1999, pp. 234—235。

出对待给付的问题。① 给付风险与价金风险的转移时点在不同债务形态中表现不同。

2. 债务给付地与风险转移

债务的给付地(Leistungsort)或履行地(Erfüllungsort)是指债务人作出给付行为(Leistungshandlung)的地点。与此不同,给付效果地(Erfolgsort)是指给付的实际效果(买卖标的物的交付及所有权转移)发生的地点。通常给付行为与给付效果发生在同一地点,但送付之债例外(见下文)。给付地的确定,对于判断履行费用的分配、债务是否按约履行、标的物发生意外时的风险负担、诉讼管辖等均有重要意义。② 如果没有当事人的约定,民法理论上根据给付行为地的不同区分三种债务形态:赴偿之债、取偿之债和送付之债,其风险移转的标准也不同。

首先,赴偿之债(Bringschuld)的债务人有义务在债权人住所地或营业地事实上提出给付。③ 就给付风险而言,须根据具体情况判断:①如果债务人将标的物向债权人住所地运送,在送达前因意外事故而灭失,债务人仍须以该种类他物为清偿④,即债务人承担给付风险;②如果债务人在债权人住所地提出给付,且债权人受领标的物,则债权消灭,因而特定化没有意义⑤,给付风险转移无从谈起;③如果债务人提出给付,但找不到债权人,或债权人无理由拒绝受领,或债权人受领迟延,均发生特定化后果,给付风险转移。⑥ 就价金风险问题,债务人须在债权人住所地提出给付,此时适用交付原则,标的物自交付时价金风险转移至债权人。

---

① 正如德国学者哈格尔(Hager)所说:"给付风险的转移在逻辑上要先于价金风险的转移。只有在为履行合同的特定物灭失而出卖人免于给付义务的条件下,如下问题才是紧迫的:出卖人是否仍得请求其对待给付即价金。给付与对待给付的这种双务关系意味着,给付风险最迟得与价金风险一起向买受人转移。可以设想,给付风险早于价金风险转移,但决不可能迟于后者。"Hager, Die Gefahrtragung beim Kauf, S. 225。
② 参见 Larenz, Lehrbuch des Schuldrechts, Band I, Allgemeiner Teil, 14. Aufl., C. H. Beck 1987, S. 193; Looschelders, Schuldrecht AT, S. 102; 韩世远:《合同法总论》,法律出版社2008年版,第222页。
③ Vgl. Larenz, Lehrbuch des Schuldrechts AT, S. 194; Looschelders, Schuldrecht AT, S. 102; Medicus/Lorenz, Schuldrecht Allgemeiner Teil, C. H. Beck 2008, S. 100.
④ 参见史尚宽:《债法总论》,中国政法大学出版社2000年版,第241页。
⑤ Vgl. Looschelders, Schuldrecht AT, S. 109.
⑥ Vgl. Looschelders, Schuldrecht AT, S. 109; MünchKomm BGB/Emmerich, § 243, Rn. 28.

其次,取偿之债(Holschuld)的债权人须自己到债务人住所地或营业地接受给付。就给付风险而言,债务人将标的物已从种类物分离的事实通知债权人,并敦促债权人受领,则发生特定化。① 如果约定债务的提取期限,则在期限届满时发生特定化。② 就价金风险而言,适用交付原则,债权人于债务人住所地受领交付时发生价金风险转移。

最后,送付之债(Schickschuld)的债务人不负有义务将标的物送至债权人住所地或营业地并交付,但有义务按正常方法(如正确书写地址等)安排运输以运向债权人,从而完成为履行债务所为之必要行为。因此,送付之债的债务人向承运人移交标的物时产生特定化后果③,与此同时,对待给付风险或价金风险也发生转移。④

3. 寄送买卖风险转移规则的比较法基础

赴偿之债与取偿之债的价金风险转移时点是给付地的交付,而送付之债的给付行为地与给付效果地有别,其价金风险并非在给付效果地(即债权人住所地)交付时发生转移,而是提早到债务人向承运人交寄标的物时,从而构成交付原则的例外。但这一例外却是普遍的立法现象,例如《德国民法典》第447条,我国台湾地区"民法"第374条,美国《统一商法典》第2-509条第1款,《联合国国际货物买卖合同公约》(以下简称《公约》)第67条第1款第一句,均作如是规定。通过比较法的考察,能够为理解我国《合同法》第145条提供合理的法律适用基础。

《德国民法典》第447条第1款规定:"因买受人之请求,出卖人将标的物向履行地以外之地点发送,一旦出卖人将标的物移交货运代理人、承运人或其他被指定执行运输的人或机构,则风险转移给买受人。"德国民法理论和实务上总结该条款适用于如下两种情形:①如果出卖人自始承担送付债务,基于当事人之间的约定或交易习惯、商业惯例,出卖人有义务将标的物通过承

---

① Vgl. Medicus/Lorenz, Schuldrecht AT, S. 100; Looschelders, Schuldrecht AT, S. 109.
② Vgl. Looschelders, Schuldrecht AT, S. 109; Staudinger/Schiemann(2009), § 243, Rn. 37.
③ Vgl. Medicus/Lorenz, Schuldrecht AT, S. 100. MünchKomm BGB/Emmrich, § 243, Rn. 29.
④ 寄送买卖的给付风险和价金风险均在交寄承运人后由买受人承担。参见 MünchKomm BGB/Westermann, § 447, Rn. 1. Erman/Grunewald, § 447, Rn. 11。除非出卖人违反附随义务,价金风险不转移,对此参见下文分析。

运人向买受人发送。于此,履行地为出卖人住所地,向买受人寄送符合《德国民法典》第447条"向履行地以外之地点发送"的要件,且"因买受人之请求"自始包含在合同之中。① 寄交承运人之后价金风险转移的理由在于,出卖人并不负担将标的物运输至买方的义务,运输风险并非其负责的范围。② ②如果买卖合同自始为取偿之债,买受人应自己提取货物。一般而言,买卖合同如无特别约定或约定不明,原则上债务人的住所地为履行地(《德国民法典》第269条第1款),债权人须自己赴债务人处领取货物,并负责货物的运输。如果出卖人根据买受人的要求,为方便买受人而出于好意进行寄送(注意:不是运输),一旦他如此行事,就将取偿之债转化为寄送之债,从而也适用《德国民法典》第447条。③ 归纳言之,取偿之债和送付之债的履行地均为债务人住所地,运输本身是债权人的事情,从而与运输相伴的风险应由买受人承担,而不应加于出卖人。④ 需要指出,由于该规则不利于消费者,故而根据《德国民法典》第474条第2款的规定,经营者与消费者的买卖合同不适用该规则。

美国《统一商法典》的买卖合同风险转移规则集中规定在第2-509条。首先,根据该条第3款的规定,原则上买受人"接收"(receipt)货物时(即取得货物的实际占有之时),价金风险转移。⑤ 其次,该条第1款将需要运输的买卖合同区分为两种情形:①如不要求出卖人将货物运输至某地,则货交承运

---

① 寄送的要求一般包括在合同中或交货条件(Lieferbedingungen)中,实践中很少有买受人明示的寄送要求。参见 Wertenbruch, Gefahrtragung beim Versendungskauf nach neuem Schuldrecht, JuS 2003, 625; Palandt Bürgerliches Gesetzbuch Kommentar, C. H. Beck 2011, Palandt/Wiedenkaff, § 447, Rn. 9。

② Vgl. Staudinger/Beckmann(2004), § 447, Rn. 2, 10; MünchKomm BGB/Westermann, § 447, Rn. 2; Oetker/Maultzsch, Vertragliche Schuldverhältnisse, S. 162; Reinhardt, Die Gefahrtragung beim Kauf, Duncker & Humbolt 1998, S. 142.

③ 参见 Staudinger/Beckmann(2004), § 447, Rn. 2。布洛克斯指出,取偿之债履行地是出卖人所在地,故符合《德国民法典》第447条向履行地以外发送的要件。参见 Brox/Walker, Besonderes Schuldrecht, 35. Aufl., C. H. Beck 2011, S. 20。

④ Vgl. Reinhardt, Die Gefahrtragung beim Kauf, S. 143。

⑤ 根据美国《统一商法典》第2-103(1)(c)条的规定,"接收"的含义就是取得货物的实际占有(physical possession of the goods)。参见 U.C.C. §2-509 Comment 3; Gillette/Walt, Sales Law, p.236。

人时风险转移,称为"装运合同"(shipment contract)①,大致相当于德国法系的寄送买卖。②如出卖人须将货物运输至特定地点,置于买受人可接收状态时风险转移,称为"目的地合同"(destination contract)②,相当于德国法系的赴偿之债。相较而言,装运合同是更为常见的交易形式,只要出卖人合理地安排运输合同并交给承运人,运输过程中或运输后的毁灭风险应由买受人承担。③

从国际性的统一买卖法来看,货交承运人转移风险的规则也普遍获得承认。例如,《公约》第67条第1款第一句规定:"涉及运输的买卖(sale involving carriage of goods),如果出卖人没有在指定地点交货的义务,自货物按照买卖合同约定交与(hand over)第一承运人时风险转移至买受人。"④《欧洲法原则·买卖》(PELS)第5-202条第2款与《公约》的规定几乎完全一致。此处所谓"涉及运输的买卖"有特殊的含义。国际货物买卖通常都需要运输,但不是所有涉及运输的买卖风险均自货交承运人时转移,例如《公约》第68条规定运输途中的货物买卖(路货买卖)的风险自订立合同时转移;第69条规定买方有义务在特定地点收取货物,自买方接收货物或违反合同不收取货物时风险转移。此外,如果当事人选择使用国际贸易术语,例如FOB、CIF、EXW、DDU等交易条款,虽然涉及货物运输,但均不适用《公约》第67条第1款货交承运人转移风险的规则。⑤《公约》第67条所谓"涉及运输的买卖"是指"货物需要运输并且出卖人货交承运人即履行其交货义务(Lieferpflicht)的

---

① 根据美国《统一商法典》第2-504条的规定,装运合同是指出卖人与承运人订立运输合同并将货物移交承运人的买卖。参见 Gillette/Walt, Sales Law, p. 239。
② See U. C. C. §2-509 Comment 2; W. H. Danne, Who Bears Risk of Loss of Goods Under UCC §2-509, 2-510, 66 A. L. R. 3d 145, §2a.
③ 参见 Gillette/Walt, Sales Law, p. 239;〔美〕威廉·H. 劳伦斯、〔美〕威廉·H. 亨宁:《美国货物买卖和租赁精解》,周晓松译,北京大学出版社2009年版,第154页。
④ 须指出,《公约》第67条第1款第二句规定,"如果卖方有义务在某一特定地点把货物交付给承运人,在货物于该地点交付给承运人以前,风险不转移到买方承担"。其本质上是该款第一句的特殊情况,即出卖人先负责将货物运至某一地点,并承担这一过程中的风险。但在该地点交付给第一承运人后,也适用货交承运人风险转移规则。参见张玉卿编著:《国际货物买卖统一法》,中国商务出版社2009年版,第429—430页。最高人民法院《关于审理买卖合同纠纷案件适用法律问题的解释》第12条借鉴了该条第2句的内容。
⑤ See Flambouras, Transfer of Risk in the Contract of Sale Involving Carriage of Goods, International Trade and Business Law Annual, Vol. VI, University of Queensland, 2001, pp. 87-149.

买卖合同"①。简言之,出卖人的义务仅在于交运货物,此外不负其他义务。在此意义上,"涉及运输的买卖"最好理解为"发送买卖"(sale involving dispatch)。② 其立法政策理由,大致有如下数端:其一,从交易的本质而言,出卖人仅有发货义务而无其他义务,换言之,为履行买卖合同,他已尽其所能,因而不应再负担风险;其二,从效率角度而言,货物运抵目的地后,买受人已取得运输和保险单证,可以更便利地进行货物检查以及针对承运人和保险公司提出索赔;其三,从诚信角度而言,倘若买受人不承担运输风险,当市场价格下跌时,他可以轻易地以微小的货损理由而拒绝受领,从而摆脱一项亏本的交易。③

通过比较法分析可见,尽管德国法、美国法与国际公约使用的术语不同,但所指的寄送买卖交易实为同一内容。④ 虽然其风险转移的法律理由各有侧重,但最根本的原因是寄送买卖的出卖人不负担运输义务,仅负责发货,从而运输中的风险应由买受人承担。

我国合同法理论虽未采德国法的赴偿之债、取偿之债、送付之债这些术语,但司法实践中长期以来也是根据(卖方)送货上门、(买方)自提货物、代办托运三种履行方式来确定合同履行地的。早在1988年,最高人民法院曾发布《关于如何确定合同履行地问题的批复》(法(经)复〔1988〕20号,已废止)就规定工矿产品或农副产品购销合同的履行地因交货方式不同而有所不同:①代运制,即由供方代需方向承运部门办理货物托运手续,产品发运地为合同履行地。②送货制,即由供方自备运输工具送货或者由供方将货物交承运部门运送给需方,产品送达地为合同履行地。③由需方自提的,合同标的物在产品提货地交付,提货地为合同履行地。最高人民法院《关于适用〈中华人民共和国民事诉讼法〉若干问题的意见》(法发〔1992〕22号)从民事诉讼管辖地的视角来确定合同履行地,第19条规定:"购销合同的双方当事人

---

① Staudinger/Magnus(2004), Art 67 CISG, Rn. 1. 同理参见 MünchKomm BGB/Huber, CISG Art. 67, Rn. 5. 于此,买卖合同任何一方组织运输及承担运费均无关紧要。
② Flambouras, supra note, pp. 87–149.
③ Flambouras, supra note, pp. 87–149; Ewoud Hondius etc., Principles of European Law Sales (PELS), Oxford University Press 2008, P. 346.
④ 德国学者将《公约》第67条的买卖形式直接对应为德国民法中的"寄送买卖"。参见Staudinger/Magnus(2004), Art. 67 CISG, Rn. 1; MünchKomm BGB/Huber, CISG Art. 67, Rn. 5。

在合同中对交货地点有约定的,以约定的交货地点为合同履行地;没有约定的,依交货方式确定合同履行地;采用送货方式的,以货物送达地为合同履行地;采用自提方式的,以提货地为合同履行地;代办托运或按木材、煤炭送货办法送货的,以货物发运地为合同履行地。"① 由此可见,送货上门、买方自提、代办托运的内涵恰好对应德国法系的赴偿之债、取偿之债和送付之债的三种债务形态。

我国《合同法》第 142 条的交付主义是价金风险的一般原则,而第 145 条则例外规定了上述寄送买卖的风险转移。根据《合同法》第 145 条的规定,货交承运人风险转移规则适用于第 141 条"标的物需要运输"的买卖,而第 141 条意义上需要运输的买卖是指如果当事人对于合同履行地没有约定,出卖人将货物交给第一承运人以运交买受人即可。此外,根据《合同法》第 62 条第(三)项的规定,除了货币和不动产之外,债务履行地原则上为债务人住所地。综合分析以上规定可知,《合同法》第 145 条所称"需要运输的买卖"并非泛指一切货物运输的买卖,而是指出卖人无送货义务,合同履行地原则上为债务人住所地,根据当事人约定或交易习惯,出卖人为买受人办理托运并将货物移交第一承运人的货物运输买卖。② 因此,从比较法上看,"需要运输的买卖"就是指寄送买卖;从体系上看,它是与送货上门、买方自提相对而言的"代办托运"买卖。

4.《合同法》第 145 条的关键词解释

虽然《合同法》第 145 条的文字表述更接近《公约》的第 67 条,官方所举立法理由与《公约》的理论基础也大致相当③,但如上文分析,寄送买卖

---

① 此外,最高人民法院发布确定买卖合同履行地有关的司法解释还包括:《关于国内工矿产品购销合同、农副产品购销合同中的合同履行地如何确定的批复》(1985 年,已废止)、《关于购销合同履行地的特殊约定问题的批复》(1990 年)、《关于确定购销合同履行地问题的复函》(1994 年,已废止)、《关于在确定经济纠纷案件管辖中如何确定购销合同履行地问题的规定》(1996 年)。

② 参见胡康生主编:《中华人民共和国合同法释义》(第 2 版),法律出版社 2009 年版,第 227 页。实务观点参见北京市海淀区人民法院(2001)海经初字第 696 号民事判决书,载北京市高级人民法院民事审判二庭编:《合同法疑难案例评解》,法律出版社 2002 年版,第 306 页以下。另参见湖南省永州市中级人民法院(2011)永中法民三终字第 87 号民事判决书。

③ 参见胡康生主编:《中华人民共和国合同法释义》(第 2 版),法律出版社 2009 年版,第 227 页。

是一种普遍现象,就其风险转移规则的构成要件,我们应参考各国及地区法律实践和学理通说,来澄清围绕该条产生的疑难问题,准确把握其适用条件。具体言之:

第一,《合同法》第145条并未明确"需要运输的买卖"是否限于代办托运,是否适用于送货上门、买方自提的情形,因为这三种形式均可能"需要运输"。德国民法学理上认为《德国民法典》第447条原则上适用于当事人事先约定或按交易习惯发生的寄送买卖。但从文义看,《德国民法典》第447条"因买受人之请求"也可能包括买受人事后请求,因此如果当事人原先约定是取偿之债,但事后出卖人根据买受人的要求而出于好意发送货物,从而可能转化为送付之债(寄送买卖),适用第447条。① 而《公约》第67条和美国《统一商法典》第2-509条第1款均明确限定于"装运合同",其文义也未给其他情形留下解释空间。我国司法实务面临上述的实际难题,例如在"王何勤诉宁波江东乐家建材有限公司买卖合同纠纷案"中,买卖合同原先为买方自提货物,但事后出卖人因买受人之请求而改为代办托运,法院最终判决出卖人承担风险,其理由是出卖人承诺将货物送至买受人家中,合同履行地为买受人住所地。② 该案中,出卖人因买受人的要求而代办托运,但并未与买受人商定将"买方自提"变为"送货上门",即不存在将取偿之债改为赴偿之债的变更合同意思表示,出卖人的义务应限于办理运输、发送货物,法院认为该案不适用《合同法》第145条,难谓有据。相比而言,德国民法的学理解释和实践做法更有包容性,寄送买卖风险转移规则也应适用于原先为买方自提而事后转化为代办托运的买卖交易。

第二,《合同法》第145条所谓"出卖人将标的物交付给第一承运人",此处的"交付"不能理解为履行买卖义务的"交付",因为寄送买卖的给付行为虽已发生(货交承运人),但给付结果(占有转移)尚未完成。③ 在《公约》第

---

① 参见 Staudinger/Beckmann(2004), §447, Rn. 10; MünchKomm BGB/Westermann, §447, Rn. 9。但无论如何,出卖人未经允许擅自对买受人发货,例如为了腾清仓库,即使是出于好意发货也不发生风险转移。
② 参见浙江省宁波市中级人民法院(2010)浙甬商终字第568号民事判决书。
③ 参见 Larenz, Schuldrecht BT, 1. Halbband, S. 22; MünchKomm BGB/Westermann, §433, Rn. 52; Staudinger/Beckmann(2004), §433, Rn. 75。换言之,出卖人虽然交货给承运人,但出卖人的债务并未"履行"或"清偿"(Erfüllung)。参见 Grunewald, Kaufrecht, S. 88。

67 条中,交付原文为"hand over",并且起草人有意放弃 1964 年《国际货物买卖统一法公约》(ULIS)第 91 条判断风险转移的"delivery"一词,因为后者具有多重含义,它与出卖人的义务履行、风险转移、货物特定化等问题均有联系,因此《公约》在风险转移上一律采用更简明清晰的"hand over",意思是货物实际控制的移交。① 与此相似,《德国民法典》第 447 条使用的术语也是"移交"(ausliefern),而非第 443 条意义上的"交付"(Übergabe)。前者是指出卖人与承运人订立运输合同,并将货物事实上交与承运人②;而后者是将(《德国民法典》第 854 条意义上)物之占有转移给买受人。而且,德国民法学者也将《公约》第 67 条的"hand over"对应理解为德文中的"实际的移交"(physische Auslieferung),这正是《德国民法典》第 447 条的用语。③ 综上,《合同法》第 145 条的"交付"最好理解为"移交",即货物交与承运人,但买受人并未取得货物的占有及所有权。我国司法实践中有将《合同法》第 145 条的货交承运人与第 133 条的完成交付义务相等同④,或认为货物交付给承运人时标的物所有权即转移⑤,均属不恰当的理解。

第三,《合同法》第 145 条规定"出卖人将标的物交付给第一承运人",此处所谓的"第一承运人"通常是指独立的承运人,不包括出卖人亲自或安排自己的工作人员进行运输。美国《统一商法典》第 2-509 条和《公约》第 67 条中的第一承运人均作如是理解。⑥ 其理论基础在于,从风险控制来看,出

---

① 参见 Hoffmann, Passing of Risk in International Sales of Goods, Petar Sarcevic & Paul Volken eds., International Sale of Goods: Dubrovnik Lectures, Oceana (1986), Ch. 8, 265-303; Flambouras, supra note, pp. 87-149;张玉卿编著:《国际货物买卖统一法》,中国商务出版社 2009 年版,第 426—427 页。
② Vgl. Staudinger/Beckmann(2004), § 447, Rn. 11.
③ Vgl. Grunewald, Kaufrecht, Mohr Siebeck 2006, S. 144.
④ 参见河南省商丘市梁园区人民法院(2010)商梁民初字第 508 号民事判决书。
⑤ 参见上海市第一中级人民法院(2009)沪一中民四商终字第 197 号民事判决书,上海市闵行区人民法院(2009)闵民二商终字第 2148 号民事判决书。须指出,如果出卖人将对于承运人的返还请求权以指示交付的方式让与买受人,可能发生所有权的转移(参见 MünchKomm BGB/Westermann, § 447, Rn. 2),但这是一种特殊的拟制交付。
⑥ 参见 W. H. Danne, supra note, §2b; Schlechtriem/Butler, UN Law on International Sales, Springer 2009, p. 168; Staudinger/Magnus(2004), Art 67 CISG, Rn. 11; MünchKomm BGB/Huber, CISG Art. 67, Rn. 10;张玉卿编著:《国际货物买卖统一法》,中国商务出版社 2009 年版,第 428 页。

卖人自己运输时,货物仍在其手中,他可以更好地保护货物并对其保险。①基于上述思想,最高人民法院《关于审理买卖合同纠纷案件适用法律问题的解释》(以下简称《买卖合同司法解释》)第 11 条模仿《公约》第 67 条,明确规定"第一承运人"须为独立的运输人,而不适用于买受人自行负责运输或出卖人以自己的运输工具送货的情形。② 但是,德国民法的通说却与《公约》恰好相反,其理由是:《德国民法典》第 447 条规定的寄送买卖出卖人本来不负有运输的义务,只是买受人要求出卖人代为办理运输。倘若出卖人出于好意而自己运输,此时风险也应由买受人承担,于此,出卖人的法律地位不能比委托第三人运输时要低,所以风险应当转移;当然,买受人地位也不应降低,买受人对独立承运人享有的货物损害赔偿请求权,也可以类推适用于自行运输的出卖人。③ 尽管德国法上也有反对者从历史的、文义的和利益衡量的角度认定《德国民法典》第 447 条的承运人应指独立的第三方④,但同属德国法系的瑞士、我国台湾地区的民法理论,以及我国大陆部分学者赞同上述通说。⑤因此,在比较法上存有重大疑问而形势尚未明朗之前,《买卖合同司法解释》第 11 条遽然将寄送买卖的货交第一承运人限于独立的第三方,此种做法不

---

① 参见 Gillette/Walt, Sales Law, p.239, p.250。但对《公约》理论持反对意见的霍夫曼从经济分析角度指出,应认可出卖人自己运输时风险转移,从而鼓励出卖人为买受人的利益而节约运输成本。参见 Hoffmann, Passing of Risk in International Sales of Goods, Petar Sarcevic & Paul Volken eds., International Sale of Goods: Dubrovnik Lectures, Oceana (1986), Ch. 8, 265-303。

② 参见王闯:《关于审理买卖合同纠纷案件的若干重要问题(上)——解读〈最高人民法院关于审理买卖合同纠纷案件适用法律问题的解释〉》,载最高人民法院民事审判第一庭编:《民事审判指导与参考》(第 50 辑),人民法院出版社 2012 年版,第 22—23 页。

③ Vgl. Staudinger/Beckmann(2004), §447, Rn. 14; MünchKomm BGB/Westermann, §447, Rn. 16 f.; Erman/Grunewald, §447, Rn. 10; Larenz, Schuldrecht BT, 1. Halbband, S. 103; Oetker/Maultzsch, Vertragliche Schuldverhältnisse, S. 166; Reinicke/Tiedtke, Kaufrecht, 8. Aufl., Carl Heymanns Verlag, 2009, S. 58.

④ Vgl. Hager, Die Gefahrtragung beim Kauf, S.84; Medicus/Lorenz, Schuldrecht BT, 14. Aufl., C. H. Beck 2007, S. 12 f.; Wertenbruch, Gefahrtragung beim Versendungskauf nach neuem Schuldrecht, JuS 2003, 625.

⑤ 《瑞士债法典》的评注者科勒(Koller)指出:在寄送买卖中"如果出卖人纯粹出于好意,因买受人的要求而(自行)运输,则不应当给出卖人带来不利,也即风险在标的物完好地被寄送时应向买受人转移"。参见 Basler Kommentar Obligationenrecht I, Art. 185, Rn. 16。我国台湾地区民法理论观点,参见黄立主编:《民法债编各论(上)》,中国政法大学出版社 2003 年版,第 112 页。我国学者余延满认为,《中华人民共和国合同法》第 141 条第 2 款第(一)项出卖人负责代办托运并非合同义务,而是基于诚信原则和互相协作的履行规则才规定出卖人的这种附随义务,因此出卖人亲自运输时,风险负担应转移给买受人。参见余延满:《货物所有权的移转与风险负担的比较法研究》,武汉大学出版社 2002 年版,第 352 页。

甚妥当。笔者以为,此类问题宜交由学说和判例来决定,并待到理论发展成熟之后予以立法为妥。

第四,《合同法》第 145 条所谓"标的物毁损、灭失的风险由买受人承担","风险"究指何意？从本条规范意旨及其与第 142 条的关联出发,"风险"指价金风险。就具体给付不能事由来看,"风险"也指各种导致标的物的毁损、灭失的不可归责于双方的意外事件。有疑问者,此处的风险是否仅限于因运输而发生的风险呢(例如运输中的货损、交通事故或偷窃等)？首先,因物之瑕疵、缺陷包装或不适当的寄送方式,应予排除风险范围,因为此类导致标的物毁损、灭失的事由可归责于出卖人,出卖人应负违约责任。① 至于运输风险以外的其他导致货物毁损、灭失的事件,例如地震、海啸等自然灾害,以及战争、罢工等是否构成此处的风险,存有争议。德国民法理论上有学者认为,《德国民法典》第 447 条意义上的风险应仅指与运输有关或由运输过程导致的物之毁损、灭失②,但这种对风险概念的限缩解释被多数学者拒绝。通说认为,寄送买卖的债务履行地为出卖人住所地,买受人本应提取标的物并承担此后的风险,但因买受人之请求出卖人安排运输,则买受人应负担货交承运人后标的物发生的一切风险,包括与运输无关的风险。③ 我国《合同法》第 145 条并未限定"风险"的概念为运输风险,宜从宽解释风险,即所有导致标的物毁损、灭失的不可归责于双方当事人的意外事件。

最后需要说明,《合同法》第 145 条不适用于目前流行的"网购"交易。通常消费者与网上经营者之间以电子交易系统订立买卖合同,出卖人委托物流公司送货上门,按其债务性质,合同履行地应为买受人住所地,属赴偿之债。④ 因此,出卖人货交承运人并未完成交付,价金风险不发生转移。

---

① Vgl. Wertenbruch, JuS 2003, 625.
② Vgl. Fikentscher/Heinemann, Schuldrecht, S. 401; Palandt/Wiedenkaff, § 447, Rn. 16.
③ Vgl. Larenz, Schuldrecht BT, 1. Halbband, S. 102; Staudinger/Beckmann(2004), § 447, Rn. 17; MünchKomm BGB/Westermann, § 447, Rn. 19. Oetker/Maultzsch, Vertragliche Schuldverhältnisse, S. 168.
④ 参见北京市第二中级人民法院(2011)二中民终字第 12047 号民事判决书,载国家法官学院案例开发研究中心编:《中国法院 2013 年度案例(买卖合同纠纷)》,中国法制出版社 2013 年版,第 58 页以下。

三、寄送买卖之出卖人违反义务的法律效果

1. 出卖人违反与寄送有关的附随义务及其后果

如果出卖人违反给付义务而未按合同的要求发货,将承担后续履行、减少价款或损害赔偿等违约责任(《合同法》第 107 条、第 111 条、第 155 条)。此类义务违反的后果显而易见,无须详论。本文着重关注出卖人违反与寄送有关的附随义务,例如未按买受人的指令安排运输、未妥善包装货物、未办理货物保险、未尽到安全保护义务等,是否影响价金风险的转移,抑或产生买受人的损害赔偿请求权?以下分述之。

第一,寄送买卖的出卖人负有适当发运货物的义务。经买受人的要求或授权,出卖人须选择适当的承运人、订立运输合同、合理安排运输、在适当的时间发货。于此,要将出卖人的发送义务与适当发货义务区分开来:如果出卖人根本未发货,则违反主给付义务;如果出卖人虽然已发货,但未适当安排运输,则违反附随义务(Nebenpflicht)。① 至于何谓适当发运货物,首先须依合同约定或出卖人的明确指示;如无当事人特别约定,出卖人须采取一般标准订立运输合同,以通常交通工具、按通常路线运输、在恰当的时间内完成发货义务。② 出卖人违反适当发货义务的首要后果是损害赔偿。对此,《德国民法典》第 447 条第 2 款有明确规定。③ 其次,出卖人违反适当发货义务,价金风险不转移,例如,在美国法律实务中,出卖人订立了不适当的运输合同,风险仍由出卖人承担。④ 我国也有研究者从理论上指出,出卖人未尽选任运输人的注意义务,属可归责于债务人的事由,风险转移的前提丧失。⑤

---

① Vgl. Müller/Hempel, Nebenpflichten des Verkäufers unter besonderer Berücksichtigung der Verjährung, AcP 205 (2005), S. 270.
② Vgl. U. C. C. § 2 – 504 Comment 2; Staudinger/Beckmann(2004), § 447, Rn. 20ff.; MünchKomm BGB/Westermann, § 447, Rn. 21.
③ 根据《德国民法典》第 447 条第 2 款的规定,出卖人违反买受人的发运指示,应承担损害赔偿责任。该损害赔偿是债务履行障碍法律后果的特殊情形,请求权基础是《德国民法典》第 280 条、第 281 条。参见 MünchKomm BGB/Westermann, § 447, Rn. 21. Erman/Grunewald, § 447, Rn. 17; Kötz, Vertragsrecht, Mohr Siebeck 2009, S. 347.
④ See American Jurisprudence, 2nd, Thomson West 2003, Volume 67 Sales, § 384, p. 531.
⑤ 参见齐恩平、王立争:《论第三方物流中标的物风险负担》,载《现代财经》2008 年第 7 期。

第二,出卖人是否有义务为货物进行保险?根据德国法、英美法的学说和实务观点,以及《公约》第32条第3款的规定,除非有商业惯例或当事人约定,出卖人一般没有办理货物保险的义务,但须及时将发运货物之情事通知买受人,以便买受人办理保险,或按买受人要求提供有关保险的信息。① 德国民法理论上将通知义务定性为根据诚实信用原则产生的附随义务,违反义务应承担损害赔偿责任。② 美国《统一商法典》第2-504条将通知义务规定为装运合同的出卖人交货义务的组成部分,故而法院判定,对于未履行通知义务的出卖人,不发生价金风险转移。③

第三,出卖人须尽到与安全运输有关的注意和保护义务。例如,以适当方式包装以避免货物碎裂,准确填写地址以避免误导,对于特殊货物须采取防热、防寒、防潮、防止液体流溢等措施。④ 从性质上看,此类义务与前述的适当发送义务均服务于买卖合同的目的且非买卖合同的给付内容,而是为了辅助给付实现的附随义务。⑤

德国民法理论将附随义务区分为"与给付有关(leistungsbezogen)之附随义务"和"与给付无关(nicht leistungsbezogen)之附随义务"。前者为贯彻实现给付利益而成立,例如说明、建议、通知、协助等义务;后者仅为保护债权人之人身或财产之固有利益而存在,最典型的是保护义务。⑥ 前述的适当发货

---

① 参见 Hager, Die Gefahrtragung beim Kauf, S. 90; Erman/Grunewald, § 447, Rn. 16; MünchKomm BGB/Gruber, CISG Art. 32, Rn. 14;张玉卿编著:《国际货物买卖统一法》,中国商务出版社2009年版,第210页。

② Reinhardt, Die Gefahrtragung beim Kauf, S. 142, S. 162.

③ 参见〔美〕威廉·H. 劳伦斯〔美〕威廉·H. 亨宁:《美国货物买卖和租赁精解》,周晓松译,北京大学出版社2009年版,第154页,注释24。

④ Vgl. Staudinger/Beckmann(2004), § 447, Rn. 21; Hager, Die Gefahrtragung beim Kauf, S. 90; ULA U. C. C. § 2-504 Comment 3.

⑤ Vgl. MünchKomm BGB/Westermann, § 447, Rn. 8; Fikentscher/Heinemann, Schuldrecht, S. 402; Malte Stieper, Gefahrtragung und Haftung des Verkäufers bei Versendung fehlerhaft verpackter Sachen, AcP 208 (2008), S. 830.

⑥ 参见 MünchKomm BGB/Kramer, § 241, Rn. 18ff.。在德国民法上区分"与给付有关之附随义务"和"与给付无关之附随义务"的意义,首先是损害赔偿的请求权基础不同,前者依据《德国民法典》第281条第1款,后者依据《德国民法典》第280条以及第282条;其次是解除权发生依据不同,前者是《德国民法典》第323条,后者是第324条。参见 MünchKomm BGB/Kramer, § 241, Rn. 19。瑞士债法理论也对附随义务采取此种分类。参见 Berner Kommentar zum Schwiezerischen Privatrecht, Band VI, Das Obligationenrecht, Verlag Stämpfli & CIE AG 1986, Einleitung, S. 55 f.。

义务,仅在实现给付利益,故而属于"与给付有关之附随义务"。但以"包装"为典型的注意义务,是具有"双重效果的附随义务":一方面为了避免标的物在运输中发生碰撞或损坏,满足债权人的给付利益;另一方面又使债权人免受因瑕疵包装而导致的其他法益损害,保护债权人的固有利益。①

根据"双重效果的附随义务"理论,违反包装等注意义务的法律效果须视损害的利益而定。首先,如果因为包装而损害债权人固有利益,例如电池因不安全的包装而短路并引发火灾,致使债权人其他财产利益受损,于此违反了与给付无关的附随义务,债权人得请求损害赔偿。② 其次,如果因为包装而损害债权人给付利益,例如上例中火灾导致货物本身毁损、灭失,出卖人违反了与给付有关的附随义务,其具体法律效果较为复杂,须考虑如下三方面的问题:

(1)损害赔偿。出卖人违反注意义务,影响给付利益的实现,债权人得请求代替给付的损害赔偿,具体损害计算有两种方式:一是如果瑕疵不严重,买受人得保留瑕疵货物,并请求赔偿无瑕疵的货物与瑕疵货物之间的价值差额;二是如果瑕疵过于严重,买受人得拒绝接受货物,而要求赔偿已支付的价款、为获得代替货物而支付的费用等。③

(2)解除合同。如果出卖人违反注意义务发送货物,严重影响买受人的利益实现,则买受人可以解除合同(《德国民法典》第 323 条),并请求损害赔偿。④ 我国《合同法》第 94 条、第 97 条可作为上述法律效果的依据。

(3)价金风险是否转移。德国学者哈格尔认为,虽然《德国民法典》第 447 条第 2 款规定出卖人违反买受人的发货指示应承担损害赔偿责任,但这并未阻止风险的转移;这种法律效果对于出卖人违反其他的注意义务也同样适用。⑤ 换言之,出卖人仍有买卖价金请求权,但须对买受人承担违反注意义务的损害赔偿责任。这种观点受到多数学者的质疑,最重要的反对理由

---

① Müller/Hempel, Nebenpflichten des Verkäufers unter besonderer Berücksichtigung der Verjährung, AcP 205 (2005), S. 270; Malte Stieper, AcP 208 (2008), S. 830.
② 参见 Müller/Hempel, AcP 205 (2005), S. 270; Malte Stieper, AcP 208 (2008), S. 831。请求权基础为《德国民法典》第 280 条第 1 款。
③ Vgl. Malte Stieper, AcP 208 (2008), S. 835 f.
④ Vgl. Malte Stieper, AcP 208 (2008), S. 837.
⑤ 参见 Hager, Die Gefahrtragung beim Kauf, S. 93 f.。相同观点参见 Malte Stieper, AcP 208 (2008), S. 825。

是:所谓"风险"是指标的物因"意外"(Zufall)而毁损、灭失,而出卖人违反注意义务导致货物毁损灭失,属于可归责的行为,根本不用落入风险转移规则的调整范畴。即使货物在发运时无瑕疵而事后因瑕疵的包装而发生货物毁损灭失,其后果也是如此。① 因此,出卖人违反与给付有关的附随义务,不仅须负损害赔偿责任,而且还得不到价金。

此外,美国《统一商法典》第2-314条第2款第(e)项将出卖人适当装箱和包装作为货物与合同相符的要求之一。如果出卖人违反包装义务,买受人可以主张违约损害赔偿。② 而且,义务违反类似于前述出卖人违反适当订立运输合同义务,风险不转移。另根据英国货物买卖法实践,货物装船运输后,因包装而引起货物的瑕疵,出卖人须就此负责,风险不发生转移。③ 这些法律规则均表明,寄送买卖的出卖人未采取适当包装而导致标的物的毁损灭失,是可归责于出卖人的事由,并非意外事件,不适用风险转移规则。

笔者认为,我国司法者应参酌上述立法和学说,以《合同法》第156条规定的出卖人包装义务为范例,认定寄送买卖出卖人违反与给付有关的附随义务应承担损害赔偿责任,且价金风险不发生转移。

2. 出卖人为独立承运人之过错而负责?

前文提及2006年国家司法考试试卷三单项选择第10题的问题是,寄送买卖的出卖人是否须为承运人的过错负责任?由答案推知,根据《合同法》第121条的规定,债务人须为第三人原因造成的违约行为负责,该题中出卖人因为承运人的过错承担违约责任。倘若如此,结合《合同法》第145条就会出现一个奇怪的结论:寄送买卖中随着货交承运人而价金风险转移,出卖人得向买受人主张价金;但出卖人又要对承运人的行为负违约责任,买受人向其主张损害赔偿,因而价金风险转移的实际效果大打折扣,甚至价金请求权被买受人的损害赔偿请求权抵销,第145条的规范目的由此落空。

---

① 参见 Larenz, Schuldrecht BT, 1. Halbband, S. 103; Reinicke/Tiedkte, Kaufrecht, S. 311; Brox/Walker, Besonderes Schuldrecht, S. 21; Kötz, Vertragsrecht, S. 347; MünchKomm BGB/Westermann, § 447, Rn. 21; Erman/Grunewald, § 447, Rn. 18.《帕朗特民法典评注》的编写者明确指出,瑕疵的包装不属于风险范畴,参见 Palandt/Wiedenkaff, § 447, Rn. 9。
② 参见〔美〕威廉·H. 劳伦斯、〔美〕威廉·H. 亨宁:《美国货物买卖和租赁精解》,周晓松译,北京大学出版社2009年版,第120页。
③ 参见杨大明:《国际货物买卖》,法律出版社2012年版,第378页。

寄送买卖的出卖人是否为承运人的过错负责,本质上是出卖人是否须为债务履行辅助人(Erfüllungsgehilfe)的过错而负责的问题。德国个别学者认为,寄送买卖的承运人为出卖人履行向买受人交货并转移所有权的义务而行事,是典型的履行辅助人,因此根据《德国民法典》第278条的规定,出卖人须为承运人的过错负责。① 但通说否定出卖人须为承运人的过错负责。其理由如下:①寄送买卖的出卖人仅有义务发动运输,但无义务执行运输(Herbeiführung des Transportes, nicht aber die Durchführung)。随着货交承运人,即使给付效果尚未发生,出卖人的给付行为完成,因此承运人并非是为履行出卖人的义务而运输。② 申言之,出卖人并不负担运输给付义务③,出卖人亦非使用承运人来履行该义务。④ ②违约责任仅与债务人的给付行为有关联,于给付行为中才考虑过错的问题,《德国民法典》第278条为债务履行辅助人负责也是与债务人的行为义务有关。但随着货交承运人,这些条件都不存在,出卖人发动运输后,其责任即告终结。⑤ ③从《德国民法典》第447条的规范目的看,承运人的过错导致货物的毁损灭失恰是一种典型的运输风险(Transportrisiko),包括在寄送买卖的风险之中。⑥

我国台湾地区的民法理论就债务人是否应为所使用的铁路、邮政等运输部门的过错而负责,存有争议。史尚宽认为,如债务人使用该人运输货物,因其无法干涉辅助人,故而标的物灭失时,不适用我国台湾地区"民法"第224条的债务人为履行辅助人而负责。⑦ 王泽鉴认为,于此应区分情况对待:如果债务人负担赴偿之债,鉴于债务人利用铁路和邮政扩大其交易活动,对其故意或过失负责任,亦可成立;但如果债务人负担送付之债,清偿地为债务人住所地,债务人仅负责送付承运人,故而邮政或铁路的运输本身非属履行债

---

① Vgl. Schultz, Preisgefahr und Gehilfenhaftung beim Versendungskauf, JZ 1975, S. 241 ff.
② Vgl. Reinhardt, Die Gefahrtragung beim Kauf, S. 158; Staudinger/Beckmann(2004), § 447, Rn. 28.
③ Vgl. Fikentscher/Heinemann, Schuldrecht, S. 402.
④ Vgl. Reinicke/Tiedtke, Kaufrecht, S. 56.
⑤ Vgl. Reinhardt, Die Gefahrtragung beim Kauf, S. 158.
⑥ Vgl. BGH, NJW 1965, 1324. Reinhardt, Die Gefahrtragung beim Kauf, S. 158; Staudinger/Beckmann(2004), § 447, Rn. 28; MünchKomm BGB/Westermann, § 447, Rn. 23; Wertenbruch, JuS 2003, 625.
⑦ 参见史尚宽:《债法总论》,中国政法大学出版社2000年版,第363页。相同观点参见郑玉波:《民法债编总论》,中国政法大学出版社2004年版,第262页。

务之范围,债务人对其过错自不必负责。① 相较而言,王泽鉴教授的观点更为全面可取,与德国民法通说一致。

我国《合同法》第121条规定债务人须为第三人原因造成的违约负责任,其中包括为履行辅助人的过错负责的情形。② 但是在寄送买卖的场合,根据《合同法》第145条的规定,应认为出卖人的义务仅在于发送货物,而无义务运输,故而无须根据《合同法》第121条为运输中承运人的过错负责。如果按照2006年国家司法考试的答案处理《合同法》第145条与第121条的关系,那么寄送买卖中凡是由承运人造成的货物毁损灭失均由出卖人负责,则第145条适用效果将会折损大半,其规范目的将不获实现。

须指出,上述结论仅适用于货交独立的第三方运输主体。倘若出卖人以自己的工作人员进行运输,则另当别论。对此问题,各国实践和学说有不同的观点。首先,根据《公约》、美国《统一商法典》相关规定以及我国《买卖合同司法解释》第11条的规定,寄送买卖的出卖人自己或安排自己的工作人员进行运输,并不发生价金风险的转移。其次,按照德国民法通说,出卖人安排自己的工作人员运输,价金风险也转移。虽然如此,出卖人须对运输人的过错负责。因为从利益状况分析,假设出卖人以独立的承运人运输,价金风险转移后,买受人还可依据《德国商法典》第425条请求承运人就货物毁损灭失进行损害赔偿,且该责任无须以承运人的过错为要件③;而出卖人以自己人员运输,因运输人致使货物毁损灭失,买受人如果不能依据债务履行辅助人的过错请求出卖人承担责任,也无法依据运输合同向具体承运人主张(无过错)损害赔偿,从而买受人的法律地位会因此而大为降低,双方利益状态显然失衡。④ 就出卖人为自己运输人的过错负责,学理上的根据在于,出卖人如以自己运输人执行运输,负有买卖合同中的"诚信给付义务"或"保护义务",即于运输途中保护标的物、不使其受损害的义务,直至货物安全抵达目的地。出卖人自己的运输人作为履行辅助人应善尽此项

---

① 参见王泽鉴:《为债务履行辅助人而负责》,载王泽鉴:《民法学说与判例研究》(第6卷),中国政法大学出版社1998年版,第75页。
② 参见韩世远:《合同法总论》,法律出版社2008年版,第535页;周江洪:《〈合同法〉第121条的理解与适用》,载《清华法学》2012年第5期。
③ Vgl. Münchener Kommentar zum HGB/Herber, 2. Aufl., C. H. Beck 2009, § 425, Rn. 5.
④ Vgl. Staudinger/Beckmann(2004), § 447, Rn. 30;Erman/Grunewald, § 447, Rn. 10.

义务,否则,应对其过错承担责任。①

3. 小结

寄送买卖的货物发生毁损灭失,如属意外事件,可适用风险负担规则;如是出卖人违反义务所致,则属于可归责于债务人之事由,不适用风险负担规则,同时须根据出卖人违反何种义务来确定其法律效果,具体言之:

首先,倘若出卖人根本未寄送、未将货物交与承运人,构成违反主给付义务,应依《合同法》第 107 条承担违约责任,且不符合第 145 条的构成要件,不发生价金风险转移。

其次,倘若出卖人虽已完成货物发送,但未尽到合理安排运输的义务或安全运输的注意和保护义务,违反《合同法》第 60 条第 2 款意义上的附随义务,其法律效果在于:如违反"与给付有关之附随义务",出卖人须进行损害赔偿,买受人得解除合同,且是可归责于债务人之事由而价金风险不发生转移;如违反"与给付无关之附随义务",买受人得请求固有利益损害赔偿。

再次,寄送买卖的货物运输并非出卖人的义务范围,承运人亦非出卖人的债务履行辅助人,不能根据《合同法》第 121 条令出卖人为承运人造成货物毁损灭失的行为负责,否则第 145 条的规范意义将落空。

最后,寄送买卖中的承运人通常是独立的第三人,如果出卖人安排自己的运输人员进行运输,按照《买卖合同司法解释》第 11 条不适用风险转移规则;按照德国民法通说价金风险发生转移,但出卖人须为承运人(债务履行辅助人)的过错负责任。这两种方案的后果对买受人而言均属公平合理。

四、寄送买卖风险转移后的损害赔偿

寄送买卖出卖人货交承运人后发生风险转移,买受人即使得不到买卖标的物,也须支付价金,但这并不意味着完全由买受人承担货物灭失的经济损失。如果货物毁损、灭失发生在运输途中,且非因不可抗力、货物自然性质或合理损耗,以及托运人、收货人的过错造成的,承运人须承担损害赔偿的责任(《合同法》第 311 条)。但问题是,寄送买卖交易中通常由出卖人订立运输

---

① 参见 Looschelders, Schuldrecht BT, 8. Aufl., Franz Vahlen Verlag 2013, S. 73; Brox/Walker, Besonderes Schuldrecht, S. 21; Staudinger/Beckmann(2004), § 447, Rn. 30;但对此观点批判参见 Reinhardt, Die Gefahrtragung beim Kauf, S. 159 ff. 。

合同,所以承运人应向出卖人承担违约责任,由此出现如下奇特的法律现象:出卖人因风险转移而有权获得价金,从而在未有实际损害的情况下,享有对承运人的违约责任请求权;相反,买受人虽未得到完好的货物,但须支付价金,因其并非运输合同的当事人,从而虽有实际损害但不享有对承运人的违约责任请求权。① 我国也有法院认为:寄送买卖出卖人起诉承运人要求赔偿货物毁损,但因风险已转移,出卖人对买受人仍享有价金请求权,没有实际损失,从而驳回原告诉讼请求。② 但如果这种"权利地位的离散"(Auseinanderfallen von Rechtsposition)给有加害行为的承运人带来免责的后果,显然不符合公平正义。③

从比较法看,令大陆法系的理论家纠结的上述问题,在英美法系中也同样存在。不过,早在19世纪,英国法院通过判例已经确认风险转移后买卖合同的出卖人可就买受人遭受的损害向承运人请求赔偿全部损失,承运人不得以出卖人无损失而进行抗辩。1992年英国《海上货物运输法》第2条第4款规定买受人可就货物损害向承运人请求赔偿。其理由是承担价金风险的一方当事人不能因欠缺运输合同诉权而使承运人免责。④ 而美国《统一商法典》更全面彻底地解决在第三人侵害货物时买卖双方的利益保护问题,第2—722条规定,如果第三人损坏已经划拨于买卖合同项下的货物,则买卖合同的任何一方当事人,只要对货物拥有所有权,或担保权益,或特殊财产权,或保险利益,都有权对该第三人提起诉讼;如果货物已被毁坏或被侵占,根据买卖合同承担风险的一方也有权提起诉讼。由于该条是关于买卖合同当事人对第三人诉权的一般规定,当然也适用于美国《统一商法典》第2-504条的装运合同。由此可见,英美法系采取实用主义的态度,通过立法直接规定买受人对承运人的损害赔偿请求权,而较少讨论买受人请求权的理论基础。但对于追求逻辑完满的大陆法系民法学理而言,就买受人对承运人的损害赔

---

① 以上描述仅针对承运人的违约责任而言。如果与买卖合同没有任何联系的第三人造成货物毁损、灭失,例如第三人侵权,上述现象依然存在:出卖人对第三人享有侵害所有权的请求权,但无损害;而买受人虽有损害,但对第三人不享有侵害所有权的请求权。参见 Oetker/Maultzsch, Vertragliche Schuldverhältnisse, S. 169。
② 参见浙江省金华市中级人民法院(2010)浙金商终字第1037号民事判决书。
③ Vgl. Staudinger/Beckmann(2004),§447,Rn. 37.
④ 参见杨良宜:《提单及其付运单证》,中国政法大学出版社2001年版,第264、280页。

偿请求权呈现出多种理论构造的可能性。

1. 基于侵害所有权的损害赔偿请求权

首先可以考虑,寄送买卖的买受人是否可以主张承运人侵害所有权的损害赔偿请求权。于此必先解决的问题是,出卖人货交承运人后,是否发生所有权转移。前文已述,《公约》第69条的"hand over",《德国民法典》第447条的"ausliefern"以及我国《合同法》第145条的交付第一承运人,均应理解为"移交",而非交付。出卖人货交承运人并未完成买卖合同的交付义务,而仅仅表明其作出了给付行为(发送货物),至于给付效果(交付和所有权转移)须待买受人收取货物后才能完成,这正是寄送买卖作为送付之债的特性。① 总之,寄送买卖中的买受人通常在货交承运人后并未取得货物所有权,所以不得以侵害所有权为由,请求承运人损害赔偿。

但是,在当事人有特殊约定时,货交承运人也会导致所有权的转移。于此可以设想如下情形:其一,出卖人将基于运输合同产生的对于承运人的返还请求权,以指示交付方式让与给买受人(《德国民法典》第931条、《物权法》第26条),从而买受人可能在货交承运人后取得所有权。② 其二,如果承运人作为买受人的占有辅助人(Besitzdiener)接受货物,则出卖人对其交货也是完成交付义务③,进而发生所有权转移。其前提是买受人与承运人建立占有辅助所需的某种社会依赖关系。总之,如果买受人依特殊方式取得标的物所有权,可以侵害所有权为由,请求可归责的承运人或第三人损害赔偿。

在商事交易领域,以运输方式买卖货物,承运人在接受货物后通常会向托运人(出卖人)签发证明运输合同的运输单证。运输单证有两大类:一类是普通的托运单,仅有证明运输合同的作用[参见《中华人民共和国海商法》(以下简称《海商法》)第80条]④;另一类是提单,不仅能够证明运输合同,而

---

① Vgl. Staudinger/Beckmann(2004), § 433, Rn. 75.
② Vgl. MünchKomm BGB/Westermann, § 447, Rn. 2; MünchKomm BGB/Westermann, § 433, Rn. 52.
③ Vgl. Staudinger/Beckmann(2004), § 433, Rn. 75.
④ 参见史尚宽:《债法各论》,中国政法大学出版社2000年版,第587页;司玉琢:《海商法专论》,中国人民大学出版社2010年版,第102页。提单之外的其他运输单证,虽然不具有代替货物交付的作用,但是出卖人可以通过让与返还请求权的方式(指示交付)完成交付义务。参见Grunewald, Kaufrecht, S. 89。

且可以代替货物现实交付,即对于有受领权限之人,就货物上权利之取得,具有与交付货物(Übergabe)同等之效力(《德国商法典》第448条)。我国《海商法》第71条关于提单交付与货物所有权变动的关系规定不明,早期的海商法理论将提单界定为"物权凭证",认为占有提单即享有提单项下的货物所有权,交付提单即表示货物所有权转移。① 但这一理论对提单的功能存在误解。根据德国商法理论,为实现提单项下货物的物权变动(让与所有权或设定质权),除了交付提单,买卖双方还须就所有权让与或设立质权达成物权合意(《德国民法典》第929条、第1205条)。② 从术语来看,《德国商法典》第448条、第475g条、第650条规定提单、仓单、海运提单交付的效力等同于货物交付的效力,因此称为"交付凭证"(Traditionspapier),原文并无"物权凭证"的含义。英国法上,著名的《本杰明论货物买卖》也强调,交付提单可引起拟制占有(constructive possession)的转移,且"可能"(may)导致所有权转移。③ 言下之意,提单交付并不等于所有权转移,此外还须有当事人之间转移其项下货物所有权的意思。④ 因此,我国应采上述通说,将交付提单仅理解为代替货物交付,货物的物权变动(包括所有权和担保物权)须视当事人的意思表示而定。⑤

综上,如果出卖人已向买受人交付提单并达成让与所有权的合意,则买受人取得所有权,从而可以针对承运人主张侵害所有权的损害赔偿。以国际贸易实践中经常出现的"无单放货"为例,最高人民法院《关于审理无正本提单交付货物案件适用法律若干问题的规定》第3条规定,"承运人因无正本提单交付货物造成正本提单持有人损失的,正本提单持有人可以要求承运人承

---

① 对此可参见王文军对物权凭证说的介绍与批评。参见王文军:《提单项下海运货物索赔之请求权基础研究》,法律出版社2011年版,第21页。
② Vgl. Münchener Kommentar zum HGB/Herber, 2. Aufl., C. H. Beck 2009, § 448, Rn. 6 ff.; Bambach/Hopt/Merkt, Handelsgesetzbuch Kommentar, 32. Aufl., C. H. Beck 2006, § 448, Rn. 2; Brox/Henssler, Handelsrecht, 20. Aufl., C. H. Beck 2009, S. 333 f.
③ See A. G. Guest, Benjamin's Sale of Goods, Sweet & Maxwell, London, 1992, p.920.
④ 参见杨良宜:《提单及其付运单证》,中国政法大学出版社2001年版,第7页;王文军:《提单项下海运货物索赔之请求权基础研究》,法律出版社2011年版,第74页。
⑤ 我国有法院采这种观点并指出:提单与货物所有权的转移不一定同步,所有权的取得取决于合同双方的约定。参见上海市高级人民法院(2009)沪高民四(海)终字第185号民事判决,载国家法官学院、中国人民大学法学院编:《中国审判案例要览》(2010年商事审判案例卷),中国人民大学出版社2012年版,第401页以下。

担违约责任,或者承担侵权责任"。从侵权视角看,"无单放货"是承运人对货物的侵权行为,买受人如持有正本提单,可对承运人主张侵权责任。①

2. 第三人损害清算理论

就赔偿权利人而言,损害赔偿法的原则是受害人仅能就自己的损害主张请求权。但在一些特殊情况下,损害并非发生在可能有赔偿请求权的债权人身上,而是发生在第三人处且该人没有请求权。于此,如果仍然坚持权利人仅能主张自身的损害,则加害人可能因这种意外的损害转移(Schadensverlagerung)而逃脱责任。德国民法学理上提出"第三人损害清算"(Drittschadensliquidation)理论来解决这一问题,即赋予赔偿权利人针对加害人主张第三人之损害的权利。② 根据德国司法实践,适用第三人损害清算的案例类型大致包括:①寄送买卖风险转移的出卖人得向承运人主张买受人的损害。②间接代理的代理人以自己名义与相对人订立合同,如果相对人违约,虽然代理人没有损害,但可就委托人的损害向相对人主张赔偿。③因借用、租赁而照管他人之物,在照管期间该物受侵害,得向加害人就所有权人的损害请求赔偿。④甲为担保对乙的借款债务而将自己的一项债权让与乙(让与担保),如果债务人丙迟延向乙履行,则甲须向乙支付逾期的借款利息,因此乙虽对丙有请求权但并无损害,而甲虽有损害却对丙无请求权。③

在寄送买卖中,出卖人如将货物移交给承运人,所有权虽未转移给买受人,但价金风险已发生转移。如果承运人对于货物的毁损灭失有过错,出卖人可向其主张货物所有权受侵害的损害赔偿请求权(《德国民法典》第823条第1款)。但因为价金风险转移,出卖人仍可获得价金,依据损害概念的"差额说"(Differenztheorie),对比损害事故发生的前后,纯粹从经济角度看,出卖人并无损害可言。反之,买受人因不能获得货物却必须支付价金,从而遭受损害,但因其尚未成为货物的所有权人,并无侵权的损害赔偿请求权可

---

① 参见刘寿杰:《〈关于审理无正本提单交付货物案件适用法律若干问题的规定〉的理解与适用》,载《人民司法·应用》2009年第9期。
② Vgl. Larenz, Lehrbuch des Schuldrechts AT, S. 462; Looschelders, Schuldrecht AT, S. 330; Brox/Walker, Allgemeines Schuldrecht, S. 306.
③ Vgl. Looschelders, Schuldrecht AT, S. 331 f.; Brox/Walker, Allgemeines Schuldrecht, S. 308 f.

言。根据第三人损害清算理论,出卖人可就买受人的损害,向承运人主张请求权。因为出卖人对买受人发生给付不能,所以其所获得的赔偿应作为代偿利益(Surrogat),按代偿请求权制度(BGB§285)返还给买受人,或者出卖人将针对承运人的请求权让与买受人,由买受人直接向承运人主张损害赔偿。[1]

尽管通过第三人损害清算解决寄送买卖风险转移后的损害赔偿在德国民法上已成为通说,但是理论上对此向来多有质疑。拉伦茨指出,第三人损害清算仅在"差额说"的意义上才适用于寄送买卖。换个视角看问题,出卖人作为所有权人确实因物之灭失遭受了"客观损害",因此应赋予出卖人损害赔偿请求权,并作为代偿利益让与买受人。[2] 布洛克斯和罗谢尔德斯都认为,寄送买卖的风险转移仅在出卖人与买受人之间的内部关系上发生效果,在出卖人(所有权人)与加害人(承运人)之间的损害计算上不予考虑。[3] 布登班德(Büdenbender)以《德国民法典》第843条第4款为例说明法律中存在"规范性损害"(normativer Schaden),例如身体受伤害之请求权人从第三人处获得扶养,但不能因此免除加害人的赔偿义务。如将这一法律思想类推适用在寄送买卖中,则货物的加害人也不能因风险转移而排除出卖人的损害赔偿请求权。[4] 因此,第三人损害清算适用在寄送买卖案型上纯属多余。

此外,第三人损害清算在寄送买卖的适用空间还因为德国民法的特别规定而进一步被压缩。例如,《德国民法典》第474条第2款规定消费品买卖不适用第447条的风险转移规则,出卖人在货交承运人后仍承担风险,从而运输途中发生意外构成自身的损害。再者,如果运输合同属营业行为,则适用

---

[1] Vgl. Staudinger/Beckmann(2004), § 447, Rn. 37 ff. 。Looschelders, Schuldrecht AT, S. 331; Brox/Walker, Allgemeines Schuldrecht, S. 308 f.

[2] Vgl. Larenz, Lehrbuch des Schuldrechts AT, S. 464.

[3] 参见 Looschelders, Schuldrecht AT, S. 332; Brox/Walker, Allgemeines Schuldrecht, S. 309。史尚宽也认为:"如运送人未依债务本旨为履行,惟应对于托运人负损害赔偿责任。其赔偿金额,结局应归属于谁,乃托运人与第三人之内部关系,与运送人无涉。"史尚宽:《债法各论》,中国政法大学出版社2000年版,第618页。

[4] 参见 Büdenbender, Drittschadensliquidation bei obligatorischer Gefahrentlastung – eine notwendige oder überflüssige Rechtsfigur? NJW 2000, 986。关于《德国民法典》第844条类推至寄送买卖损害赔偿作为一种法律续造,参见 Stamm, Rechtsfortbildung der Drittschadensliquidation im Wege eines originären und rein deliktsrechtlichen Drittschadensersatzanspruchs analog § 844 Abs. 1 BGB, AcP 2003, 366。

《德国商法典》第421条第1款第二句,收货人可以自己的名义主张运输合同所生之请求权,据此寄送买卖的买受人可就其损害向承运人直接请求损害赔偿,而不必求诸第三人损害清算理论。①

3. 真正的利益第三人合同

如上所述,第三人损害清算作为一种法学构想具有强烈的"人为造作"(Kunstprodukt)嫌疑②,德国民法理论上一直对此存在质疑,立法上也寻求更妥善的解决方案。所幸1998年德国通过运输法改革法案,对运输合同中收货人的地位重新作出规整,在《德国商法典》第421条第1款第二句规定:"货物被毁损、或迟延交付、或发生遗失的,收货人可以自己的名义,对承运人主张由货运合同产生的请求权;托运人仍有权利主张此种请求权。"相比而言,我国《合同法》虽有货运合同承运人的赔偿责任之规定(第311条),但未明确究竟只有托运人,抑或收货人也享有损害赔偿请求权。因此,我们可以借鉴德国运输合同法的原理,对我国合同法上寄送买卖收货人的法律地位提出一种解释。

就《德国商法典》第421条第1款第二句文义而言,其规定收货人得"主张"(geltend machen)运输合同请求权。由此带来如下争议:收货人究竟是获得一项针对承运人的实体法权利呢,还是仅仅具有一种诉讼地位?有人根据该条中的"主张"一词,认为其仅赋予收货人以自己的名义行使他人权利的"诉讼担当"(Prozessstandschaft)。③ 诉讼担当意味着原告得以自己名义进行诉讼,享有实施诉讼权限(Prozessführungsbefugnis),但与享有实体法权利而对应的当事人资格(Sachlegitimation)有别。④ 倘若如此解释《德国商法典》第421条第1款第二句,则寄送买卖的买受人自身并未获得合同请求权,仅解决

---

① 参见 Oetker, Versendungskauf, Frachtrecht und Drittschadensliquidation, JuS 2001, 833; Fikentscher/Heinemann, Schuldrecht, S. 308; Brox/Walker, Allgemeines Schuldrecht, S. 309。但也有学者认为,《德国商法典》第421条第1款第二句恰是法定的第三人损害清算的规定。参见〔德〕C. W. 卡纳里斯:《德国商法》,杨继译,法律出版社2006年版,第761页。

② Vgl. Büdenbender, NJW 2000, 986.

③ Vgl. Schroiff, Der neue § 421 HGB und die Drittschadensliquidation, JuS 2000, 624; Büdenbender, NJW 2000, 986 (Fußn. 15).

④ 参见 Thomas/Putzo, ZPO, 29. Aufl., § 51, Rn. 21; Creifelds, Rechtswörterbuch, 19. Aufl., S. 914;〔德〕奥特马·尧厄尼希:《民事诉讼法》,周翠译,法律出版社2003年版,第82、105页。

了买受人为何可以主张请求权的问题(即无须代偿请求权步骤),因此仍须辅之以第三人损害清算来确定出卖人的损害问题。①

如果认为《德国商法典》第421条第1款第二句赋予收货人一项实体请求权,那么其理论基础何在呢?于此可资利用的学说有二:其一,贝克尔(Becker)提出,根据附保护第三人作用之契约的理论,货运合同具有保护收货人之效力。收货人作为第三人与货运合同的给付存在联系,因为货运合同的目的是将货物运至收货人处,以实现收货人对托运人享有的合同利益,因此收货人取得货物的利益处于货运合同的保护范围之内,符合附保护第三人作用契约的条件。② 但该种观点的支持者较少。③

其二,德国民法通说认为,货运合同属于《德国民法典》第328条所规范的真正利益第三人合同,《德国商法典》第421条第1款第二句赋予第三人(收货人)一项独立的合同请求权。与此同时,该条还规定托运人仍可主张运输合同的请求权,因此,就货物毁损灭失的损害赔偿而言,收货人与托运人构成《德国民法典》第428条、第429条意义上的连带债权人。据此,作为债务人的承运人向任一债权人履行,则债务即告消灭。④ 在民事诉讼中,托运人和收货人均可作为原告向承运人提起诉讼,但为保护债务人不至于重复给付,法院对其中一人的判决效力也应延伸至另一债权人。⑤

由于《德国商法典》中的运输合同法仅适用于商业运输,故而利益第三人合同理论并未完全取代第三人损害清算理论在寄送买卖损害赔偿问题上的作用,后者在非营业运输以及货运代理情形中仍有适用余地。⑥ 这主要是因为《德国商法典》原则上优先于民法适用。⑦ 但我国《合同法》采取民商合

---

① Vgl. Oetker, JuS 2001, 833; Schroiff, JuS 2000, 624.
② 参见 Becker, Die Geltendmachung von Ersatzansprüchen gegen den Frachtführer gemäß § 421 Abs. 1 Satz 2 HGB, AcP 2002, 722。另参见黄茂荣对运输合同附保护买受人效力的学说介绍。参见黄茂荣:《买卖法》,中国政法大学出版社2002年版,第451页。
③ 奥特克(Oetker)反对将货运合同视作附保护第三人作用之契约。参见 Oetker, JuS 2001, 833。
④ 参见[德]C. W. 卡纳里斯:《德国商法》,杨继译,法律出版社2006年版,第761页; Bambach/Hopt/Merkt, Handelsgesetzbuch Kommentar, § 421, Rn. 2; Brox/Henssler, Handelsrecht, S. 240; Oetker, JuS 2001, 833。
⑤ Vgl. Becker, AcP 2002, 722.
⑥ Vgl. Oetker, JuS 2001, 833.
⑦ 参见[德]C. W. 卡纳里斯:《德国商法》,杨继译,法律出版社2006年版,第6页。

一的立法,对运输合同并无营业性和非营业性之分,因此,我们可以尝试统一用利益第三人合同理论解决寄送买卖的买受人损害赔偿问题。

我国《合同法》上货运合同的收货人法律地位并不明确。如果收货人同时也是托运人,则收货人行使合同权利自不待言。但通常情况下,收货人是作为托运人交易相对方的买受人,与承运人并无合同关系。《合同法》第311条规定承运人对运输过程中货物的毁损灭失应承担损害赔偿责任,但对谁承担责任并不明确。这种规则设计欠缺对收货人的利益考量,不尽合理。① 有必要采用利益第三人合同的理论,确定收货人的权利和义务。

首先,我国合同法上是否承认真正的利益第三人合同,即第三人是否可以享有合同请求权?《合同法》第64条规定债务人不履行债务"应向债权人承担违约责任",立法者似乎更倾向于采用不真正的利益第三人合同。学者们围绕该条的文义、体系、法意、比较法、法律漏洞等问题展开激烈讨论。② 但争论者似乎未考虑到,合同法条文是任意性的规定,如果当事人在合同中约定第三人享有合同请求权,或结合交易状况、合同目的通过意思表示解释也可得出相同的结论,那么,即使《合同法》未一般性地承认赋权型利益第三人合同,也不妨碍认可个别合同或特殊合同类型中第三人的请求权。③ 例如,根据我国法律实践,保险合同的受益人、信托合同的受益人、运输合同的收货人均可享有合同的请求权。④

其次,就具体的运输合同类型,我国相关特别法赋予收货人以运输合同的请求权。例如,《中华人民共和国铁路法》第16条第2款规定,"托运人、收货人或者旅客有权按货物、包裹、行李灭失向铁路运输企业要求赔偿"。根据《中华人民共和国民用航空法》(以下简称《民用航空法》)第120条的规定,航空运输合同的收货人可于货物到达目的地点后要求承运人交付货物;如果货物遗失,收货人可请求运输合同的权利;该法第121条还规定,托运人和收

---

① 参见张家勇:《为第三人利益合同的意志论基础》,载《清华法学》2008年第3期。
② 肯定真正利益第三人合同者,参见韩世远:《合同法总论》,法律出版社2008年版,第232—237页。否定说参见张家勇:《为第三人利益的合同的制度构造》,法律出版社2007年版,第361—365页。
③ 例如《德国民法典》第328条也未规定真正利益第三人合同,而是将第三人是否取得权利当成一个意思表示解释的问题。参见 Palandt/Grüneberg, § 328, Rn. 3。
④ 参见张家勇:《为第三人利益的合同的制度构造》,法律出版社2007年版,第359—360页。

货人无论为本人或者他人的利益,可以以本人的名义分别行使运输合同的权利。从司法实务看,最高人民法院《关于新疆梧桐塑料厂与乌鲁木齐铁路分局铁路货物运输合同赔偿纠纷一案的请示的答复》指出:"货物运抵到站后,承运人因交付货物与收货人发生权利义务关系,对发生的货物损失,收货人有权依据运输合同向承运人提出赔偿请求。"① 根据上述规定,托运人与铁路或航空部门订立的运输合同,使收货人取得履行合同请求权和违约损害赔偿请求权,承运人对托运人或收货人履行义务后,债务即告清偿,这完全符合利益第三人合同的法律结构。笔者认为,就货运合同收货人的权利而言,铁路、航空与其他运输方式(如公路、水路)并无本质区别,上述理论可应用于其他运输合同。

最后,利益第三人合同理论在运输合同中的疑难问题是:合同当事人可以为第三人设定权利,但不能为其设定义务,那么运输合同的收货人在享有交货请求权的同时,是否应当承担与运输有关的义务呢?例如运费、亏舱费、滞期费、装货费等。自理论言之,史尚宽曾指出收货人承担义务的根据有法律规定说、债务移转说、指示说、无名契约说。② 从各国家或地区立法考察,收货人承担义务大多由法律明确规定。例如根据《德国商法典》第 421 条第 2、3 款的规定,收货人如果主张交货请求权,则须与托运人一起就运费、滞期费承担连带责任,理论上将其界定为"法定并存性债务承担"。该规则并不违反"禁止为他人设定负担"之原则,因为只有在收货人主张交货请求权时,才启动这一连带责任。而且,因为承运人一旦交付货物,即丧失货物的质权,因此收货人承担连带责任也是对该质权的一种补偿。③ 根据 1992 年英国《海上货物运输法》第 3 条的规定,向承运人主张权利的收货人应如同运输合同当事人一样承担合同义务。其立法理由在于收货人从运输合同获得利益,如不承担义务则显然不公。④《联合国全程或者部分海上国际货物运输合同公约》(《鹿特丹规则》)第 58 条亦规定运输单据持有人行使运输合同权利时

---

① 其他法院援引该批复作为收货人享有运输合同请求权的依据。参见山东省青岛市中级人民法院(2007)青民四终字第 57 号民事判决。
② 参见史尚宽:《债法各论》,中国政法大学出版社 2000 年版,第 612—613 页。
③ 参见[德]C. W. 卡纳里斯:《德国商法》,杨继译,法律出版社 2006 年版,第 762 页。
④ 参见杨良宜:《提单及其付运单证》,中国政法大学出版社 2001 年版,第 280—281 页;王文军:《提单项下海运货物索赔之请求权基础研究》,法律出版社 2011 年版,第 142 页。

才承担相应义务。由此可见,各国法律在这一问题的立场上惊人地相似:收货人负担运输合同义务以其主张交货请求权为前提。这反映的一个朴素的法律原则就是:享有权利须承担相应的义务。这一原则在我国法律中也有所体现。例如,根据《民用航空法》第120条的规定,航空运输合同的收货人在缴付应付款项和履行航空货运单上所列运输条件后,才有权要求承运人交付货物。最高人民法院《关于新疆梧桐塑料厂与乌鲁木齐铁路分局铁路货物运输合同赔偿纠纷一案的请示的答复》也指出"在货物交付前,承运人与收货人之间不存在权利义务关系"。基于同等事物同等对待原则,其他运输合同也应适用相同规则。

除上述途径以外,为寄送买卖的收货人寻求合同请求权,还可以考虑间接代理理论:出卖人(托运人)作为买受人(收货人)的间接代理人,其与承运人订立运输合同,根据《合同法》第403条由买受人行使介入权,进而主张运输合同的请求权。例如,我国司法实践中,有法院认定托运人受收货人的委托授权,以自己的名义与承运人订立运输合同,最终由收货人直接向承运人主张运输合同的交货及损害赔偿请求权。① 实际上,采间接代理模式理解运输合同,是我国实践中广义的"代办托运"(不限于寄送买卖),即凡是以间接代理人身份订立运输合同,均构成代办托运。甚至买方自己也可委托物流公司、货运代理人等办理托运,出现货损货差后,受托人向收货人(买方)披露实际承运人,法院依据《合同法》第403条认定收货人得直接行使运输合同请求权。② 综上,如果出卖人与买受人约定代办托运,可以解释出卖人有委托或授权订立运输合同的意思表示,由买受人行使介入权进而享有运输合同请求权。这一理论构造与利益第三人合同理论也不冲突。

4. 本文观点及请求权竞合问题

寄送买卖风险转移后,如何保护买受人的利益是必须解决的后续问题。首先要考察的是货物的所有权是否转移。从立法目的来看,《合同法》采取各国通行的立法例,有意地将价金风险与所有权移转分开,第145条意义上的货交承运人不能表明所有权转移。但结合物权变动规则,如果出卖人以指

---

① 参见石家庄铁路运输法院(2003)石铁民初字第13号民事判决书;山东省青岛市中级人民法院(2010)青民二商终字第2号民事判决书。
② 参见上海海事法院(2009)沪海法商初字第724号民事判决书;嘉兴市南湖区人民法院(2008)嘉南民二初字第1949号民事判决书。

示交付或交付提单方式将运输合同项下的货物所有权让与买受人,则买受人享有向承运人请求因承运人过错导致货物毁损灭失的侵权责任请求权。

此外,还可以考虑买受人是否享有运输合同的交货及损害赔偿请求权。寄送买卖的启动运输由出卖人完成,即出卖人与承运人订立运输合同并向其交货,因此为确立收货人的运输合同请求权,必须克服合同相对性的困扰。德国法创制"第三人损害清算理论"使托运人得以就收货人所受之损害向承运人请求赔偿,但该理论因过于造作而被诟病。《德国商法典》经修改后采取法定方式赋予收货人运输合同请求权(第421条第1款第二句),并以利益第三人合同作为理论基础。此外,以间接代理理论,通过解释当事人委托代理订立运输合同的意思表示,也可使收货人获得运输合同请求权。由于德国民商法典分立的模式,商事运输和间接代理(行纪)均为商法典规范,从而导致上述理论及规则在民事领域不具普适性。而我国《合同法》采取民商合一的立法模式,无论是利益第三人合同理论,还是间接代理,均可贯穿所有运输合同收货人的请求权问题,比较而言,这不失为我国《合同法》的一项优势。总之,笔者认为,在出卖人和买受人就代办运输有明确的或可解释的间接代理意思表示时,应依当事人的意思而定;否则,采利益第三人合同理论,解决买受人的运输合同请求权问题。

如果收货人作为寄送买卖买受人,恰好也获得了货物的所有权,从而对承运人既享有侵权责任请求权,也享有运输合同请求权,构成《合同法》第122条意义上的请求权竞合。① 收货人可选择行使何种请求权。② 但有疑问的是,承运人根据运输合同得主张何种抗辩或免责事由,以及短期时效是否可以对抗收货人的侵权请求权?我国《海商法》第51条规定了12种承运人

---

① 运输合同的侵权与违约请求权竞合最显著事例为提单项下的"无单放货"行为,对此最高人民法院《关于审理无正本提单交付货物案件适用法律若干问题的规定》第3条明确采请求权竞合说。参见刘寿杰:《〈关于审理无正本提单交付货物案件适用法律若干问题的规定〉的理解与适用》,载《人民司法·应用》2009年第9期。理论观点参见〔加拿大〕台特雷:《国际海商法》,张永坚等译,法律出版社2005年版,第85页;李章军:《国际海运承运人责任制度研究》,法律出版社2006年版,第171页以下;王伟:《无正本提单交付货物的法律与实践》,法律出版社2010年版,第38页以下。关于铁路运输合同的违约与侵权请求权竞合,参见阴跃平、郝洪建:《铁路货物运输合同纠纷赔偿问题研究》,载《法律适用》2007年第12期。

② 最高人民法院《关于印发〈民事案件案由规定〉的通知》指出:"在请求权竞合的情况下,人民法院应当按照当事人自主选择行使的请求权,根据当事人诉争的法律关系的性质,确定相应的案由。"

免责事由,第257条规定货物损害赔偿请求权适用短期诉讼时效一年,此外第56条还规定了赔偿限额。海商法给予承运人责任优待,是因为海上货物运输的风险性极大,倘若承运人适用普通民事交往中的一般责任标准,不利于海运事业发展。法律的上述规范目的不能因为收货人选择侵权或违约而被轻易规避。此外,根据货物运输的国际公约《海牙·维斯比规则》第4条的规定,本公约规定的抗辩和责任限制适用于一切因货物毁损灭失而针对承运人的诉讼,不论该诉讼基于合同或侵权[《联合国海上货物运输公约》(《汉堡规则》)第7条亦同]。英国法已将此规则转化为国内法。① 我国《海商法》第58条吸取上述经验作出类似规定。② 《民用航空法》131条规定航空承运人的责任限制不论诉讼根据为何均得适用,也是基于相同立法旨趣。归纳而言,就侵权与违约的竞合,不论采请求权竞合说抑或请求权规范竞合说,合同法上责任限制所追求的法律目的,不应被受害人主张侵权请求权而挫败。③ 综上,针对承运人的损害赔偿请求权,如果运输合同有法定或约定免责事由以及短期时效,应适用于侵权责任请求权。④

五、结论

寄送买卖的标的物发生毁损灭失风险后,涉及多重民法问题。本文基于比较法的研究指出,寄送买卖是各国买卖法普遍规范的交易形式,虽然各法域使用的术语不同,但寄送买卖的风险转移问题及其后果大致相同,这奠定了我国《合同法》第145条的解释论基础。根据比较法上通行的合理观点,于此总结回应本文开篇提出的各项疑难问题如下:

---

① See Atiyah/Adams/MacQueen, The Sale of Goods, Pearson Langman 2005, p.554.
② 《中华人民共和国海商法》未规定短期诉讼时效是否适用于针对承运人的侵权请求权。最高人民法院《关于审理无正本提单交付货物案件适用法律若干问题的规定》第14条明确了无论违约或侵权,均适用短期诉讼时效一年。其理由分析参见王志文主编:《国际货物运输法律热点问题研究》,法律出版社2012年版,第202—204页。
③ 参见Medicus/Lorenz, Schuldrecht AT, S. 194; Georgiades, Die Anspruchskonkurrenz im Zivilrecht und Zivilprozeßrecht, C. H. Beck 1967, S. 176 f.; Larenz/Wolf, Allgemeiner Teil des Bürgerlichen Rechts, 9; Auflage, C. H. Beck 2004, S. 324;张家勇:《论责任竞合的逻辑与经验》,载龙卫球、王文杰主编:《两岸民商法前沿》(第2辑),中国法制出版社2013年版,第604页。
④ 史尚宽指出,运输合同法有特别减轻承运人赔偿责任事由者,应排除侵权行为法适用。否则,运输法的责任限制规定将等于虚设。参见史尚宽:《债法各论》,中国政法大学出版社2000年版,第622页。

第一,寄送买卖本质上是送付之债,其给付行为地是出卖人住所地,但给付结果发生在买受人住所地。出卖人将货物移交承运人时,并未完成交付义务,所有权不发生转移。但依据《合同法》第145条的规定,价金风险发生转移。

第二,寄送买卖的出卖人仅负有发送货物的义务,而无运输的义务。但出卖人须尽到合理安排运输以及与运输有关的注意和保护义务,否则价金风险不发生转移并可能要对买受人承担损害赔偿责任。

第三,寄送买卖的标的物因承运人原因而导致毁损灭失,出卖人无须根据《合同法》第121条为第三人事由负责而向买受人承担违约责任。

第四,一般而言,出卖人将货物交与承运人并未使买受人取得货物所有权。但买卖双方可能特别通过指示交付或交付提单而完成所有权转移。

第五,寄送买卖风险转移后,须解决买受人如何对造成货物毁损灭失的承运人主张损害赔偿请求权问题。如果货物所有权通过特殊方式发生转移,买受人当然得请求承运人侵权损害赔偿;此外,出卖人与承运人订立的运输合同可解释为利益第三人合同,由收货人行使运输合同的违约损害赔偿请求权。以上两种请求权基础可能发生竞合,应由当事人自愿选择。

买卖之房屋因地震灭失的政府补偿金归属[*]

——刘国秀诉杨丽群房屋买卖合同纠纷案评释

一、案件裁判与问题争点

1996年原告刘国秀与被告杨丽群签订《房屋买卖协议书》,约定被告转让都江堰市奎光小区5幢2单元5层2号住房一套,购房款6万元。1996年12月4日,原告付清房款,被告随即将房产证和房屋交付给原告,原告搬进该房屋居住至今。被告将房屋转让给原告后即搬迁至上海市居住,因此双方一直未办理房屋产权过户手续。

2008年5月12日地震,该住房因严重破坏而灭失。原告为享有政府的安置政策,诉至法院,要求被告协助办理房屋产权登记手续。审理过程中,原告变更诉讼请求:判令讼争房屋的相关利益由原告享有。都江堰市人民法院经审理认为:

> 原、被告签订的《房屋买卖协议书》是双方当事人的真实意思表示,且内容不违反法律规定,应为有效。原告已实际付清购房款,被告也将房屋实际交付给原告占有使用长达12年,双方的主要义务已经履行完毕,过户登记的基础要求已经成就,只是因为特大地震的发生,导致房屋毁损,无法实际过户。在无法判令将房屋过户给买房人又无法为买房人确权的情况下,根据权利义务对等的原则,即承担风险的一方也应享有

---

[*] 原载《交大法学》2013年第2期。

相关的收益。既然买房人承担了房屋毁损灭失的风险,那么基于毁损房屋应当获得的利益也应由其享有。

法院最终依据《中华人民共和国合同法》(以下简称《合同法》)第32条、第44条第2款判决被告杨丽群的住房灭失后的房屋相关利益由原告刘国秀享有。双方当事人均未上诉,一审判决发生效力。①

此类案型在2008年"5·12"汶川大地震后成为当地司法实务中的典型买卖合同纠纷。据称,自地震截至本案发布时,四川省都江堰市人民法院受理了18起买受人要求出卖人履行房屋所有权登记移转的民事诉讼。此类案件的处理结果,直接关系到政府灾后重建的顺利展开和灾民合法权益的保护。② 不仅如此,各个买卖合同的标的物常常因各种事故发生而灭失毁损,此类风险的分配及当事人的利益保护是民商事交往中的重大问题。因此解决本案问题,也具有普遍的实践意义。

本案裁判依据的《合同法》第32、44条是关于合同成立与有效的规定。但本案根本问题在于作为买卖标的物的房屋灭失后有关利益的归属,而事实上,我国法律就此尚缺乏明确规定,只能从民法原理出发,厘清本案的有关问题,具体言之:

(1)原告起诉要求被告协助办理所有权转移登记,是否能够得到支持?

(2)房屋灭失的风险应由谁承担?买卖合同的价金风险是否发生转移?

(3)因地震而灭失房屋转化的利益(政府救助补偿金),是否应由房屋登记的所有权人收取?

(4)未经登记转移房屋所有权的原告买方,是否可主张政府救助补偿金?

二、给付不能、风险转移与代偿请求权:比较法的分析

买卖合同标的物发生灭失,出卖人不能履行合同义务,构成债务履行的

---

① 参见四川省都江堰市人民法院(2009)都江民初字第851号民事判决,载最高人民法院中国应用法学研究所编:《人民法院案例选(月版)》(第10辑),中国法制出版社2009年版,第41页以下。

② 参见四川省成都市中级人民法院法官胡建萍、马丽莎对本案的评析。最高人民法院中国应用法学研究所编:《人民法院案例选(月版)》(第10辑),中国法制出版社2009年版,第43页。恰于本文撰写之际,2013年4月20日四川又发生雅安7.0级大地震。

障碍。笔者根据给付障碍的事件发展顺序,以德国民法理论为主线并参酌我国《合同法》相关条文,考察各项民法制度对本案法律问题的界定,梳理当事人的权利义务状况,提出解决问题的方案。

1. 给付不能

民法理论上将债务给付的障碍形态分为给付不能、给付迟延、不良给付、加害给付(即违反附随义务)以及债权人受领迟延。[①] 就本案的给付障碍来看,房屋出卖人有交付和转移所有权的义务(《合同法》第135条),但房屋因地震而灭失,致使所有权客体消灭,故而无法完成所有权转移,出卖人构成给付不能。德国原债法上区分客观不能与主观不能、自始不能和嗣后不能,其效果在于,自始客观不能的合同之债应归于无效(原《德国民法典》第306条)。但新债法修订之后,自始客观不能的合同也应生效,按给付不能的一般规则处理(《德国民法典》第311a条第1款)。我国合同法理论和实务之通说均认可自始不能合同有效。[②] 本案中房屋毁灭是在买卖合同签订12年之后发生,属嗣后不能,当然不影响合同效力。

给付不能对债务人的给付义务和债权人的对待给付义务发生根本影响。根据《德国民法典》第275条第1款的规定,债权人之请求权因发生给付不能而被排除。《合同法》第110条也规定,债务人负担非金钱债务发生法律上或者事实上的不能,则债权人不得请求履行。因此,本案中即使不考虑买受人的请求权是否罹于时效(12年之久),出卖人的转移所有权的义务也因给付不能而被排除。原告原先诉请出卖人履行合同、协助办理登记的诉讼请求,不应支持。

此外,本案案情并未显示,出卖人是否履行迟延。如果出卖人已经迟延履行,则在迟延期间虽然发生不可抗力,出卖人也不能免除责任(《合同法》第117条第1款第二句)。

2. 买卖合同的风险负担与价金风险转移

自买卖合同签订到履行完毕可能发生各种意外事件导致买卖标的物毁

[①] 参见 Medicus/Lorenz, Schuldrecht, AT, 18. Aufl., C. H. Beck, 2008, S.154;Brox/Walker, Allgemeines Schuldrecht, 35. Aufl., C. H. Beck, 2011, S.200;谢怀栻等:《合同法原理》,法律出版社2000年版,第277页以下;韩世远:《合同法总论》,法律出版社2008年版,第320页以下。

[②] 参见韩世远:《合同法总论》,法律出版社2008年版,第363—364页。

损或灭失,且又不可归责于出卖人,于此发生如下三个"风险"问题:

第一,物之风险(Sachgefahr),即谁承担物之毁损的风险?通常而言,谁是物之所有权人谁就应承担物之风险。例如买卖标的物所有权尚未转移,就应由出卖人承担该风险。①

第二,给付风险(Leistungsgefahr),即出卖人本打算交付的标的物毁损灭失后,出卖人是否仍须向买受人再为给付?② 该问题须视买卖合同标的物的性质而定。在特定物买卖,标的物是特定物,一旦毁损灭失再次给付当然是不可能的,因此特定物之债的给付风险应由买受人承担。③ 种类物之债的给付风险开始由出卖人承担,即出卖人须以市场上的同种类物满足买受人。但在种类之债特定化时,债务人的给付义务限于所确定的标的物,如果该物毁损灭失,出卖人无须再行提供相同给付,给付风险转移至买受人,这意味着买受人将得不到买卖标的物。从出卖人的角度看,就是排除给付义务(《德国民法典》第 275 条第 1 款、《合同法》第 110 条)。

第三,价金风险(Preisgefahr),即标的物发生毁损灭失后出卖人免除给付义务,那么他是否可以获得对待给付呢?④ 如上所述,给付风险转移后出卖人的给付义务消灭。⑤ 基于双务契约给付义务的牵连性,买受人也无须作出相应的对待给付(《德国民法典》第 326 条第 1 款第一句)。因而出卖人原则上承担对待给付风险即价金风险。⑥ 概言之,买卖合同发生给付不能时,出卖人和买受人的给付义务均告消灭。⑦ 然而,假如发生价金风险转移,则买受人不能免除对待给付义务。目前各国和地区多以"交付"作为价金风险转

---

① Vgl. Fikentscher/Heinemann, Schuldrecht, 10. Aufl., De Gruyter, 2006, S. 397f.; Jauernig Kommentar/Berger, Vor § §446, 447, Rn. 2ff.
② Vgl. Fikentscher/Heinemann, Schuldrecht, S. 397f.; Jauernig Kommentar/Berger, Vor § §446, 447, Rn. 2ff.
③ Vgl. Jauernig Kommentar/Berger, Vor § §446, 447, Rn. 4.
④ Vgl. Fikentscher/Heinemann, Schuldrecht, S. 397f.; Jauernig Kommentar/Berger, Vor § §446, 447, Rn. 2ff.
⑤ Vgl. Brox/Walker, Allgemeines Schuldrecht, 35. Aufl., S. 208; Looschelders, Schuldrecht, AT, S. 157.
⑥ Vgl. Larenz/Carnaris, Lehrbuch des Schuldrechts, Besonderer Teil, 1. Halbband, 13 Aufl., C. H. Beck 1994, S. 96; Reinicke/Tiedkte, Kaufrecht, 8. Aufl., Carl Heymanns Verlag 2009, S. 52.
⑦ 在大陆法系和英美法系都发生这样的法律后果。参见 Hager, Die Gefahrtragung beim Kauf, Alfred Metzner Verlag, 1982, S. 17. 。

移的判断准则①,即出卖人交付标的物后,价金风险转移至买受人,买受人即使不能获得标的物,也必须支付买卖价金。②

根据上述原理,可知本案中的风险负担状况如下:①因地震导致房屋灭失,所有权人承担物之灭失风险;②房屋买卖属特定之债,买受人自始承担给付风险,倘若房屋灭失,则出卖人免除给付义务;③按《合同法》第142条的交付原则,价金风险转移在房屋交付时即转移至买受人,故而买受人仍应支付价金。③ 由于本案中1996年12月4日刘国秀已付清房款,于此价金风险转移的具体后果是:不得请求出卖人返还价金。总之,原告刘国秀既承担了给付风险,又承担了价金风险;既不能主张出卖人登记过户转移所有权,也不能主张返还价金。

3. 房屋之补偿金是否为出卖人之不当得利

在情知实际履行和返还价金均不可获得支持的前提下,原告在诉讼中变更诉讼请求,要求政府对灭失房屋的救助补偿金(法院称"相关利益")。于此,首先须明确如果出卖人收取补偿金是否构成不当得利。

政府在确定房屋补偿金的发放时,房屋所有权仍然登记在出卖人名下,而政府只能按照房屋登记部门的登记信息确定救助对象。民法理论上认为,买卖标的物灭失(或被征收)时,其替代利益(例如损害赔偿或补偿费)的归属,原则上应依物权关系决定之。④

尽管上述法理自然显明,但我国台湾地区司法实务中曾发生买卖标的物土地被征收后,买受人依不当得利之规定,向出卖人诉讼请求返还其所受领补偿费的案例。对此请求,上诉法院批驳指出:出卖人系本于所有权而受领地价补偿,要非无法律上之原因可比,买受人依不当得利之法则请求出卖人将受领之补偿低价返还,殊非有理(1987年台上字第1241号判决)。王泽鉴教授认可上诉法院结论并指出,出卖人在办毕登记前,仍为土地所有人,在法

---

① 参见《德国民法典》第446条、美国《统一商法典》第2-509条第3款、《国际货物买卖合同公约》第69条第1款,以及我国《合同法》第142条。
② Vgl. Larenz/Canaris, Schuldrechts BT, 1. Halbband, S. 96; MünchKomm BGB/Westermann, §446, Rn. 1.
③ 如果涉及房地产开发企业将尚未建成或者已竣工的房屋向社会销售并转移房屋所有权的商品房买卖,根据最高人民法院《关于审理商品房买卖合同纠纷案件适用法律若干问题的解释》第11条第2款的规定,风险转移也适用交付原则。
④ 参见王泽鉴:《出售之土地被征收时之危险负担、不当得利及代偿请求权》,载王泽鉴:《民法学说与判例研究》(第6卷),中国政法大学出版社1998年版,第100页。

益归属上,其补偿费本应归由出卖人取得,并未因此而致买受人受损害,故不成立不当得利。因此对于买卖的土地交付后被征收之补偿金,仅得适用我国台湾地区"民法"第 225 条,由买受人主张代偿请求权。①

4. 代偿请求权

在本案中,买卖标的物因交付而价金风险转移,倘若出卖人既可获得买卖价金(对待给付),又获得了政府补偿金(不构成不当得利);而买受人既支付了价金,又不能获得政府补偿金,其结果在情理上难谓公平。因此,房屋因灭失而转化的利益,正是原告起诉的初衷,以及诉讼中变更请求的理由。但在我国民法上,原告主张该项利益缺少明确的制定法依据。对此可以通过比较法考察这一现象的处理结果。

在德国民法上,如果债务人因给付不能而排除给付义务,则债权人可以向债务人主张因标的物灭失而获得的代偿物(Ersatz),或主张其让与对第三人的代偿请求权(Ersatzanspruch)(《德国民法典》第 285 条、我国台湾地区"民法"第 255 条)。所谓代偿物或代偿请求权是指在经济上代替债务人所负担的标的物的任何财产利益②,统称为代偿利益(stellvertretendes commodum)。

一般而言,代偿请求权的构成条件如下:①债务人发生给付不能;②给付不能之事由产生代偿利益,例如标的物被他人侵害而灭失产生之损害赔偿请求权或保险金请求权③;③债务人原负担的给付标的物与代偿利益须具有同质性(Identität),即代偿利益作为给付标的物的替代。④ ④代偿请求权的成立,不以债务人存在主观过错为必要。⑤ ⑤代偿请求权不仅适用于标的物灭失或被侵害时产生的代替物(或损害赔偿请求权),而且对于债务人通过法律行为所获得之收益,例如向第三人出卖并转让标的物所有权(一物二卖)

---

① 参见王泽鉴:《出售之土地被征收时之危险负担、不当得利及代偿请求权》,载王泽鉴:《民法学说与判例研究》(第 6 卷),中国政法大学出版社 1998 年版,第 103—105 页。实务见解参见尤重道:《土地征收补偿金与不当得利、代偿请求权、危险负担之法律关系》,载《人与地》第 190 期。

② Vgl. Looschelders, Schuldrecht AT, 6. Aufl., Carl Heymanns Verlag 2008, S. 223.

③ Vgl. MünchKomm BGB/Emmerich, §285, Rn. 18ff.; Staudinger/Löwisch (2004), §285, Rn. 31 ff.; Looschelders, Schuldrecht, AT, S. 223.

④ Vgl. MünchKomm BGB/Emmerich, §285, Rn.24; Erman/H. P. Werstermann, §285, Rn.8.

⑤ 参见 Jörn Eckert, Schuldrecht Allgemeiner Teil, 4. Aufl., Nomos Verlag, 2005, S.126。我国台湾地区"民法"第 225 条第 2 项将代偿请求权限于因不可归责于债务人之事由而发生给付不能,实属多余。在可归责于债务人之给付不能,亦可发生代偿请求权。

所获价金也适用。① ⑥债务人取得之代偿利益,必须可以让与债权人,例如债务人对第三人之非财产之损害赔偿请求权不适用。②

代偿请求权制度的首要目的是为了衡平债权人与债务人之间不恰当的利益分配,让免除给付义务的债务人不得因之而受有利益。③ 虽然其功能上与不当得利和损害赔偿有相似之处,且同样是基于公平之理念,但与不当得利、损害赔偿在构成要件方面有差异,因此应严格区别,不应混淆。④ 进一步而言,代偿请求权可以上升理解为"代位物原则"(Surrogationsprinzip)的一种情形。⑤ 此外,该原则还体现在⑥:有偿无权处分他人之物应按不当得利返还所得利益(《德国民法典》第816条),以及属于某种特别财产范畴的标的物因毁损灭失所生之利益(如担保物权客体⑦、合伙财产等)。

作为买卖合同标的物的房屋因地震灭失产生的政府补偿金,是否属于代偿利益呢？就"代偿"(Ersatz)一词的原意来看,是指"赔偿""补偿",并不限于某种具体的代偿物或代偿请求权。例如,政府征收公民财产之征收补偿金(Enteignungsentschädigung),在德国民法实务中向来可作为代偿请求的对象⑧,我国台湾地区民法实务中亦然。⑨ 只不过在本案中,房屋灭失所得之补

---

① 参见 Medicus/Lorenz, Schuldrecht, AT, S. 208; Staudinger/Löwisch (2004), §285, Rn. 38;许德风:《不动产一物二卖问题研究》,载《法学研究》2012 年第 3 期。
② 参见史尚宽:《债法总论》,中国政法大学出版社 2000 年版,第 389 页。
③ 参见 MünchKomm BGB/Emmerich, §285, Rn. 1f.；郑玉波:《民法债编总论》,中国政法大学出版社 2003 年版,第 267 页。
④ 参见王泽鉴:《出售之土地被征收时之危险负担、不当得利及代偿请求权》,载王泽鉴:《民法学说与判例研究》(第6卷),中国政法大学出版社 1998 年版,第 108 页。
⑤ Vgl. Palandt/Grüneberg, 70. Aufl., §285, Rn. 1.
⑥ Esser, Schuldrecht Band I, AT, 4. Aufl., C. F. Müller Verlag, 1970, S. 210; Creifelds, Rechtswörterbuch, 19. Aufl., C. H. Beck, 2007, "Surrogation", S. 1132.
⑦ 《中华人民共和国物权法》第 174 条第一句:"担保期间,担保财产毁损、灭失或者被征收等,担保物权人可以就获得的保险金、赔偿金或者补偿金等优先受偿。"
⑧ Vgl. Staudinger/Löwisch (2004), §285, Rn. 35.
⑨ 就此问题,王泽鉴教授殊为重视,曾数度撰文研究,着重指出我国台湾地区"民法"第 225 条第 2 项之"损害赔偿"应类推适用于政府征收补偿金。参见王泽鉴:《出卖之土地于移转登记前被征收时,买受人向出卖人主张交付受领补偿费之请求权基础》,载王泽鉴:《民法学说与判例研究》(第 5 卷);王泽鉴:《出售之土地被征收时之危险负担、不当得利及代偿请求权》,载王泽鉴:《民法学说与判例研究》(第 6 卷);王泽鉴:《土地征收补偿金交付请求权与第 225 条第 2 项规定之适用或类推适用》,载王泽鉴:《民法学说与判例研究》(第 7 卷),中国政法大学出版社 1998 年版。另参见尤重道:《土地征收补偿金与不当得利、代偿请求权、危险负担之法律关系》,载《人与地》第 190 期。

偿金并非基于征收,而是基于政府在震后的安置政策所生,即政府为安置灾民,就灭失房屋给予的补偿金。① 因此,其性质上类似于征收补偿金,同为公法之权益,可以适用代偿请求权。倘若政府针对灾民身份给予具有人身性质的赈灾补偿金,则另当别论。

依代偿请求权制度,很容易判定本案中因地震灭失之房屋的政府补偿金归属,即买受人得请求出卖人就房屋灭失所获得之代偿利益。其具体效果如下:

(1)如果买受人主张代偿请求权,则双务合同的交换关系仍然存在,因此,不论房屋买卖价金风险是否转移,买受人都必须作出对待给付。② 详言之:如果买受人已经支付价金,自不必论(本案中原告已经支付价金);如果买受人未支付价金,则出卖人可就代偿利益与价金主张同时履行抗辩权。

(2)如买受人主张代偿请求权以外,尚有损害未能弥补,且给付不能之事由可归责于出卖人,则买受人仍可向出卖人请求损害赔偿。换言之,应将代偿利益从损害赔偿请求权中扣减。③

(3)如买受人主张代偿请求权之价额高于约定的买卖价金,或高于买受人所受损害,代偿请求权是否以此为限? 对此存有争议。史尚宽认为代偿请求权之价额不得大于给付利益。④ 但德国民法通说认为,不论代偿利益是否高于对待给付或高于损害赔偿,均不影响代偿请求权之成立。⑤

(4)买受人不是必须主张代偿请求权,而是享有选择权,可以决定是否取得代偿利益而继续作出对待给付,抑或是放弃代偿利益而解消自己的对待给付义务。⑥ 但本案中,价金风险已经发生转移,买受人不可免除对待给付义务,只有通过主张代偿利益以弥补损失。

尽管代偿请求权制度能够灵活地解决因给付不能事由发生的代偿利益

---

① 例如2008年《四川省汶川地震灾后城镇住房重建工作方案》中补助对象是:"自有产权住房毁损导致无房可住的城镇受灾家庭。"2010年《玉树地震灾后城乡居民住房恢复重建及维修加固补助政策意见》中灾后恢复重建住房补助对象是:"以家庭为单位,按相关程序经确认震前有住房自有产权,因地震造成住房倒塌、严重损坏需要重建或住房受损需要维修加固的灾区城乡居民家庭。"
② Vgl. Larenz, Lehrbuch des Schuldrechts AT, 14. Aufl., C. H. Beck, 1987, S. 310.
③ Vgl. MünchKomm BGB/Emmerich, § 285, Rn. 36.
④ 参见史尚宽:《债法总论》,中国政法大学出版社2000年版,第389页。
⑤ Vgl. Looschelders, Schuldrecht AT, S. 223; MünchKomm BGB/Emmerich, § 285, Rn. 31.
⑥ Vgl. Larenz, Schuldrechts AT, S. 310.

之归属,但遗憾的是,我国民法上并无该项制度,除非法官进行超越实定法的法律续造,从法理上确立代偿请求权,否则本案无法依此方法解决。

三、"风险负担—利益归属"法则的类推适用

1. 风险负担与利益归属一致性法理

在缺乏代偿请求权制度规定的情况下,法院裁判理由是:"根据权利义务对等的原则,即承担风险的一方也应享有相关的收益。既然买房人承担了房屋毁损灭失的风险,那么基于毁损房屋应当获得的利益也应由其享有。"于其文辞之下隐约可闻的法理是:买卖合同中谁负担风险,谁就应该享有风险所带来的利益。可概括为风险负担与利益归属的一致性原则。

关于风险与利益的一致性,主要体现在买卖合同风险转移的具体规则中。《德国民法典》第446条第一句和第二句规定:"买卖标的物交付时,意外灭失或毁损的风险转给买受人。自交付时起,用益(Nutzung)归属买受人,负担(Lasten)归买受人承担。"其余大陆法系各国和地区也多确认风险和利益一并转移的原则。交付原则的理由一方面是交付后买受人便于控制标的物的风险,另一方面是交付后本质上实现了买卖合同所追求之经济上后果,买受人得使用标的物并可保有标的物所生之用益,因此其亦应承担风险。①

伴随风险一并转移的利益,《德国民法典》第446条称为"用益"。又根据《德国民法典》第100条的规定,所谓用益包括孳息和"使用利益"(Gebrauchsvorteile)。孳息由物或权利产生,前者如果园的果实、林地的木材、房屋的租金等;后者如股票的红利、专利许可的收入等。使用利益是对物或权利使用带来的利益,但不是导致物或权利灭失的消费,例如承租人有权使用租赁物,行使股份上的表决权。②

除了以上"用益"之外,有疑问的是,由物所生的其他利益,诸如保险金、损害赔偿请求权是否也依此原理归属于买受人?德国学者恩内策鲁斯和雷

---

① Vgl. Larenz/Carnaris, Schuldrechts BT, 1. Halbband, S. 97;Staudinger/Beckmann(2004), § 446, Rn. 7; MünchKomm BGB/Westermann, § 446, Rn. 1.
② 参见〔德〕迪特尔·梅迪库斯:《德国民法总论》,邵建东译,法律出版社2000年版,第892—893页;Larenz/Wolf, Allgemeiner Teil des Bürgerlichen Rechts, 9. Aufl., C. H. Beck, 2004, S. 376。

曼曾指出，此种利益虽非用益，但《德国民法典》第446条的原则可适用于一切因标的物所生利益之上，因此类推适用第446条该利益应归属于买受人。①可见，保险金、损害赔偿金与用益类似，标的物交付后一并转移至买受人，似有所据。但因为《德国民法典》第285条的代偿请求权已经明确买受人可请求此类由物所生之替代利益，所以上述第446条的类推适用在德国民法上的意义极为有限。②

2.《合同法》第163条之类推适用

我国民法上并无代偿请求权制度，从风险与利益一致性原则出发，并对利益作广义解释，不失为解决本案问题的合理思路。

首先，我国《合同法》第142条对价金风险转移的标准采取交付原则。其次，虽然《合同法》并未如同德国一样将价金风险与收益转移规定在同一条文之内，但第163条规定买卖标的物"交付之后产生的孳息，归买受人所有"，却与上述风险与利益一致性原则暗合。③ 由此可见，要通过风险与利益一致性原则解决本案中的政府补偿金的归属，关键的问题就是《合同法》第163条的基本思想是否涵盖了政府补偿金。

虽然可以客观上将《合同法》第163条的孳息收取与第142条的风险转移联系起来，但毕竟第163条中的"孳息"一词有明确所指，包括天然孳息和法定孳息。④ 所谓天然孳息，是指物之有机的自然出产物以及按物之使用方法收获之出产物；法定孳息，是指因法律关系所生之收益。⑤ 无论如何，房屋因地震灭失产生之权益，例如保险金、政府补偿金不可解释为孳息。甚至《德国民法典》第100条中比孳息上一位阶的概念"用益"也无法涵盖此类权利。

---

① Vgl. Enneccerus/Lehmann, Lehrbuch des Bürgerlichen Rechts, Recht der Schuldverhältnisse, Mohr Tübingen, 1958, S. 420, Fn. 2.
② Vgl. Staudinger/Beckmann(2004), §446, Rn. 32.
③ 尽管立法机关出版的合同法条文评注中，未明确解释《中华人民共和国合同法》第142条和第163条之间的关联，甚至将买受人收取孳息解释为"与原物占有人的照料大有关系"[胡康生主编：《中华人民共和国合同法释义》（第2版），法律出版社2009年版，第246页]。但根据风险与利益一致性原则，可将二者联系在一起理解。参见崔建远主编：《合同法》（第4版），法律出版社2007年版，第390页。
④ 参见胡康生主编：《中华人民共和国合同法释义》（第2版），法律出版社2009年版，第245页。
⑤ 参见史尚宽：《民法总论》，中国政法大学出版社2000年版，第272—273页。

尽管根据前引德国民法学者恩内策鲁斯和雷曼的观点,《德国民法典》第446条意义上的"用益"可类推适用于一切因物所生之利益,包括损害赔偿金或保险金。但由于代偿请求权制度的存在,这一类推的意义大为减少。类似问题也出现在我国台湾地区的民法实务中。我国台湾地区"最高法院"曾著有司法意见认为:我国台湾地区"民法"第373条规定,"买卖标的物之利益及危险,自交付时起,均由买受人承受负担",因此土地被征收后政府发放之补偿费,依承受利益负担危险同归一人的规则判断。王泽鉴对此持不同见解,认为根据比较法解释,我国台湾地区"民法"第373条系仿自《德国民法典》第446条,其所称利益应指"用益",不宜解释为标的物灭失之补偿费。该补偿费作为代替利益属于我国台湾地区"民法"第225条第2项代偿请求权之范畴,因此"不必绕道第373条,特别解释其所称之利益,系指代替利益,包括损害赔偿(或补偿费)在内"①。

虽然代偿利益与"伴随风险转移的利益"并非完全一致,其法理构成亦不尽相同,前者基于给付不能发生后之利益衡平思想,后者基于风险与利益一致性原则,但就标的物灭失后的补偿金归属,代偿请求权与风险与利益一致性原则在功能上具有可替代性。因此,在我国立法上欠缺代偿请求权规定时,法院运用风险负担—利益归属一致性原则处理房屋因地震而灭失之政府补偿金归属问题,极具实践的合理性。由此可见,在我国台湾地区民法实务中被排斥的观点,反而在大陆民法中重获生机。

本案判决中,法院的裁判依据并未触及风险与利益一致性原则。即使案件评析法官援引《德国民法典》第446条和我国台湾地区"民法"第373条作为风险与利益一致性原则的论据,但仍未指明《合同法》中是否包含该法律思想的规定。② 换言之,法官未能揭示《合同法》第142条与第163条之间的意义关联。

如上所述,《合同法》第163条仅规定买受人得收取标的物的孳息,对于"使用利益"乃至对第三人得享有之替代利益均未涉及,且我国民法未设代偿请求权制

---

① 王泽鉴:《出售之土地被征收时之危险负担、不当得利及代偿请求权》,载王泽鉴:《民法学说与判例研究》(第6卷),中国政法大学出版社1998年版,第97—100页。
② 参见四川省成都市中级人民法院法官胡建萍、马丽莎对本案的评析。最高人民法院中国应用法学研究所编:《人民法院案例选(月版)》(第10辑),中国法制出版社2009年版,第45—46页。

度,因此,地震导致买卖的房屋灭失产生的政府补偿金之归属构成法律上漏洞。鉴于孳息与政府补偿金从法律评价观点看均属广义上的标的物所生之利益,且二者不同之处不足以排斥这种评价,因而根据同等事物同等处理的正义思想,可结合《合同法》第142条之规定,将第163条类推适用于法律所未规定的政府补偿金之上。① 但这种处理方案的缺陷在于,买受人要获得补偿金须以交付为前提,如果未获交付,不适用风险与利益一致性原则。②

3. 不当得利之再反思

前述我国台湾地区司法实务中发生土地被征收后,买受人依不当得利之规定,向出卖人诉讼请求返还其所受领之补偿费,上诉法院以及学界对此持批驳态度,认为出卖人在登记移转之前仍为土地所有人,土地补偿费归其取得,不成立不当得利。③ 但是,按风险负担—利益归属一致性法理,因风险所生之替代利益(政府补偿金),应归属于买受人(类推《合同法》第163条)。出卖人如收取该项利益,按不当得利返还给买受人,并非不可理解。因此,德国民法理论上有学者认为,代偿请求权制度是"侵害权益型不当得利"(Eingriffskondiktion)的特殊情形。④ 尤其是与《德国民法典》第816条第2款向无权利人作出给付的情形类似,都无权收取他人债权(或类似利益),应向真正权利人进行返还。但也有德国学者基于债权的相对性,认为侵害权益型不当得利仅适用于绝对性法益,纯粹的债权不具有侵害权益意义上的归属内容(Zuweisungsgehalt),尤其是债务人的给付以劳务为内容时,更无归属内容可言。因此,代偿请求权并非以不当得利作为理论基础。⑤

上述争议为我们提示两点思考:其一,因给付不能事由所生之代替利益作为买卖标的物的替代物,从经济视角考察,与侵害权益型不当得利类似,应归属于买受人。其二,代偿请求权是为了矫正买卖双方的利益失衡,其符合

---

① 关于类推的法理,参见〔德〕卡尔·拉伦茨:《法学方法论》,陈爱娥译,商务印书馆2003年版,第258页。
② 参见王泽鉴:《土地征收补偿金交付请求权与第225条第2项规定之适用或类推适用》,载王泽鉴:《民法学说与判例研究》(第7卷),中国政法大学出版社1998年版,第120页。
③ 参见王泽鉴:《出售之土地被征收时之危险负担、不当得利及代偿请求权》,载王泽鉴:《民法学说与判例研究》(第6卷),中国政法大学出版社1998年版,第103—105页。
④ Vgl. MünchKomm BGB/Emmerich, § 285, Rn. 1; Erman/H. P. Werstermann, § 285, Rn. 1.
⑤ Vgl. Staudinger/Löwisch (2004), § 285, Rn. 2ff.

不当得利的衡平思想,因此如果在欠缺代偿请求权制度的情况下,回溯到一般性的不当得利原则,亦可实现相同的功能。换言之,本案中法官如不采取风险负担——利益归属一致性法理,而采用不当得利法则(《中华人民共和国民法总则》第122条),亦未尝不可。①

四、结语

买卖之房屋因地震或其他意外事故而灭失,其法律问题牵涉面甚广。兹就我国民法对这些问题的处理意见总结如下:

首先,就买卖双方的原初合同义务而言,房屋因地震灭失后,出卖人因给付不能而免除给付义务[《合同法》第110条第(一)项],除非出卖人需对迟延期间发生的不可抗力负责(《合同法》第117条第1款第二句);而买受人可以通过解除合同而消除价金的对待给付义务[《合同法》第94条第(一)项],或通过双务合同给付义务的牵连性法理,解释出买受人当然免除价金给付义务。②

其次,就风险负担而言,出卖人是房屋所有权人,应承担物之灭失风险。房屋为特定物,买受人须承担给付风险。出卖人因自己给付不能,故而不得请求对待给付,但如果房屋已经交付,价金风险转移至买受人(《合同法》第142条),这意味着买受人即使得不到房屋仍须支付价金;如果已经支付价金,也不得请求返还。

最后,无论价金风险是否转移,买受人都可主张因房屋灭失所产生的替代利益。如买受人主张替代利益,在价金风险未转移至买受人的情况下,买受人亦须作出对待给付。如果买受人主张替代利益后仍有损害,且出卖人无抗辩事由,则买受人可就替代利益不足弥补的部分主张损害赔偿请求权(《合同法》第107条、第113条)。但本案中损害是因地震造成,属不可抗力,因此出卖人不负损害赔偿责任(《合同法》第117条)。

本案中最为困难的问题是,在我国民法欠缺明文规定的前提下,如何确

---

① 周江洪认为,在我国欠缺代偿请求权制度的前提下,就标的物的代偿利益可适用不当得利由买受人主张。参见周江洪:《风险负担规则与解除合同》,载《法学研究》2010年第1期。
② 因给付不能发生解除规则和风险负担规则竞合适用问题,参见周江洪:《风险负担规则与解除合同》,载《法学研究》2010年第1期。

定买受人主张替代利益的请求权基础。于此以下数项民法原则可供考虑:基于代位物法律原则衍生债法上的代偿请求权、收益随风险转移一致性原则,以及出卖人应将标的物替代利益作为不当得利返还的一般衡平思想。① 尽管这些原则均能满足本案中原告的诉求,但各有弊端:就代偿请求权而言,我国制定法上未设明文规定;不当得利虽有规定但存在重大理论争议;风险与利益一致性原则以交付为前提,倘若标的物未交付,买受人仍不得依此主张利益。相较而言,在我国立法上未增设代偿请求权制度之前,本案中将《合同法》第142条与第163条结合考虑,得出风险与利益一致性原则,并类推适用第163条处理问题,不失为妥适的权宜之策,也是制定法的价值判断发挥"远距作用"②的生动事例。

---

① 拉伦茨认为,发现数项法律原则之间的相互协作配合或相互限制,建构法律内部价值体系,是法学方法论上的重大任务。参见〔德〕卡尔·拉伦茨:《法学方法论》,陈爱娥译,商务印书馆2003年版,第348页以下。
② 利益法学家黑克指出,法官一方面享有填补法律漏洞的权限,另一方面基于法律安定性考虑,应该让法官受制定法所表达的价值判断的拘束,这就是"制定法的远距作用"。参见 Heck, Gesetzauslegung und Interessenjurisprudenz, Mohr Tübingen, 1914, S. 230。

论房屋承租人先买权的对抗力与损害赔偿[*]

——基于德国民法的比较视角

一、问题之提出

《中华人民共和国合同法》(以下简称《合同法》)第230条原则性规定了房屋承租人在出租人出卖房屋时,于同等条件下享有优先购买的权利。但因其并未明确承租人行使先买权的具体法律效果,以致我国司法实务部门适用该法律的裁判后果极不统一。房屋承租人先买权问题涉及三方主体,即出租人(出卖人)、第三人(买受人)和承租人(先买权人),三者之间存在复杂的交叉关系,界定承租人先买权的法律效果须考虑如下三方面问题:①承租人行使先买权是否直接产生买卖合同?其是否影响出租人与第三人之间买卖合同的效力?②如第三人已登记取得房屋所有权,承租人可否主张其物权变动或处分行为无效?即承租人先买权是否具有对抗第三人效力?③承租人先买权落空后,可否向出租人或第三人主张何种损害赔偿请求权?

最高人民法院于2009年颁布的《关于审理城镇房屋租赁合同纠纷案件具体应用法律若干问题的解释》(以下简称《房屋租赁合同司法解释》)第21—24条只解决了上述局部问题,例如规定出租人与第三人间买卖合同不因承租人行使先买权而无效。但其仍未明确承租人行使先买权是否具有对

---

[*] 原载张谷等主编:《中德私法研究》(总第9卷),北京大学出版社2013年版,现略作增订收入本书。

抗力、承租人损害赔偿请求权的请求权基础以及损害赔偿范围。正如卡尔·拉伦茨指出,法学解释的任务是要指出解释上的问题,提出解决之道,为司法裁判做好准备。① 据此笔者认为,民法学界有必要运用法律释义学方法(Rechtsdogmatik),对于房屋承租人先买权的法律效果提出融贯的理论解说,俾使法律适用者参考执行。

二、作为形成权的房屋承租人先买权

1. 德国民法的先买权一般原理

自比较法言之,作为大陆法系成熟立法代表的《德国民法典》,于债编和物权编两处分别规定了先买权制度,且其理论构成已有近百年的发展过程,因此,为达到研究目的,笔者拟考察德国民法的房屋承租人先买权原理。

为理解房屋承租人先买权的性质,须从先买权(Vorkaufsrecht)一般原理说起。德国民法上先买权有约定和法定之分。约定的先买权首先作为一种特别的债务契约类型被规定于债编(《德国民法典》第463—473条),此外,通过物权合意与登记而设立的物权性先买权(《德国民法典》第1094—1104条)也是一种约定先买权。通过先买权约定,权利人可防止出卖人将标的物出卖给第三人,并确保自己有获得标的物的机会,因此其具有预防功能和取得功能(Abwehrs – Erwerbsfunktion)。②

法定先买权主要体现在《德国民法典》中住宅承租人的先买权(第577条)③和共同继承人相互之间的份额先买权(第2034条)。在民法典之外,还有特别法规定的法定先买权,例如德国《帝国垦荒法》规定的公益垦荒企业

---

① 参见〔德〕卡尔·拉伦茨:《法学方法论》,陈爱娥译,商务印书馆2003年版,第195页。
② 《德国民法典》立法者的立法理由,参见 Klaus Schurig, Das Vorkaufsrecht im Privatrecht, Geschichte, Dogmatik, ausgewählte Fragen, Duncker Humblot, 1975, S. 55f.。理论界对此亦接受。参见 Barbara Grunewald, Kaufrecht, Mohr Siebeck, 2006, S. 335; Oetker/Maultzsch, Vertragliche Schuldverhältnisse, 3. Aufl., Springer, 2007, S. 193。瑞士民法上先买权制度的构成理由亦同。参见 Berner Kommentar zum Schwiezerischen Privatrecht, Band IV, Das Sachenrecht, Verlag Stämpfli & CIE AG, Bern, 1975, Art. 681, S.52。
③ 《德国民法典》第577条规定住宅承租人于所有权人出卖住宅所有权(Wohnungseigentum)时享有先买权,其规范目的在于防止承租人在房屋出卖给他人时,受到新所有权人的排挤。参见 Münchener Kommentar zum Bürgerlichen Gesetzbuch, 5. Aufl., C. H. Beck, 2008, MünchKomm BGB/Krüger, § 577, Rn. 1。

对农地的先买权,《建筑法》上乡镇对建筑物的先买权。① 约定与法定之分,只是因先买权的成立基础不同,并未表明其法律效力上差别。例如,约定的先买权可通过预告登记而受物权性保护或登记成为物权性先买权②;而法定的房屋承租人先买权则仅具债权性效力。③

就先买权的理论构成而言,德国民法理论上存在"双重条件买卖说"(doppelt bedingter Kauf)与"附条件形成权说"(bedingte Gestaltungsrecht)的争论。④ 前者是指出卖人与先买权人之间成立一个附有双重条件的买卖:一是出卖人与第三人已经缔结一个有效的买卖合同,二是权利人行使先买权。⑤ 但是,该说存在两方面的理论困境:其一,当出卖人与第三人的合同(即第一个条件)尚未出现时,根本无法确定出卖人与先买权人之间的买卖合同内容,何谈"附条件买卖"? 其二,在法定先买权情形,无需先买义务人(即出卖人)的意思表示参与,根本不必通过附条件买卖合同的假设来解释法定先买权。因此,多数学者反对此说而赞同附条件形成权说。根据后者,当出卖人与第三人缔约买卖合同这一条件成就时,先买权人发出单方的、须受领的买卖意思表示,即与出卖人形成一项与第三人合同内容完全一致的买卖合同。⑥

根据先买权效力不同,德国民法区分债权性先买权和物权性先买权。前者行使的效果是:权利人与出卖人形成一项新的、独立的买卖契约,从而出卖

---

① 参见 MünchKomm BGB/Westermann,§463,Rn. 11f.;〔德〕鲍尔、〔德〕施蒂尔纳:《德国物权法》(上册),张双根译,法律出版社 2004 年版,第 469 页。

② 债权性先买权通过预告登记可以获得物权化保护,而物权性先买权本身就是物权合意与登记设立的一项物权,其援引预告登记效力。参见 Staudinger/Mader (2009), Einl. zu §§ 1094 ff., Rn. 14。

③ 参见 Erman Bürgerliches Gesetzbuch Handkommentar, 12. Aufl., Verlag Dr. Otto Schmit, 2008, Erman/P. Jendrek, §577, Rn. 7; Staudinger/Rolfs (2011), §577, Rn. 52. 当今德国民事立法中,将原先具有物权性效力的法定先买权去除了物权性效力,从而出现"去物权化"(Entdinglichung)的现象。参见 Staudinger/Mader (2009), Einl. zu §§ 1094 ff., Rn. 22。

④ Klaus Schurig 总结德国民法理论上计有 7 种先买权性质的学说,其中最为重要的是以上二种理论。参见 Klaus Schurig, Das Vorkaufsrecht im Privatrecht, Geschichte, Dogmatik, ausgewählte Fragen, Duncker Humblot, 1975, S. 61ff. 。

⑤ Vgl. Fikentscher/Heinemann, Schuldrecht, 10. Aufl., De Gruyter, 2006, S. 460f.; Oetker/Maultzsch, Vertragliche Schuldverhältnisse, S. 193ff.

⑥ Vgl. Larenz, Lehrbuch des Schuldrechts, Besonderer Teil, 1. Halbband, 13 Aufl., C. H. Beck, 1986, S. 151f.; Medicus, Schuldrecht II, BT, 14. Aufl., C. H. Beck, 2007, S. 62; Barbara Grunewald, Kaufrecht, S.345. MünchKomm BGB/Westermann, §463, Rn. 7.

人就同一标的物产生两个买卖契约,发生一物二卖。① 如此一来,出卖人或许面临向其中一者因给付不能而负损害赔偿责任的不利后果。因此,出卖人通常会与第三人约定附解除条件,即先买权人如行使先买权,则出卖人与第三人买卖契约便不生效力,或就此约定解除权。② 实践中,如果第三人已明知先买权存在,判例通常认为双方默示约定这种解除条件③,由此稍微缓解出卖人对第三人的责任压力。另外,如果出卖人已向第三人移转所有权,而债权性先买权对第三人不生效力,故先买权人不得直接向第三人主张权利,仅得向出卖人请求因给付不能之损害赔偿。④

《德国民法典》规定的物权性先买权一般于土地上经登记而设定,且不以债权性的先买契约为前提。⑤ 土地先买权起源于中世纪日耳曼法,实践中,土地承租人、邻居之间以及遗产共同继承人均可设立物权性先买权。⑥ 权利人行使物权性先买权,一方面与出卖人产生买卖契约,这与债权性先买权的效力一样;另一方面具有对抗第三人效力,发生与不动产物权预告登记同样的法律效果(《德国民法典》第1098条第2款援引第888条)。据此,出卖人向前买受人的所有权让与行为相对于先买权人而无效(相对无效),先

---

① Vgl. Staudinger/Beckmann (2004), § 464, Rn. 12; Wolf/Wellenhofer, Sachenrecht, 24. Aufl., C. H. Beck, 2008, S. 273.

② 参见 Looschelders, Schuldrecht Besonderer Teil, 3. Aufl., Carl Heymanns Verlag, 2009, S. 87; Brox/Walker, Besonderes Schuldrecht, 25. Aufl., C. H. Beck, 2008, S. 128。须注意,根据《德国民法典》第465条的规定,因解除条件成就和解除权的行使而与第三人买卖合同效力归于消灭,不影响到先买权的行使。

③ 参见 Jauernig Bügerliches Gesetzbuch Kommentar, 12. Aufl., München, C. H. Beck, 2007, Jauernig/Berger, § 464, Rn. 7; Oetker/Maultzsch, Vertragliche Schuldverhältnisse, S. 200。相反观点认为,与第三人买卖契约的风险控制,应是出卖人的事情,而不是第三人的,原则上不宜推定第三人明知先买权即构成默示解除条件的约定,诚信原则要求出卖人应预先采取措施。参见 Staudinger/Beckmann (2004), § 463, Rn. 43 f.; Barbara Grunewald, Kaufrecht, S. 348。此外,根据《德国民法典》第422条的规定,买受人明知权利瑕疵(即标的物上存在先买权),排除买受人因瑕疵而产生的权利。参见 MünchKomm BGB/Westermann, § 1098, Rn. 13;〔德〕鲍尔、〔德〕施蒂尔纳:《德国物权法》(上册),张双根译,法律出版社2004年版,第468页。

④ Vgl. Larenz, Lehrbuch des Schuldrechts, Besonderer Teil, 1. Halbband, 13 Aufl., C. H. Beck, 1986, S. 155.

⑤ 物权性先买权的设定需当事人的物权合意(Einigung)及其原因契约行为,并经登记(Eintragung)。但此项原因契约,并非一定是债权性先买约定。参见 Staudinger/Mader (2009), Einl. zu §§ 1094 ff., Rn. 14, § 1094, Rn. 2。

⑥ Harry Westermann/Peter Westermann/Gursky/Eickmann, Sachenrecht, 7. Aufl., C. F. Müller, 1998, S. 877; Wieling, Sachenrecht, 5. Aufl., Springer, 2007, S. 399。

买权人得请求先买义务人进行所有权让与(Übereigung),并请求前买受人为登记过户(Umschreibung)而作出同意登记(Zustimmung)。① 需要指出,物权性先买权虽是一项独立的物权类型,具有物权特性②,但权利人并无支配标的物的权能,它不过是就一项形成权进行物权合意与登记,确保权利人最终获得土地所有权。因此,物权性先买权具有物权和形成权的两面性。③

根据上述先买权原理,我们可以总结德国民法上房屋承租人先买权的性质如下:首先,它是法定先买权;其次,它是附条件的形成权;最后,它仅具有债权性效力,但当事人可以自愿通过预告登记或登记为物权性先买权,使其获得对抗力。

2. 我国民法理论对"形成权说"的继受

由于德国民法先买权的学理构造具有较强的解释力和借鉴价值,大陆法系很多国家和地区继受其法律原理。例如,瑞士民法学说④和我国台湾地区民法学说⑤均将先买权理解为形成权,且明确区分了债权性先买权和物权性先买权。但我国大陆民法上承租人先买权制度及其理论构成却经历一番曲折发展过程。

20 世纪 50 年代以后,我国虽然借鉴苏联法律以构建社会主义民法体系,

---

① 参见 Staudinger/Mader (2009), § 1098, Rn. 17. MünchKomm BGB/Westermann, § 1098, Rn. 5; Harry Westermann/Peter Westermann/Gursky/Eickmann, Sachenrecht, S. 882f.; Vieweg/Werner, Sachenrecht, 3. Aufl., Carl Heymmans Verlag, 2007, S. 626;按预告登记效力,第三人取得所有权的行为相对无效后,所有权仍归属于出卖人,仍须由出卖人与先买权人进行物权合意(Einigung)。故而第三人并不是让与其所有权,而仅登记同意即可。参见〔德〕鲍尔、〔德〕施蒂尔纳:《德国物权法》(上册),张双根译,法律出版社 2004 年版,第 432 页;Wolf/Wellenhofer, Sachenrecht, S. 269。

② Vgl. Staudinger/Mader (2009), Einl. zu §§ 1094 ff., Rn. 4.

③ Vgl. Harry Westermann/Peter Westermann/Gursky/Eickmann, Sachenrecht, S. 878; Jan Wilhelm, Sachenrecht, 4. Aufl., Walter de Gruyter, 2010, Rn. 2306; Prütting, Sachenrecht, 33. Aufl., C. H. Beck, 2008, S. 374.

④ Vgl. Berner Kommentar, Das Sachenrecht, Art. 681, S. 62; Simonius/Sutter, Schweizerisches Immobiliarsachenrecht, Band I, Helbing & Lichtenhahn Verlag, 1995, S. 346.

⑤ 参见王泽鉴:《优先承买权之法律性质》,载王泽鉴:《民法学说与判例研究》(第 1 卷),中国政法大学出版社 1998 年版,第 504—511 页;王泽鉴:《共有人优先承买权与基地承租人优先购买权之竞合》,载王泽鉴:《民法学说与判例研究》(第 3 卷),中国政法大学出版社 1998 年版,第 344—353 页;郑玉波:《论先买权》,载郑玉波:《民商法问题研究》(第 1 卷),三民书局 1983 年版,第 415—429 页;黄茂荣:《买卖法》,中国政法大学出版社 2002 年版,第 146—147 页;邱聪智:《新订债法各论》(上),中国人民大学出版社 2006 年版,第 278—279 页。

但与 1922 年《苏俄民法典》不同①,国内民法理论已经认可房屋出租人在出卖房屋时,承租人享有同等条件下的优先购买权。② 与此相应,自 1955 年开始编撰的《中华人民共和国民法草案》的租赁部分,亦有承租人优先购买权规定。③ 迄至 20 世纪 80 年代,我国民法理论上继续坚持房屋承租人享有先买权。④ 从立法上看,1980 年《中华人民共和国民法草案(征求意见稿)》和 1982 年《中华人民共和国民法草案(第四稿)》均规定承租人先买权制度。⑤ 1983 年国务院颁布《城市私有房屋管理条例》第 11 条规定"房屋所有人出卖租出房屋,须提前三个月通知承租人。在同等条件下,承租人有优先购买权",首次以生效的法律形式明确承租人先买权。根据立法目的解释,该制度既承认房屋所有人的合法处分权,同时充分考虑承租人的居住需要和合法权益。⑥ 继而,1984 年最高人民法院《关于贯彻执行民事政策法律若干问题的意见》第 57 条、1988 年最高人民法院《关于贯彻执行〈中华人民共和国民法通则〉若干问题的意见(试行)》(以下简称《民通意见》)第 118 条、1999 年《合同法》第 230 条延续上述规定。但令人遗憾的是,我国民事立法上缺乏对先买权的债权性与物权性效力的区分与界定。

由上可见,房屋承租人先买权是我国长期有效的一项法律制度,其制度渊源并非取自德国民法,因而形成权说未能自始获得理论上认可。承租人先买权的性质一直存在各种观点争议,其中最具竞争力的是"强

---

① 1922 年《苏俄民法典》第三编"债"第三章"财产租赁"并无承租人先买权之规定。参见《苏俄民法典》,郑华译,法律出版社 1956 年版。
② 参见中央政法干部学校民法教研室编著:《中华人民共和国民法基本问题》,法律出版社 1958 年版,第 270 页。
③ 参见何勤华、李秀清、陈颐编:《新中国民法典草案总览》(上),法律出版社 2003 年版,第 402—470 页。
④ 参见佟柔、赵中孚、郑立主编:《民法概论》,中国人民大学出版社 1982 年版,第 249 页;王作堂、魏振瀛、李志敏等:《民法教程》,北京大学出版社 1982 年版,第 312 页;江平等:《中华人民共和国民法讲义》,北京政法学院民法教研室 1981 年版,第 192 页。
⑤ 参见何勤华、李秀清、陈颐编:《新中国民法典草案总览》(下),法律出版社 2003 年版,第 415、593 页。
⑥ 参见杨幼炯:《关于城市私房的管理问题》,载最高人民法院编:《民法通则讲座》,北京市文化局出版处 1986 年版,第 376 页。

制缔约请求权说"①。

强制缔约请求权说将承租人先买权定性为负强制缔约义务的请求权,即承租人发出购买之要约,出租人必须承诺;否则,承租人得诉请法院,强迫出租人作出承诺的意思表示。② 该说支持者主要是为了要克服形成权说(所谓的)理论困境:即一方面形成权人依其意思表示即可发生法律关系之变动,他人无从侵犯,因而无被侵害之可能;另一方面,形成权之行使,无须相对人介入,因而对应的相对人并不负有任何义务。因此,如将承租人先买权定性为形成权,难以解释其如何获得法律救济。③

笔者以为,否定形成权说的理由不足为据。

首先,形成权只是指明了行使先买权的直接法律效果。有权利必有救济,通过损害赔偿亦可救济承租人先买权。一是,如果第三人故意悖俗侵害先买权,应构成侵权行为。二是,如果承租人按先买权行使方式与出租人产生买卖合同,出租人不履行合同义务,应负损害赔偿责任。三是,如果出租人于出卖房屋时未对承租人履行通知义务,亦可发生损害赔偿(详见下文)。总之,形成权说与出租人承担损害赔偿责任并不冲突。

其次,依强制缔约请求权说,如出租人不履行承诺缔约义务,先买权人仅得诉请其缔结买卖合同;但是如出租人仍不履行合同,则先买权人势必再次诉请出租人承担违约责任。④ 换言之,先买权人须经两次给付之诉或两个给付之诉的合并,始能达到救济目的。而依形成权说,如果先买权人于诉讼外行使先买权,其与出租人形成买卖合同,如出租人不

---

① 最高人民法院在《关于审理城镇房屋租赁合同纠纷案件具体应用法律若干问题的解释》中采此说。参见关丽:《〈关于审理城镇房屋租赁合同纠纷案件司法解释〉理解与适用》,载王利明主编:《判解研究》(第48辑),人民法院出版社2009年版,第36—37页;最高人民法院民事审判第一庭编著:《最高人民法院关于审理城镇房屋租赁合同纠纷案件司法解释的理解与适用》,人民法院出版社2009年版,第285—287页。

② 参见易军、宁红丽:《合同法分则制度研究》,人民法院出版社2003年版,第197—200页;崔建远:《合同法总论》(上卷),中国人民大学出版社2008年版,第134页;最高人民法院民事审判第一庭编著:《最高人民法院关于审理城镇房屋租赁合同纠纷案件司法解释的理解与适用》,人民法院出版社2009年版,第285—287页。

③ 参见最高人民法院民事审判第一庭编著:《最高人民法院关于审理城镇房屋租赁合同纠纷案件司法解释的理解与适用》,人民法院出版社2009年版,第285页。

④ 参见丁春艳:《论私法中的优先购买权》,载《北大法律评论》编辑委员会编:《北大法律评论》(第6卷第2辑),法律出版社2005年版,第661页。

履行合同,先买权人于诉讼中证明已行使先买权,即可通过一次给付之诉(违约损害赔偿)而获得救济;如果出卖人于诉讼中主张先买权,亦可将形成之诉与给付之诉合并而达到目的。

最后,即便形成权说与强制缔约请求权说均可解释先买权人为何凭单方意志而与出卖人形成买卖合同,但根据"体系检验"(systematisch überprüfen)方法,形成权说较为可取。在法学方法论上,当存在两种观点竞争时,可借助和参酌其他的法律观点、法律规范以及法律目的,以检验何者更为可取。换言之,只有与被普遍认可的法律观点保持逻辑上和评价上的一致,才是较为可取的结论。① 具体到先买权的性质问题,对我国民法上还存在的其他各种类型先买权,理论上多将其定性为形成权,例如按份共有人之份额先买权(《中华人民共和国物权法》第101条)②、有限责任公司股东转让股权其他股东享有先买权(《中华人民共和国公司法》第72条)③、合伙人对其他合伙人转让份额的先买权(《中华人民共和国合伙企业法》第22条)等。强制缔约请求权说与上述制度的理论构成不能融贯一致,故应予摒弃。

综上,我国承租人先买权制度虽然不是直接继受德国民法,但形成权说具有较为普遍有效的解释力,并能与现有民法评价体系相契合,故而成为我

---

① 根据阿列克西观点,所谓"体系检验"是指数个教义学语句发生观点争议时,应参酌其他的教义学语句或法律规范以判断何种观点更可取。参见〔德〕罗伯特·阿列克西:《法律论证理论:作为法律证立理论的理性论辩理论》,舒国滢译,中国法制出版社2002年版,第324—326页。拉伦茨认为,某一法学理论的有效性,须借助现行法规范、被承认的法律原则、已被认可的部分体系,审查其是否在逻辑上和评价上无矛盾地融入现有法律意义脉络之中。参见〔德〕卡尔·拉伦茨:《法学方法论》,陈爱娥译,商务印书馆2003年版,第328页。
② 参见崔建远:《论共有人的优先购买权》,载《河北法学》2009年第5期;郑永宽:《论按份共有人优先购买权的法律属性》,载《法律科学》2008年第2期。
③ 参见李建伟:《公司法学》,中国人民大学出版社2008年版,第320页;叶林、辛汀芷:《股权优先购买权对股权转让效力的影响》,载王利明主编:《判解研究》(总第29辑),人民法院出版社2006年版,第99页。

国民法理论界与实务界的多数说。①

三、房屋承租人先买权的对抗力问题

1. 先买权对抗力来源的法理分析

我国早期司法实践中,法院往往依《民通意见》第118条之规定②,以侵害承租人先买权为由,或以违反法律强制性规定为由,宣告出卖人与第三人间买卖合同无效。按形成权说,承租人行使先买权的主要后果是与承租人形成买卖合同关系,它与第三人之买卖合同并列有效,二者互不影响。由此,既保护了先买权人的利益,也保障了第三人的合同预期。2009年《房屋租赁合同司法解释》第21条明确规定,承租人请求确认出租人与第三人签订的房屋买卖合同无效的,人民法院不予支持。

形成权说以及《房屋租赁合同司法解释》固然解决了承租人行使先买权不影响出租人与第三人的买卖合同效力的问题,但这仅仅表明先买权作为形成权的法律效果。尚不明确的是,如果出租人已将房屋所有权登记移转给第三人,承租人是否可以主张其物权变动无效,进而要求取得所有权,即承租人先买权是否具有对抗第三人之效力。事实上,形成权效力与对抗力为两个不同层面的问题。以德国民法的物权性先买权为例,先买权人行使权利后,一方面形成买卖合同,另一方面第三人不得主张其与出卖人之间买卖合同(债

---

① 理论界赞同者,参见崔建远、韩世远、于敏:《债法》,清华大学出版社2010年版,第468页;丁春艳:《论私法中的优先购买权》,载《北大法律评论》编辑委员会编:《北大法律评论》(第6卷第2辑),法律出版社2005年版,第661—662页;戴孟勇:《房屋承租人如何行使优先购买权——以〈合同法〉第230条为中心的解释论》,载《清华大学学报》2004年第4期;冉克平:《论房屋承租人的优先购买权》,载《法学评论》2010年第4期;史浩明:《优先购买权制度的法律技术分析》,载《法学》2008年第9期。立法部门和司法实务界赞同者,参见全国人大常委会法制工作委员会编:《中华人民共和国合同法释义》,法律出版社1999年版,第340页;徐力:《房屋承租人的优先购买权——〈合同法〉第230条规定的解释与适用》,载最高人民法院民事审判第一庭编:《民事审判指导与参考》(第15辑),法律出版社2003年版,第108页;王忠:《房屋承租人优先购买权若干实务问题研究》,载最高人民法院民事审判第一庭编:《民事审判指导与参考》(第18辑),法律出版社2004年版,第197页;杨力:《优先购买权案件中的若干法律适用问题》,载最高人民法院中国应用法学研究所编:《人民法院案例选》(第61辑),人民法院出版社2008年版,第93页。

② 最高人民法院《关于贯彻执行〈中华人民共和国民法通则〉若干问题的意见(试行)》第118条规定:"出租人出卖出租房屋,应提前三个月通知承租人,承租人在同等条件下,享有优先购买权;出租人未按此规定出卖房屋的,承租人可以请求人民法院宣告该房屋买卖无效。"(该条已废止)

权行为)无效,而仅得主张其处分行为相对无效,从而第三人不取得所有权,继而出卖人应将所有权让与先买权人。而第三人得依买卖合同请求出卖人承担违约责任。由此可见,先买权的对抗力可能在两个买卖合同均有效的前提下发生。据此可以说,《房屋租赁合同司法解释》解决了合同效力问题,但未能明确承租人先买权是否具有对抗力。

为厘清我国民法上承租人先买权是否具有对抗力的问题,须从对抗力的基本原理展开分析。

首先,何谓先买权的对抗力?对抗力一般是指绝对性的民事权利所具有的法律效力。卡纳利斯总结物权的绝对性(Absolutheit)包括:针对任何第三人的诉讼保护(Klageschutz)、针对第三人继受权利的继受保护(Sukzessionsschutz)、抵御破产与强制执行的能力。① 据此可以认为,所谓先买权对抗第三人之效力,本质上是指他人继受取得标的物之后,先买权人得主张其处分行为相对无效,并请求向自己让与所有权的效力,这体现了上述绝对性的第二个方面含义。

其次,对抗力并非先买权的当然内涵。因为先买权是一种形成权,而形成权与请求权同属相对权(relatives Recht)范畴②,故而债权性先买权也是相对权③,并不具有绝对权所特有的对抗力。债权性先买权如需获得对抗第三人的效力,必有某种外在条件,使其效力得以提升、转变。

最后,如果任何先买权不分情况均有对抗力,可能使第三人蒙受不测之损害,因此如需赋予先买权以对抗力,应以社会公众方便知晓的方式公示出来。

基于上述理由,一些德国法系的民法典规定,不动产的先买权须通过登记制度,才能产生对抗力。例如,《德国民法典》第1094条以下规定的不动产

---

① Vgl. Claus - Wilhelm Canaris, Die Verdinglichung Obligatorischer Rechte, Festschrift für Werner Flume zum 70. Geburtstag, Band I, Verlag Dr. Otto Schmidt KG, 1978, S. 373.
② 早期见解,例如冯·图尔认为:形成权基于对某人的法律关系而产生,具有相对权之特性。参见 Andreas von Tuhr, Der Allgemeiner Teil des Deutschen Bürgerlichen Rechts, erster Band, Verlag von Duncker & Humblot, 1957, S. 219。当代德国很多学者亦将形成权置于相对权的范畴下予以讨论。参见 Helmut Köhler, BGB Allgemeiner Teil, 35. Aufl., C. H. Beck, 2011, S. 248. ff.; Rüthers/Stadler, Allgemeiner Teil des BGB, 16. Aufl., C. H. Beck, 2009, S. 55; Schwap/Löhnig, Einführung in das Zivilrecht, 17. Aufl., C. F. Müller Verlag, 2007, S. 88。
③ Vgl. Jan Wilhelm, Sachenrecht, Rn. 2305.

物权性先买权,通过物权登记使得先买权物权化。因其可以针对任何一个标的物的取得人而行使,能确保先买权人获得所有权,从而被认为是一项真正的物权性权利(dingliches Recht)①,或限制物权(beschränktes dingliches Recht)②。换言之,登记产生的物权性先买权具有针对第三人之效力,显示出一种物权绝对性。③《瑞士民法典》则规定通过预告登记(Vormerkung)使得债权性先买权具有物权性效力。④ 我国《澳门民法典》第415条第1款亦规定不动产或须登记之动产的优先权,经登记公示后具有物权效力。

登记使得先买权取得对抗力,但也不尽然如此。自比较法观之,有些法定先买权即使未经登记,亦得对抗第三人。例如,根据《瑞士民法典》第680条的规定,土地共有人先买权和土地所有人对土地上永久性建筑物的先买权,均无须经过登记即可获得类似预告登记的效力,具有物权性,得对抗第三人。⑤ 再例如,我国台湾地区"民法"第426条之二规定:"租用基地建筑房屋,出租人出卖基地时,承租人有依同样条件优先承买之权。承租人出卖房屋时,基地所有人有依同样条件优先承买之权。"该规定源于我国台湾地区"土地法"第104条,学说上认为其具有物权性效力。⑥ 此外,我国台湾地区"耕地三七五减租条例"规定耕地承租人先买权也具有物权效力。⑦ 我国民法中,也不乏此类政策性法定先买权,例如,就农村土地承包经营权流转时,

---

① Vgl. Harry Westermann/Peter Westermann/Gursky/Eickmann, Sachenrecht, S. 878.
② Vgl. Jan Wilhelm, Sachenrecht, Rn. 2306. Hans Josef Wieling, Sachenrecht, S. 399.
③ Vgl. Harry Westermann/Peter Westermann/Gursky/Eickmann, Sachenrecht, S. 878; Jan Wilhelm, Sachenrecht, Rn. 2306.
④ Vgl. Berner Kommentar, Das Sachenrecht, Art. 681, S. 63.
⑤ Vgl. Honsell/Vogt/Geiser, Basler Kommentar, Zivilgesetzbuch I, 3. Aufl., Helbing & Lichtenhahn Verlag, 2007, Art. 680, Rn. 6 ff.; Berner Kommentar, Das Sachenrecht, Art. 682, S. 140; Simonius/Sutter, Schweizerisches Immobiliarsachenrecht, Band I, Helbing & Lichtenhahn Verlag, 1995, S. 355.
⑥ 参见黄立主编:《民法债编各论》,中国政法大学出版社2003年版,第321页;邱聪智:《新订债法各论》(上),中国人民大学出版社2006年版,第279页;王泽鉴:《共有人优先承买权与基地承租人优先购买权之竞合》,载王泽鉴:《民法学说与判例研究》(第3卷),中国政法大学出版社1998年版,第350页。早期不同见解则认为我国台湾地区"土地法"第104条之先买权为债权性先买权。参见郑玉波:《论先买权》,载郑玉波:《民商法问题研究》(第1卷),三民书局1983年版,第422页。
⑦ 参见王泽鉴:《优先承买权之法律性质》,载王泽鉴:《民法学说与判例研究》(第1卷),中国政法大学出版社1998年版,第508页;郑玉波:《论先买权》,载郑玉波:《民商法问题研究》(第1卷),三民书局1983年版,第425页。

本集体经济组织成员享有优先权,在第三人取得流转的土地2个月内均可主张。① 综观上述法定先买权,或为防止土地权利细碎化,或为确保土地与建筑物的权利人合一②,或为贯彻农地权利人保护的农地政策③,均为达到特殊的立法政策目的,从而赋予先买权人较强的物权性效力。

由上可见,先买权的对抗第三人效力,或源于物权登记,或源于特殊立法政策。就前一方面而言,我国民法上并无承租人先买权的物权登记制度;就后一方面而言,从《合同法》第230条的规范目的来看,亦无特殊的法律政策理由强大到需要赋予房屋承租人先买权以对抗力。而实践中,有人主张以房屋租赁合同登记备案(《城市房屋租赁管理办法》第13条)作为承租人先买权对抗力的要件。我国部分城市(如上海市)租赁合同可登入房地产权信息系统,供交易者在进行房屋交易时查询,因而有人认为,租赁合同经登记后,使得第三人在交易时必然明知先买权的存在,故而产生对抗第三人效力。④ 笔者认为,对抗力是物权性权利的内涵,我国奉行物权法定原则,租赁合同登记本质上是债权合同的备案登记,如承认其具有物权登记的功能,将产生民法体系上的冲突,因此须谨慎对待,不宜遽然给予定论。

---

① 参见《中华人民共和国农村土地承包法》第33条第(五)项、最高人民法院《关于审理涉及农村土地承包纠纷案件适用法律问题的解释》第11条。另参见黄松有主编:《农村土地承包法律、司法解释导读与判例》,人民法院出版社2005年版,第254页。

② 《瑞士民法典》第682第2款之土地所有人对建筑物先买权,是为了确保土地所有权和土地上建筑物的归属合一。参见Berner Kommentar, Das Sachenrecht, Art. 682, S. 135。我国台湾地区"民法"第426条之一亦基于相同政策理由。参见黄立主编:《民法债编各论》,中国政法大学出版社2003年版,第321页;邱聪智:《新订债法各论》(上),中国人民大学出版社2006年版,第279页。

③ 郑玉波就我国台湾地区"三七五减租条例"耕地承租人先买权之理由略谓:第三人纵为善意,亦不能对抗租人,"承租人之优先购买权,其效力非常强大,所以如此者,法律上乃欲协助佃农变为自耕农,而为实施耕者有其田政策之前奏故也"。参见郑玉波:《论先买权》,郑玉波著:《民商法问题研究》(第1卷),三民书局1983年版,第425页。

④ 史浩明、张鹏根据"任何人都不得推脱不知国法"这一法谚,认定法定的权利应是公知的,房屋承租人先买权仅须通过登记基础关系(租赁合同),即可公示其法定先买权。参见史浩明、张鹏:《优先购买权制度的法律技术分析》,载《法学》2008年第9期。类似观点参见冉克平:《论房屋承租人的优先购买权》,载《法学评论》2010年第4期。此外,《上海市高级人民法院民一庭关于处理房屋租赁纠纷若干法律适用问题的解答》第16条规定"未经登记的租赁合同,其承租人的优先购买权不得对抗第三人",对其反面推论可知,如果租赁合同经过登记备案,承租人先买权应具有取得对抗第三人效力。虽然其现已被废止,但其主导思想可供参考。

2. 承租人先买权对抗恶意第三人?

由上可见,房屋承租人先买权一般不具有对抗第三人效力。但需要检讨的是,如果第三人明知存在承租人先买权,是否可以针对该具体明知的第三人发生对抗力。

所谓第三人明知,可能有两种情形:其一,第三人不仅明知先买权,而且与出租人恶意串通,为规避承租人先买权而订立房屋买卖合同。例如,虚假地抬高房价,或设置标准过高的条款,使先买权人不能或无力购买。对此,德国民法理论认为,如果出卖人与第三人的买卖契约条款,目的在于阻碍先买权人行使权利,因违反公序良俗而无效。① 根据我国《合同法》第52条第(二)项,亦可得出合同无效的结论。这一现象已超出先买权对抗力的问题领域,故本文不拟讨论。其二,第三人主观上不存在恶意串通或悖于善良风俗的情形,仅仅知道租赁合同存在,而承租人先买权为法定权利,故其明知或应知,是为恶意第三人。下文主要讨论后者。

《房屋租赁合同司法解释》第24条第(四)项规定"第三人善意购买租赁房屋并已经办理登记手续的",人民法院不予支持承租人行使先买权。如从字义解释,该规定实属多余,因为承租人当然不可向已登记取得所有权的第三人主张先买权。那么,该规定是否隐含着一个有效的反面推论呢?即"如第三人为恶意时,承租人得行使先买权"。况且,实务中亦有支持该观点的裁判。例如,在"樊国娟诉玖玖公司、杨建承租人优先购买权纠纷案"中,玖玖公司将房屋已出租给樊国娟,2002年3月22日玖玖公司与第三人杨建签订《房屋认购书》,约定:杨建向玖玖公司购买该商铺,房价805 725元;3个月内原租赁业主购买的,此认购书自动失效。同年5月16日(未满3个月),双方签订正式《房屋买卖合同》,8月15日办理房屋所有权移转登记。樊国娟起诉要求确认玖玖公司与杨建买卖合同无效,要求优先购买该房屋所有权。二审法院经审理认为:

> 玖玖公司并未将其与杨建的购买条件全部告知樊国娟,显系未尽其通知义务。且玖玖公司在合理期限未满时即与杨建签订买房合同。故

---

① Vgl. Staudinger/Beckmann (2004), § 463, Rn. 19.

玖玖公司与杨建就系争房屋签订的买卖合同无效。樊国娟在玖玖公司给予杨建的买房条件下,仍享有优先购买权。在其明确表示放弃行使该权利前,任何人不得侵犯。本案系争房屋租赁虽未经过登记备案,但杨建在与玖玖公司签订房屋认购书时已明知所买房屋中存在租赁关系,同时还明知玖玖公司给予了樊国娟三个月的答复期,故杨建在本案中并不属于善意第三人。据此,本院确认樊国娟与玖玖公司就系争房屋的转让关系成立,双方均应严格按照玖玖公司与杨建签订的《上海市商品房出售合同》之条款履行。①

二审法院最终判决玖玖公司与杨建之间买卖合同无效;樊国娟与玖玖公司买卖合同成立,双方按照玖玖公司与杨建的买卖合同条款履行;樊国娟应支付购房款。本案似乎显示承租人先买权具有对抗特定的恶意第三人的效力。

那么,能否将该案结论上升为普遍的原理呢?例如,理论界有人指出,权利具有对抗力的真正根源是第三人的"明知",即使是未获预告登记的债权(相对权),也可能因第三人的明知而对该人有对抗力,例如二重买卖中恶意的在后购买人。② 实务界也有人认为,如果第三人为善意,承租人先买权不具有追及效力;如果第三人为恶意,则应保护先买权人的利益。③ 由此可见,《房屋租赁合同司法解释》第24条第(四)项规定的反面推论似乎得到有效支持。

笔者以为上述观点应值商榷。如上文所述,对抗力实为物权绝对性效力的一个方面。而如果要获取绝对性效力,必须以公示原则(Publizitätsprinzip)让一切人均能明白辨识该权利,即动产物权的占有和不动产物权的登记。④ 正如德国民法上的物权性先买权,通过登记设定物权,获得对抗任何第三人

---

① "樊国娟诉玖玖公司、杨建承租人优先购买权纠纷案",上海市(2003)沪一中民二(民)终字第430号民事判决书,载上海市第一中级人民法院网(http://www.a-court.gov.cn),检索标题"承租人优先购买权的法律保护",访问日期:2012年6月20日。
② 参见吴一鸣:《论"单纯知情"对双重买卖效力之影响——物上权利之对抗力来源》,载《法律科学》2010年第2期。
③ 参见王建华:《房屋承租人优先购买权的限制性法律保护》,载《人民司法》2005年第10期。
④ Vgl. Harry Westermann/Peter Westermann/Gursky/Eickmann, Sachenrecht, S. 18; Prütting, Sachenrecht, S. 14.

的效力。相反,房屋承租人先买权为债权性先买权,如未经物权变动登记,仅在租赁合同当事人之间发生作用。倘若不具备对抗力产生的条件,第三人无论为善意或恶意而已经登记取得所有权,先买权人均不得对其主张让与所有权。①

就《房屋租赁合同司法解释》第 24 条第(四)项而言,从逻辑上说可以成立反面推论。所谓反面推论(Umkehrschluss)是指:法律仅赋予构成要件 A 以法律效果 R,则 R 不适用于其他构成要件。② 据此对《房屋租赁合同司法解释》第 24 条第(四)项进行推理:承租人不得对抗第三人的法律效果,仅适用于第三人善意;那么,同一法律效果,不适用于第三人"非善意"(恶意)情形。换言之,如果第三人"非善意"(恶意),则先买权人得对抗之。但是反面推论并不是纯粹的逻辑推论,而是在个案中进行的目的性考量。③ 如果上述反面推论成立,就可能得出相对权因为第三人的明知而产生绝对性效力的结论。而这与对抗力产生的原理是相悖的。笔者认为,为维持先买权的债权性/物权性效力区分,以及物权公示的制度价值,不应对《房屋租赁合同司法解释》第 24 条第(四)项进行反面推论。④

此外,如果在第三人明知时,非要贯彻保护承租人先买权的目的,也无须诉诸对抗力。例如,就上述案件事实来看,出卖人与第三人已经意识到存在承租人主张先买权的风险,并且也将承租人行使先买权约定为《房屋认购书》的解除条件,只是双方未等到承租人表示是否行使先买权就签订正式的房屋买卖合同。对此,可以借鉴德国民法学说,即双方均明知先买权存在而订立买卖合同,推定该买卖合同附有解除条件。⑤ 据此,如承租人一旦行使先买权,则出卖人与第三人买卖合同不生效力,第三人不取得所有权,此后,承租人自然有可能要求履行对自己的买卖合同而取得所有权。这一结论与承租人先买权对抗明知第三人的裁判结果一样,但并未破坏债权相对效力与

---

① 瑞士民法通说支持这一观点,即使第三人取得标的物时明知先买权存在,债权性先买权人也不得向其主张权利。参见 Berner Kommentar, Das Sachenrecht, Art. 681, S. 108。
② 参见〔德〕卡尔·拉伦茨:《法学方法论》,陈爱娥译,商务印书馆 2003 年版,第 266 页。
③ Vgl. Ernst A. Kramer, Juristische Mehthodenlehre, 2. Aufl., 2005, S. 183.
④ 相同见解参见崔建远、韩世远、于敏:《债法》,清华大学出版社 2010 年版,第 471 页。
⑤ Vgl. Jauernig/Berger, § 464, Rn. 7; Oetker/Maultzsch, Vertragliche Schuldverhältnisse, S. 200; MünchKomm BGB/Westermann, § 1098, Rn. 13.

物权绝对效力的二分格局,减少了民法体系变动的风险。

四、先买权人的损害赔偿请求权

我国民法上房屋承租人先买权为形成权,且仅具债权性效力。债权性先买权的行使仅产生移转标的物所有权的请求权①,与此同时,出卖人与第三人之间也存在有效的买卖合同。按民法原理,该二重债权处于平等地位,并无位序关系,不因先后而异其效力,前后两个买受人均得向出卖人请求履行。② 如果出卖人向承租人履行,登记移转房屋所有权,则承租人自然不必诉讼主张权利。但司法实践中常见的情形是出卖人已向第三人履行合同并登记移转所有权,根据《房屋租赁合同司法解释》的规定,承租人既不能主张出卖人与第三人的合同无效,又不能向第三人主张让与房屋所有权,那么,先买权对于承租人的意义何在呢？对此,《房屋租赁合同司法解释》第 21 条第一句规定:"出租人出卖租赁房屋未在合理期限内通知承租人或者存在其他侵害承租人优先购买权情形,承租人请求出租人承担赔偿责任的,人民法院应予支持。"但具体承租人先买权如何受"侵害"？损害赔偿的请求权基础何在？最高人民法院均未作出详细解释。③ 自理论言之,承租人主张损害赔偿请求权可能基于如下法律理由:①第三人侵害承租人先买权的侵权责任;②出卖人买卖合同债务不履行的违约责任;③出租人违反通知义务的损害赔偿责任。以下分述之。

1. 第三人侵害承租人先买权

我国理论界和实务界有一种观点认为,出租人未通知承租人而将房屋

---

① Vgl. Medicus, Schuldrecht II, BT, S. 64.
② 参见王泽鉴:《二重买卖》,载王泽鉴:《民法学说与判例研究》(第 4 卷),中国政法大学出版社 1998 年版,第 166 页;史尚宽:《债法各论》,中国政法大学出版社 2000 年版,第 50 页。最高人民法院有人主张,出卖人应优先向承租人履行买卖合同,并称:"该处理符合优先购买权的立法意旨,在法律规定上难言无据。"参见最高人民法院民事审判第一庭编著:《最高人民法院关于审理城镇房屋租赁合同纠纷案件司法解释的理解与适用》,人民法院出版社 2009 年版,第 292 页。此项观点与通说相悖。
③ 参见关丽:《〈关于审理城镇房屋租赁合同纠纷案件司法解释〉理解与适用"》,载王利明主编:《判解研究》(第 48 辑),人民法院出版社 2009 年版,第 37 页;最高人民法院民事审判第一庭编著:《最高人民法院关于审理城镇房屋租赁合同纠纷案件司法解释的理解与适用》,人民法院出版社 2009 年版,第 276—292 页。

出卖给第三人,对承租人先买权构成一种"侵害",应承担"侵权责任"。①对此问题首先应明确,谁为侵权行为人? 就出租人而言,其与承租人由租赁契约而成立特别结合关系,出租人未尽通知义务,应负违约责任,根本无须考虑侵权(下文详述)。就第三人而言,是否构成侵害先买权,存在理论上的争议。

形成权是否具有可侵性,理论上有两种反对意见,其理由主要是:其一,侵权法只保护绝对性的权利或法益,而形成权与债权类似均属相对权,不具有绝对性,原则上不受侵权保护(Deliktschutz)。② 其二,通常形成权只需权利人单方行使即可实现权利,与无权利的第三人并无直接关系。③ 权利人只需将形成的意思送达相对人,即按其意思产生法律后果,第三人的行为根本无法介入这一过程,谈不上侵害形成权。④《中华人民共和国侵权责任法》(以下简称《侵权责任法》)第2条采取概括加列举的模式规定侵权法保护的对象,其列举的权利显然都是绝对权,至于形成权是否为"其他人身、财产权益"所包容,仍欠缺理论检验及实务应用。因之,如将承租人先买权作为侵权法的保护客体,令人疑虑重生。

笔者基本赞同以上观点。但须补充说明,在特殊情况下,第三人侵害承租人先买权这一命题仍有可能成立。德国学者芭芭拉·格温沃德指出,如果第三人蓄意阻碍(bewusst vereiteln)先买权人行使权利,权利人根据《德国民法典》第826条可对其主张故意悖俗侵害的损害赔偿。例如,第三人向出卖人允诺,愿意负担出卖人对先买权人承担的损害赔偿责任,或者以胁迫、贿赂方式,不正当地破坏出卖人对先买权人履行契约。上述行为均符合第三人破

---

① 参见王丽莎:《承租人优先购买权的损害赔偿研究》,载《河北法学》2010年第5期;王朝辉:《承租人先买权的法律性质及其纠纷审理》,载《法律适用》2003年第9期。

② 德国民法上通说不认可形成权为《德国民法典》第823条第1款绝对性的"其他权利"。参见 Fikentscher/Heinemann, Schuldrecht, S.766; Deutsch/Ahrens, Deliktsrecht, 5. Aufl., Carl Heymanns Verlage, 2009, S.88。同旨参见王泽鉴:《民法总则》,北京大学出版社2009年版,第79页。例外的是,一些德国学者认为物权性先买权因登记而具有绝对性,属于《德国民法典》第823条第1款保护的"其他权利",如某人违法地消灭已登记的物权性先买权,应负损害赔偿责任。参见 Jauernig/Teichmann, §823, Rn.15; Staudinger/Mader (2009), Einl. zu §§ 1094 ff., Rn.11。

③ Vgl. Larenz/Wolf, Allgemeiner Teil des Bürgerlichen Rechts, 9. Aufl., C. H. Beck, 2004, S.271.

④ 参见汪渊智:《形成权理论初探》,载《中国法学》2003年第3期。

坏他人契约关系的责任。① 换言之,此种侵权责任的构成要件类似于第三人故意悖俗侵害债权。更一般性地,如史尚宽所说,任何第三人故意悖俗对形成权的侵害,均可构成侵权行为。②

就第三人侵害先买权的损害赔偿后果而言,应将受害人恢复到侵害行为发生之前的状态。具体言之,如果第三人仅与出卖人签订买卖合同,但尚未取得标的物所有权,此时未给先买权人造成实际损失,不生损害赔偿;如果第三人已经取得标的物所有权,需将标的物让与先买权人。③

综上,第三人故意以悖于善良风俗之手段,破坏承租人先买权的行使和实现,可能构成侵权责任(《德国民法典》第 826 条、《瑞士债法》第 41 条第 2 款、我国台湾地区"民法"第 184 条第 1 项第二句)。但此种责任构成要件要求较高,实务中罕见此类裁判。④ 而且,因其并非先买权的主要救济途径,也不属于《房屋租赁合同司法解释》第 21 条的承租人损害赔偿请求权的规范领域,故我国司法实务部门须严格谨慎对待。

2. 买卖合同给付不能之损害赔偿

因房屋承租人行使先买权,在出租人与第三人、承租人之间形成二重买卖的法律关系结构,如出租人将房屋所有权转移给第三人,其必然对承租人

---

① 参见 Barbara Grunewald, Kaufrecht, S. 348；Erman/Grunewald, § 464, Rn. 13。相同观点参见 Staudinger/Rolfs (2011), § 577, Rn. 80。瑞士民法的相同观点,参见 Berner Kommentar, Das Sachenrecht, Art. 681, S. 101。

② 参见史尚宽:《债法总论》,中国政法大学出版社 2000 年版,第 145 页。

③ 此处借鉴第三人悖俗引诱债务人违约而构成侵害债权的责任,即第三人承担责任方式是向债权人让与买卖的标的物。参见 MünchKomm BGB/Wagner, § 826, Rn. 56。王泽鉴也指出,二重买卖场合,第三人如构成侵害债权,则受害人得请求直接返还其物,始足贯彻损害赔偿义务者,应回复他方损害发生前原状之基本原则。参见王泽鉴:《二重买卖》,载王泽鉴:《民法学说与判例研究》(第 4 卷),中国政法大学出版社 1998 年版,第 166 页。

④ 德语相关法学文献中虽提及此种侵权行为,但少见实务裁判供参考,例如 Erman/Grunewald, § 464, Rn. 13；Staudinger/Rolfs (2011), § 577, Rn. 80；Berner Kommentar, Das Sachenrecht, Art. 681, S. 101。我国司法实践中也不轻易认可此种诉讼请求,例如河南省信阳市浉河区人民法院(2009)浉民初字第 570 号民事判决书,法院驳回承租人向第三人主张损害赔偿请求权的诉讼请求。

无法实际履行,承租人得请求因不履行买卖合同而产生的损害赔偿。①

具体而言,出租人(出卖人)对承租人(买受人)债务不履行的形态为主观给付不能,也即仅对出卖人而言的不能(Unmöglichkeit)。② 如果出租人与第三人订立合同并已经转移房屋所有权,承租人行使先买权才产生买卖合同,则转移标的物所有权从一开始即为不能,是为自始不能;如果出租人与第三人订立合同后,承租人知悉先买条件,并行使先买权产生买卖合同,此后,出租人选择向第三人履行合同转移所有权,是为嗣后不能。无论自始或嗣后不能,均不影响买卖合同效力,承租人得请求给付不能之损害赔偿。③

承租人因行使先买权所产生的买卖合同,与一般债务合同无异,因给付不能所生之损害赔偿适用一般法则。

首先,就给付不能损害赔偿内容而言,原给付义务因给付不能而消灭,故债权人不得再请求原给付;债权人请求的损害赔偿可替代债务人原本所负担的给付,称为"代替给付的损害赔偿"(Schadensersatz statt der Leistung)。④ 换言之,承租人不能向出租人要求转移房屋所有权,而仅得请求金钱赔偿。

---

① 参见 Larenz, Lehrbuch des Schuldrechts, Besonderer Teil, 1. Halbband, 13 Aufl., C. H. Beck, 1986, S. 155; Medicus, Schuldrecht II, BT, S. 64. 国内学者相同观点参见丁春艳:《论私法中的优先购买权》,载《北大法律评论》编辑委员会编:《北大法律评论》(第6卷第2辑),法律出版社2005年版,第678页;史浩明、张鹏:《优先购买制度的法律技术分析》,载《法学》2008年第9期;戴孟勇:《先买权的若干理论问题》,载《清华大学学报(哲学社会科学版)》,2001年第1期。

② 黄茂荣认为,在二重买卖情形,基于特定物在时空上之存在的唯一性,出卖人无法同时或先后将其所有权移转于两个买卖契约之买受人,必然对其中之一买卖契约导致主观给付不能。参见黄茂荣:《买卖法》,中国政法大学出版社2002年版,第22页。类似观点参见MünchKomm BGB/Krüger, § 577, Rn. 22。

③ 德国新债法将自始客观不能与自始主观不能同等处理,均不影响契约生效,债权人得主张债务不履行之损害赔偿。参见 Schwap/Löhnig, Einführung in das Zivilrecht, S. 415。

④ 参见 Fikentscher/Heinemann, Schuldrecht, S. 211. 债务履行障碍所致损害赔偿可分为两类:①代替给付的损害赔偿是作为给付的替代,债权人主张后不得再主张给付;②与履行请求权并列的损害赔偿(Schadensersatz neben der Leistung),债权人即使作出给付,仍应予赔偿的损害,例如迟延损害(Verspätungsschaden)。参见 Schwap/Löhnig, Einführung in das Zivilrecht, S. 392. Huber/Faust, Schuldrechtsmodernisierung, C. H. Beck, 2002, S. 137 f.。此外,在违反保护义务情形,债权人损害赔偿请求亦得与履行请求权并列。参见 Medicus/Lorenz, Schuldrecht I, AT, 18. Aufl., C. H. Beck, 2008, S. 217。

其次,损害赔偿的原则是使得受害人被恢复到未受损害事件之前的状态。① 就买卖合同的债务不履行而言,因给付不能的损害赔偿应使得买受人被恢复至如同出卖人作出给付的状态那样。因此,损害赔偿的对象是债权人的履行利益(Erfüllungsinteresse)或积极利益(positive Interesse)。② 我国《合同法》第113条第1款规定违约损害赔偿"包括合同履行后可以获得的利益",实为履行利益的赔偿。③

最后,确定买卖合同不履行造成损害数额的方法是"差额说"(Differenztheorie),即比较给付不能发生后与假如给付完成之间债权人资产方面的价值差额。④ 在具体计算承租人作为买受人因出卖人给付不能而发生的损害时,应考虑所受损害(Vermögenseinbuße)与所失利益(entgangener Gewinn)两个方面。所受损害包括积极财产的减少和消极财产的增加⑤,在出卖人给付不能时,主要表现为买受人替代采购同类货物而多支付的费用。⑥ 至于所失

---

① 参见 Lange/Schiemann, Schadensersatz, 3. Aufl., Mohr Siebeck, 2003, S. 213; Fikentscher/Heinemann, Schuldrecht, S. 331。《德国民法典》第249条第1款规定:"负损害赔偿责任之人,应恢复所赔偿之情事发生之前的状态。"《中华人民共和国合同法》虽没有类似规定,但理论上采完全赔偿原则,使得债权人"恢复到合同如期履行的状态",亦可作相同理解。参见王利明:《合同法研究》(第2卷),中国人民大学出版社2003年版,第612页。

② 参见 Volker Emmerich, Das Recht der Leistungsstörungen, 6. Aufl., C. H. Beck, 2005, S. 197; Medicus/Lorenz, Schuldrecht I, AT, S. 217。胡贝尔指出,代替给付的的损害赔偿,指向的正是债权人的履行利益。参见 Huber/Faust, Schuldrechtsmodernisierung, C. H. Beck, 2002, S. 15。

③ 参见韩世远:《合同法总论》,法律出版社2008年版,第555页。

④ Vgl. Medicus/Lorenz, Schuldrecht I, AT, S. 217; Jörn Eckert, Schuldrecht Allgemeiner Teil, 4. Aufl., Nomos Verlag, 2005, S. 114; Westermann/Bydlinski/Weber, Schuldrecht Allgemeiner Teil, 6. Aufl., C. F. Müller, 2007, S. 256.

⑤ 参见 Brox/Walker, Allgemeines Schuldrecht, 33. Aufl., C. H. Beck, 2009, S. 346。我国学者通常将所受损害界定为现有财产减少之数额。参见曾世雄:《损害赔偿法原理》,中国政法大学出版社2001年版,第156页;韩世远:《合同法总论》,法律出版社2008年版,第557页。

⑥ 根据差额说计算为:如果市场价格高于买卖合同价格,二者之间的差额即为损害。但买受人无须证明事实上进行了替代性采购(Deckungskauf)。参见 Josef Esser, Schuldrecht, Band I, AT, 4. Aufl., C. F. Müller, 1970, S. 365; Brox/Walker, Allgemeines Schuldrecht, S. 230。

利益,是指根据事物的通常情势可期待的利益。① 在二重买卖情形,如果出卖人因向买受人之一履行,而对另一买受人发生给付不能,则后者本应增加的资产价值而未增加,即为所失利益。② 综上所述,承租人就买卖合同不履行的损害赔偿请求权,应包括所受损害与所失利益,尤其是取得所有权后的房屋价格与买卖合同价格之间的差价损失。于此须注意,实践中确有承租人并无意愿亦无购买能力,但在房屋出售后,恶意行使先买权,企图赚取房屋差价的情形。笔者认为,出租人在出卖房屋时应对承租人损害赔偿请求权有所预期,履行通知义务而控制风险,以避免承租人的滥诉;如其未尽通知义务,法律应将举证责任不利之后果归于出租人,换言之,出租人须证明承租人无意愿或无能力购买而没有发生损害。

从诉讼程序上看,上述损害赔偿请求权的实现,须有形成之诉和给付之诉的合并判决。我国理论界和实务界有观点认为:先买权人要求确认其与出卖人间就标的物成立买卖合同,为确认之诉。③ 此项观点应值商榷。在程序法上,所谓确认之诉是"旨在有拘束力地确认某一法律关系存在或不存在"④。但是,在发生先买权纠纷时,通常承租人的诉讼请求并不仅仅要求确认享有先买权,其主要目的是请求与出租人之间成立买卖合同,并据此要求履行合同,单纯地要求确认先买权并没有实际意义。基于实体法上形成权的诉讼种类应属形成之诉,即"创造一种现在还不存在的法律后果或没有判决

---

① 参见 Fikentscher/Heinemann, Schuldrecht, S. 337;曾世雄:《损害赔偿法原理》,中国政法大学出版社 2001 年版,第 157—160 页。虽然所失利益典型体现在转售标的物而可得利益(参见 Brox/Walker, Allgemeines Schuldrecht, S.230.),但即使买受人事实上没有转售计划,也可依抽象方法,比较市场价格高出合同价格的差额,计算所失利益(参见 Josef Esser, Schuldrecht, Band I, AT, S. 365; Fikentscher/Heinemann, Schuldrecht, S. 337; Lange/Schiemann, Schadensersatz, S. 343 ff.)。依立法解释,《中华人民共和国合同法》第 113 条违约赔偿可得利益(即所失利益),其确定原则是:"因违约行为的发生,使此利益丧失,若无违约行为,这种利益按通常情形是必得的。"参见全国人大常委会法制工作委员会编:《中华人民共和国合同法释义》,法律出版社 1999 年版,第 183 页。

② 参见王泽鉴:《二重买卖》,载王泽鉴:《民法学说与判例研究》(第 4 卷),中国政法大学出版社 1998 年版,第 179 页。

③ 有研究者指出,先买权诉讼是一种确认之诉,即原告"要求确认自己与被告间形成买卖合同关系。在先买权行使条件具备时,承租人又表示愿意购买时,双方的买卖合同依法已经成立,在纠纷发生时,法院对该契约关系以裁判的方式予以确认"。参见王朝辉:《出租人先买权的法理性质及其纠纷处理》,载《法律适用》2003 年第 9 期。

④ 〔德〕罗森贝克、〔德〕施瓦布、〔德〕戈特瓦尔德:《德国民事诉讼法》(下),李大雪译,中国法制出版社 2007 年版,第 655 页。

就不会存在的法律后果,因而是设定、变更或撤销一种法律关系"①。因此,承租人如通过诉讼行使先买权,应首先获得买卖合同成立的判决(形成判决),然后据此要求履行买卖合同,即给付之诉。由此可见,先买权人基于买卖合同给付不能的损害赔偿请求权,实为形成之诉与给付之诉的合并。

3. 出租人违反通知义务之损害赔偿

根据《合同法》第230条的规定,出租人应当在出卖之前的合理期限内"通知"承租人优先购买。理论界和实务界均认可此处的"通知"应理解为出租人的义务,其法律效果主要是出租人履行通知义务后,先买权的除斥期间开始起算。②"通知"既为一项义务,而民法上任何债务通常须以一定责任作为其不履行的担保③,那么,通知义务不履行的法律责任如何?质言之,何为侵权责任抑或债务不履行责任?对此,王泽鉴教授指出,"出租人违反通知义务,侵害形成权,致其不能行使,故应负损害赔偿责任"④。我国学者对此引申认为,出租人未履行通知义务"侵害"先买权应承担"侵权责任"。⑤

上文已述,第三人原则上不构成侵害先买权,那么,在先买权的相对人之间,是否因出租人不履行通知义务而构成侵权责任呢?为此,我们须从通知义务的性质出发,来分析这一问题。一方面,出租人通知义务固然是一种法定义务,通常为法律明文规定(我国《合同法》第230条、《德国民法典》第577条、《瑞士民法典》第681条);但另一方面,承租人先买权必然是基于租赁合同而产生,因此应将通知义务置于出租人与承租人的债之关

---

① 〔德〕罗森贝克、〔德〕施瓦布、〔德〕戈特瓦尔德:《德国民事诉讼法》(下),中国法制出版社2007年版,第665页。
② 参见丁春艳:《论私法中的优先购买权》,载《北大法律评论》编辑委员会编:《北大法律评论》(第6卷第2辑),法律出版社2005年版,第667页;最高人民法院民事审判第一庭编著:《最高人民法院关于审理城镇房屋租赁合同纠纷案件司法解释的理解与适用》,人民法院出版社2009年版,第331页。德国民法上明确界定通知义务的履行后,起算除斥期间,而不是消灭时效。参见MünchKomm BGB/Westermann, § 469, Rn. 6。
③ Vgl. Joachim Gernhuber, Das Schuldverhältnis, Begründung und Änderung Pflichten und Strukturen Drittwirkungen, J. C. B. Mohr, 1989, S. 65.
④ 王泽鉴:《优先承买权之法律性质》,载王泽鉴:《民法学说与判例研究》(第1卷),中国政法大学出版社1998年版,第510页。
⑤ 参见王丽莎:《承租人优先购买权的损害赔偿研究》,载《河北法学》2010年第5期;史浩明、张鹏:《优先购买制度的法律技术分析》,载《法学》2008年第9期;王朝辉:《承租人先买权的法律性质及其纠纷审理》,载《法律适用》2003年第9期。以上文献均引用王泽鉴的观点,作为侵权责任的理论依据。

系中予以考察。

约瑟夫·埃塞尔指出,债之关系作为当事人之间的一种法律上特殊结合关系(rechtliche Sonderverbindung),当事人相互借此影响对方的人身和财产,而不仅限于狭义上的给付义务。① 根据其目的和保护对象,债之关系上的义务包括主给付义务(Hauptleistungspflichten)、从给付义务(Nebenleistungspflichten)和附随义务(Nebenpflichten)。主给付义务决定债之关系基本类型;而从给付义务为辅助和补充主给付义务、促进其实现所必要之附从义务。二者均为保护债权人之给付利益,可独立诉请债务人履行。② 而附随义务,通常认为是不可独立诉请履行,仅得在其违反后请求损害赔偿的义务。③ 更进一步,可将其分为"与给付有关(leistungsbezogen)之附随义务"和"与给付无关(nicht leistungsbezogen)之附随义务"。前者为贯彻实现契约目的而成立,例如说明、建议、通知、协助等义务;后者仅为保护债权人之人身或财产之固有利益而存在,最典型的是保护义务。④

根据以上义务分类来界定出租人的通知义务,首先可以排除其为出租人的主给付义务。⑤ 但颇费踌躇的是,它究竟是从给付义务抑或附随义务? 因为二者均可由当事人约定或法律规定,或通过合同解释以及诚信原则来认定⑥,根据来源无法判断通知义务的属性。出租人通知义务为确保承租人行

---

① Vgl. Josef Esser, Schuldrecht, Band I, AT, S. 23.

② Vgl. Joachim Gernhuber, Das Schuldverhältnis, S. 19; Medicus/Lorenz, Schuldrecht I, AT, S. 65.

③ 参见 Josef Esser, Schuldrecht, Band I, AT, S. 27; Medicus/Lorenz, Schuldrecht I, AT, S. 66; Jauernig/Mansel, § 241, Rn. 10. 虽然通说认为附随义务不可独立诉请,但相反观点亦有所据,例如,对劳动者的保护义务得为独立诉请(《德国民法典》第 618 条)。参见 Fikentscher/Heinemann, Schuldrecht, S. 24; MünchKomm BGB/Kramer, § 241, Rn. 113。

④ 此为德国和瑞士民法权威著作的观点。参见 MünchKomm BGB/Kramer, § 241, Rn. 18ff.; Berner Kommentar zum Schwiezerischen Privatrecht, Band VI, Das Obligationenrecht, Verlag Stämpfli & CIE AG, 1986, Einleitung, S.55f.; Koller, Schweizerisches Obligationenrecht, Allgemeiner Teil, 3. Aufl., Stämpfli Verlag AG, 2009, S. 22 f. 就"与给付有关之附随义务"和"与给付无关之附随义务"区分意义,在德国民法上首先是损害赔偿的请求权基础不同,前者依据《德国民法典》第 281 条第 1 款,后者依据《德国民法典》第 280 条第 1 款以及第 282 条;其次是解除权发生依据不同,前者是《德国民法典》第 323 条,后者是第 324 条。参见 MünchKomm BGB/Kramer, § 241, Rn. 19。

⑤ 租赁合同中,出租人的主给付义务是租赁物交与承租人使用,并保持其合于使用状态。参见 Brox/Walker, Besonderes Schuldrecht, 25. Aufl., C. H. Beck, 2008, S. 158 f.。

⑥ Vgl. Looschelders, Schuldrecht Besonderer Teil, S. 4 ff.

使先买权,强化其长期居住使用房屋的利益,故与给付利益相关,似可归入从给付义务。但附随义务中也有与给付相关之义务。因此,根据其保护目的,亦难以判断其归属。① 最后,义务人如果未准确完整地履行义务,会产生先买权的除斥期间不起算,以及损害赔偿两种后果。② 笔者认为,从后果上观察,它更符合附随义务的特征,故将其界定为租赁合同中的(与给付有关之)附随义务较为妥适。③

王伯琦先生尝言:"所有关于债务人义务之事项,不论其为契约所明定,或为任意法或强行法所规定,均为债务之内容,违反之者,均构成债务不履行责任。"④通知义务既为附随义务,若义务人未能正确、及时、完整地履行该义务可构成债务不履行,义务人具有可归责性时,应负损害赔偿责任。⑤ 虽然从事实上看,出租人不履行通知义务,既是债务不履行,也是对承租人的一种侵害(Verletzung)。但是从法条竞合角度出发,如果特别法对某种案型进行规整,则排斥一般规定的适用。⑥ 据此,债务不履行相对于侵权行为属特别形态,依特别法优于普通法的原则,只能适用债务不履行之规定。⑦ 正如王泽鉴教授所说,如果任何债务不履行本身得成立侵权行为,则民法关于债务不履行之规定将失其规范功能。⑧ 再者,从请求权基础的检索顺序来看,合

---

① 克雷默指出,一般难以区分从给付义务和"与给付相关之附随义务"。参见 MünchKomm BGB/Kramer, § 241, Rn. 19。
② Vgl. Palandt Bürgerliches Gesetzbuch Kommentar, C. H. Beck, 2011, Palandt/Putzo, § 469, Rn. 2.
③ Vgl. Staudinger/Beckmann (2004), § 469, Rn. 2; Staudinger/Rolfs (2011), § 577, Rn. 58; Palandt/Putzo, § 577, Rn. 7.
④ 王伯琦:《契约责任与侵权责任之竞合》,载王伯琦:《近代法律思潮与中国固有文化》,清华大学出版社 2005 年版,第 363 页。
⑤ 德国和瑞士民法观点,参见 Staudinger/Rolfs (2011), § 577, Rn. 58; Berner Kommentar, Das Sachenrecht, Art. 681, S. 100。国内相同见解参见崔建远、韩世远、于敏:《债法》,清华大学出版社 2010 年版,第 470 页,黄承军:《房屋优先购买权损害赔偿责任的性质》,载《人民法院报》2009 年 12 月 15 日,第 6 版。
⑥ 拉伦茨将此称为"规范排斥竞合"(normverdrängende Konkurrenz)。参见 Larenz/Wolf, Allgemeiner Teil des Bürgerlichen Rechts, S. 320。
⑦ 参见王泽鉴:《契约责任与侵权责任之竞合》,载王泽鉴:《民法学说与判例研究》(第 1 卷),中国政法大学出版社 1998 年版,第 377 页。根据《中华人民共和国侵权责任法》的立法解释,合同债权原则上不受侵权法保护,违约责任应由合同法调整。参见王胜明主编:《中华人民共和国侵权责任法释义》,法律出版社 2010 年版,第 27 页。
⑧ 参见王泽鉴:《侵权行为》,北京大学出版社 2009 年版,第 171 页。

同是当事人根据其意思所建立起的特别法律联系,因此在寻找和确定请求权基础时,相较于法定之债,应优先考虑基于合同所生之请求权。① 总之,出租人未尽通知义务的损害赔偿,仅需以债务不履行作为请求权基础,无须涉及侵权责任。我国司法实务中也有法院认为,如果出租人出卖房屋时未向承租人履行通知义务,构成履行不当,应承担违约责任。②

违反通知义务之损害赔偿,最为困难者,乃损害计算问题。实践中,承租人主张损害赔偿,主要因为房屋出卖给第三人后价格上涨的差价损失(即市场价与合同价之间的差额)。此项所失利益,应为买卖合同项下的履行利益损失,而不是租赁合同附随义务违反的直接后果。通常情况,承租人应先主张先买权,然后据此请求买卖合同给付不能的损害赔偿。如承租人未主张形成买卖合同,直接以违反通知义务请求赔偿差价损失,因通知义务违反与此项所失利益之间并无相当因果关系,且《合同法》第230条的通知义务是确保先买权的行使,房屋差价损失的赔偿已超出其保护范围,故而不宜据此直接判决所失利益的损害赔偿。③ 我国司法实务中,有法院判决因出租人"侵害"承租人先买权而造成房屋差价的损失,例如上海市杨浦区人民法院在"上海远大学习广场教育科技有限公司诉上海泰润房地产开发有限公司房屋租赁合同纠纷案"判决中,明确说明出租人侵害承租人优先购买权造成的房屋差价损失,"应以争议时系争商铺可能交易发生的价格与被告真实售价的差额

---

① 参见 Mudicus, Grundwissen zum Bürgerlichen Recht, 8. Aufl., Carl Heymanns Verlag, 2008, S. 12. 梅迪库斯还指出,当客观上存在数个请求权基础时,应根据法律目的决定是否需要竞合,只在为债权人带来便利时,才应予以考虑竞合的问题。参见 Medicus, Bürgerliches Recht, 21. Aufl., Carl Heymanns Verlag, 2007, S. 4 ff.。王伯琦先生也指出,债务不履行责任与侵权责任,须其选择行使之后对当事人具有实益,构成竞合才有意义。参见王伯琦:《契约责任与侵权责任之竞合》,载王伯琦:《近代法律思潮与中国固有文化》,清华大学出版社2005年版,第359页。

② 参见"肖荣华诉江苏瑞南实达房地产开发有限公司承租人优先购买权案",江苏省无锡市中级人民法院(2009)锡民终字第0710号民事裁定书,载国家法官学院案例开发研究中心编:《中国法院2012年度案例》(房屋买卖合同纠纷),中国法制出版社2012年版,第106页以下。

③ 德国民法上权威观点认为,承租人主张通知义务违反的损害赔偿计算,不是假设承租人取得房屋后,以更高价格转卖而可获得的利益为计算标准,因其既无相当因果关系,亦超出《德国民法典》第577条之保护目的。而是以假如承租人继续使用房屋的状态来计算损害。参见 Staudinger/Rolfs (2011), § 577, Rn. 58. MünchKomm BGB/Krüger, § 577, Rn. 22。

作为依据"。① 也有法院谨慎地认为,若赔偿"同地段购置同等类型房屋的差价损失",必须以承租人购房为必要,如未购置则损失并未实际产生,请求损害赔偿不予支持。② 对此笔者认为,应将承租人提出"违反通知义务,请求损害赔偿"的诉讼请求,解释为其主张先买权并请求买卖合同履行利益的赔偿,如此主张房屋差价的损失才有理论依据。

如上所述,承租人主张出租人违反通知义务的损害赔偿,可转化为买卖合同的履行利益而解决,那么通知义务违反是否还会造成承租人其他损失呢?笔者认为,通知义务违反造成的损害,不可包括在买卖合同履行利益的损害赔偿中,其仍有独立存在之必要。例如,出租人未及时通知,承租人因无法购买承租房屋而重新寻找房屋或搬迁所支出的费用,停业损失③,以及承租人就行使先买权所生之调查、诉讼等费用,均非买卖合同的履行利益。综上,出租人违反通知义务,可能会造成承租人(行使先买权产生的)买卖合同的履行利益损失以及其他的固有利益损失,二者应构成并列关系,均得请求赔偿。就实际意义而言,前者显然更为重要。

五、结论

房屋承租人先买权涉及三方关系,出租人(出卖人)、第三人与承租人(先买权人)之间均可能发生法律上联系,其间权利义务错综复杂,综合本文以上分析,承租人行使先买权的法律效果可由三重视角予以总结:

第一,就房屋承租人先买权的性质而言,其为附条件的形成权。当先买

---

① 参见上海市杨浦区人民法院(2009)杨民四(民)初字第3177号民事判决书。类似裁判参见《租下8套门面房返租期间被东家卖掉 优先购买权受到侵害获赔120万余元》《丧失优先购买权 租房客诉请赔偿永康公司违约侵权赔偿9.16万元》,以上两则案件均来自上海法院网"案件速递"栏目的检索(http://www.hshfy.sh.cn/shfy/gweb)。理论上支持者,参见黄承军:《房屋优先购买权损害赔偿责任的性质》,载《人民法院报》2009年12月15日,第6版;高行玮:《房屋承租人优先购买权损害赔偿问题探析》,载《人民法院报》2008年5月13日第6版。崔建远、韩世远、于敏:《债法》,清华大学出版社2010年版,第470页。

② 参见"肖荣华诉江苏瑞南实达房地产开发有限公司承租人优先购买权案"江苏省无锡市中级人民法院(2009)锡民终字第0710号民事裁定书,载国家法官学院案例开发研究中心编:《中国法院2012年度案例(房屋买卖合同纠纷)》,中国法制出版社2012年版,第109页。

③ 参见 MünchKomm BGB/Krüger , § 577, Rn. 22;高行玮:《房屋承租人优先购买权损害赔偿问题探析》,载《人民法院报》2008年5月13日,第6版。例如,房屋出卖给第三人后,导致承租人不能再使用房屋,故法院根据租金计算承租人的所受损失参见河南省信阳市浉河区人民法院(2009)浉民初字第570号民事判决书。

情形出现时,承租人发出单方的、须受领的意思表示,于意思表示到达受领人时,即与出租人产生买卖合同关系。① 承租人先买权为简单形成权,于民事诉讼内外均可行使。承租人行使先买权并不影响出租人与第三人间买卖合同效力。出租人为避免一物二卖的法律后果,可与第三人在买卖合同中就承租人行使先买权预先约定解除条件,或约定解除权。

第二,就先买权的对抗力而言,先买权因物权登记或特殊立法政策,可产生对抗第三人的物权性效力。但我国民法上房屋承租人先买权既无物权登记,亦无足够的政策理由产生对抗力,故而仅具债权性效力。如果第三人通过登记已取得房屋所有权,无论其为善意或恶意,承租人均不得主张其取得所有权不生效力。

第三,就先买权人的损害赔偿请求权而言,一方面,如第三人以悖于善良风俗方式侵害承租人先买权,虽然应承担侵权责任,但应严格其责任成立要件;另一方面,如出租人未尽通知义务而将房屋处分给第三人,则承租人对出租人的损害赔偿请求权有两方面:其一,承租人行使先买权形成买卖合同,并据此要求给付不能之损害赔偿,赔偿范围为履行利益。实践中,如承租人直接主张出租人违反通知义务而要求其赔偿房屋差价的损失,应将该诉讼请求解释为,行使先买权并请求买卖合同履行利益的赔偿。其二,如出租人违反通知义务而造成承租人的其他财产损失,亦得请求其赔偿。

以上基于我国现行有效法律分析得出有关房屋承租人先买权法律效果的释义学结论。如从立法论出发,笔者建议在中国未来的民法典中采德国法系的先买权原理,区分债权性先买权与物权性先买权,在此基础上对具体的行使后果、对抗力要件、损害赔偿以及除斥期间等作出明确而具体的规定。

---

① Vgl. Staudinger/Rolfs (2011), § 577, Rn. 61; MünchKomm BGB/Krüger, § 577, Rn. 19.

第三人"惊吓损害"的法教义学分析[*]

——基于德国民法的理论与实务的比较法考察

侵权行为法的主要任务是通过对受害人的损害填补,俾使其恢复到受害之前的状态,但与此同时亦须恰当划定损害赔偿的界限,不过分限制加害人在人身和经济方面的发展空间。因此,侵权行为法须协调"权益保护与行为自由之间的紧张关系"[①]。本文所讨论的案例"林玉暖诉张健保等人身损害赔偿纠纷案"[②](以下简称"林玉暖案")所蕴含的"惊吓损害"(Schockschäden)法律问题,突出地反映了上述侵权行为法的价值两难:侵权事故常会间接地引发直接受害人以外第三人的损害,法律不能对此视而不见;但如果法律毫不区分地广泛保护第三人的利益,又将施予行为人过重的责任并有限制行为自由之嫌。因此,如何平衡惊吓损害事件中加害人与第三人之间的利益,乃是各国侵权法理论与实践的重点与难点。[③] 我国学界迄今尚未有较为全面的关于第三人惊吓损害的德国民法学说和实务的介绍评析,为此,笔者将依据德国侵权法的结构,梳理第三人惊吓损害的体系位置及具

---

[*] 原载《华东政法大学学报》2012 年第 3 期。
[①] Larenz/Canaris, Lehrbuch des Schuldrechts, Band II., BT, 2. Halbband, 13. Aufl., C. H. Beck, 1994, S. 350.
[②] 福建省厦门市思明区人民法院(2006)思明初字第 5968 号民事判决,载最高人民法院应用法学研究所编:《人民法院案例选》(第 70 辑),人民法院出版社 2010 年版,第 146—155 页。
[③] 关于欧洲各国的第三人惊吓损害的法制概况,参见〔德〕克雷斯蒂安·冯·巴尔:《欧洲比较侵权行为法》(下卷),焦美华译,法律出版社 2001 年,第 87—96 页。有关英美法的状况,参见潘维大:《第三人精神上损害之研究》,载《烟台大学学报》2004 年第 1 期;张新宝、高燕竹:《英美法上"精神打击"损害赔偿制度及其借鉴》,载《法商研究》2007 年第 5 期。

体责任构成要件,在此基础上总结德国民法关于该问题的价值判断,最后通过比较法的视角,检讨我国民法原理和实务裁判方法的得失。

一、从外部体系透视惊吓损害在德国民法上的定位

德国民法方法论将法律体系分为外部体系(äußeres System)与内部体系(inneres System)。所谓外部体系,是以抽象概念为基础,建构一种对法律素材清晰而概括的表达和区分结构,这种体系对于法律判决的可预见性和法律安定性具有积极意义。① 与此相对,隐含在法律制度内部的统一而有序的价值原则和意义脉络,构成了法律的内部体系。② 尽管近来很多德国学者倡导以内部体系思想纠正抽象概念体系的弊端,但外部体系的作用仍不可低估,因其指示个别概念和法律问题在整个体系中的应有位置,而且还有助于辨识具体的案件事实涵摄于何种法律规范的构成要件之下,"熟悉(外部)体系的判断者能随即将事件划定范围,因为他能认识可得使用的规范所属的领域"③。基于此,对于本文拟解决的第三人惊吓损害的案型而言,将其置于何种法律视角和法律规范下予以考察,最佳的切入方法是判断其在外部体系中的位置。

1. 间接受害人?

首先可以考虑的是,惊吓损害的受害人是否为侵权行为的"间接受害人",得依有关法律进行裁判? 以惊吓损害的典型案件为例,通常是直接受害人的人身受侵害,其近亲属目睹或听闻噩耗,出现精神过度紧张或受到惊吓,使自身发生健康损害。正如"林玉暖案"的法院裁判理由指出,"受到直接伤害的是原告之子,而原告作为母亲目睹儿子被殴致血流满面而昏厥,是间接受害人",健康权受损的间接受害人可对加害人享有人身伤害赔偿请求权。④ 但德国民法理论对此存有不同观念。

尽管同一事件可能导致除直接受害人之外第三人的损害,但并非因该事

---

① Vgl. Claus - Wilhelm Canaris, Systemdenken und Systembegriff in der Jurisprudenz, 1969, S. 45.
② Vgl. Claus - Wilhelm Canaris, Systemdenken und Systembegriff in der Jurisprudenz, 1969, S. 81 ff.
③ 〔德〕卡尔·拉伦茨:《法学方法论》,陈爱娥译,商务印书馆2003年版,第43、163页。
④ 参见福建省厦门市思明区人民法院(2006)思明初字第5968号民事判决书。

件引起的、凡具有相当因果关系的损害后果,均可请求赔偿;准确地说,赔偿请求权人在违反契约义务中是契约相对人或受契约义务保护的第三人,在侵权行为中则是权益被侵害的受侵害人。[1] 从《德国民法典》的侵权行为一般条款(第823条、第826条)来看,立法者将人身损害的诉讼原告资格限于直接受害人(primäre Verletzten),拒绝提供受害人的亲属针对第三人的直接请求权。[2] 但例外的是,根据《德国民法典》第844条和第845条的规定,因受害人死亡而负担丧葬费,或丧失抚养请求权,或失去受害人劳务的第三人(通常是受害人的近亲属或继承人),作为间接受害人对加害人享有损害赔偿请求权。该请求权为间接受害人自身的、独立的请求权,因而上述条文可谓对损害赔偿权利人的扩张。[3] 可见,德国侵权法原则上不考虑间接受害人的损害赔偿,只在特别规定情况下允许第三人对加害人享有直接请求权。

基于上述原理,德国学者法恩克尔(Fraenkel)指出,虽然第三人因目睹或听闻直接受害人遭受人身伤害,发生精神惊吓并致健康损害,但由《德国民法典》第844条和第845条的立法目的可见,立法者仅将第三人向侵权人的损害赔偿请求权限于法律明文规定的情况,因此第三人就惊吓损害的赔偿请求权没有教义学上根据。[4] 但这种观点已被理论界和实务界所摒弃。权威的民法典评注书均认为,惊吓损害实质上是以加害人对另一人(如近亲属)的侵权行为为媒介而侵害到受害人的健康(必须达到自身健康损害程度),因此惊吓损害根本不是"第三人损害"(Drittschaden),恰是受害人自身的法益损害,如其符合《德国民法典》第823条第1款的构成要件,损害后果必须予以填补。[5] 就此,拉伦茨适切指出,第三人通常遭受一般性经济损失(allgemeiner Vermögensschaden),如其可得赔偿,将导致赔偿责任的无限扩大,因此

---

[1] Vgl. Larenz, Lehrbuch des Schuldrechts, Band I, AT, 14. Aufl., C. H. Beck, 1987, S. 459. Münchener Kommentar zum Bürgerlichen Gesetzbuch, 5. Aufl., C. H. Beck, MünchKomm BGB/Oetker, § 249, Rn. 268.
[2] Vgl. MünchKomm BGB/Wagner, § 844, Rn. 1.
[3] Vgl. Staudingers Kommentar zu Bürgerlichen Gesetzbuch, Staudinger/Röthel (2007), § 844, Rn. 2.
[4] Vgl. Fraenkel, Tatbestand und Zurechnung bei § 823 Abs. 1 BGB, 1979, S. 164 f.; MünchKomm BGB/Wagner, § 823, Rn. 80.
[5] Vgl. MünchKomm BGB/Wagner, § 823, Rn. 80; Staudinger/Schiemann (2005), § 249, Rn. 44.

为法律所拒绝;相反,在第三人惊吓损害,恰是受害人自身遭受《德国民法典》第 823 条第 1 款意义上的"法益侵害",第三人当然得为请求权人。① 因此,惊吓损害不是赔偿权利人的范围扩张或加害人赔偿责任的扩张问题。②

事实上,德国法院向来认为惊吓损害的第三人是自身权利受侵害的当事人。1931 年 9 月 21 日,德国帝国法院(RG)对首例惊吓损害案作出判决,该案中一位母亲因听闻其女儿因车祸去世,虽然其未经历现场,但已然发生健康损害,因而原告请求加害人对此进行损害赔偿,法院的判决理由指出:

> 间接损害是指某人自身并非侵权行为的受害人,而是侵权行为在该人财产上的反射后果。然而,就当下(惊吓损害)案件而言,原告因侵权行为而自身健康受到损害,其诉讼请求正是针对该健康损害。在帝国法院的实践中,从未声称民法典第 823 条第 1 款所列举的法益和权利,必须是被直接侵害的,而间接的侵害不足以构成(侵权行为)。③

1971 年 5 月 11 日,德国联邦法院(BGH)在一起标志性的惊吓损害案件判决中接受帝国法院的观点并指出:

> (民法典)立法者认同,在亲历或听闻事故时发生不寻常的"损伤性"(traumatisch)影响而导致自身身体或精神/心理(geistig/seelisch)的健康损害,则该人享有独立的损害赔偿请求权。……帝国法院(RGZ 162,321)完全清楚,在惊吓损害中,涉及的问题是民法典第 823 条第 1 款所保护的法益受直接侵害(unmittelbare Verletzung),而并不是如同民法典第 844 条、第 845 条那般涉及间接损害的赔偿。④

由上可见,在德国民法学理与实务上,第三人惊吓损害之所以被称为"第三人"或"间接受害人",只是相对于直接受害人而言。但其遭受的损害并非《德国民法典》第 844 条、第 845 条意义上的"间接损害",而是自身的身体健

---

① Vgl. Brüggemeier, Deliktsrecht, Nomos Verlagsgesellschaft, 1986, S. 138; Larenz, Schuldrechts, AT, S. 460.
② Vgl. Staudinger/Hager (1999), § 823, Rn. B34; Brand, Schadensersatzrecht, C. H. Beck, 2010, S. 35.
③ RGZ 133, 270. in B. S. Markesinis, Comparative Introduction to the German Law of Torts, Oxford: Clarendon Press, 1990, pp. 103 – 104.
④ BGHZ 56, 163 = NJW 1971, 1883.

康所受损害。德国学者施密特（R. Schmidt）指出：将第三人惊吓损害称为间接损害，这种不准确的表述有时会引发混乱。① 总之，按德国民法通说，第三人惊吓损害不可与《德国民法典》第844条、第845条间接损害相提并论，二者不能作相同或类似评价。

2. 健康损害、惊吓损害与第三人惊吓损害

德国民法中"损害"一词通常是指某种行为的责任后果及范围。准确地说，"惊吓损害"问题的关键不是损害，而是"惊吓侵害"（Schockverletzung），即以惊吓方式侵害他人被《德国民法典》第823条第1款所保护的法益。但"惊吓损害"已被用来固定地描述这种特殊的侵权责任问题，而且侵害往往伴随着损害，因此按德国民法的习惯用语，仍可称为"惊吓损害"。②

惊吓损害须达到《德国民法典》第823条第1款的侵害健康程度，才能予以损害赔偿。"侵害健康"是指对人之内在生命过程（inneren Lebensvorgänge）的功能损害，它并不取决于人之器官和躯体的完整性是否受损（虽然身体侵害常常导致健康损害）。③ 此外，健康损害包括身体的或心理的疾病状态，身体疾病须借助医学知识查明，而心理病态须借助心理学或精神分析学的认知。后者虽然难以把握，但一般认为，如果人们对于事故、死亡等事件的惊恐、伤心、痛苦和情绪低落的反应超出心理—社会（psycho‑sozial）的正常程度，就存在心理健康损害。④

"惊吓"（Schock，或休克）这一概念在医学上用来描述一种因某种事故而发生的急性循环障碍（akute Kreislaufstörung），其性质为短暂的，但也可能导致机体的损害。⑤ 法学上的界定与此不同，施密特指出，惊吓是"一种突然对个人产生影响、与心理有关的外界事件造成的心理故障（psychische Störung）或心理刺激（psychische Erregung）"。在事故中受害人只要出现一种

---

① Vgl. R. Schmidt, Die Haftung für Schockschäden nach § 823 I BGB als Problem der wertenden Normkonkretisierung, Diss, 1991, S. 37.
② Vgl. R. Schmidt, Die Haftung für Schockschäden, S. 20 f.
③ Vgl. MünchKomm BGB/Wagner, § 823, Rn. 73; Staudinger/Hager (1999), § 823, Rn. B20.
④ Vgl. Brüggemeier, Deliktsrecht, S.136f.; Deutsch/Ahrens, Deliktsrecht, 5. Auflage, Carl Heymanns Verlage, 2009, Rn. 243.
⑤ Vgl. BGHZ 56, 163 = NJW 1971, 1883.

医学上可验明的身体上或/和心理上的反映,即构成"惊吓"。① 因此,惊吓在法学上是指一种健康损害②,而且侵权法对此并非广泛保护,仅对那些达到一定强度并持续一段时间的惊吓损害,才考虑损害赔偿的问题。

作为一种健康损害状态,惊吓损害普遍存在,且不限于在第三人身上发生。③ 德国民法学理上,一般将惊吓损害大致分为如下三类:

第一类,直接惊吓损害(unmittelbare Primärschockschäden)。此种损害无需受害人的某种法益(如身体、健康、自由或所有权)的初级损害为媒介,而是因受害人特殊的心理敏感性(psychische Prädisposition)对损害事件的心理反应而产生。④ 例如,因烟花爆竹的爆炸声而引起惊恐;因顾客在饮食中发现异物而产生恶心(Ekelgefühl)和忧虑(Ängstigung)⑤;超市营业员怀疑顾客偷窃而对其大声呵斥或令其当众出丑,使顾客受惊吓;等等。⑥ 这些惊吓如请求损害赔偿,须达到明显的心理损害程度,且加害人之行为自由超出法律保护范围。除此之外,在人类共同生活中日常发生的、不可避免的惊吓,属于一般生活风险(allgemeines Lebensrisiko),如果一律予以损害赔偿,则个人的创造性将受阻滞。⑦

第二类,作为某种法益损害后果的惊吓损害。上述直接惊吓损害不以某种法益损害为前提,与此有别,当受害人因自身其他的某种法益受侵害后,随即导致该受害人的惊吓损害。⑧ 例如,电梯突然下落,或建筑物高处坠落物体,既令受害人身体受害,也使其受惊吓而致健康受损。不仅如此,因财产权受侵害也可能导致惊吓损害,例如,入室行窃者突然惊醒沉睡中的屋主,或因

---

① Vgl. R. Schmidt, Die Haftung für Schockschäden, S. 22.
② 惊吓损害也可能表现为身体损害,即心理原因导致身体完整性受损,例如心脏病、循环系统障碍、震颤性麻痹(Schüttellähmung)等。这些损害是对身体的生命进程的干扰,因而可被视作《德国民法典》第 823 条第 1 款意义上的健康损害。参见 R. Schmidt, Die Haftung für Schockschäden, S. 35。
③ Vgl. MünchKomm BGB/Wagner, §823, Rn. 80; Park, Grund und Umfang der Haftung für Schockschäden, S. 128 ff.
④ Vgl. Brüggemeier, Deliktsrecht, S. 137. Stöhr, Psychische Gesundheitsschäden und Regress, NZV 2009, 161.
⑤ 顾客虽然尚未吃进有异物的食物,但已令其恶心;或食物中出现碎玻璃渣,足以令其惊惧。
⑥ Vgl. R. Schmidt, Die Haftung für Schockschäden, S. 133 ff.
⑦ Vgl. R. Schmidt, Die Haftung für Schockschäden, S. 141.
⑧ Vgl. R. Schmidt, Die Haftung für Schockschäden, S. 142 ff.

自己的宠物猫、狗突然被伤害致死而精神上受刺激。

作为法益损害后果的惊吓损害,与一般的法益损害后果的处理方式并无不同。德国民法理论和实务上认为,它本质上属于法益受侵害的损害后果范围,加害人原则上应予赔偿。例如,因伤害事故导致脊椎严重受损(身体侵害),受害人因长期承受伤痛而演化成心理疾病,并丧失劳动能力。① 德国联邦法院对此类侵权后果指出:

> 如果某人因过失引起他人身体或健康之损害,且在责任法上应由其负责,那么,其责任也及于由此所生之损害后果(Folgenschäden)。……对侵权行为所致心理(损害)后果的损害赔偿义务,并不必以器质性(损害)原因(organnische Ursache)为前提,毋宁说,只要如下这一点能够确定就足够了,即如果没有发生事故就不会产生这种心理上的损害后果。此外,也不要求加害人对侵权行为所生之损害后果(损害范围)必须预见。②

由此可见,作为法益损害后果的惊吓损害,比较容易认定其符合相当因果关系,从而计入侵害法益的损害赔偿范围。此外,德国民法学说提出用"法规保护目的"来限制其责任范围。例如,受害人因身体伤害所致皮肉血肿或青瘀,而引发神经衰弱(Nervenzusammenbruch),进而导致两星期不能工作。因为这种轻微的身体损害不具有显著性,仅构成一般生活风险,不属于《德国民法典》第823条第1款所保护的利益范围。再者,因物之所有权受侵害而发生惊吓损害后果虽然普遍存在,但也不属于《德国民法典》第823条第1款的保护范围。③

第三类,第三人惊吓损害。德国民法文献中经常讨论的惊吓损害案例,是受害人(第三人)因经历、目睹或听闻他人遭受死亡或重伤,从而引发其自身的健康损害。④ 德国民法理论上认为,第三人惊吓损害的根本问题并不在

---

① Vgl. Stöhr, Psychische Gesundheitsschäden und Regress, NZV 2009, 161.
② BGH NJW 1996, 2425. Staudinger/Hager (1999), § 823, Rn. B29.
③ 参见 R. Schmidt, Die Haftung für Schockschäden, S. 146 ff.; Staudinger/Hager (1999), § 823, Rn. B29. 财产权受侵害所引起之惊吓损害之所以不受赔偿,还可能因为其在法律保护的价值序列中,远远低于人格利益的法律地位。正如拉伦茨指出:"相较于其他法益(尤其是财产性的法益),人的生命或人性尊严有较高的位阶。"〔德〕卡尔·拉伦茨:《法学方法论》,陈爱娥译,商务印书馆2003年版,第285页。
④ Vgl. Staudinger/Schiemann (2004), § 249, Rn. 43ff.; Brüggemeier, Deliktsrecht, S. 138. Larenz/Canaris, Schuldrechts, BT, 2. Halbband, S. 380 ff.

于是否被认可,而是其界限在何处。① 一般而言,第三人惊吓损害基本构成要件包括如下三方面②:①惊吓损害必须基于明显的诱因(verständliche Anlass),即第三人现场经历或事后听闻亲近之人因事故而死亡或重伤。如果事故仅造成身体轻伤害(如胳膊受伤)或物之损害(例如宠物狗死亡),或警察错误地通知其近亲属有犯罪嫌疑,均不产生第三人惊吓损害的赔偿请求权。③ ②第三人所受损害超出正常承受的痛苦程度,构成健康损害。④ 如第三人尚未达到病理上须治疗的状态,单纯的因失去亲人的痛苦,不足以产生赔偿请求权。⑤ ③第三人原则上须为直接受害人的近亲属(配偶、父母和子女)。

综上所述,惊吓损害是一种由心理原因引起的健康损害,包括直接惊吓损害、因法益受侵害引起的惊吓损害、第三人惊吓损害。虽然三者都表现为受害人的健康受损害,但其责任问题的侧重点不同:第一种在于责任成立,第二种在于责任范围,第三种在于责任成立及责任范围。

3. 第三人之精神痛苦金请求权

第三人目睹或听闻亲人死亡或重伤而发生惊吓损害,有时仅表现出悲痛、哀伤、情绪低落等心理反应(尤其是近亲属死亡时的"丧亲之痛"),但尚未达到健康损害程度,因而不能按"第三人惊吓损害"获得损害赔偿请求权。那么,第三人可否就这种"纯粹精神损害"⑥,请求精神损害痛苦金(Schmerzensgeld)赔偿呢?在目前的德国民法中,这一诉求是无法得到满足

---

① Vgl. MünchKomm BGB/Wagner, § 823, Rn. 81; Staudinger/Hager (1999), § 823, Rn. B32 ff.
② 关于德国民法上对第三人惊吓损害侵权责任成立和责任范围的具体要件,下文予以详细讨论。此处仅描述了基本要件。
③ Vgl. Palandt Bürgerliches Gesetzbuch Kommentar, C. H. Beck, 2011, Palandt/Grüneberg, Vorbem. § 249,Rn. 40; Staudinger/Hager (1999), §823, Rn. B36;Brand, Schadensersatzrecht, S. 35.
④ Vgl. Palandt/Grüneberg, Vorbem. § 249,Rn. 40; Brand, Schadensersatzrecht, S. 35.
⑤ Vgl. Staudinger/Hager (1999), § 823, Rn. B34.
⑥ 德国民法理论和实务中用"纯粹的精神痛苦"(bloße seelische Leiden/bloße Trauer/reine seeliche Schmerz)指称第三人不以法益侵害为基础的精神损害。参见 A. Schramm, Haftung für Tötung: Eine vergleichende Untersuchung des englischen, französischen und deutschen Rechts zur Fortentwicklung des deutschen Haftungsrechts in Tötungsfällen, Mohr Siebeck, 2010, S. 149; Huber, Kein Angehörigenschmerzensgeld de lege lata – Deutschland auch künftig der letzte Mohikaner in Europa oder ein Befreiung aus der Isolation, NZV 2012, 5. OLG Nürnberg NZV 1996, 367.

的①,原因有如下几方面:其一,按《德国民法典》第253条(原第847条)的规定,精神损害痛苦金仅在身体、健康、自由或性自主受到侵害时,才可请求赔偿。近亲属因亲人的死亡或重伤,虽然承受巨大的心理悲痛,但如其自身没有发生法益损害,仍将无从请求痛苦金。其二,《德国民法典》第844条、第845条规定可赔偿的近亲属死亡的间接损害仅限于财产损失,并不包括精神损害痛苦金。其三,在未有明确立法的前提下,法院自然也不甘冒"续造法律"的风险,主动填补法律漏洞。就此,德国联邦法院认为,要求法院去衡量人的生命价值过于苛求,故而在判决中向来不支持这一诉讼请求。②

相较于欧洲其他各国,德国显然属于落后状态。例如,在法国、比利时和卢森堡,判例认可因亲人死亡或重伤所受之单纯悲痛可得赔偿。葡萄牙和意大利将赔偿限于亲属的死亡。英国、瑞士、希腊、波兰、荷兰等国家,以立法明确规定近亲属的精神损害赔偿。奥地利、瑞典虽然没有立法,但其最高法院近年来也逐渐认可近亲属的精神损害赔偿。通过比较可见,德国民法不保护近亲属死亡的纯粹精神痛苦与欧洲各国的法律发展已经脱节。德国学者极不满意这种法制状况,称德国几乎是最后一个不承认这种精神损害赔偿请求权的国家,这成为一个"时代错误",甚至戏称德国为特立独行的"莫希干人"(Mohikaner)。③

有鉴于此,近年来理论界对德国损害赔偿法的改革呼声日益增加,为克服死者近亲属不能请求纯粹精神损害痛苦金的弊端,大致有如下几种思路:

第一,近亲属作为继承人主张死者的精神损害痛苦金(《德国民法典》第823条、第1922条)。④ 即直接受害人在受伤至死亡持续一段时间内,产生痛苦金请求权,并转移给继承人。⑤ 在1990年之前,因为痛苦金请求权具有高

---

① Vgl. Erman/Ebert, BGB, 12. Aufl., Vor §§ 249-253, Rn. 55.
② Vgl. MünchKomm BGB/Wagner, § 844, Rn. 4; Staudinger/Röthel (2007), § 844, Rn. 15.
③ Vgl. Greger, Stellungnahme zum Entwurf eines Zweiten Gesetzes zur Änderung schadensersatzrechtlicher Vorschriften, NZV 2002, 222; Klinger, Schmerzensgeld für Hinterbliebene von Verkehrsopfern? NZV 2005, 290; Huber, NZV 2012, 5.
④ Vgl. Staudinger/Röthel (2007), § 844, Rn. 12.
⑤ 死者痛苦金请求权的依据在于,行将去世的人对死亡的恐惧和意识到自己的生命有限。参见 Deutsch/Ahrens, Deliktsrecht, Rn. 689, Rn. 710。此外,痛苦金还取决于死者生前被病痛折磨的程度和时间。参见 Kötz/Wagner, Deliktsrecht, 10. Auflage, München, 2006, S. 293; OLG Köln, VersR 2003, 602。

度人身性,除非以契约承认或发生诉讼系属,原则上不得让与和继承。1990年之后,立法者消除了这种限制,当事人未承认或未有诉讼主张,痛苦金请求权也可让与和继承,并可计入遗产之中。① 但这种方式的弊端在于:其一,死者的精神痛苦金很难认定,尤其在事故发生现场或在送医不久后即去世,受害人没有恢复意识状态,因此无从产生精神损害痛苦金。② 其二,虽然死者的精神损害痛苦金请求权可以继承,但它毕竟不是抚慰近亲属本身的丧亲之痛。③

第二,第三人惊吓损害可令加害人对死者近亲属承担金钱赔偿义务(包括精神痛苦金赔偿④),从而在一定程度上克服对死者遗属不赔偿精神痛苦金的法律不公。⑤ 但第三人惊吓损害赔偿并非等同于纯粹精神痛苦的赔偿⑥,其构成要件比较严格,尤其是须第三人达到健康损害程度,而这一点恰恰说明,用该制度作为近亲属纯粹精神损害的功能替代,正是其弊端所在。德国学者克林格(Klinger)借用奥地利最高法院的一项判决理由来批评该制度的不公正:

> 对近亲属所受之纯粹的情感损害不予赔偿的法律状况,越来越令人不满。痛苦是否伴随疾病而生,其界限经常存在问题。因子女死亡而悲痛的遗属父母着实难以理解,因为没有达到疾病状态,所以他们的痛苦金请求权被驳回,这属于他们自身应承担的一般性生活风险。但轻微的身体伤害,例如瘀伤或扭伤,却立马导致产生精神痛苦金请求权,而失去近亲所致的纯粹心理悲痛(bloße seeliche Schmerzen)——尽管这种痛苦通常会被强烈感受到——却不存在这样的请求权。⑦

由此可见,德国学者也认为,丧亲之痛是比一般的身体伤痛更为严重的

---

① Vgl. Deutsch/Ahrens, Deliktsrecht, Rn. 689, Rn. 701;MünchKomm BGB/Oetker,§ 253, Rn. 65.
② 参见 Kötz/Wagner, Deliktsrecht, S. 293。德国联邦法院的一项判决指出,侵害事故直接导致死亡,(即未产生身体、健康的侵害),则不发生精神痛苦金请求权。参见 BGH, NJW 1976, 1147。
③ Vgl. Huber, NZV 2012, 5.
④ Vgl. Looschelders, Schuldrecht, BT, 3. Aufl., 2009, S. 387.
⑤ Vgl. Deutsch/Ahrens, Deliktsrecht, Rn.689, Rn. 694, Rn. 711.
⑥ Vgl. Staudinger/Hager (1999),§ 823, Rn. B34.
⑦ OGH, NZV 2002, 26;Klinger, NZV 2005, 290.

精神痛苦,法律对一个轻度的人身伤害都给予痛苦金赔偿,对一项更为严重的精神痛苦却视而不见,这的确违背了"同等事物同等对待"的正义理念,并有教条主义之嫌。

第三,以一般人格权作为近亲属精神痛苦金的请求权基础。因第三人惊吓损害请求权受制于健康损害的要件,所以,克林格提出以德国司法实务早已认可的可主张精神痛苦金的一般人格权来解决这一问题。近亲属的精神利益主要体现在与死者的家庭联系中,鉴于德国《基本法》第6条有保护婚姻和家庭的价值理念,司法实务围绕家庭利益形成一组有关一般人格权精神损害赔偿的案例群,例如,母亲因医生误诊而导致孩子不当出生(wrongful birth)、因丢失精子致不能生育、破坏和阻止父亲与儿子建立联系,均得依一般人格权主张痛苦金请求权。既然根据宪法产生的法秩序保护权利人的家庭计划不受侵犯,那么,同样地,法秩序也应保护家庭现有状态免受他人侵权行为的破坏,因此,近亲属得基于一般人格权请求精神痛苦金赔偿。① 但以上建议尚未形成理论通说,亦未见诸司法实践。

第四,顺应欧洲其他国家的损害赔偿法发展趋势,直接认可近亲属之纯粹精神损害可得赔偿。这一问题的最根本解决途径是承认近亲属在受害人死亡时,自身遭受纯粹精神痛苦,即使尚未达到健康损害程度,也可主张痛苦金请求权。实际上,这种思路的本质是降低第三人惊吓损害的门槛条件,即不要求第三人的精神痛苦需达到健康损害状态。② 但这种观点仍停留于理论阶段。

由上可见,第三人惊吓损害在德国目前的司法实践上,部分替代了死者近亲属丧亲之痛的损害赔偿功能。但由于其构成要件过于严格,须以健康损害为前提,难以充分满足死者近亲属的赔偿请求。从积极意义来看,第三人惊吓损害不限于近亲属的死亡情形,而且包括重伤者近亲属的赔偿请求权,这有利于受害人近亲属的利益保护。

4. 小结

以上将德国民法上的第三人惊吓损害置于间接受害人、惊吓损害和第三

---

① Vgl. Klinger, NZV 2005, 290.
② Vgl. Katzenmeier, Die Neuregelung des Anspruchs auf Schmerzensgeld, JZ 2002, 1029. Huber, NZV 2012, 5.

人精神痛苦金的框架内分别予以考察。通过这种外部体系的认识,初步了解第三人惊吓损害的产生来源、损害形态、构成要件及制度功能。由此明确,第三人惊吓损害并不涉及《德国民法典》第844条、第845条的间接损害赔偿问题,也不直接产生第253条的精神损害痛苦金请求权。作为一种惊吓损害的特殊形态,它在本质上是《德国民法典》第823条第1款意义上的健康侵权行为。

二、第三人惊吓损害侵权责任的检验结构

第三人惊吓损害既为一种独立的侵权责任形态,下文拟就该侵权行为的责任成立和责任范围①逐项进行检讨分析。德国民法学理通常按三阶段理论(Dreistufigkeit)认定侵权责任的成立,即行为的该当性(Tatbestand)、违法性(Rechtswidrigkeit)和有责性(Verschulden)②;如果侵权责任成立,继而考虑责任范围,即具体损害后果如何。因为三阶段论有助于准确判明侵权责任的成立要件,能够实现法律的安定性和明晰性。③ 下文依此方法,在《德国民法典》第823条第1款的侵害健康意义上,对第三人惊吓损害责任成立的该当性、违法性和有责性逐次分析检验,随后再考察其责任范围。

1. 第三人惊吓损害的该当性

(1)法益侵害

侵权行为的该当性指受害人存在法益侵害,且加害行为与结果之间具有因果关系。于此首先讨论法益侵害问题。

第三人因亲人死亡或重伤通常会遭受心理痛苦或精神打击,但并非都能成立侵权责任,只有那些造成第三人健康损害的情形才有可能产生责任。虽

---

① 在德国民法上,分析损害赔偿责任问题,首先须考虑责任是否成立,然后再审查责任范围。参见 Fikentscher/Heinemann, Schuldrecht, 10. Aufl., 2006, Rn. 581 f.。

② 参见 Deutsch/Ahrens, Deliktsrecht, Rn. 12 ff.。侵权责任成立的三阶段论源自德国刑法理论,适用于《德国民法典》第823条第1款侵犯法益、第2款违反保护他人法律的侵权行为类型,但不适用于第826条之故意悖于善良风俗的侵权行为。参见 Larenz/Canaris, Schuldrechts, BT, 2. Halbband, S. 350。

③ Vgl. Larenz/Canaris, Schuldrechts, BT, 2. Halbband, S. 370. Staudinger/Hager (1999), § 823, Rn. A1 ff.

然德国民法理论和实务均明确认可心理影响也构成健康损害①,但并非所有的第三人惊吓的心理后果都构成健康损害,为避免滥诉和责任泛化,须对其严格限制。由此,"侵害健康"成为过滤第三人惊吓损害侵权行为的第一层限制措施。②

健康损害一般是通过医学诊断即可判明的疾病状态。德国学说和判例对第三人惊吓造成健康损害的要件比较严格,一方面要求损害后果须有显著性和持续性,另一方面仅凭医学标准尚不能断定健康损害,还须辅助以"常人观念"(allgemeine Verkehrsauffassung)。③ 德国联邦法院在1971年5月11日的裁判中指出:

> (第三人惊吓造成的损害)不仅在医学的视角下,而且按常人观念④,也被看作身体或健康损害。因此,那些尽管在医学上被认为是损害,但不具有那种"惊吓特性"的健康侵害,也可能得不到赔偿。通常与令人悲痛的损害事件密切联系的、对人的健康状况并非轻微的影响(Nachteile),不构成一项独立的损害赔偿请求权的基础。⑤

据此,第三人的损害程度一方面符合医学上的健康损害标准,另一方面按"常人观念",须超出通常的健康不良状况,才可获得赔偿。⑥ 换言之,如损害未超出听闻近亲属死亡所遭受打击的正常反应程度,则不受《德国民法典》第823条第1款的保护。⑦ 由此可见,这种"健康损害"的界定已经不再是"定义",而是对医学上成立的侵害健康概念附加了特别要件。这种附加

---

① Vgl. Küppersbusch, Ersatzansprüche bei Personenschaden, München, 2006, S. 5; Larenz/Canaris, Schuldrechts, BT, 2. Halbband, S. 378; Staudinger/Hager (1999), § 823, Rn. B26ff.; Erman/Schiemann, BGB, 12. Aufl., § 823, Rn. 19.
② Vgl. Schramm, Haftung für Tötung, S.149; Staudinger/Hager (1999), §823, Rn. B32.
③ Vgl. MünchKomm BGB/Wagner, § 823, Rn. 80; Staudinger/Hager (1999), § 823, Rn. B32.
④ 德文"allgemeine Verkehrsauffassung"直译为"一般交往观念",根据英国学者 Markesinis 的译文,笔者翻译为"常人(the man in the street)观念"。参见 Markesinis, Comparative Introduction to the German Law of Torts, p.96。
⑤ BGHZ 56, 163 = NJW 1971, 1883. auch Vgl. BGH NJW, 1984,1405.
⑥ 德国联邦法院一贯坚持上述标准。例如1989年4月4日判决理由指出:"因心理原因发生损害赔偿义务,仅在如下情形被肯定:即心理病理学上的严重后果持续一段时间,且该后果显然超出了因令人悲痛的事件而发生的、对于一般健康状况而言并非轻微的影响,因而按照一般交往观念也被看作是身体或健康损害。"参见 BGH NJW, 1989, 2317。
⑦ Vgl. MünchKomm BGB/Oetker, § 249, Rn. 145.

要件的目的是限制第三人惊吓损害的责任范围,将加害人不可预见的痛苦、悲愤、沮丧等"通常反应"(normal Reaktion)排除出去。① 但这种做法的负面后果在于,破坏了《德国民法典》第 823 条第 1 款意义上"侵害健康"的概念统一性②,因此,有德国学者主张,第三人惊吓的健康损害与一般健康损害同样应采取医学上的判定标准。③ 至于第三人惊吓损害的责任限制和可归责性,可在随后的因果关系阶段予以检验。

(2) 受害人

第三人惊吓损害事件中存在两方面的受害人。首先是生命、身体、健康法益遭受侵害的直接受害人。直接受害人的主体资格并无特别要求,但须达到一定的损害程度,才能成立第三人惊吓损害。直接受害人的死亡和重伤属于严重的事故,近亲属对这种事故的心理反应强度较大,容易导致惊吓损害。但如果直接受害人仅发生轻微的皮肉之伤或胳膊骨折,则不足以成立第三人惊吓损害。④ 即使第三人因此发生惊吓损害,也被认为反应过度,而不被赋予损害赔偿请求权。

就直接受害人还有一颇值争议的问题,即单纯的危险(bloße Gefährdungen)引起第三人惊吓如何处理。有时加害人的行为并未造成直接受害人的人身伤害,只是制造了某种危险,但足以导致第三人受惊吓。例如,一辆卡车从倒在地下的小孩身上开过,但幸好车辆未碾过他,也未发生伤害。然而站在一旁的母亲,目睹此刻,因突然惊吓而健康受损。反对者指出,单纯的危险导致惊吓损害不属于《德国民法典》第 823 条第 1 款的保护目的范围,受害人应自己承担风险。⑤ 但通说认为,即使事故危险最终未发生,如足以构成第三人惊吓损害,也应予以赔偿。⑥

就惊吓事故受损害的间接受害人而言,一般须与直接受害人有感情上或生存上的联系,他对直接受害人幸福安康的关心犹如对自身一般。⑦ 据此,

---

① Vgl. BGHZ 56, 163 = NJW 1971; Larenz/Canaris, Schuldrechts, BT, 2. Halbband, S. 382.
② Vgl. R. Schmidt, Die Haftung für Schockschäden, S. 31 ff.
③ Vgl. MünchKomm BGB/Wagner, § 823, Rn. 82; Schramm, Haftung für Tötung, S. 153.
④ Vgl. Staudinger/Hager (1999), § 823, Rn. B36.
⑤ Vgl. R. Schmidt, Die Haftung für Schockschäden, S. 177.
⑥ Vgl. Staudinger/Hager (1999), § 823, Rn. B36; MünchKomm BGB/Oetker, § 249, Rn. 148.
⑦ Vgl. R. Schmidt, Die Haftung für Schockschäden, S. 173.

第三人原则上须为直接受害人的近亲属。但也广义理解包括订婚者或未婚的生活伴侣。有时甚至个案中可以包括恋人。① 但不包括邻居或远亲。② 此外,法院判例还认可因母亲受惊吓而导致早产的胎儿,也属于间接受害人范畴。③

(3)责任成立的因果关系之一:等值性理论

按德国侵权法原理,对因果关系须进行双重的检验:首先,加害人的行为引起了特定的法益侵害后果,即责任成立的因果关系(haftungsbegründende Kausalität),它属于责任成立的构成要件;其次,法益侵害导致某些具体损害发生,即责任范围的原因关系(haftungsausfüllende Kausalität),它能够确定法益侵害与具体损害之间的联系。④ 这里先讨论责任成立的因果关系。

判断加害人的行为与第三人惊吓损害之间是否存在责任成立的因果关系,适用一般的因果学说原理。于此首先涉及的是等值性理论(Äquivalenztheorie)。按该理论,原因就是对侵害结果的发生不能被排除考虑的条件。⑤ 因为任何导致后果发生的条件都不能被排除掉,它们具有同等的重要性,故称为"等值"。⑥ 等值性因果关系的认定通常采用"若无,则不"(but-for)的检验公式,即无此条件,则无彼结果。

"若无,则不"的检验法则对于第三人惊吓损害的特殊性在于:不同于一般物理的、有形的(physisch)人身侵害,第三人的健康损害是通过心理(psychisch)原因而间接引起的,然而,导致心理作用发生的行为事实不可通过重复事件的方式进行检验,因而不能确切地说明究竟何种情事对于损害的发生具有因果关系。⑦ 对此首先须明确,即使损害是因为心理因素引起的,也不

---

① Vgl. MünchKomm BGB/Oetker, § 249, Rn. 147; Schramm, Haftung für Tötung, S. 156.
② Vgl. R. Schmidt, Die Haftung für Schockschäden, S. 174 f.
③ 参见 BGH NJW 1985, 1391; Palandt/Grüneberg, Vorbem. § 249, Rn. 40; Deutsch/Ahrens, Deliktsrecht, Rn. 695. 德国民法文献中还提到与第一受害人完全不相干的第三人,因见证事故现场而遭受惊吓损害,也可请求损害赔偿。参见 Larenz/Canaris, Schuldrechts, BT, 2. Halbband, S. 381; MünchKomm BGB/Oetker, § 249, Rn. 147。
④ Vgl. Looschelders, Schuldrecht, AT, 7. Aufl., Franz Vahlen Verlag, 2008, Rn. 890; Deutsch/Ahrens, Deliktsrecht, Rn. 46ff.
⑤ Vgl. Brox/Walker, Allgemeines Schuldrecht, 35. Aufl., C. H. Beck, 2011, § 30, Rn. 2.
⑥ Vgl. Fikentscher/Heinemann, Schuldrecht, Rn. 621; Palandt/Grüneberg, Vorbem. §249, Rn. 25; Erman/Ebert, BGB, 12. Aufl., Vor §§ 249-253, Rn. 30.
⑦ Vgl. R. Schmidt, Die Haftung für Schockschäden, S. 44.

妨碍认定责任成立的因果关系。① 例如，A 目睹自己的宠物狗被 B 之大狗咬伤，从而发生惊吓损害，B 对 A 之健康损害的侵权责任因果关系成立。② 据此可以推论，在第三人惊吓侵权中，若无对直接受害人的加害行为，则不会发生第三人之健康损害，故行为是法益侵害发生之条件（原因），这完全符合等值性理论。换言之，与物理性的人身伤害情形没有任何区别，第三人的心理反应引起的健康损害也可成立条件因果关系。③

从过滤侵权责任的意义上来说，等值性理论排除了那些与后果无关的行为。④ 例如，德国联邦法院 1984 年 1 月 31 日判决：原告某女士的丈夫因车祸死亡，她之前虽已酗酒，但随着丈夫去世，更加深了对酒精的依赖，因而请求被告就其健康损害进行赔偿。德国联邦法院认为，按生活经验可推断，即使没有其丈夫的死亡，原告的酒精依赖也会逐渐加重，法院因而否定了在事故与原告健康损害之间的责任成立因果关系。⑤ 易言之，即使没有加害人致使其丈夫死亡，第三人的健康损害仍会发生，则该行为不应被视为原因。

此外，受害人的体质特别脆弱、容易发生身体或心理损害，是否影响条件因果关系的成立呢？例如，受害人的内心特别敏感，或原本已患心脏病，如其遭受惊吓事故，轻易便发生健康损害。德国民法学理和实务向来认为，加害人必须容忍受害人的具体性征，不得以受害人的容易受伤体质作为抗辩事由。⑥ 实践中有时称之为损害赔偿法的"全有或全无原则"⑦。事实上，这种

---

① Vgl. MünchKomm BGB/Oetker, § 249, Rn. 143ff.; Staudinger/Schiemann (2005), § 249, Rn. 39ff.; BGHZ 56, 163 = NJW 1971, 1883.

② Vgl. Larenz, Schuldrechts, AT, S. 433.

③ Vgl. R. Schmidt, Die Haftung für Schockschäden, S. 99.

④ 参见 Fuchs, Deliktsrecht, 7. Aufl., Springer, 2009, S. 71；王泽鉴：《侵权行为法》，北京大学出版社 2009 年版，第 187 页。

⑤ 参见 BGH NJW 1984, 1405。该案虽非典型的第三人惊吓损害，但也属第三人健康损害问题，与前者本质上一样，故德国民法文献中，常将该案置于第三人惊吓损害中讨论。参见 Staudinger/Hager (1999), § 823, Rn. B32。

⑥ Vgl. Staudinger/Schiemann (2005), § 249, Rn. 39; Küppersbusch, Ersatzansprüche bei Personenschaden, S. 4; Stöhr, Psychische Gesundheitsschäden und Regress, NZV 2009, 161; Dahm, Die Behandlung von Schockschäden in der höchstrichterlichen Rechtsprechung, NZV 2008, 187. BGH NJW 1996, 2425. 判例中经常提到：Wer einen gesundheitlich schon geschwächten Menschen verletzt, kann nicht verlangen, so gestellt zu werden, als wenn der Betroffene gesund gewesen wäre.

⑦ Vgl. Heß, Haftung un Zurechenung psychischer Folgenschäden, NZV 1998, 402; BGH VersR 1991, 704 = NZV 1991, 386.

观点完全符合条件因果关系的检验方法:即便受害人自身具有身体或心理的缺陷,但如果没有侵害行为,则不会发生受害人的健康损害。另外,如果加害直接受害人的行为完全微不足道(ganz geringfügig),且并非基于受害人的特殊体质而发生损害,那么当事人的心理反应与其诱因非常不成比例,从而因缺少显著性而不成立侵权责任。①

(4)责任成立的因果关系之二:从相当性理论到法规保护目的

根据等值性理论所界定的条件与后果之间的联系,近乎自然科学意义上的因果关系,过于宽泛,侵权责任可能由于因果链的无穷无尽而漫无边际。因此,用等值性理论限定第三人惊吓损害的责任成立,仅具有较小的作用;在等值性理论的基础上需要以相当性理论(Adäquanztheorie)和法规目的说(Normzweck)进一步对因果关系和责任成立进行限定。

相当性理论有两种表述方式,从积极角度说,它要求行为引起后果须具有高度可能性(erhöhte Möglichkeit);从消极角度说,后果发生的极低可能性可以作为排除因果关系的理由。据此,按事物的发展进程通常不会发生损害后果的,就不具有因果性,也不可归责于行为人。② 可见,相当因果关系的本质需要一种高度盖然性判断(Wahrscheinlichkeitsurteil)。③ 但究竟这种盖然性判断的标准为何,存在争议。首先,它不取决于加害人的主观预测能力,而必须以客观的可预见性(objektive Vorhersehbarkeit)作为判断标准。其次,德国民法通说认为,应以在损害事件发生时的一个"理想观察者"(optimale Beobachter)作为标准。换言之,行为所引发的后果如是一个理想观察者所能够预见的,则因果关系成立。④ 但所谓理想的观察者近乎全知,他总是可以预知事物发展的进程,因此难以形成对因果联系的有效限制,甚至接近于等

---

① Vgl. BGH NJW 1996, 2425. BGH NJW 1998, 810; Staudinger/Hager (1999), §823, Rn. B29; Palandt/Grüneberg, Vorbem. §249, Rn. 38.
② Vgl. Deutsch/Ahrens, Deliktsrecht, Rn. 52; MünchKomm BGB/Oetker, §249, Rn. 105.
③ Vgl. Medicus/Lorenz, Schuldrecht I, AT, 18. Aufl., C. H. Beck, 2008, S. 311; Brox/Walker, Allgemeines Schuldrecht, §30, Rn. 8.
④ Vgl. MünchKomm BGB/Oetker, §249, Rn. 106; Staudinger/Schiemann (2005), §249, Rn. 15.

值性理论所界定的宽泛因果联系范围。①

德国学说和判例中通常都会肯定,加害人导致直接受害人的重伤或死亡与第三人惊吓损害之间具有相当因果关系,因为根据最佳观察者的判断,该后果具有高度盖然性,并"相当地"(adäquat)被引起。② 德国联邦法院在1971年5月11日判决中也指出,某女士因获知其丈夫因事故死亡而遭受健康损害,"尽管比较少见,但这种结果无论如何对于加害人来说并非不可预见",从而该损害是由"相当的原因"引起的。③

但对于实际发生的惊吓损害案件而言,相当因果关系很少起到限制侵权责任的作用。德国学者施密特提出讨论一件案件:一位父亲闻知其儿子因交通事故而致胳膊受伤,因而激动导致心脏病发作,并在数周之后去世,其继承人请求丧失扶养之损害赔偿。德累斯顿地方上诉法院否定本案中存在相当因果关系,加害人不可预见该损害后果。④ 但是,如从客观的最佳观察者的视角出发,惊吓的受害者存在心脏病,并且听闻其儿子发生事故而激动,以致心脏病发作死亡,这些既非完全不可能,亦非超出日常生活经验之外,因此符合相当因果关系。就本案责任限制的实质理由而言,并非是相当因果关系,而是基于其他的价值判断,即法院为避免惊吓损害责任的漫无边际。⑤ 但这种限制侵权责任成立的价值判断和理由,并不包含于因果关系理论之内。

为补相当性理论之不足,德国民法理论自20世纪30年代以来,由拉贝尔(Rabel)、卡雷默尔(Caemmerer)等人发展出法规目的说,进一步作为损害赔偿责任的限制措施。⑥ 法规目的说的基础思想是:每一个义务或法律规范都包含特定的利益范围,行为人只应为侵害这种保护范围的利益而负担责

---

① 参见 Brox/Walker, Allgemeines Schuldrecht, § 30, Rn. 9; Larenz, Schuldrechts, AT, S. 437。尽管拉伦茨建议用"有经验的观察者"取代这种具有高度认知能力的"最佳观察者"(Larenz, Schuldrechts, AT, S. 440.),但是否能对因果关系进行有效限制,仍值得怀疑。
② Vgl. R. Schmidt, Die Haftung für Schockschäden, S. 100; Dolff, Übungsklausur – Die schockierte Ehefrau, Jus 2009, 1007.
③ Vgl. BGHZ 56, 163 = NJW 1971, 1883.
④ Vgl. OLG Dresden, HRR 1942, Nr. 276. zitierte aus R. Schmidt, Die Haftung für Schockschäden, S. 63.
⑤ Vgl. R. Schmidt, Die Haftung für Schockschäden, S. 63 ff.
⑥ Vgl. Lang, Normzweck und Duty of Care, C. H. Beck, 1983, S. 15 ff.; Caemmerer, Das Problem des Kausalzuammenhangs im Privatrecht, Freiburg, 1956. Stoll, Kausalzusammenhang und Normzweck im Deliktsrecht, Tübingen, 1968.

任,因此,责任的成立要件必须是损害处于被保护的利益范围之内。① 简言之,当一项损害的种类和产生方式,处于责任成立的法律规范或契约义务的保护目的或保护范围之内,才能构成损害赔偿责任。② 一般认为,法规目的说是相当因果关系说的补充,二者可并列运用。相当性之判断,是以一种经验认识为基础,并基于一般人对损害后果的可预见性;而法规保护目则是立法者为阻止特定损害发生而确立的一项规范。通常考察侵权责任构成,首先应检验损害与侵害行为是否存在相当因果关系,其次确定损害是否处于法规保护范围之内,因此,后者会在前者的基础上进一步对责任成立进行限制。③ 易言之,损害之发生虽具相当因果关系,但在法规目的之外者,仍不得请求损害赔偿。④ 据此,《德国民法典》第823条第1款所提及的绝对性法益(生命、身体、健康、自由和所有权)也存在受保护的界限,这些保护界限,或由某些具体的法益保护规定指示出来,或在裁判中由法官予以具体化。⑤

就第三人惊吓损害而言,前文提及的德国联邦法院1971年5月11日判决书的裁判理由正是被认为法规目的说的代表。⑥ 该判决指出,第三人所受惊吓不仅要达到医学上认为的健康损害,而且当事人所受影响超出听闻或经历严重事故时通常的反应程度,"民法典第823条第1款的保护目的仅仅涵盖,按其性质和严重性超出这种程度的健康损害"。继而法院指出,按"常人观念",既非疾病,亦非与责任有关的健康损害,处于行为规范的保护范围之外,从而将一般的精神痛苦、忧伤等排除在损害赔偿责任之外。⑦ 德国联邦法院1989年4月4日判决再次援引以上裁判理由指出:根据《德国民法典》第823条第1款的保护目的,只在第三人的健康损害,超出了近亲属在这种情事下常见的所受损害程度,才存在赔偿请求权。⑧

---

① Vgl. Brox, Allgemeines Schuldrecht, § 30, Rn. 12; Looschelders, Schuldrecht, AT, Rn. 907.
② Vgl. Palandt/Grüneberg, Vorbem. § 249, Rn. 29; Erman/Ebert, BGB, 12. Aufl., Vor §§ 249 – 253, Rn. 34.
③ 参见Deutsch/Ahrens, Deliktsrecht, Rn. 56。但有时法规保护范围也会超出相当因果关系范围,例如根据《德国民法典》第848条的规定,侵夺他人之物的行为人,对于偶然事件造成物之毁损灭失也须负责任。
④ 参见王泽鉴:《侵权行为法》,北京大学出版社2009年版,第210页。
⑤ Vgl. Lang, Normzweck und Duty of Care, S. 138 ff.
⑥ Vgl. Fuchs, Deliktsrecht, S. 72 f.
⑦ Vgl. BGHZ 56, 163 = NJW 1971, 1883; Lang, Normzweck und Duty of Care, 1983, S. 144.
⑧ Vgl. BGH NJW 1989, 2317.

作为一种责任限制措施,规范目的说不仅界定了惊吓损害的程度,而且也限定了请求权人的范围。如果第三人与直接受害人之间没有任何联系,第三人即使遭受程度严重的健康损害,也不属于《德国民法典》第823条第1款之保护范围,而仅仅是一般生活风险。例如,听闻某政治家受杀害或某种灾难事故而遭受精神打击。① 此外,按法规目的说,还将第三人因近亲属死亡所发生的财产损失,也排除在责任范围以外。例如,一对夫妇已经花钱预订一项旅游活动,后因儿子死亡而取消旅游,因此向加害人主张该笔旅游费用的损失。尽管该财产损失与加害人行为之间成立条件因果关系,但因缺少法律保护目的,被法院判决驳回。②

2. 第三人惊吓损害的违法性

违法性是侵权责任第二层次的检验要件。德国民法学说上区分结果不法和行为不法。前者是指某种行为导致一项《德国民法典》第823条第1款意义上绝对性法益的损害结果,如果没有合法的抗辩事由,该结果即指示(indizieren)其行为违法性。③ 后者是指在不作为和间接侵权行为情形下,行为违背法秩序规定的特别行为规范或违反为避免损害而通常客观上应尽必要之注意义务,因而具有违法性。④ 行为不法说尤适用于违反交往义务(Verkehrspflicht)的不作为侵权行为。⑤

判断惊吓损害中的违法性,除了依据以上一般准则之外,还可通过规范的保护目的来判定行为的违法性。⑥ 施密特建议按具体情形分别认定惊吓侵权行为的违法性:①对于"直接惊吓损害",因为受害人之身体或健康发生损害,侵害行为总是具有违法性。②对于"作为法益损害后果的惊吓损害",取决于惊吓损害是否为规范保护范围所包括。例如,侵害车辆导致

---

① Vgl. Fuchs, Deliktsrecht, S. 73; R. Schmidt, Die Haftung für Schockschäden, S. 162 f.
② Vgl. BGH NJW 1989, 2317; Larenz/Canaris, Schuldrechts, BT, 2. Halbband, S. 383.
③ Vgl. Deutsch/Ahrens, Deliktsrecht, Rn. 82; Staudinger/Hager (1999), § 823, Rn. A3; MünchKomm BGB/Wagner, § 823, Rn. 7.
④ Vgl. Palandt/Sprau, § 823, Rn. 24; Peifer, Schuldrecht, gesetzliche Schuldverhältnisse, 2. Aufl., Norms, 2010, S. 116.
⑤ 单纯的不作为并非一定具有违法性,因此需要查明为避免损害后果何种行为是必要的,以及不作为是否客观上违反了该义务。参见 Peifer, Schuldrecht, S. 117; Larenz/Canaris, Schuldrechts, BT, 2. Halbband, S. 368 f.。
⑥ Vgl. R. Schmidt, Die Haftung für Schockschäden, S. 101.

受害人血压升高或急性循环障碍,虽然有可能,但并非十分显著,因而不具有违法性;因长期剥夺某人自由而致其严重的精神障碍,可认定为显著的违法侵害。③第三人惊吓损害须通过与案例有关的具体化评价而进行判断。例如,第三人因陌生人受侵害所生惊吓损害,不具有违法性,属于一般生活风险;救援事故的第三人发生惊吓损害,也不具有违法性;与直接受害人有密切联系的近亲属,因受惊吓而发生健康损害,由该损害后果指示出行为的违法性。①

3. 第三人惊吓损害的有责性

第三人惊吓损害采过错责任原则,须检验侵权人的责任能力和过错形式(故意和过失)。此处仅讨论后者。

行为人针对惊吓受害人故意实施侵害行为,不论是直接惊吓,还是第三人惊吓,都必须承担责任。② 就过失而言,惊吓侵权行为也不存在特别之处。根据《德国民法典》第276条第2款的规定,过失是指"未尽交往中必要之注意",具体含义是行为人对损害后果的应预见(erkennbar)和能避免(vermeidbar),如其未预见且未避免,即存在过失。③ 此处行为人应尽注意的标准并非取决于个人能力,而是按其所属人群的成员平均水平来确定。在具体情形下可依人们的不同交往范围或年龄来判断注意的标准,例如,按职业可确定通常的医生、商人、建筑师应尽的注意。④ 据此,因侵权行为导致第三人受惊吓而发生健康损害,加害人完全是可预见的。⑤

4. 第三人惊吓侵权的损害赔偿

倘若经过上述该当性、违法性和有责性的检验,加害人的行为成立侵权责任,继而需要考虑的问题是:损害的种类、范围及原因、规范保护目的等因素。⑥

---

① Vgl. R. Schmidt, Die Haftung für Schockschäden, S. 192 ff.
② Vgl. R. Schmidt, Die Haftung für Schockschäden, S. 96.
③ Vgl. Larenz, Schuldrechts, AT, S. 282; Looschelders, Schuldrecht, AT, Rn. 514.
④ Vgl. Looschelders, Schuldrecht, AT, Rn. 516 f.; Deutsch/Ahrens, Deliktsrecht, Rn. 143f.
⑤ Vgl. R. Schmidt, Die Haftung für Schockschäden, S. 97; Dolff, Jus 2009,1007.
⑥ Vgl. Fuchs, Deliktsrecht, S. 86 ff.; Deutsch/Ahrens, Deliktsrecht, Rn. 19 ff.

(1)损害的范围及精神痛苦金

侵权行为导致第三人受惊吓而侵害其健康,将发生财产损害和非财产损害。首先,受害人的财产损失主要是治疗(尤其是心理治疗)所花费的医疗费用,以及丧失劳动能力的收入损失等。① 根据《德国民法典》第 249 条的规定,受害人得请求恢复原状,或请求支付恢复原状之必要金额。据此,惊吓受害人因健康损害得请求加害人送医救治或支付相应的金钱。

关于非财产损害赔偿,根据《德国民法典》第 253 条第 2 款的规定,侵害他人身体、健康、自由、性自主,须赔偿受害人精神痛苦金。在第三人惊吓损害情形,须澄清的是,受害人并非因亲近之人死亡或重伤发生悲痛、忧伤便可获得赔偿,而是受害人超出一般的悲痛、发生自身健康损害,才可请求(侵害健康的)痛苦金赔偿。②

精神痛苦金主要有补偿功能和抚慰功能,受害人所遭受身体和心理的痛苦应予赔偿,心灵得到慰藉。③ 在第三人惊吓损害情形中,受害人之健康损害固然产生精神痛苦,但事实上,第三人因目睹或听闻近亲属的死亡和重伤所带来的悲痛、忧伤等不良情绪才是精神痛苦的最重要根源。然而,现行《德国民法》对这种"丧亲之痛"(Trauer über den Verlust von Angehörigen)却明确规定不予赔偿,因此,不可将第三人惊吓损害的痛苦金视作这种纯粹精神痛苦的替代赔偿形式。④

从德国司法实务来看,第三人惊吓损害的痛苦金赔偿数额比一般的身体伤害痛苦金要少,在 1990 年之前,通常在 1 000 到 5 000 马克之间,近年来达到 9 000 到 20 000 欧元,并呈逐渐上升趋势。⑤ 此外,由于直接受害人在死亡之前发生的痛苦金请求权可以继承,它与第三人惊吓损害的痛苦金请求权并

---

① Vgl. MünchKomm BGB/Oetker, § 249, Rn. 106; Schramm, Haftung für Tötung, S. 160; Stöhr, NZV 2009, 161.

② Vgl. Deutsch/Ahrens, Deliktsrecht, Rn. 695; R. Schmidt, Die Haftung für Schockschäden, S. 185.

③ Vgl. Brand, Schadensersatzrecht, S. 88; Palandt/Grüneberg, §253,Rn. 4.

④ 参见 Larenz/Canaris, Schuldrechts, BT, 2. Halbband, S. 382 f. 但 Deutsch/Ahrens 认为第三人惊吓损害赔偿,部分地达到赔偿近亲属"丧亲之痛"的目的。参见 Deutsch/Ahrens, Deliktsrecht, Rn. 711。

⑤ Vgl. Schramm, Haftung für Tötung, S. 160 f.

不相互排斥。①

（2）责任范围的因果关系

与责任成立的因果关系类似，认定法益侵害与具体损害后果之间的因果联系（责任范围的因果关系），也须以等值性、相当性和法规目的说作为判断标准。② 就第三人惊吓损害而言，须说明者有三：第一，按等值性理论，受害人之健康受侵害与具体所受财产损失和非财产损失之间存在条件关系，若无加害人侵害受害人之健康，则不会发生具体损害结果。第二，按相当性理论，从"最佳观察者"或"有经验的判断者"来看，通常可以预见侵害健康会导致损害后果的发生，相当因果关系成立。换言之，如果损害后果并非处于盖然性之外，加害人即须对其负责。③ 而且，德国司法实践中也不要求加害人对具体的损害范围有预见。④ 第三，在以上基础上，损害范围须进一步受法规保护目的的限制。⑤

（3）过错相抵

根据《德国民法典》第254条的规定，如果受害人的过错对损害发生有共同作用，则损害赔偿义务及赔偿范围将根据双方过错程度而进行分摊，受害人之请求权将予以缩减。过错相抵体现了法律平等对待加害人和受害人的思想，即受害人同样也须为自己的过错负责。⑥ 在第三人惊吓损害案型中，如受害人（即惊吓的第三人）本身有过错当然适用过错相抵。但有疑问的是，受害人是否须为直接受害人之过错而负责。对此，德国民法理论和实务通说持肯定态度，但其论证理由和法律依据却存在争议。

德国帝国法院曾经类推《德国民法典》第846条，认为间接受害人应承担

---

① Vgl. MünchKomm BGB/Oetker, § 249, Rn. 144; Staudinger/Schiemann (2005), § 249, Rn. 44; Schramm, Haftung für Tötung, S. 162.
② Vgl. Peifer, Schuldrecht, S. 134.
③ Vgl. Deutsch/Ahrens, Deliktsrecht, Rn. 615.
④ 参见 Fuchs, Deliktsrecht, S. 86 f.。德国联邦法院指出：侵害他人之身体或健康，应对损害后果负责，而且不需要加害人对损害后果有所预见。参见 BGH NJW 1996, 2425。
⑤ Vgl. Kötz/Wagner, Deliktsrecht, S. 93; Deutsch/Ahrens, Deliktsrecht, Rn. 620.
⑥ Vgl. Looschelders, Die Mitverantwortlichkeit des Geschädigten im Privatrecht, Mohr Siebeck, 1999, S. 118 ff.

死亡的直接受害人的过错后果。① 但根据《德国民法典》第846条的规定,近亲属死亡的间接受害人仅在第844条、第845条规定的丧葬费、抚养费和劳务损失的项目上,须为直接受害人的过错负责。正如上文所述,受惊吓的第三人并非《德国民法典》第844条、第845条意义上的间接受害人,恰恰是第823条第1款意义上的受害人,不属于第846条的规范对象。因此,德国联邦法院放弃帝国法院的观点,并评论道:

> 与第844条、第845条之情形有别,在第三人惊吓损害,受害的第三人第823条第1款的法益受到侵害,由此成为享有独立请求权的直接受害人。第844条、第845条所产生间接受害人请求权的前提是一个指向直接受害人的,并成立损害或责任的影响(Einwirkung,侵害)。……第844条、第845条框架下有意义的规整并不适用于第三人由第823条第1款所生之独立的请求权。对于该项请求权无关紧要的是:这是由侵害他人为媒介而造成第三人的直接损害。②

根据现今德国民法理论和实务通说,惊吓损害的第三人就直接受害人的过错应适用《德国民法典》第254条的过错相抵。③ 但根据《德国民法典》第254条第1款不能立即得出受害人为第三人(惊吓损害中的直接受害人)的过错也负责的结论。即使《德国民法典》第254条第2款第二句规定过错相抵"准用第278条之规定",也只表明受害人须为法定代理人、债务履行辅助人的过错负责。虽然德国民法学说和实务将受害人为第三人的过错负责的情形扩张及于不具有债务关系以外的其他类型第三人,例如事务辅助人、共

---

① 参见 Staudinger/Hager (1999), § 823, Rn. B38; Caemmerer, Das Problem des Kausalzuammenhangs im Privatrecht, S. 15。《德国民法典》第846条规定:"在第844条、第845条的情形下,第三人所遭受的损害发生时,受害人的过错共同起到作用的,第254条之规定适用于该第三人之请求权。"

② 参见 BGHZ 56, 163 = NJW 1971, 1883。此外,罗谢尔德斯指出,两种情形都被描述为"间接损害(mittelbare Schädigung)",但《德国民法典》第844、845条表达的并非是受害的近亲属自身所遭受的,而是死者或伤者所遭受的一般性财产损失;而惊吓损害中"间接损害"描述了导致近亲属自身法益受害的因果进程。参见 Looschelders, Die Mitverantwortlichkeit des Geschädigten im Privatrecht, S. 541 f.。

③ Vgl. Larenz, Schuldrechts, AT, S. 548; MünchKomm BGB/Oetker, § 254, Rn. 10; Palandt/Grüneberg, § 254, Rn. 56.

有人等①,但仍不能说明惊吓损害的受害人为何须对第三人的过错负责。判例和学说的论证理由有二:其一,惊吓侵权中的受害人与直接受害人之间具有人身方面的紧密联系,这构成第三人惊吓损害赔偿请求权的基础,因此,该请求权应与直接受害人的过错发生联系。其二,倘若不允许惊吓第三人因直接受害人的过错而缩减其请求权,则加害人首先须对第三人全额赔偿,然后(按连带债务)向直接受害人或其遗产进行追偿。如此则意味着,直接受害人负有义务照顾自己,以免自己死亡或重伤而致第三人受到惊吓损害。这种义务将限制个人的自主决定。尤其在直接受害人自杀的情形下,其结果更显不合理。因此,应准用(entsprechende Anwendung)《德国民法典》第254条之规定,直接缩减第三人对加害人的损害赔偿请求权。②

但罗谢尔德斯(Looschelders)却不赞同准用《德国民法典》第254条。他认为,《德国民法典》第844、845条的近亲属损害和第三人惊吓损害,都是由于直接受害人之死亡或受伤而间接引发的。从形式上说,即使直接受害人对加害人不享有请求权,惊吓的第三人也仍有可能对其享有请求权。但是,从价值判断来看,这种结果不能令人接受,因为这两项请求权在法律上具有紧密联系。也即,只有直接受害人的伤亡必须可归责于加害人时,近亲属的惊吓损害也才可归责于同一加害人。反之,如直接受害人的伤亡不可归责于加害人,同样地,惊吓损害第三人也不享有请求权,因为此时加害人的行为与第三人损害在责任法上没有联系。总之,对直接受害人死伤的可归责性,同样适用于惊吓损害第三人的请求权。因此,应根据《德国民法典》第846条的规定,认定惊吓损害第三人为直接受害人的过错负责。③ 罗氏的观点,完全混淆第三人的请求权究竟是因死亡而发生,还是因死亡的惊吓而发生。前者是非独立的请求,须就死者的过错而缩减;后者是独立的请求权,本来不适用死者的过错。④

---

① Vgl. Staudinger/Schiemann (2004), § 254, Rn. 104ff.; MünchKomm BGB/Oetker, § 254, Rn. 126ff.; Palandt/Grüneberg, § 254, Rn.49 ff.
② Vgl. BGHZ 56, 163 = NJW 1971, 1883. Schramm, Haftung für Tötung, S. 161; Staudinger/Hager (1999), § 823, Rn. B38.
③ Vgl. Looschelders, Die Mitverantwortlichkeit des Geschädigten im Privatrecht, S. 541 ff.
④ 英美法上彻底区分第三人因惊吓损害的独立请求权和因死亡本身所生的非独立请求权(派生请求权,例如丧葬费、抚养费等),且只对后者适用死者的过错相抵。参见 Markesinis, Comparative Introduction to the German Law of Torts, p. 103。

与通说不同,哈格尔(Hager)指出,现行法并不认可以惊吓受害人与直接受害人情感上的联系作为过错相抵的归责标准。倘若直接受害人也有过错,那么他与加害人本应对第三人承担连带之债①,但毕竟直接受害人的过错原因会影响第三人的请求权,因此,在连带之债的外部关系中,应缩减第三人对加害人的请求权,可称之为"受干扰的连带之债"(geströter Gesamtschuld)。②但如果近亲属之间存在法律上的责任优待,则结果更为复杂。例如《德国民法典》第1359条、第1664条规定在夫妻之间、父母与子女之间只需尽到如同处理自己事务的注意义务即可,换言之,如果不存在故意或重大过失则不负责任。③将此原则适用于第三人惊吓损害,如果直接受害人不存在故意或重大过失,为保护家庭关系,即使在连带之债的内部关系中加害人不能对直接受害人追偿,在连带之债外部关系中也不应缩减第三人的请求权。④由以上可以推论,如果直接受害人对第三人不存在责任优待(例如同居伴侣或陌生人之间),则第三人之请求权因前者的过错应予缩减;如果存在责任优待,但直接受害人有故意或重大过失,第三人请求权也相应缩减;如果存在责任优待,且直接受害人没有故意或重大过失,则不应缩减第三人之请求权。比较而言,哈格尔的考虑更为周全,应值赞同。

第三人惊吓损害除了可适用过错相抵之外,德国司法实务还认可,受害人自身容易受惊吓损害的特殊体质,虽然不影响惊吓损害的责任成立,但可作为缩减加害人财产损害赔偿和痛苦金损害赔偿的事由。⑤

三、比较法的结论

基于以上关于德国第三人惊吓损害的理论与实务的考察,可以在如下几

---

① 瓦格纳指出,德国帝国法院的实践早已提示,加害人向第三人赔偿之后,根据《德国民法典》第426条的规定,可向直接受害人追偿。RGZ 157, 11. MünchKomm BGB/Wagner, § 823, Rn. 83.
② Vgl. Hager, Das Mitverschulden von Hilfspersonen und gesetzlichen Vertretern des Geschädigten, NJW 1989, 1640; Staudinger/Hager (1999), § 823, Rn. B39.
③ Vgl. Brox/Walker, Allgemeines Schuldrecht, § 20, Rn. 19; Eckert, Schuldrecht, AT, 4. Aufl., Rn. 234.
④ Vgl. Staudinger/Hager (1999), § 823, Rn. B39.
⑤ Vgl. Küppersbusch, Ersatzansprüche bei Personenschaden, S. 6; OLG Hamm, NZV 1998, 413; Erman/Schiemann, BGB, 12. Aufl., § 823, Rn. 20.

方面的评价要点上将其与我国有关民事立法、学说与判例进行对比,以便发现其共性与差异:

第一,第三人惊吓损害赔偿在德国民法中是一项判例确认的制度,它构成《德国民法典》第823条第1款意义上的独立请求权,与第844条、第845条的因近亲属死亡的第三人间接损害赔偿请求权有根本性区别。《中华人民共和国侵权责任法》(以下简称《侵权责任法》)第16条仅对第三人间接损害赔偿作出规定,但与德国一样,未有第三人惊吓损害的明确规定。在此意义上,"林玉暖案"中,法院赋予第三人自身的健康损害赔偿请求权,说明我国司法部门积极发挥能动性,开创一起具有代表性的第三人惊吓损害案型。本案的结论可为将来的裁判提供有效的依据。

第二,《德国民法典》的立法者有意未规定第三人对近亲属死亡"丧亲之痛"的精神损害赔偿,而且第三人继承直接受害人的精神痛苦金请求权也极受限制,这构成了德国侵权法上最重要的缺陷之一。在当下欧洲侵权法统一化语境下,其结果愈发显得不合时宜。因此,道奇(Deutsch)在理论上寄望于第三人惊吓损害,期待它能够发挥赔偿"丧亲之痛"的功能。但这一观点,犹如饮鸩止渴,更不可取。因为无论是欧陆还是英美,通常将第三人因近亲属死亡发生的精神损害赔偿,界定为非独立的、派生的请求权,而第三人惊吓损害则为第三人自身的、独立的请求权。德国民法的根本解决问题途径是承认第三人丧亲之痛的精神痛苦金请求权,而不是混淆二者的界限。

反观我国,根据《侵权责任法》第18条、第22条,结合最高人民法院《关于确定民事侵权精神损害赔偿责任若干问题的解释》(以下简称《侵权精神损害赔偿解释》)第7条①之规定,我国历来认可第三人因丧亲之痛的精神损害赔偿,从而与多数国家的法律模式相接轨,不至于发生德国法上的理论压力。但是,笔者的另一层担心是,"林玉暖案"客观上(好不容易)独立出来的第三人惊吓损害赔偿请求权,不可再与第三人的非独立的、间接损害赔偿请求权归入同一类。正如"林玉暖案"裁判理由指出:本案虽无法律规定,但

---

① 最高人民法院《关于确定民事侵权精神损害赔偿责任若干问题的解释》第7条规定:"自然人因侵权行为致死,或者自然人死亡后其人格或者遗体遭受侵害,死者的配偶、父母和子女向人民法院起诉请求赔偿精神损害的,列其配偶、父母和子女为原告;没有配偶、父母和子女的,可以由其他近亲属提起诉讼,列其他近亲属为原告。"

《侵权精神损害赔偿解释》第 7 条规定死者近亲属的损害赔偿请求权,与本案中直接受害人受到伤害有相似之处,因此扩张解释该条规定,使第三人享有对加害人的赔偿请求权。此项理由,恰恰混淆间接损害赔偿请求权与第三人惊吓的直接损害赔偿请求权。换言之,被道奇混淆的概念,通过另一种形式,在我国司法观念中体现出来。由此可见,裁判者有善意的愿望,给予第三人惊吓损害的赔偿,但也须建立在概念体系清晰、法律理由适当的基础上,切不可重复他人覆辙。

第三,通过对德国法上关于第三人惊吓损害赔偿的责任成立和责任范围的分析可见,按照一般侵权行为类型,即可解决"林玉暖案"中受害人的请求权。首先,从该当性来看,林玉暖因目睹儿子受伤,导致情绪激动而当场休克并被送医救治,从而发生健康损害,且与直接受害人有密切的亲属关系。在加害人行为与林玉暖的健康损害之间,有符合等值性和相当性的因果关系,且属于《侵权责任法》第 2 条的保护目的范围之内。其次,从违法性而言,加害人的行为侵害林玉暖的健康权,该权利受侵害本身即指示行为的违法性。最后,从有责性而言,加害人虽然不是故意通过侵害直接受害人而令林玉暖健康权受损,但已违反社会上通常行为人的注意义务,因而主观上具有过失。在考察加害人的责任成立后,进一步确定林玉暖的损害赔偿请求权的范围,包括住院医疗费等财产损失,以及精神损害抚慰金。但由于林玉暖自身患有疾病,属于易受伤害体质,虽不影响侵权责任成立,但根据其对损害后果的作用大小,相应地扣减损害赔偿数额。可见,德国民法关于第三人惊吓损害清晰的教义学结构,完全可以作为我国学说和判例移植及借鉴的参考对象。

民法方法论

History and Doctrine
of
Private Law

比较民法与判例研究的立场和使命[*]

一、引言

19世纪伟大的德国法学家耶林(Jhering)在《不同发展阶段的罗马法精神》的开篇谈罗马法对于当代世界的意义时,就法律继受提出过著名的"金鸡纳霜"比喻:

> 继受异域法制不是一个民族性的问题,而仅是一个简单的合目的性和需求的问题。在自家中有同样好的或更好的东西时,没有人愿意再从远处获取之;只有傻子才会因为金鸡纳霜不是生长于自己园圃中而弃之不用。[①]

耶林是将罗马法与当代法律世界作一种历史的纵向比较。20世纪的比较法学家一再借用这个比喻来说明,制定法律应尽可能借鉴国外好的法制经验,不能因为它是"外国的"就基于民族国家情结而加以拒绝。[②] 可见,不论是历史比较还是国别或地区比较,继受异域法制的合理因素,反思本国或地区法治建设并促进其迅速发展,是比较法的基本功能。

就理论而言,比较法对于当代中国法治建设的意义,各路学者、诸种流

---

[*] 本文原载《华东政法大学学报》2015年第2期。

[①] Jhring, Geist des römischen Rechts auf den verschiedenen Stufenseiner Entwicklung, Erstr Theil, 2. Aufl. , 1866, S. 8 – 9.

[②] 参见 Rabel, Die Aufgabe und Notwendigkeit der Rechtsvergleichung, der Hochschulbuchhandlung Max Hueber 1925, S. 10;〔德〕K. 茨威格特、〔德〕H. 克茨:《比较法总论》,潘汉典等译,法律出版社2003年版,第24页;〔日〕大木雅夫:《比较法》,范愉译,法律出版社1999年版,第74页。

派,自是洋洋洒洒、难以尽书。要而言之,可述三端:其一,在知识论上,比较法提供国外或地区法制文明经验,增进对异域法律的了解,使我们认识到本土法制的局限以及法律文化的多样性。其二,在立法上,通过比较法认识国外或地区同类问题的规范模式,于制定法典时予以借镜,可达事半功倍之效。翻阅当下中国各种民法典草案以及全国人民代表大会常务委员会法制工作委员会组织撰写的各个民事法律的注释书,各国或地区相关民法条文的对比参照是一个重要的部分。其三,在司法中,如涉及继受法律的解释适用,比较法有助于追根溯源,澄清法律条文在其继受母国或地区法的本意,便于裁判机构准确理解与适用。暂且不论比较法对于法律统一化的作用,站在中国本土法治建设的立场思考,一言以蔽之,"洋为中用"是比较法在当代中国的根本意义。

二、重申一个立场:比较法与法教义学

1925 年德国法学家恩斯特·拉贝尔(Ernst Rabel)在其宏文《比较法的任务及必要性》中即已提出比较法研究的三种进路:教义学或体系式的比较、历史的比较、总论式或法哲学的比较,并且指出,当务之急是教义学的法律比较。[①] 然而在我国,名为"比较法"的研究大多注重后两种进路,而对前者尚未达到清醒的认识和自觉。

尽管在法学研究中如何运用外国或地区法并无定式,但研究者需要警醒,明确怎样查明和处理一项外国法资料、怎样用它来说明自己的观点。实际上,研究路径取决于研究者选择的立场。笔者认为,致力于比较法的研究者须从如下两个角度自我辨识和取舍。

首先,比较法研究不是简单的外国或地区法制介绍。如果仅就国外或地区的典章制度、法律规定及其实践作介绍和评述,不作分析比较,或仅作形式的对比,那只是一种"描述性比较法"。这样的比较法研究源于缺乏本土的问题意识,没有现实的目的指向,其研究成果也只是增加了我们关于某法域的信息储备而已。例如"某某法系研究"或"某某洲法研究"即属此类。如果研究者定位于纯粹的外国法制研究或导论式简介,亦无不可——既然仅求知

---

① Vgl. Rabel, Die Aufgabe und Notwendigkeit der Rechtsvergleichung, der Hochschulbuchhandlung Max Hueber1925, S. 2 – 3.

识介绍,不需比较,问题意识亦可有可无。至于形式上比较或将不可比较之物进行比较,虽然看似比较,但比较的意义不明确。例如,如果将中国古代的《唐律》与《法国民法典》对比分析,得出结论认为前者是一部刑主的法典,后者是一部民法典,则比较的目的何在呢?意大利比较法学家萨科(Rodolfo Sacco)称这种"平行地对不同国家的资料的表述"是"最为粗糙和不太科学的一种比较"。①

其次,比较法研究不是单纯地搜集和了解外国或地区法制状况,而是要解决实践问题。尽管各国或地区社会体制不同,但总有些问题同样都要面对,尤其是在普遍理性程度较高的私法领域,例如,买卖标的物的所有权和价金风险何时发生转移,违约责任如何承担,纯粹经济损失是否赔偿等,都是任何市场经济国家或地区必须要解决的法律问题。只不过不同国家或地区的法律制度可能以不同的方式处理这些相同或类似的问题。因此,以法律事实所提出的问题为切入点,抛开各国或地区法律规定的概念和条文的表面区别,从制度的功能确立比较的"关联项",探寻法律问题的解决方案——这种由拉贝尔在20世纪20年代提出的功能主义方法论仍是当今世界比较法研究的根基和主流。②

当然,功能主义比较法学家有时为服务于法律统一化目的,强调各国或地区法律的相似性,隐含着欧洲中心主义和法律进化论思想,因而受到诸多批评和质疑。③ 事实上,各民族国家或地区的法律如同其文化语言,存在巨大的差异,追求完全一致是不可能的任务。当代比较法研究已经发现:在不同的法律规定或判例下面可能隐藏着相同或相似的答案,也有可能在相同的条文或规定之下实际的运作结果却迥然有异。各国或地区法制相似性与差异性的

---

① 〔意〕罗道尔夫·萨科:《比较法导论》,费安玲等译,商务印书馆2014年版,第22—23页。
② 参见〔德〕K. 茨威格特、〔德〕H. 克茨:《比较法总论》,潘汉典等译,法律出版社2003年版,第46页;〔日〕大木雅夫:《比较法》,范愉译,法律出版社1999年版,第86页—90页;Ralf Michaels, The Functional Method of Comparative Law, in: eds. Reimann/Zimmermann, The Oxford Handbook of Comparative Law, Oxford University Press 2006, pp. 339 - 382。
③ 参见 Dannemann, Comparative Law Study of Similarities or Differences? in: eds. Reimann/Zimmermann, The Oxford Handbook of Comparative Law, Oxford University Press 2006, pp. 389 - 396. Markesinis, Comparative Law in the Courtroom and Classroom: The Story of the Last Thirty - Five Years, Hart Publishing 2003, pp. 38 - 45;朱淑丽:《挣扎在理想和现实之间——功能主义比较法90年回顾》,载《中外法学》2011年第6期;高鸿钧:《比较法研究的反思》,载《中国社会科学》2009年第6期。

并存是比较法研究面临的实际状况。因此,有学者建议可以根据自己的研究目的需要,关注各国或地区法制的相似性或差异性。例如,如果为实现统一法的目的,则需要寻求普遍认可的法则;如果为解决立法和司法中的个别问题,比较法上或许可得到相同的答案,但如果为革新本国或地区制度,则更倾向于考察国外或地区不同的法制;如果纯粹为了获取外国或地区法制的知识,则研究者既要考察相似性,也要注意到差异性。① 此外还有更为超脱的立场,例如萨科认为比较法学仅仅是为了获取理论知识,至于借鉴外国或地区法、改良本国或地区法,则是对其进一步的利用,与比较法研究本身没有关系,因此,比较法不仅应捕捉不同国家或地区法律间的共同内核,也应捕捉各个法律体系的独特之处。② 总之,法律的地方差异性是客观存在的事实,不因是否采用功能主义而受影响,研究者应根据研究需要关注相似性与差异性。

总之,比较法研究应采取功能主义方法,对各国或地区法制可比较的关联项进行比较分析,避开不可能或无意义的比较,于比较中寻求较优的问题解决方案,助益本国或地区法治发展,但同时允许保留各国或地区法制的差异性,循序渐进以图法律统一。至于寻找何种有意义的比较关联项,可从宏观的社会体制背景或具体法律制度分析入手作业。

因之,我们进入第二层面的立场选择问题:即宏观比较还是微观比较。③ 前者着重研究不同国家或地区法律秩序的一般精神或样式、立法模式、纠纷解决机制、法律实施效果乃至历史文化背景等。后者是对法律秩序的基本构成要素(制度、规范、判例)的比较研究。拉贝尔所说的"历史比较"和"总论式比较"与前者大致相当,而后者主要就是教义学比较。以上两种研究路径并无优劣之分,对当下中国而言,我们既需要了解他国或地区或国际上法律体系的一般状况和法律精神,也需要踏踏实实地研究国外或地区的具体法律制度问题。

我国以往的比较法研究,过于侧重前者,而偏废后者。④ 或许这是中国

---

① See Dannemann, Comparative Law Study of Similarities or Differences? in: eds. Reimann/Zimmermann, The Oxford Handbook of Comparative Law, Oxford University Press 2006, pp.401–406.
② 参见[意]罗道尔夫·萨科:《比较法导论》,费安玲等译,商务印书馆2014年版,第25、29页。
③ 参见[德]K. 茨威格特[德]H. 克茨:《比较法总论》,潘汉典等译,法律出版社2003年版,第6—8页;[日]大木雅夫:《比较法》,范愉译,法律出版社1999年版,第63—64页。
④ 相同的观察结论参见许传玺:《从实践理性到理性实践:比较、比较法与法治实践》,载《浙江大学学报》2014年第5期。

近30年以来比较法学发展合力造成的一种倾向。以法学界引用率超高的译著——茨威格特和克茨的《比较法总论》为例,翻译该书所依据的德文版和英文版均分为两卷,上卷是总论,下卷是私法制度[1],但1992年由潘汉典教授领衔翻译的《比较法总论》(贵州人民出版社),却只翻译了上卷,因而多数中文读者无缘得见该书下卷展开具体私法制度的详细分析。尽管该书是比较法领域的经典,影响力极大,但仅翻译出版的上卷给中国读者留下的印象却是比较法似乎就是总论性研究。[2] 随后国内出版的比较法译著,因循此种风格,出现繁荣的局面。例如,美国学者格伦顿的《比较法律传统》(米健、高鸿钧、贺卫方译,中国政法大学出版社),埃尔曼的《比较法律文化》(贺卫方、高鸿钧译,清华大学出版社),梅利曼的《大陆法系》(顾培东、禄正平译,法律出版社),威格摩尔的《世界法系概览》(何勤华等译,上海人民出版社);日本学者大木雅夫的《比较法》(范愉译,法律出版社);意大利学者萨科的《比较法导论》(费安玲、刘家安译,商务印书馆)。国内学者亦有跟进,撰写此类教材和著述,例如沈宗灵的《比较法总论》(北京大学出版社),朱景文的《比较法总论》(中国人民大学出版社),米健的《比较法学导论》(商务印书馆),郑祝君的《比较法总论》(清华大学出版社),等等。此外,高鸿钧、贺卫方教授主编的"比较法学文丛"(包括译著和专著),选题偏重法律文化和法律思想。何勤华教授主编的"比较法文丛",选题偏重法律史。总之,国内研究总论的比较法学家对微观的法律制度关注较少。或许是由于我国法学家的学科界限意识强烈,法理学或法制史研究者更愿意将总论性的比较法视为己任,而将制度的比较抛给了部门法学者;又或许是宏观比较法学家未培养出贯通微观研究的能力。

法律根植于一国或地区社会政治经济土壤之中,宏观研究固然能够揭示

---

[1] 德文版:Zweigert/Kötz, Einführung in die Rechtsvergleichung auf dem Gebiete des Privatrechts, Band I: Grundlagen/Band II: Institutionen, Mohr Siebeck 1971/1969;英文版:Zweigert/Hein Kötz, An Introduction to Comparative Law, volume I, The Framework /volume II, The Institutions of Private Law, translated by Tony Weir, Amsterdam North – Holland Pub. Co., 1977。中译本分别依据德文第二版(1984年)和英文版(1987年)以及日文版(1974年)翻译。该书德文版于1996年修订后合为一卷,1998年英文版合为一卷。

[2] 值得提及的是,20世纪80年代上海译文出版社引进出版的两本法国人著作《当代世界主要法律体系》(勒内·达维德著,漆竹生译,1984年版)和《比较法导论》(勒内·罗迪埃著,徐百康译,1989年版),也是宏观比较法研究的典范。

不同法律的社会背景,使人知其所由。但是,缺乏具体法律规范思维的比较法研究,容易滑向无边的哲学思索;更严重者,得出令人难以捕捉的文化解释性结论,或提炼几句似是而非的哲理警句。而且这样的比较法往往系于研究者的个人魅力或语言表达、写作文风。英国比较法学家马克西尼斯(Markesinis)观察指出:20 世纪 60 年代英国的比较法学家倾向于结合罗马法和法律史研究,博学而优雅,但是在经历一段繁荣的黄金岁月后,并未给后人留下任何方法,因而随着一代天才人物的逝世,比较法也就随之中落。他痛心疾首地说:"比较法学成为具有人格魅力的布道者们的(个人)财产,而不是作为满足社会需要的工具。当布道者遍地都是,比较法也就繁荣昌盛,但它建立在并不牢靠的基础上,终不能挽救其衰落。"[①]其实即便这样的比较法研究后继有人,但是即使多精彩的宏大理论,也因其无法满足社会需求、不能在本国法制建设中被直接利用,终将会被边缘化。至于说陶冶法律文化情操、提高法理修养云云,那是个人的兴趣和体验,自当别论。

相比而言,倒是部门法尤其是民商法领域的学者,更倚重制度的比较法研究。例如,自 20 世纪 90 年代开始,梁慧星教授主编的"中国民商法专题研究丛书"(法律出版社)出版大量制度比较法的著述。民商法系列译著的繁荣也给民法制度比较带来研究便利,例如徐国栋教授组织翻译的"外国民法典译丛"、吴越教授组织的"德国法学教科书译丛"及"中国·欧盟法律研究系列丛书"、米健教授组织的"当代德国法学名著"、李昊教授组织的"欧洲侵权法与保险法译丛",还有其他英美、日本方面的译著,等等。比较民商法的繁荣由此可见一斑。

在当下中国,再如何强调具体的微观比较法研究都不算过分。功能主义要求比较法研究者挑选可供比较的法律问题。尽管一国或地区法律典章、司法程序或法律意识等领域存在诸多研究课题,但在民法或部门法研究者眼中,法律问题就是"法教义学"(Rechtsdogmatik)问题,也即关于实在法的解释和适用的一切理论和实践问题。具体在民法上,法教义学问题主要是:当一项事实满足法律构成要件时将产生何种权利义务的法律效果,并展开其说

[①] Markesinis, Comparative Law in the Courtroom and Classroom: The Story of the Last Thirty-Five Years, Hart Publishing 2003, p. 25.

理。法律作为一种社会规范准则,法学作为一门独立的学问,其根本在于法律因其规范性效力而具有解决问题的实践特性,因此,比较法只有与法教义学相结合,才能提出适合法律人思考的问题,才能发挥比较法应有的功能。正如拉伦茨教授所说:"比较法之成为可能并取得丰硕成果,正是基于:某一实证法秩序的解决方案通常也是针对一般的、以相同或类似方式出现在所有或大部分法秩序中的法律问题的答案。"[1]换言之,由于法教义学问题的普遍性,正适合于比较法的分析。

米健教授主张,比较法应该运用于所有的部门法之中,与部门法灵体合一,对此,笔者极为赞同;但另一方面他又认为,部门比较法只是一种实用的、旨在解决具体问题的比较法学,"充其量只是比较法学的一个基本层次或一个方面。而它作为一种思想方法和精神境界的使命,只能由比较法学家们去实现"[2]。借用米健教授的一本书名《出法入道》(法律出版社 2005 年版),所谓追求"思想方法、精神境界"的比较法或许就是一种"道",而部门比较法则是"器"。求道得道,自是每个中国学人向往的状态,但是,在纷繁复杂的世界法律丛林中,踏出一条小路来就已够艰难了,求道谈何容易,况且无可名状的"道"本就难以捉摸。人的研究精力总是有限,纵观 20 世纪比较法发达史,一些世界级的大师也只在限定的领域作出应有的贡献。例如拉贝尔的学术生涯虽然始于罗马法研究,但他在 1916 年领导慕尼黑的"外国法和国际法研究所"之后,便将重心转至现代法,并自觉地将比较法研究与那个时代法律职业者的利益和需要联系起来,其兴趣始终在具体私法问题上而避免空谈;再如,将功能主义传播至美国的德裔比较法学家施莱辛格(Schlesinger)能够在美国法学院立足,得益于其著述和课程的实践取向,因为美国法学教育的职业性质决定其难以容忍课堂上的哲学思辨或泛泛之论。[3] 因此,马克西尼斯教授建议:"将比较法发现的素材和洞见交给哲学家,由其织入哲学理论;但

---

[1] Larenz/Canaris, Methodenlehre der Rechtswissenschaft, 3. Aufl., Springer 1995, S. 15.
[2] 米健:《比较法学的涅槃与再生》,载《比较法研究》2007 年第 5 期。宏观比较法学家往往突出与部门比较法不同之处,勒内·达维德也区分"运用比较法的法学家"和"比较法学家"两种身份。参见〔法〕勒内·达维德:《当代主要法律体系》,漆竹生译,上海译文出版社 1984 年版,第 16 页。
[3] See Markesinis, Comparative Law in the Courtroom and Classroom: The Story of the Last Thirty – Five Years, Hart Publishing 2003, p.6, p.13.

绝不允许哲学家有机会干涉比较法学家的研究进程和方法,否则,他们(和历史学家一样)会将比较法学从实践世界分离,而不是促进其广泛利用。"① 这些比较法学家并非没有能力追求"道",只是实践问题对他们的拷问来得更直接有力,促使其眼光向下,担当满足社会需要的研究使命。更何况,在具体的"器物"研究中,何尝不可论道?将"道"之追寻蕴于日常的"器"之打磨,或可进入另一种学问境界。

三、从概念比较到案例比较

比较法研究与法教义学结合,有助于发掘有价值的研究课题。制定法以及对之解释和建构形成的法学知识体系是法教义学的主要组成部分,顺理成章地成为比较法研究者关注的重点内容。功能主义并不反对基于制定法及其概念体系的比较研究②,但我们也要清醒地认识到其局限性。

众所周知,19 世纪《法国民法典》的颁布和传播,使得欧洲各国掀起一股法典化的热潮。与此同时,伴随法律实证主义观念的上升,国家制定法被认为唯一的法律渊源。这一时期,欧洲出现大量的"比较立法"研究,其工作主要是翻译外国的法律,供作本国立法的参考。③ 与此同时,德国兴起的潘德克顿法学力图将民法构建为一个逻辑自洽的概念—规则体系,法教义学即表现为概念法学。如果认为法律(Recht)就是制定法(Gesetz),法学就是概念体系知识,那么建立在这些表面形式之上的比较法必将行之不远。因为,不同国家立法所使用的语言技术、规范模式及其法学体系不尽相同;即使同样的法条规定,实际的运作结果也可能不同。仅从这些表面现象,既得不出各

---

① Markesinis, Comparative Law in the Courtroom and Classroom: The Story of the Last Thirty – Five Years, Hart Publishing 2003, p. 55.

② 任何比较法研究都建立在尽量准确详尽的"国别报告"基础上,而国别报告最主要的调查对象正是制定法及其相应的概念知识体系。而且,概念体系有助于研究者把握宏观的法律格局,因此,长期以来,制定法及其概念体系,始终是比较法研究的基础和重点。例如,如果我们想了解德国民法在某个法律问题上的处理情况,那么最直接有效的办法就是查阅民法典的评注书(如《慕尼黑民法典评注》《施陶丁格民法典评注》),其中包括法条及立法理由说明,对法律概念和法条含义的解释,对法条适用要件和法律效果的分析,以及学理上的评判等。此外,还有大量的司法案例线索供参考。

③ 参见 Bénédicte Fauvarque – Cosson, Development of Comparative Law in France, in: Reimann/Zimmermann (eds.), The Oxford Handbook of Comparative Law, Oxford University Press 2006, pp. 41 – 42;〔日〕大木雅夫:《比较法》,范愉译,法律出版社 1999 年版,第 47—48 页。

国法律的共通性,也看不出真正的差异。

举例而言,《德国民法典》物权编中第 1004 条第 1 款规定所有权人遭受或可能遭受他人非以侵夺占有方式的侵扰(Störung)时,得针对侵扰人提出"排除妨碍或不作为请求权"(Beseitigungs – und Unterlassungsanspruch)。《中华人民共和国民法通则》(以下简称《民法通则》)所有权制度中并未规定这一物权请求权,而是在第 134 条第 1 款规定"停止侵害、排除妨碍、消除危险"作为民事责任的承担形式(《中华人民共和国物权法》第 34 条规定为物权请求权,《中华人民共和国侵权责任法》第 15 条规定为侵权责任)。倘若研究者先入为主地将德国民法作为参照的概念体系,可能得出结论说在《民法通则》下的所有权制度不包含保护所有权人免受他人侵扰的规则。但受过中国民法教育的法律人应该清楚,尽管与《德国民法典》第 1004 条第 1 款的用语和体系定位不同,但作为民事责任的"停止侵害、排除妨碍、消除危险"同样可以达到防御他人侵扰行为的效果。对此,或许比较法上正确的设问是:倘若所有权人遭受他人的妨碍或有可能妨碍之虞,权利人得以何种私法上的工具保护自己?

由此可见,制定法及其概念体系的局限性也制约着比较法的发展。而功能主义从社会生活事实出发,以法律问题的提出和解决为思考中心,不拘泥于实定法或概念体系的差异。如拉贝尔的教谕:"我们不是比较呆板的数据和孤立的条文,我们比较的毋宁是:从这个或那个国家的全部法律生活整体中,就同一个生活问题产生哪一种解决方法,以及为什么产生这样的方法和它的后果如何。"[①]由此,功能主义是克服概念法学弊端的一剂良药。它与 19 世纪末以来的利益法学、社会学法学、法律现实主义对概念法学的批判和超越呈平行发展态势。例如,菲利普·黑克认为,法律中存在着"不同结构的等值体",即"同一思想可以不同的形式得到表达"[②]。而克茨主张,从比较法来看,各国对同一法律问题的处理结果可能相同或类似,只不过利用的概念技术不同而已,"教义学的构造只是操作工具,仅具有手段的功能,单单借此并

---

① Rabel, Die Fachgebiete des Kaiser – Wilhelm – Institues für ausländisches und internationales Privatrecht (gegründet 1926) 1900 – 1935, in: 25 Jahre Kaiser – Wilhelm – Gesellschaft zur Förderung der Wissenschaften, Band. 3, Berlin 1937, S. 82.

② Heck, Begriffsbildung und Interessenjurisprudenz, Mohr Siebeck 1932, S. 190 ff. 另参见〔德〕齐佩利乌斯:《法学方法论》,金振豹译,法律出版社 2009 年版,第 18 页。

不能保障案件的正确解决,必须以目的指引的、流动的、暂时性的和可变的(方式)来对待教义学"①。可见,二者都没有把法律概念体系之类的技术工具看成颠扑不破的真理,而仅仅是一种观念的表达形式而已。

有鉴于此,晚近的比较民法学家不再将制定法和概念体系作为主要的研究对象,而更关注法律实践活动,尤其是一国或地区司法机关的裁判或判例。由此直接切入法律生活本身,获致更活泼、更真实可信的结论。

20世纪50至60年代,施莱辛格在美国发起"康奈尔共同核心项目"(The Cornell Common Core Project),针对合同订立的问题,设计案例事实,以问卷调查的方式,由各个法律体系的研究者撰写报告,并形成最终的研究报告出版,即《合同成立:法律体系的共同核心研究》一书。② 康奈尔项目最为著名的是"事实方法":提出案例问题让报告者解答,不论研究者所属法律体系,确保集中讨论问题。尽管该项目名为"共同核心",但项目要求研究者排除这一观念预设,先细致准确地考察各法域的处理结果,然后再进行抽象、比较。研究结果发现,不同法律体系之间,可能在法律表面规则不同的情况下,实际运行的结果亦不同;反之,也可能在表面规则相同时,实际运行结果有异。③ 由此,该项目也教导后人:实际运行的法律规则和被表述出来的规则之间可能存在巨大的差异。④ 这一项目直接影响了20世纪90年代由意大利学者布萨尼(Bussani)和美国学者马太(Mattei)发起的"特伦托欧洲私法共同核心项目"(Trento Common Core Project of European Private Law)。特伦托项目总体目标是发现欧盟各国私法在合同法、物权法和侵权法领域的共同核心,但并不追求法律的统一化,对各国法律规则和处理结果不作评价,是一项纯粹的科学研究。该项目也是以案例事实为研究进路,由组织者设计案例问题,要求各国的研究参与者利用本国的法律资源,包括立法、判例和学术著述等,报告案例的处理结果,由此对欧洲各国私法中的重要问题作出准确的描

---

① Hein Kötz, Rechtsvergleichung und Rechtsdogmatik, in: Karsten Schmidt (hrsg.), Rechtsdogmatik und Rechtspolitik, Duncker & Humblot 1990, S. 84.
② See Schlesinger (eds.), Formation of Contracts: A Study of the Common Core of Legal Systems, Dobbs Ferry, 1968.
③ See Schlesinger, Formation of Contracts: A Study of the Common Core of Legal Systems: Introduction, Cornell International Law Journal, Vol. 2,1, 1969, pp. 1 – 71.
④ 参见〔意〕罗道尔夫·萨科:《比较法导论》,费安玲等译,商务印书馆2014年版,第76页。

述,从而提供一幅可信的欧洲私法图景。项目计划者认为虽然这幅私法图景的用途与其绘制者没有关系,但它可为将来欧洲统一立法提供可靠的基础。①

事实上,特伦托项目的另一个思想来源是萨科的"法律要素论"(Legal Formants)。② 萨科认为一个国家"活的法律"包括成文法规范、学理观点和司法判决,并称之为"构成要素"。此外,法官和学者的说理论证、法律创制者的立法解释,甚至哲学、宗教、意识形态等,都会对法律观点产生影响,也是法律的构成要素。在同一法律体系内部,各种构成要素就特定法律问题未必保持完全一致的观点,可能存在很大的差异;而且它们并非处于固定状态,而是流动的、离散的。因此了解一个法律体系需要考察这些要素的全部状况。同理,在研究不同法律体系之间的共性和差异时,不仅要考察成文法,其他构成要素也须一并考虑。萨科又将自己的方法称为"动态的比较法"。

康奈尔项目和特伦托项目均是以假设案例作为研究对象。与此不同,英国比较法学家马克西尼斯倡导将外国法院判例引入本国司法和法学教育之中的比较法研究,备受瞩目。此前英国比较法学界过于关注宏观的文化和历史问题,缺少解决实际问题的能力,因而听众越来越少。马克西尼斯教授希望将比较法研究拉到法律实践的地面,使比较法知识面向法官和律师,最终能在法院判决中产生实际的效用。其代表作品是《德国侵权法:比较研究》和《德国合同法:比较研究》。③ 在这两本著述中,马克西尼斯及其合作者首先概述德国侵权法、合同法的主要框架和基本体系,然后将重点放在直接翻

---

① 参见 Bussani/Mattei, The Common Core Approach to European Private Law, Columbia Journal of European Law, vol. 3, Fall/Winter, 1997/98, pp. 339 - 356。该项目的两部成果已翻译为中文:〔意〕毛罗·布萨尼、〔美〕弗农·瓦伦丁·帕尔默主编:《欧洲法中的纯粹经济损失》,张小义等译,法律出版社 2005 年版;〔德〕莱因哈德·齐默曼、〔英〕西蒙·惠特克主编:《欧洲合同法中的诚实信用原则》,丁广宇等译,法律出版社 2005 年版。

② 参见 Sacco, Legal Formants: A Dynamic Approach To Comparative Law, The American Journal of Comparative Law, Vol.39, 1,1991, pp. 1 - 34;〔意〕罗道尔夫·萨科:《比较法导论》,费安玲等译,商务印书馆 2014 年版,第 59—85 页。关于 Legal Fomants 中文流行翻译为"法律共振峰"(沈宗灵:《评萨科的"法律共振峰"学说》,载《中外法学》1995 年第 6 期),或"音素",但似嫌拗口且未必达意,今参考萨科的《比较法导论》该部分中文译者刘家安教授的观点,翻译为"法律构成要素"。

③ See Markesinis/Unberath, The German Law of Torts: A Comparative Treatise, 4th ed., Hart Publishing, 2002; Markesinis/Unberath /Johnston, The German Law of Contract: A Comparative Treatise, 2th ed., Hart Publishing, 2006.

译德国法院的判决书上,并与英美法中出现的类似判决作对比分析,进而得出必要的结论。这两部作品在西方比较法学界产生重大影响,开创了一种案例比较研究的风格。为检验外国案例对本国法院的判决影响,马克西尼斯还深入研究西方各国法院如何参考外国法院判决,以事实和理论说明比较案例研究的意义。①

此外,在欧洲私法统一化的过程中,欧洲比较法学者取得一系列的案例比较研究成果,为统一化奠定扎实的资料基础。例如,"欧洲侵权法小组"(Group on European Tort Law)及其依托的机构维也纳"欧洲侵权法与保险法中心"(European Centre of Tort and Insurance Law)在研究过程中均采用了类似特伦托项目的问卷方式,将案例与抽象的问题结合,让不同国别的报告者提供解答,在此基础上形成分析报告。② 另有一些比较法学者试图在案例基础上描述欧洲各国私法的现状,形成系列的"欧洲普通法案例丛书"(Casebooks on the Common Law of Europe)③,其内容包括:相关问题的法典条文、法院的重要判决、教科书的节选以及法律评论等内容,其目的在于通过尽可能准确地描述欧洲各国私法的现状,使未来的法律家能够熟悉他国的法律体系,并揭示欧洲私法的共同原则所达到的程度。④

总结 20 世纪后半叶以来的发展趋势,欧美的比较民法研究由概念规则比较而逐步重视各国社会中"活法"的比较,尤其是案例比较。这与西方法律思想史上概念法学在 20 世纪的瓦解过程,步调几乎一致。尽管案例比较未必能够展现一个社会纠纷解决机制和惯例的全貌⑤,但案例是一个国家或

---

① See Markesinis/Fedtke, The Judge as Comparatist, 80 Tulane Law Review 11, November 2005, pp. 13 – 167; Markesinis, Comparative Law in the Courtroom and Classroom: The Story of the Last Thirty – Five Years, Hart Publishing 2003, pp. 157 – 171.
② 参见谢鸿飞主编的"欧洲侵权法小组"编著关于欧洲侵权法原则的译丛(法律出版社 2009 年版),以及李昊主编的"欧洲侵权法与保险法译丛"(中国法制出版社 2012 年版)。
③ See Waiter van Gerven, Jeremy Lever, and Pierre Larouche, Cases, Materials and Text on National, Supranational and International Tort Law (2ooo); Hugh Beale, Arthur Hartkamp, Hein Kötz, and Denis Talion (eds), Cases, Materials and Text on Contract Law (2002); Jack Beatson and Eltjo Schrage (eds), Cases, Materials and Texts on Unjustified Enrichment (2003).
④ See Zimmermann, Comparative Law and the Europeanization of Private Law, in: Reimann/Zimmermann (eds.), The Oxford Handbook of Comparative Law, Oxford University Press 2006, p. 549.
⑤ 参见[比]马克·范·胡克:《深层比较法研究》,载[比]马克·范·胡克主编:《比较法的认识论与方法论》,魏磊杰、朱志昊译,法律出版社 2012 年版,第 171 页。

地区各种动态的法律"构成要素"中极为重要的组成部分。描述或比较各国或地区的法律状况,离不开案例这一必不可少的部分。

四、比较民法与判例研究在中国:何以可能？如何实践？

案例比较已成当今欧美比较法学界新生的宠儿。但不论共同核心项目还是欧洲私法一体化,其背景都是西方两大法系之间的融合发展趋势。而且更不要忘记,它们都是同根于罗马法。然而,作为处于远东的社会主义国家,我们与欧美既无相似的政治经济文化背景,也无共同的法系根源,何况一度还自我封闭,断绝与两大法系的渊源关系。时至今日,我们连编纂一部较全面的民法典也未克成功,何谈与欧美,甚至日本比较？如果姑且勿论形式,而认为我国的单行民事法律已在实质上构成我国的民事基本法,是否就可以思考中国民法与外国或地区民法如何比较？

就21世纪以来的中国民事立法过程和结果而言,学术界所作的比较法研究在立法论上的影响有限。甚至在关键问题上,立法的"本土论""中国特色论"往往压倒法律移植论。况且立法比较研究也多倾向于概念体系比较,权作放弃也罢。但不论是否从事比较法研究,法律家的眼光都不能仅限于制定法。根据前述萨科的观点,法律是动态的有机体,一国或地区法律体系的构成要素并非只有制定法,判例、学说及司法实务观点等均是其有机组成部分,在我国还有最高人民法院的司法解释,各地高级人民法院的指导意见、会议纪要等,那么,可供探索的领域十分广阔,不必也无需时刻追随立法的进程。

一个国家或地区司法系统所作的裁判,将权利义务实实在在地落定在每一法律生活参与者的身上,构成社会生活中的"活法"。如果将法院裁判作为比较法研究的对象,就能展现不同国家或地区在同一问题上法律运作的真实状态。或许有人怀疑,中国的案例与外国或地区的案例是否具有可比性。我们当然不是指案件的裁判结果一样,而是按照功能主义的思想,中国与外国或地区发生的法律问题相同或相似。就此可以先考察重庆市第四中级人民法院的一封判决书。[①] 该案基本案情是:

---

① 参见重庆市第四中级人民法院(2006)渝四中法民一终字第9号民事判决书,载重庆市高级人民法院编:《重庆审判案例精选》(第2集),法律出版社2007年,第191—196页。

2005年7月15日9时左右,被告永安建筑公司在其所承包的重庆市黔江区金三角河堤段工程的施工过程中,不慎损坏埋在该地段的重庆市黔江区供电有限责任公司的10KV电力电缆,致使输电线路中断,造成原告重庆市黔江区民族医院停电26小时,影响其正常营业。建筑公司支付维修材料费10 000元之后,供电公司于次日上午修复受损线路,恢复供电。原告民族医院从2005年6月28日至7月27日的经营收入为平均每日6万多元,而2005年7月15日的经营收入为13 246.17元。因此原告以被告侵权为由起诉永安建筑公司、供电公司,要求赔偿38 982元。

此类案件,不论在英美法系或大陆法系均有先例和理论可循,也即"挖断电缆所致纯粹经济损失"(简称Cable Case)。在马克西尼斯《德国侵权法:比较研究》中此类案件被作为纯粹经济损失的首要案件,而且英美法和德国法在处理结果上相似。① 在布萨尼和帕尔默主编的《欧洲法中的纯粹经济损失》(特伦托共同核心项目)中,挖断电缆案也被作为典型案例事实。该项目研究发现,在Cabel Case中纯粹经济损失是否赔偿,法国等六个欧洲国家给予肯定判决,德国、英国等其他欧洲国家均予以否定。不论对纯粹经济损失的赔偿是否认可,各国在具体处置方法上不尽相同,例如因果关系、司法政策、保护权利类型都是调控工具。② 在中国民法领域,最早是王泽鉴教授将纯粹经济损失理论引入学界。在《挖断电缆的民事责任:经济上损失的赔偿》一文中,王泽鉴教授以我国台湾地区发生的一起挖断电缆案件为切入点,从我国台湾地区"民法"的请求权基础、侵权法的保护对象、司法政策等视角,结合英美法和德国法的相关理论比较分析,得出结论,认为Cabel Case中纯粹经济损失一般不予赔偿。③ 可见,世界各国或地区在现代工业化大生产建设的背景下,挖断电缆间接导致断电用户的经济损失,世所常见。尽管各国或地区法院裁判理由和结果可能不同,但同样的问题摆在法官面前需要解

---

① See Markesinis/Unberath, The German Law of Torts: A Comparative Treatise, 4th ed., Hart Publishing 2002, pp. 203 – 219.
② 参见〔意〕毛罗·布萨尼、〔美〕弗农·瓦伦丁·帕尔默主编:《欧洲法中的纯粹经济损失》,张小义等译,法律出版社2005年版,第143—155页。
③ 参见王泽鉴:《挖断电缆的民事责任:经济上损失的赔偿》,载王泽鉴:《民法学说与判例研究》(第7卷),中国政法大学出版社1998年版,第78—92页。

决。不论赔偿与否,都要有说理论证。我们再度回到重庆市第四中级人民法院的裁判理由部分:

> 侵权法不能对一切的权益作同样的保护,必须有所区别,即以"人"的保护最为优先;"所有权"的保护次之;"财富"(经济上利益)又次之,仅在严格的要件下,始受保护……
>
> 经济损失一般又称"纯粹经济上损失",系指被害人直接遭受财产上不利益,而非因人身或物被侵害而发生,除加害人系故意以悖于善良风俗之方法致用户受损害的特殊情形除外,不在赔偿之列……
>
> 纯粹经济上损失应否赔偿,一般从以下几个方面进行考量:1.电力企业是法定的供应者,因过失不能提供电力时,无须对消费者所受的经济上损失负赔偿责任;2.电力中断,事所常有,事故发生后,人身或物品未遭受损害的情况下,虽对人们的生活造成不便,有时产生经济上损失,但电力供应短期即告回复,纵有经济损失,亦属轻微,一般人观念中多认为对此应负容忍义务。有人自备供电设施,以防意外;有人投保,避免损失等等;3.被害人对于此等意外事故,若皆得请求经济上损失的赔偿,则其请求权将漫无边际,严重地加重了加害人的赔偿义务,有违公平正义,也不利于整个社会经济的发展。综上所述,除经济损失系因用户的人身或所有权遭受侵害而发生外,原则上不予赔偿。①

以上皆为法院判决书原文。这些说理内容在中国的制定法或司法解释中是找不到依据的,也没有民法教材告诉我们这样的论证。倘若读者有心将此裁判理由与王泽鉴教授《挖断电缆的民事责任:经济上损失的赔偿》一文第87—90页的内容对比,可以发现上述判决书内容基本改写自这篇论文,甚至部分原文照抄。尤其是王泽鉴教授在该文中介绍英国丹宁勋爵(Lord Denning)在1973年Spartan Steel v. Martin and Co.一案中给出的五点裁判理由②,而本案审判法官选择引用了较为突出的三点理由。换言之,中国法院的法官通过借鉴王泽鉴教授的论文,间接地将国外或地区法学理论和案件裁

---

① 重庆市(2006)渝四中法民一终字第9号民事判决书,载重庆市高级人民法院编:《重庆审判案例精选》(第2集),法律出版社2007年,第191—196页。
② 丹宁勋爵在该案中的说理,参见 Markesinis/Unberath, The German Law of Torts: A Comparative Treatise, 4th ed., Hart Publishing, 2002, pp. 216 – 219。

比较民法与判例研究的立场和使命

判理由引入中国的案件审理中,作为定案结论的依据。① 时空远隔的德国、英国和中国,Cabel Case 问题竟以如此奇妙的方式相遇。更神奇的是,不同法域的案件结论居然惊人的一致。而且本案还附带说明,法院判决书之中参考引用他国的法律或判例并非法系同源国家的独有现象②,在中国法院同样正在发生。

再以笔者自 2012 年以来在《华东政法大学学报》组织的系列比较案例研究为例,研究项目选择的样本虽是中国法院判决,但同时也是各国或地区民法领域都可能发生的案例。例如,目睹近亲属遭受突然打击而自己遭受神经性休克,造成惊吓损害(nervous shock);婚姻关系存续期间,夫妻一方与第三人婚外通奸,是否成立第三人干扰婚姻关系的侵权责任;他人处于危难之中而进行救援(见义勇为),发生施救者或被救者的损害由谁承担。研究者通过考察欧美、日本等国及我国台湾地区的立法和判例经验,对比分析我国法院的判决合理性以及制度的改进可能性。③

由以上事例可见,与政治经济文化等社会问题不同,私法——尤其是建立在经济交易规律或基本人伦规范基础上的合同法、侵权法、人格权法等领域的问题,反映的是普遍发生的社会联系和事件现象。而且,随着现代社会发展,出现大量全人类都面临的普遍性问题,如工业生产、环境污染、生物技

---

① 葛云松教授称:本案裁判参考比较法上的研究成果,"显示了中国法院的巨大进步"。参见葛云松:《纯粹经济损失的赔偿与一般侵权行为条款》,载《中外法学》2009 年第 5 期。

② 关于欧美各国的法院如何借鉴外国法律和判例,参见 Markesinis/Fedtke, The Judge as Comparatist, 80 Tulane Law Review 11, November 2005, pp. 13 – 167; Smits, Comparative Law and It's Influence on National Legal System, in: Reimann/Zimmermann (eds.), The Oxford Handbook of Comparative Law, Oxford University Press 2006, pp. 520 – 524; Hein Kötz, Der Bundersgerichtshof und die Rechtsvergleichung, in: Canaris u. a. (hrsg.), 50 Jahre Bundesgerichtshof, Festgabe aus der Wissenschaft, Band II, C. H. Beck 2000, S. 825 – 843。

③ 参见朱晓喆、谢鸿飞、周江洪等:《第三人惊吓损害侵权责任的比较法研究》,载《华东政法大学学报》2012 年第 3 期;詹森林、薛军、庄加园等:《第三人侵扰婚姻关系法律问题的比较法研究》,载《华东政法大学学报》2013 年第 3 期;吴从周、李昊、叶名怡等:《见义勇为民事责任的比较法研究》,载《华东政法大学学报》2014 年第 4 期。

术、电子科技等,这些都将带来法律上的难题。[①] 而问题产生之初,立法者显然不及反应和处理。如酿成法律纠纷,司法者必须站在化解矛盾的最前线,因为法官不得以没有法律依据而拒绝裁判。我们相信,这些问题的存在便是当今中国比较民法与判例研究得以生长和发展的空间。

此外,随着我国理论界和实务界对司法裁判的日益重视,法院的裁判文书对各级法院审判的实际拘束力和参考价值逐渐被认识和关注。尤其是最高人民法院在2010年年底宣布建立案例指导制度[②],并相继发布七批指导性案例,更是激起法律界同仁的研究兴趣和实践热情。虽然总体上我国的司法案例并未获得明确的法律效力,但通过学术研究的推动和法院的重复实践,将来可能形成一种稳定的判例制度。于此,将比较法作为一面自我反思的镜子,我们可以发掘和放大一些具有代表性的司法案例的规范价值,将"案例"推至"判例"。

根据笔者的有限探索经验以及对学界的观察,在中国展开比较民法与判例研究,可以从如下几个角度着手,以达到相应的目的。

其一,在个案研究中,透过比较法视角,揭示案例裁判蕴含的普适法理,提升典型案件的规范意义。基于分工的不同,法官主要工作是裁判案件,学者的工作是理论研究。我国大量的案例研究著述由法官撰写,但大多是案件主审法官或系统内部研究者所谈的"办案心得"或未及说明的裁判理由展开,难以确保学术客观性。[③] 我们不能过多期待法官运用比较法的知识分析中国案例。即使在欧美,法官主动诉诸外国或地区法也被认为是一种"奢侈的"法律分析

[①] 例如2014年无锡市中级人民法院就一起"人工冷冻胚胎的归属和继承"案件的裁判,引起法律界广泛的争议。该案是由人工生殖技术引发的新型法律纠纷,因无明确法律依据,且相关学理也不成熟,故而人工冷冻胚胎的法律地位尚无定论。参见:江苏省无锡市(2014)锡民终字第01235号民事判决书;张圣斌、范莉、庄绪龙:《人体冷冻胚胎监管、处置权归属的认识》,载《法律适用》2014年第11期;杨立新:《人的冷冻胚胎的法律属性及其继承问题》,载《人民司法》2014年第13期;刘士国:《人工生殖与自然法则》,载《人民司法》2014年第13期;李燕、金根林:《冷冻胚胎的权利归属及权利行使规则研究》,载《人民司法》2014年第13期。

[②] 参见最高人民法院《关于案例指导工作的规定》(法发〔2010〕51号)。

[③] 参见解亘:《案例研究反思》,载《政法论坛》2008年第4期。

方式。① 于此,法律学者或法教义学的重要工作就是在案件裁判前为法官做好理论准备,在裁判后总结案件的裁判法理,辅助法官司法审判。在我国台湾地区,王泽鉴教授身体力行,数十年来发表一系列的案例评释,参酌比较法上的文献,将先进学说和判例引入我国台湾地区民事判决的检讨,对促进我国台湾地区司法水平的提高,起到至关重要的作用。诚为后进标榜。

笔者需要补充的是,对待中国司法案例不可一味地批评或藐视,只将其作为抒发己见的批判对象。例如,在《买卖之房屋因地震灭失的政府补偿金归属——刘国秀诉杨丽群房屋买卖合同纠纷案评释》一文中,笔者研究发现:尽管我国法院并未利用境外民法中成熟的"代偿请求权"制度(因我国民法未规定)解决房屋灭失后的代偿利益归属问题,但我国法官总结和采用"风险、收益归属相一致"原则,借助《中华人民共和国合同法》第142条和第163条,并将第163条的孳息类推适用于买卖标的物的其他收益,同样能化解此类案件纠纷,而且这一观点亦可获得德国民法学说上的支持,结论上殊途同归。② 可见,在立法缺漏的前提下,法官迫于纠纷解决的压力,探索问题解决之道,只要其法理清晰合理,那么在正式的立法改进之前,基于"同案同判"的平等诉求以及"活法"的实际拘束力,未尝不可作为后案裁判的参考。因此研究者可以从典型案件中抽取"先例性规范",可供来者追随。③ 由此,比较法与判例研究结合,可以完善司法裁判中的法律解释和法律续造的过程。

总之,法学研究者应以法教义学为旨趣,通过比较法的透彻说理,将外国或地区立法、学说和判例等文献转化为法官可接触、可参考的部门法资料,必

---

① 参见 Smits, Comparative Law and It's Influence on National Legal System, in: Reimann/Zimmermann (eds.), The Oxford Handbook of Comparative Law, Oxford University Press 2006, p.520。海因·克茨统计德国联邦最高法院(BGH)建院50年以来,在民刑裁判中自愿参考外国法律或判例的案件屈指可数。参见 Hein Kötz, Der Bundersgerichtshof und die Rechtsvergleichung, in: Canaris u. a. (hrsg.), 50 Jahre Bundesgerichtshof, Festgabe aus der Wissenschaft, Band II, C. H. Beck 2000, S. 832 ff. 。

② 参见朱晓喆:《买卖之房屋因地震灭失的政府补偿金归属——刘国秀诉杨丽群房屋买卖合同纠纷案评释》,载《交大法学》2013年第2期。

③ 关于抽取"先例性规范"的案例研究方法,参见解亘:《案例研究反思》,载《政法论坛》2008年第4期;周江洪:《作为民法学方法的案例研究进路》,载《法学研究》2013年第6期。

将助益中国法官的司法审判。①

其二,案例国别或地区比较研究。如上所述,笔者于2012年组创"比较民法与判例研究所"(现设于上海财经大学法学院),运用多个国家或地区的法律体系聚焦考察同一国司法案例,陆续在《华东政法大学学报》组织发表国别或地区报告,主题包括"第三人惊吓损害侵权责任的比较法研究""第三人侵扰婚姻关系法律问题的比较法研究""见义勇为民事责任的比较法研究",以及在《东方法学》上发表"提单法律性质研究"②。其基本方法模仿欧美"共同核心"项目,但不同的是所选择的案例样本为国内真实司法案例。其具体方法是:根据案例事实设计若干问题,邀请研究者根据不同国别或地区的法律文献,报告该国或地区的立法、裁判和学说状况,并对国内样本案例提供说明或建议。至于本项目研究成果的实用目的,设计者初始未曾考虑,不过三年积累下来的研究成果,已颇具规模,此刻回望来路,谈论这些成果的实际效用也为时不晚。

本项目以中国案例作国别或地区比较研究,首要目的是了解和认识大陆法系与英美法系、西方与东方的主要代表国家或地区在某一主题案例上的处理模式和结果。借用"特伦托项目"设计者的话,我们希望就一个专题绘制一幅主要法系代表国家或地区的法律图景(当然只能算是个草图)。

其次,就目前完成的几组案例研究报告结果而言,有时各国或地区法律的处理结论一致但论证思路不同,有时结论和论证过程都不同。后来的研究者或本项目成果的利用者,可以根据目的需要,抽取有价值的内容。对于案件结论相同之处,再加提炼或可形成比较法上的"共同核心":例如在第三人惊吓损害案型中,德国法和英美法上均认可惊吓的受害人是直接受害人,而非派生自初始受害人的间接损害;再例如,在提单案例研究中,大陆法系国家或地区法律普遍认为提单并非代表物权凭证,交付提单并非一定表明物权变动。对于结论不同之处,注意警惕其差异的原因,例如在第三人通奸是否构

---

① 正如克茨所说,比较法研究可视作学者的一项"赴偿之债"(Bringschuld),学界应将外国法的文献尽可能容易地让法律实务界接触到。参见 Hein Kötz, Der Bundersgerichtshof und die Rechtsvergleichung, in: Canaris u. a. (hrsg.), 50 Jahre Bundesgerichtshof, Festgabe aus der Wissenschaft, Band II, C. H. Beck 2000, S. 841。

② 参见庄加园:《提单上的请求权移转与货物物权变动》,载《东方法学》2015年第1期;周江洪:《日本法上的提单效力问题研究》,载《东方法学》2015年第1期。

成侵权责任的主题上,结论表明欧美国家或地区基于人格自由发展的理念,呈逐渐松绑趋势,否定侵权责任;而在东方的日本,传统家庭伦理道德观念依然盛行,肯定侵权责任成为趋势,对此不可刻意追求与欧美同一。再例如,对他人处于危难之中的救助义务,各国或地区因社会文化差异较大,也无法追求统一。总之,这些差异的存在使我们认识到法律的地方性以及法律统一的限度。

最后,尽管本项目研究是纯粹学术型研究,并非如同各级社科项目发包人要求项目承包人须提供对策建议,因此是否得到我国立法或司法上的应用并非设计者和研究者考虑的问题。但本项目的研究成果,就现有的任一主题所达到的研究深度,短期内是其他个别研究者无法超越的。因此,客观上这些研究成果,最大限度地提供翔实而丰富的资料,介绍了法制先进国家的成功或失败经验。并且这些报告是用中文表达,我们希望今后涉及这些主题的立法者和司法者能够参考借鉴之。如齐特尔曼(Zitelmann)所说,比较法提供"解决方法的库存"(Vorrat an Lösungen)。① 当然,用或不用,还是"肉食者谋之"。

其三,中国的案例比较研究还可采用马克西尼斯的案例译介加评述的方法。例如,邵建东教授主编的"德国联邦最高法院典型判例研究丛书",专注引介德国最高法院的民商事判决并作适当评析,使人得以管窥德国法院判决内容和风格。② 再如对外经济贸易大学出版社出版的"国际商法经典案例丛书",选取国内外代表性的案例进行评析。③ 还有直接翻译国外已经编辑出版的案例书籍,例如"美国法律文库"中的《合同法:案例与材料》。④ 此类案例译介,按通行的学术标准可能并无创见,但对比较法研究实在是功莫大焉。

---

① Rabel, Die Aufgabe und Notwendigkeit der Rechtsvergleichung, der Hochschulbuchhandlung Max Hueber 1925, S. 9.
② 参见邵建东编著:《德国民法总则编典型判例17则评析》,南京大学出版社2005年版;高旭军编著:《德国公司法典型判例十五则评析》,南京大学出版社2011年版;刘青文编著:《德国合同法典型判例评析》,南京大学出版社2014年版。
③ 参见傅广宇主编:《比较代理法案例选评》,对外经贸大学出版社2016年版;薛源编著:《比较财产法案例选评》,对外经贸大学出版社2016年版;杨贝编著:《比较担保法案例选评》,对外经贸大学出版社2013年版。
④ 参见〔美〕弗里德里奇·凯斯勒等:《合同法:案例与资料)》(上、下册),屈广清等译,中国政法大学出版社2005年版。

例如,郑永流教授在研究"四川泸州情人遗嘱案"时,便利用邵建东教授翻译的德国相似案件判决书作为研究基础。① 我们甚至可以设想,假如四川省泸州市两级人民法院的审判法官在判决之前看到德国相似案件的裁判说理和结果,其是否还会对道德教化式的理由和结论自信满满呢?

现代社会工商业和科技的大发展,以前所未有的方式将人类普遍联系起来,每一国家或地区都面临着一些人类共同的问题。从民法调整对象的微观视角来看,一国或地区人民在社会生活中碰到的日常法律问题,每天也在其他国家或地区发生和解决。如果我们抛开法律概念体系的差别,针对具体个案,其实没有"德国的""英国的"解决方案之区分,而仅仅存在较好的和较不具有说服力的解决办法。② 中国的法律学者如能眼光向下,以司法案例为切入点,将各法系代表性国家的动态、真实的法律问题解决方案呈现给理论界和实务界,必将促进我国立法、司法水平的提升和思维的转变。

五、结语:参与法秩序的有机形成和发展

比较法学家对法律的认知似乎天然就具有广博的视野。拉贝尔早就说过:"没有附带判决的法律,犹如没有肌肉的骨架。而学术通说则是神经。"③换言之,以动物有机体比喻法律,法典条文是骨骼,搭建法律的体系架构;司法判例是肌肉,充实法律的实际内容;理论学说是神经,协调沟通法律各部组织。这与萨科的法律"构成要素论"在某种意义上不谋而合。因此,比较法学让我们认识到一个社会的法律秩序是一个有机体,法律家应综合地、动态地把握法律的生命。

现代国家或地区法秩序的形成主要推动力是国家或地区的立法行为。学者如能在事前参与立法的咨询或决策,将合理的意见输送进去,当然是法学理论和实践最理想的结合状态。但这样的机会在今日中国几乎不复可见。因此大多数学者需要调转眼光,将研究目标指向司法判例。按照法律有机体

---

① 参见郑永流:《道德立场与法律技术——中德情妇遗嘱案的比较和评析》,载《中国法学》2008 年第 4 期。
② 参见〔德〕克雷斯蒂安·冯·巴尔:《比较债法:方法论与认识论》,载〔比〕马克·范·胡克主编:《比较法的认识论与方法论》,魏磊杰、朱志昊译,法律出版社 2012 年版,第 320 页。
③ Rabel, Die Aufgabe und Notwendigkeit der Rechtsvergleichung, der Hochschulbuchhandlung Max Hueber 1925, S. 4.

论,法律的生命从立法颁布之后才刚刚开始,司法机关接手实施法律之日,也正是学者的使命缘起之时。

司法判例是重要的活法之源,主动地分析和利用法院裁判文书,是法律学者的必要工作。如果学者能够提供更方便获取的比较法文献资料或学说观点,供司法裁判参考,可直接助益司法裁判水平的提高。借用王泽鉴教授《人格权法》一书的副标题,民法学人应将"法教义学、比较法、案例研究"三种方法结合一体,通过判例研究展开学界与司法实务界的良性互动,促进法律的合理化发展。由此投身法秩序有机的形成和发展之中,实乃学者之正道。

此外,比较民法与判例研究对于当代中国受各种玄学奥理荼毒的理论法学研究不失为一剂解毒药。懂得外语的学者只要认真看看欧陆或日本任何一部民法典评注书(Kommentar)或美国的法律重述(Restatement),就知道在法学的核心领域,我们的差距有多大,路还有多长。学者只要了解一下中国各法院的裁判案件数量和质量,就知道司法实践是多么需要教义学上的匡正和扶持。当代中国法学和法治建设在启蒙之后,需要点点滴滴的法教义学知识的积累和建构。

布洛克斯的《德国民法总论》及其法学方法论[*]

德国当代著名民法学家汉斯·布洛克斯(Hans Brox,1920—2009)的畅销教材《德国民法总论》(Allgemeiner Teil des BGB),是当代德国法学院最受欢迎的民法总论教材,2012年由中国人民大学出版社出版了该书第33版的译著。① 它具有体系清晰、表达准确、语言简练、兼顾法学理论与司法判例等优点,因此对于学生而言,是一本极佳的入门教材;对于研究者而言,也是一本管窥德国民法通说的重要参考书。但令人遗憾的是,我国法学界关于布洛克斯的学术成就,尚缺乏初步的介绍和评述;对于布洛克斯如何分析民法问题,也缺少方法论方面的了解。有鉴于此,笔者在通读原著和译著的基础上,结合布洛克斯的学术背景资料,撰写了本文,希望给中国读者提供一个导读以及关于作者的生动形象,并揭示布洛克斯在法学方法论方面的成就。

一、汉斯·布洛克斯:人与作品

2009年6月8日,布洛克斯教授于德国明斯特逝世。他的高足、当代德国著名法学家魏德士(Rüthers),在一次纪念研讨会上曾指出:"布洛克斯作

---

[*] 本文原载《东方法学》2014年第1期。
① 参见〔德〕汉斯·布洛克斯、〔德〕沃尔夫·迪特里希·瓦尔克:《德国民法总论(第33版)》,张艳译,杨大可校,中国人民大学出版社2012年版。笔者写作中参阅的是德文第34版。参见 Brox/Walker, Allgemeiner Teil des BGB, 34. Auflage, Verlag Franz Vahlen, München, 2010。该书第31版之前均由布洛克斯独自完成,此后由布洛克斯的学生、吉森大学教授沃尔夫-迪特里希·瓦尔克(Wolf-Dietrich Walker,1955—)修订。

为法学家的形象,具有众多的面相与色调。"①此言并非恭维,布洛克斯一生从事了大学教授,地方法院、高等法院、联邦宪法法院的法官,电视节目嘉宾等多种职业,并参加了很多社会活动,他撰写过的学术著作、教材以及法典评注,涉及民法、诉讼法、商法、公司法、证券法以及劳动法等领域,着实令人叹为观止。

1. 作为法官的布洛克斯

1920 年 9 月 9 日,布洛克斯生于德国一座工业城市多特蒙德(Dortmund),他带有威斯特法伦地区的乡土性和忠厚可靠、直率的性格。② 1939—1940 年间,布洛克斯在帕德博恩(Paderborn)学习哲学,但成绩并不理想。1940 年布洛克斯中断学业被征入国防军。在一次战斗中重伤之后,他被安排在一处战地医院作医生助手,直至第二次世界大战结束。

1945 年开始,布洛克斯抱着重建法治国家的愿望,在波恩(Bonn)大学学习法律。六个学期之后,他以优异的成绩通过第一次国家司法资格考试,而且他的答题试卷还被专门出版。③ 1948—1950 年,他在哈姆高等法院(OLG Hamm)作为候补法官(Referendar)的同时,还在波恩大学获得了博士学位。④ 1950 年布洛克斯再次以优秀成绩通过了第二次国家司法资格考试,并于 1952 年正式成为多特蒙德地方法院的法官,且五年后成为哈姆高等法院法官。在此期间,由于布洛克斯出众的专业知识和说理能力,他担任了哈姆高等法院候补法官的指导工作,而一批批的候补法官都非常喜爱这个公正、善解人意的"候补法官之父"(Referendarvater)。⑤

布洛克斯的法官职业生涯持续很久,即使在其转向学术领域时也未终止。1964—1994 年,他一直担任北莱茵—威斯特法伦州的宪法法院法官,其

---

① Rüthers, Hans Brox als Methodenlehrer – von der Interessen – zur Wertungsjurisprudenz, Rechtstheorie 41 (2010), S. 141.
② Vgl. Wilfried Schlüter, Bundesverfassungsrichter a. D. Prof. Dr. Hans Brox, im Grundmann/Riesehuber hrsg., Deutschsprachige Zivilrechtslehrer des 20. Jahrhunderts in Berichten ihrer Schüler, Band I., De Gruyter Recht Berlin, 2007, S. 342.
③ Vgl. Brox, Die Einrede des nichterfüllten Vertrages beim Kauf, 1948.
④ 博士论文为 Die arglistige Verleitung zur Eheschließung, 1949。参见 W. Schlüter, Bundesverfassungsrichter a. D. Prof. Dr. Hans Brox, S. 342。
⑤ Vgl. W. Schlüter, Bundesverfassungsrichter a. D. Prof. Dr. Hans Brox, S. 343.

间他参与无数案件的审理,并因其高超的专业能力和独立、开明、亲和的个性,获得了高度的赞誉。1967 年 9 月 1 日,无党派的布洛克斯很意外地被提名为德国联邦宪法法院第一判决委员会的法官。在此任职期间,他依然以其专业素养和合理的工作安排,提高了其所在部门的工作效率。值得一提的是,他还参与过很多著名而有影响的宪法案件裁判,例如关于艺术自由与死者人格保护的"孟菲斯托案"(Mephisto – Beschluss),涉及侵害一般人格权非财产损害赔偿的"索拉娅案"(Soraya – Beschluss),维护学术和科学自由的"高校案判决"(Hochschulurteil),而且还签发了德国第一起堕胎案的判决。① 1975 年他再次获得德国联邦宪法法院的推选,但其以全力投入学术研究为由,拒绝了这一职位。德国联邦宪法法院一直未忘记这位功勋卓越的老人,在布洛克斯 80 岁、85 岁生日均发表过祝寿公告,并在其逝世后发表了悼念公告。②

2. 作为学者和教师的布洛克斯

在法院工作期间,布洛克斯结识了北威州明斯特大学民法教授哈里·维斯特曼(Harry Westermann,1909—1986)。维斯特曼鼓励布洛克斯完成教授资格论文。布洛克斯接受这一建议,暂时卸下法官职务,于短短的六个月内(1959 年)不可思议地完成了一篇迄今仍受关注的教授资格论文《因错误而撤销的限制:一项关于意思表示及其解释的研究》。③ 20 世纪 50 年代,正值明斯特大学的法学教授大力复兴第二次世界大战之前由菲利普·黑克(Philipp Heck,1858—1943)开创的利益法学(Interessenjurisprudenz),尤其是维斯

---

① Vgl. W. Schlüter, Bundesverfassungsrichter a. D. Prof. Dr. Hans Brox, S. 344f.
② 相关公告参见德国联邦宪法法院网站(http://www.bundesverfassungsgericht.de)。
③ 参见 Brox, Die Einschränkung der Irrtumsanfechtung: Ein Beitrag zur Lehre von Willenserklärung und deren Auslegung, Karlsruhe, 1960。舒尔特(Schulte)指出,布洛克斯不算是维斯特曼严格意义上的学生。布洛克斯本身已于 1949 年在波恩大学博士毕业,并未曾做过维斯特曼的助教,而只是在他的帮助下完成教授资格论文。此外,他们还保持着家庭之间的深厚友谊。参见 Hans Schulte, Harry Westermann, im Grundmann/Riesehuber hrsg. Deutschsprachige Zivilrechtslehrer des 20. Jahrhunderts in Berichten ihrer Schüler, Band I., De Gruyter Recht, Berlin, 2007, S. 308。

特曼还推动了利益法学向评价法学(Wertungsjurisprudenz①)的转变。由于布洛克斯与维斯特曼具有紧密的学术联系,他也深受上述方法论的影响,在其教授资格论文中大量复述黑克《法律解释与利益法学》的观点。在他以后的著述中,也一直贯彻这种方法论。② 这是我们解读《德国民法总论》的一个重要视角。

在完成教授资格论文两年后,布洛克斯接到美因茨的约翰内斯—古腾堡大学的编外教授(Extraordinariat)职位的邀请,而一年后(1962 年)他接受了明斯特大学教授职位的邀请。虽然他还收到其他的教授职位邀请,但他一直忠诚地在明斯特大学工作到退休(1985 年)。实际上直至 1997 年他才停止授课。

布洛克斯无论是授课还是写教材都秉承实用原则。一方面这与他多年的司法实务经验有关,另一方面也符合他所尊奉的利益法学和评价法学的教导。黑克在创立利益法学时已驳斥 19 世纪的概念法学过分注重抽象的概念和体系,而缺乏关注社会生活和法律目的,并指出利益法学的核心就是"为了法官的案件判决而获得法律规范"③。布洛克斯援引黑克的观点,也认为法学和司法应服务于生活和为了人类社会秩序的建构。④

布洛克斯不仅确立了实用法学的方向,而且为了达到这一目的,他还主张和贯彻用简洁、形象、朴素的语言来表达专业问题,即使困难的法律问题他也可以让年轻的学生理解。他反对任何矫饰、冒充科学的词语表达。据他学生回忆,他常常对学生说:"能把话说得再简单点吗?"⑤魏德士记得一次讨论对话中,布洛克斯曾说道:

---

① 关于 Wertungsjurisprudenz,吴从周翻译为"价值法学",陈爱娥翻译为"评价法学"。按拉伦茨的看法,在维斯特曼的术语使用中,Wertung 一词是指一种行为(Act),而不是这种行为所指向的对象(将要实现的价值〔Wert〕)参见 Larenz, Methodenlehre der Rechtswissenschaft, Springer Verlag, 1960, S. 124. 对应中文,笔者认为,Wertung 译为动词性的"评价",Wert 译为名词性的"价值",相应地 Wertungsjurisprudenz,译为"评价法学"较为妥当。
② Vgl. Schoppmeyer, Juristische Methode als Lebensaufgabe, Leben, Werk und Wirkungsgeschichte Philipp Hecks, Mohr Siebeck, 2001, S. 237.
③ Heck, Begriffsbildung und Interessenjurisprudenz, Mohr, Tübingen, 1932, S. 18.
④ Vgl. Rüthers, Hans Brox als Methodenlehrer – von der Interessen – zur Wertungsjurisprudenz, Rechtstheorie 41 (2010), S. 143.
⑤ W. Schlüter, Bundesverfassungsrichter a. D. Prof. Dr. Hans Brox, S. 348.

> 我们写作和讲话,应该让每个法律门外汉基本上都能理解。如果不能做到这一点,那是因为我们自己还都不明白。人们对于已经理解的事物,就能够清晰地表达出来!①

布洛克斯成为明斯特大学教授后,在编写教材和授课方面亦贯彻以上原则。鉴于当时已有很多民法教材,他的同事曾建议他放弃撰写教材。但事实证明,布洛克斯的教材以其卓越的说理能力和简明清晰的思路,一开始便征服了读者。他所撰写的教材虽然范围很广,涉及民法、商法、劳动法等,但每本都是流行教材,均再版数十次。② 据笔者粗略统计,截至2012年,他和续修订者出版的教材已达到如下版次:《民法总论》第36版,《债法总论》和《债法分论》第36版,《继承法》第25版,《商法》第21版,《劳动法》第17版,《强制执行法》第9版。他的教科书语言表达生动鲜明、内容层次简单易懂、实例丰富和恰当,不仅便利于学习,而且也常常被德国最高法院的判决所引用,甚至有人说他开创了一种新的教科书文化(Lehrbuchkultur)。③ 于是人们慨叹,近年来在法学院就读的大学生几乎都是通过布洛克斯的教材而被领入民法的殿堂。④

如同其教科书,布洛克斯的授课也深受学生喜爱。他的实务经验丰富,且具有较高的教学才能,并努力将复杂的法律问题以初学者易懂的方式,透彻地分析表达出来,因而其授课总是很吸引听众。他谦逊、和蔼、公道的人格,也赢得了学生的尊重。在明斯特大学有个不成文的规矩,就是至少要听一次布洛克斯讲课。尽管他于1985年退休,但又坚持授课12年,最后因为健康原因而不得不停下来。学生中到处流传关于他的褒扬之辞:"法学院没有布洛克斯,就如同明斯特没有雨天一样""尽管我是无神论者,但布洛克斯却是民法中的教皇"。布洛克斯还注重培养学术接班人。前后共计五人由布

---

① Rüthers, Hans Brox als Methodenlehrer, S. 142.
② Vgl. W. Schlüter, Bundesverfassungsrichter a. D. Prof. Dr. Hans Brox, S. 348.
③ 参见布洛克斯的学生、其民法教科书的主要续订者瓦尔克教授在布洛克斯逝世一周年的学术纪念会上的发言评价,载 http://www.uni-muenster.de/Jura.itm/hoeren/jsm/veranstaltungen/akademische-gedenkfeier-fur-prof-brox-am-17-6-2010,访问时间:2012年8月30日。
④ Vgl. W. Schlüter, Bundesverfassungsrichter a. D. Prof. Dr. Hans Brox, S. 348.

洛克斯指导完成教授资格论文。其中包括康斯坦茨大学的教授魏德士①,以及布洛克斯的教材主要修订者沃尔夫－迪特里希·瓦尔克教授。②

另外,值得一提的是,布洛克斯还作为法学专家经年参加一档法治内容的电视节目,即"您将如何裁判?"(Wie würden Sie entscheiden?)(ZDF 电视台制作),负责解释节目中涉及的日常法律问题。他凭借对事实的主见、公正的态度、说服能力以及幽默感,使该节目获得很高的收视率和观众喜爱度。魏德士在其逝世讣告中还不忘提及这些。③

二、《德国民法总论》的基本结构与内容特色

综览当代德国的民法总论教材,不乏名家的优秀作品。例如第二次世界大战后不久,由恩内策鲁斯撰写、尼佩代续订的大型教科书《民法总论》已出第 15 版。④ 此后,战后复出的拉伦茨撰写的《民法总论》以伦理上的人格主义作为民法思想的基础,备受瞩目。⑤ 民法大师弗卢梅在 1977 年开始迄 1992 年完成的两卷本《民法总论》因其回归自由主义而一时引领风骚。⑥ 而晚近梅迪库斯的《民法总论》,内容精确翔实,流传甚广。⑦ 如果再加上其他各路名家,例如海因茨·许布纳(Heinz Hübner)、赫尔穆特·科勒(Helmut Köhler)、帕夫洛夫斯基(Pawlowski)、别德林斯基(Bydlinski)、魏德士和斯塔德勒(Rüthers/Stadler)、罗尔夫·施密特(Rolf Schimtt)、莱茵哈特·博克(Reinhard Bork)的民法总论教材,在当代德国民法总论作者强手如林的民法界,如果没有足够的特色和吸引力,布洛克斯的《德国民法总论》如何能立足呢?

---

① 魏德士在哈姆高等法院实习期间,布洛克斯为魏德士的指导教师(Mentor)。并且他们的关系在布洛克斯成为教授后(1961 年前后)更为亲密。而魏德士早在明斯特大学学习期间就已结识了维斯特曼。魏德士的教授资格论文在维斯特曼和布洛克斯的合作指导下完成。因此魏德士有时也被看作维斯特曼的学生。参见 Sebastian Seedorf, Bernad Rüthers—Die "Unbegrenzte Auslegung", im Thomas Hoeren hrsg., Zivilrechtliche Entdecker, C. H. Beck, 2001, S. 323. Hans Schulte, Harry Westermann, S. 308.

② Vgl. W. Schlüter, Bundesverfassungsrichter a. D. Prof. Dr. Hans Brox, S. 352 f.

③ Vgl. Rüthers, Hans Brox, NJW, 2009, 2106.

④ Vgl. Enneccerus/Nipperdey, Allgemeiner Teil des Bürgerlichen Rechts, Mohr Tübingen, 1. Band, 15. Aufl., 1959, 2. Band, 1960.

⑤ Vgl. Larenz/Wolf, Allgemeiner Teil des Bürgerlichen Rechts, 9. Aufl., C. H. Beck, 2004.

⑥ Vgl. Flume, Allgemeiner Teil des Bürgerlichen Rechts, Springer Verlag, 1. Band, 1. Teil, 1977, 2. Teil, 1983, 2. Band, 1992.

⑦ Vgl. Medicus, Allgemeiner Teil des BGB, C. F. Müller, 9. Aufl., 2006, 10. Aufl., 2010.

我们有必要先了解它的基本结构和主要内容。

1. 体系安排

该教材的内容,按次序分为如下五个部分:引言、法律行为、权利、期间和期日、附加内容。以下分述之。

第一部分"引言"。德国民法教材中一般都开篇介绍一些公法与私法、民法典、法律分类、适用范围、法律适用方法的知识。① 布洛克斯的《德国民法总论》这一部分的篇幅不多,但提供了丰富的信息。布洛克斯从"人类群居需要秩序"出发,指出法律产生的必要性,而且法律必须具有正义性,应以一套不可改变的价值秩序作为基础,包括"人的尊严、生命、自由、财产"。② 从法律体系上说,布洛克斯遵循私法与公法的区分,前者规范的是各个组织中平等成员之间的关系,而后者则是调整上下级关系的规则。③ 界分二者的意义在于:一方面须根据案件情况决定适用何种法律规范进行裁判,另一方面决定了起诉者应向正确的法院提起诉讼,例如属于公法纠纷的行政案件应由行政法院管辖,而民法纠纷均由普通法院管辖。④ 民法只是私法的一部分,除此以外,其他的特别私法,包括商法、知识产权法、劳动法,以及不属于公法的经济法(竞争法、商标法),都属于现代意义上的私法范畴。⑤

继而布洛克斯着重介绍了作为民法法律渊源的《德国民法典》,包括立法历史、基本原则和结构。虽然《德国民法典》制定于自由主义思潮盛行的19世纪,但经过百余年的发展,历史赋予其更多的价值内涵,因此布洛克斯将民法典的原则总结为:私法自治、社会平衡和信赖保护。《德国民法典》起初只有少量的顾及社会平衡的条款,例如第904条的为避免较大损害而干涉所有权(攻击性紧急避险),第2303条在继承中保护配偶和子女利益的特留

---

① Vgl. Larenz/Wolf, Allgemeiner Teil des Bürgerlichen Rechts, S. 20 ff. Medicus, Allgemeiner Teil des BGB, S. 1–24.
② 参见〔德〕汉斯·布洛克斯、〔德〕沃尔夫·迪特里希·瓦尔克:《德国民法总论(第33版)》,张艳译,杨大可校,中国人民大学出版社2012年版,第6页。
③ 参见〔德〕汉斯·布洛克斯、〔德〕沃尔夫·迪特里希·瓦尔克:《德国民法总论(第33版)》,张艳译,杨大可校,中国人民大学出版社2012年版,第14页。
④ 参见〔德〕汉斯·布洛克斯、〔德〕沃尔夫·迪特里希·瓦尔克:《德国民法总论(第33版)》,张艳译,杨大可校,中国人民大学出版社2012年版,第15页。
⑤ 参见〔德〕汉斯·布洛克斯、〔德〕沃尔夫·迪特里希·瓦尔克:《德国民法总论(第33版)》,张艳译,杨大可校,中国人民大学出版社2012年版,第15页以下。

份。但随着社会发展,在雇佣、租赁、消费者与企业之间的合同问题上,立法者逐渐增加若干有利于弱势地位的当事人的保护条款。就信赖保护而言,布洛克斯以《德国民法典》第892条第1款规定的从无权利人处善意取得为例,说明民法典从交易安全出发,保护对权利表象的信赖。①

  第二次世界大战后,联邦德国将法治国建立在《基本法》之上,布洛克斯介绍了基本法对民法的意义:首先,与《基本法》相违背的法律无效,例如德国联邦宪法法院宣告,《德国民法典》原第1628条第1款和第1629条第1款规定的父亲的最终决定权和单独代理权,违反男女权利平等这项基本规范(《基本法》第3条第2款),因此无效。其次,按合宪性解释要求,《基本法》的价值决定了民法规范可以扩张性或限缩性地理解。最著名的例子是根据《基本法》第1条和第2条保护个人的尊严和自由发展的规定,德国司法实务从《德国民法典》第823条第1款的"其他权利"发展出一般人格权。最后,宪法基本权利对法律行为也产生影响,并通过民法中的一般条款得以实现,即"基本权利的第三人效力"。② 在此布洛克斯采取了德国民法的通说,即间接效力说。③

  在引言部分,读者须重点注意第三节"法律适用",其涉及法律适用、法律解释和漏洞填补等内容。因为布洛克斯在德国法学方法论学说史上是一位重要的评价法学代表,但他又没有独立的法学方法论著述,或如肖普迈耶(Schoppmeyer)所说,布洛克斯的法学方法论始终与他的教义学著作相联系在一起④,因此,"法律适用"是他集中阐述法学方法论观点的地方。对此,笔者将于下文与方法论问题一并着重探讨。

  第二部分"法律行为"。多数德国民法学家的民法总论教材一般是按照《德国民法典》总则的体系和顺序安排其内容,即"权利主体—权利客体—法律行为—其他问题"。例如拉伦茨和沃尔夫的《德国民法总论》第一章"人",第二章"法律关系和主观权利",第三章"权利客体和财产",第四章"法律行

---

  ① 参见〔德〕汉斯·布洛克斯、〔德〕沃尔夫·迪特里希·瓦尔克:《德国民法总论(第33版)》,张艳译,杨大可校,中国人民大学出版社2012年版,第24页以下。
  ② 参见〔德〕汉斯·布洛克斯、〔德〕沃尔夫·迪特里希·瓦尔克:《德国民法总论(第33版)》张艳译,杨大可校,中国人民大学出版社2012年版,第29页。
  ③ Vgl. Rüthers/Stadler, Allgemeiner Teil des BGB, 16. Aufl. ,C:H. Beck, 2009, S. 14.
  ④ Vgl. Schoppmeyer, Juristische Methode als Lebensaufgabe, S. 237.

为",第五章"期间、期日和担保"。① 许布纳②、魏德士和施塔德勒③、帕夫洛夫斯基④、博克⑤的民法总论教材也类同于此。

另一种安排顺序,是将"法律行为"的位置提前。例如梅迪库斯的《德国民法总论》在导言(第一章)和权利义务的基本问题(第二章)之后,进入法律行为问题,权利主体和权利客体置于倒数最后两章。⑥ 而布洛克斯的《德国民法总论》更突出"法律行为"的地位,在引言之后,甚至连权利义务的概念和分类都不介绍,直接进入法律行为部分。⑦ 对于民法的初学者而言,在不理解实际社会生活关系的法律表达(法律关系、法律行为)之前,要理解从这些关系中提炼的抽象概念(权利主体、权利客体、权利性质、权利分类等),乃至其逻辑结构,确实难以立即进入民法的殿堂,甚至会引起对抽象概念的反感和畏惧。相反,如果先让学生了解民法的重点调整对象——法律行为,既有助于学习者直接将概念和规则映射到具体生活事实(例如,将合同对应一个生活中的买卖交易),又可以明确民法的问题导向。可见,从便于传授知识的角度看,布洛克斯的顺序安排具有一定的合理性。

从内容上看,第二部分"法律行为"在整个教材中占据了三分之二的篇幅,包括法律行为基本问题、合同缔约、法律行为生效要件、意思表示瑕疵、法律行为的附款以及代理等。详言之,第一章"基础"涉及意思表示和法律行为的概念、分类、法律行为的解释以及意思表示的发出与达到。第二章"合同缔结",主要阐述要约与承诺的问题,并介绍与消费者保护有关的合同撤销权、一般交易条款的控制。第三章"法律行为的生效要件",包括行为能力、法律行为形式、法律行为的内容限制、无效行为的转换和认可等问题。第四章"意思瑕疵",包括心意保留、戏谑表示、虚假行为、错误、欺诈和胁迫。第

---

① Vgl. Larenz/Wolf, Allgemeiner Teil des Bürgerlichen Rechts, 9. Aufl., 2004.
② Vgl. Heinz Hübner, Allgemeiner Teil des Bürgerlichen Gesetzbuches, Walter de Gruyter, 1985.
③ Vgl. Rüthers/Stadler, Allgemeiner Teil des BGB, C. H. Beck, 2009.
④ Vgl. Pawlowski, Allgemeiner Teil des BGB, 5. Aufl., C. F. Müller, 1998.
⑤ Vgl. Bork, Allgemeiner Teil des Bürgerlichen Gesetzbuchs, Mohr Siebeck, 2. Aufl., 2006.
⑥ 参见 Medicus, Allgemeiner Teil des BGB, S. 1 – 24。类似地,迪特尔·莱茵伯德的《德国民法导论和总论》也将法律行为的位置提前至民法导论之后。参见 Dieter Leipold, BGB I: Einführung und Allgemeiner Teil, 5. Aufl., Mohr Siebeck, 2008。
⑦ 类似地,赫尔穆特·科勒的《民法总论》在导言之后也进入"法律行为"内容。参见 Helmut Köhler, BGB Allgemeiner Teil, 35. Aufl., C. H. Beck, 2011, § 5 ff.。

五章"附条件、附期限和需要同意的法律行为";前二者属于法律行为的附款问题;需要同意的法律行为,是因为法律行为的效力取决于第三方的同意,其实就是指未成年人缔约的法律行为须法定代理人的同意,以及权利人对无权处分行为的同意。第六章"代理",这一章除了介绍代理一般问题之外,对于委托代理权与基础关系的抽象原则、无权代理、容忍代理和表见代理、委托代理授权的意思瑕疵、自己代理等较有难度的理论问题,以民法典的规定为依据和推论前提,展开了详细的分析。其中最有特色的是布洛克斯关于"授予委托代理权时的意思瑕疵"问题的论述,因为他对此有专门的研究文章①,所以在教材中也颇显深度。下文将其作为"评价法学"的典型运用而详细介绍。

第三部分"权利"。在将民法总论最重要的、引起权利义务关系发生变动的"法律行为"讲述之后,布洛克斯进入第三部分"权利"。其中,第一章概述私法关系、权利的取得和分类;第二章"权利主体",阐述自然人、法人的基本问题,并特别着重讨论无权利能力之社团的主体资格问题。第三章"权利客体"介绍《德国民法典》第90—103条关于"物和动物"的有关规定。

第四部分"期间和期日"。该部分围绕《德国民法典》第四章"期间、期日"的规定展开论述,包括期间和期日的起止、计算和延长等问题。

第五部分"附加内容"。案例解题法(Methode der Fallarbeitung)是德国法学教育和司法考试必备的知识和技能。于此,布洛克斯以实例和理论结合的方式,介绍了案情和问题设定、请求权基础的检索以及鉴定意见的书写等问题。其中尤为重要的是,当一个请求权存在多个可能的请求权基础时,如何安排检索或审查的顺序。布洛克斯将请求权的审查顺序安排为:①基于合同的请求权;②准合同关系中的请求权;③物上请求权;④侵权法上的请求权;⑤不当得利的请求权。②

---

① Vgl. Brox, Die Anfechtung bei der Stellvertretung, JA 1980, 449.
② 参见〔德〕汉斯·布洛克斯、〔德〕沃尔夫·迪特里希·瓦尔克:《德国民法总论(第33版)》,张艳译,杨大可校,中国人民大学出版社2012年版,第492页以下。这一顺序为德国民法通说。参见Medicus, Grundwissen zum Bürgerlichen Recht, Ein Basisbuch zu den Anspruchsgrundlagen, 8. Aufl., Carl Heymanns, 2008, S. 12 f.; Heinemann, Übungen im bügerlichen Recht, De Gruyter Recht, 2008, S. 9.

2. 叙事和写作风格

布洛克斯的《德国民法总论》注重以精准而简洁的语言,界定关键的民法概念;以清晰而理性的思路,阐发重要的基本原理。我们可以在他关于法律行为的阐述中,领略到这种风格。例如,意思表示是"旨在达到某个法律后果的私人的意思表达",包括内部意思与外部表达两方面,而内部意思又分为行为意思、表示意思和效果意思三个层次。① 法律行为是"包括至少一个意思表示,通常还包括其他构成要件的事实情况,法律规范将它与所希望的法律结果的出现联系在一起"②。法律行为中最为重要的是负担行为与处分行为(Verpflichtungs – und Verfügungsgeschäfte)的区分。布洛克斯指出,负担行为是"使当事人承担给付义务的行为",它并未直接改变法律客体的法律状况,也未导致资产的直接减少,而仅增加义务人的债务。处分行为是"直接将权利转移、设定负担、变更或者取消的行为",例如,所有权转移、设定质权、变更债权、免除债务,这些行为直接减少了处分人的资产。③

另一对重要的法律行为概念是原因行为和抽象行为(kausale und abstrakte Geschäfte,或"有因行为和无因行为")。法律行为的原因(Causa)历来是理论上的难题,布洛克斯以灵动的笔触,阐明这对概念。无论是负担行为还是处分行为,都使对方当事人获得了财产价值,谓之"给予"(Zuwendung)。某种利益的给予,必有原因。"给予的法律原因就是使给予合理化的原因"(der Grund, der die Zuwendung rechtfertigt)。④ 自罗马法以来,原因大致被分为:赠与原因,即无偿地给予他人利益;信用原因,即给予是为另一方创设了义务,例如消费借贷给对方设立偿还的义务;清偿原因,即给予人是为了清偿债务。⑤ 虽然法律行为(负担和处分)都有某种法律原因,但原因并非都必须

---

① 参见〔德〕汉斯·布洛克斯、〔德〕沃尔夫·迪特里希·瓦尔克:《德国民法总论(第33版)》,张艳译,杨大可校,中国人民大学出版社2012年版,第68页以下。
② 〔德〕汉斯·布洛克斯、〔德〕沃尔夫·迪特里希·瓦尔克:《德国民法总论(第33版)》,张艳译,杨大可校,中国人民大学出版社2012年版,第75页以下。
③ 参见〔德〕汉斯·布洛克斯、〔德〕沃尔夫·迪特里希·瓦尔克:《德国民法总论(第33版)》,张艳译,杨大可校,中国人民大学出版社2012年版,第77页以下。
④ 〔德〕汉斯·布洛克斯、〔德〕沃尔夫·迪特里希·瓦尔克:《德国民法总论(第33版)》,张艳译,杨大可校,中国人民大学出版社2012年版,第82页。Brox/Walker, Allgemeiner Teil des BGB, 34. Aufl., Rn. 113.
⑤ 参见〔德〕汉斯·布洛克斯、〔德〕沃尔夫·迪特里希·瓦尔克:《德国民法总论(第33版)》,张艳译,杨大可校,中国人民大学出版社2012年版,第82页,边码113。

体现在法律行为之中。如果法律原因是法律行为的组成部分,则为原因行为,例如买卖、赠与合同,原因即构成法律行为的一部分。若当事人未对法律原因形成合意,则不存在有效的法律行为,例如,A 打算借钱给 B,递给他一张百元钞票,但 B 认为这是 A 赠送给他的,双方缺少合意。反之,给予的原因从法律行为中剔除(auslösen)、抽离(abstrahieren)出去,即为抽象行为。所有的处分行为,以及一些特殊的负担行为(例如债务允诺、债务承认、无记名债券等)都是抽象行为。原因行为往往构成抽象行为的原因。①

原因行为和抽象行为的区分,使得后者的效力不受其原因行为瑕疵的直接影响,这正是德国民法采取"抽象原则"的立法原因,即服务于法律交往中的安全性。例如,买受人通过买卖合同取得所有权后,再将标的物转售给第三人;根据抽象原则,第一个买卖合同的效力瑕疵,并不影响第一买受人的权利取得,从而即使第三人知道前手合同的效力瑕疵,仍然可以取得标的物的所有权。② 同时布洛克斯也指出抽象原则的弊端:其有悖于大众观念,外行人和初学者很难理解;善意取得制度已提供交易安全保障,使得抽象原则的意义大打折扣;抽象原则对原权利人的保护不足,等等。③

布洛克斯在追求概念的精确界定的基础上,也注重概念之间的区分和比较。例如,初学者往往难以辨认民法总论中的各种"能力"。布洛克斯以简洁的说理,界定几个"能力"概念:"行为能力"是有效实施法律行为的能力,因为行为人只有理解其意思表示的后果,才能缔结法律行为,其中结婚能力(成年)和遗嘱能力(16 周岁)是行为能力的特殊情况;"权利能力"是成立权利义务主体的资格;"侵权能力"是实施导致损害赔偿义务的不法行为的能力,根据《德国民法典》第 827 条和第 828 条的规定,侵权能力区分为:7 周岁以下无能力;7 至 18 周岁限制能力;其他人为完全能力。"行为能力是实施

---

① 参见〔德〕汉斯·布洛克斯、〔德〕沃尔夫·迪特里希·瓦尔克:《德国民法总论(第33版)》,张艳译,杨大可校,中国人民大学出版社2012年版,第83页以下。
② 参见〔德〕汉斯·布洛克斯、〔德〕沃尔夫·迪特里希·瓦尔克:《德国民法总论(第33版)》,张艳译,杨大可校,中国人民大学出版社2012年版,第86页。
③ 参见〔德〕汉斯·布洛克斯、〔德〕沃尔夫·迪特里希·瓦尔克:《德国民法总论(第33版)》,张艳译,杨大可校,中国人民大学出版社2012年版,第87页以下。

有效法律行为的前提,而侵权行为能力原则上是侵权行为责任的前提。"①

再例如,"抗辩"和"抗辩权"二者容易混淆。于此,布洛克斯清晰地辨析二者。凡诉讼中用以对抗原告请求的理由,称为诉讼法意义上的抗辩(Einrede im prozessrechtlichen Sinn),分为三类:①权利阻却之抗辩(Rechtshindernde Einrede),即被告陈述阻止原告请求权发生的一个或多个事实,例如否定某项买卖合同的缔结;②权利消灭之抗辩(Rechtsvernichtende Einrede),即被告陈述一个或多个能够消灭已发生的请求权的事实,例如,被告陈述已经向原告支付了价款;③权利障碍之抗辩(Rechtshemmende Einrede),即被告不反对请求权的产生和存在,但主张拒绝履行,从而妨碍原告的请求权,其属于反对权(Gegenrecht),例如消灭时效抗辩权。② 可见,此处 Einrede 是一种广义的、诉讼上可利用的抗辩事由。③

按德国民法学说,前二者概括称为"无须当事人主张的抗辩"(Einwendung),即当事人只要提到相关事实,即使未援引或主张,法院也必须予以考虑。而且,其目的在于否认对方权利,故又称"权利否定之抗辩"。④ 例如,被告主张缔约时酩酊大醉,根据《德国民法典》第 105 条第 2 款的规定,其意思表示无效,从而买卖合同未成立,法院必须判决驳回原告诉讼请求。第三种"权利障碍之抗辩"是实体法上的抗辩权(Einrede),它不影响请求权的存续,只是妨碍其行使,且必须由当事人主张,才可发生法律效果,包括延期的抗辩权(例如同时履行抗辩权)和永久的抗辩权(例如消灭时效抗辩权)。⑤ 此处 Einrede 就是狭义上的、民事实体法意义上的抗辩权。因此,布洛克斯指出:

---

① 〔德〕汉斯·布洛克斯、〔德〕沃尔夫·迪特里希·瓦尔克:《德国民法总论(第 33 版)》,张艳译,杨大可校,中国人民大学出版社 2012 年版,第 173 页以下。但遗憾的是,布洛克斯未提到与侵权行为能力并列的违约能力。而《德国民法典》第 276 条第 1 款第二句明确规定债务不履行的过错能力,准用第 827 条和第 828 条,换言之,债务人是否对违约承担损害赔偿责任,在主观上也须以违约能力为前提。拉伦茨的《民法总论》中恰当地提及这一点,并称为"过错能力"(Verschuldensfähigkeit),显得更为周全。参见 Larenz/Wolf, Allgemeiner Teil des Bürgerlichen Rechts, S. 117。

② 参见〔德〕汉斯·布洛克斯、〔德〕沃尔夫·迪特里希·瓦尔克:《德国民法总论(第 33 版)》,张艳译,杨大可校,中国人民大学出版社 2012 年版,第 395 页以下。

③ Vgl. Heinz Hübner, Allgemeiner Teil des Bürgerlichen Gesetzbuches, S. 209 f.

④ Vgl. Helmut Köhler, BGB Allgemeiner Teil, S. 258.

⑤ 参见〔德〕汉斯·布洛克斯、〔德〕沃尔夫·迪特里希·瓦尔克:《德国民法总论(第 33 版)》,张艳译,杨大可校,中国人民大学出版社 2012 年版,第 396 页以下。

"民法典意义上的抗辩权(Einrede)等同于与程序法意义上的权利障碍之抗辩。"①赫尔穆特·科勒指出,程序法上的抗辩(Einrede)包括权利否定之抗辩(Einwedung)和实体法上的抗辩权(Einrede)②,也印证了布洛克斯的上述概念区分。

布洛克斯在揭示问题的内在脉络和叙述安排上,也显得匠心独运。例如,在"意思瑕疵"这一章,尽管《德国民法典》第116—124条对于各种意思表示瑕疵及相应后果有细致规定,依次为:心意保留、戏谑表示、虚假行为、错误、欺诈和胁迫。但以什么角度和怎样的内在线索,合理地勾连和表达这些具体规定,学界意见不一。从现有德国民法总论的教材来看,梳理意思瑕疵的法律规定,或从意思瑕疵的形态(构成要件)出发,或从其法律后果出发。拉伦茨和沃尔夫、魏德士和施塔德勒的《民法总论》以法律后果为标准,将意思瑕疵分为两组来表述:即导致无效(Nichtigkeit)或导致撤销(Anfechtung)的瑕疵。③ 法律规范的模式一般是先确定构成要件,再赋予法律效果。因此这种从法律后果开始,倒过来考察构成要件的方式,不易使人明了规范的要件事实和规范目的,也不符合人们通常的认知方式。另有一些作者,例如梅迪库斯和博克,有时从构成要件角度谈"意思保留",有时从撤销的后果谈错误、欺诈和胁迫。④

与上述作者不同,布洛克斯从民法典的起草思想出发,认为意思瑕疵可能存在于"意思的表示"和"意思的形成"两方面。就前者而言,表意人的内心意思与外在表示的不一致,又分两种情形:其一,表意人准确表达了想表示的内容,但其希望表示的内容不生效,因此存在一种意思与表示之间故意的不一致,包括真意保留、戏谑表示、虚假行为(《德国民法典》第116—118

---

① Brox/Walker, Allgemeiner Teil des BGB, 34. Aufl., Rn. 660. 原文 Die Einrede i. S. d. BGB ist mit der rechtshemmenden Einrede i. S. d. Prozessrechts identisch. 根据文义和德民学说,此句中的 Einrede 应翻译为"抗辩权",不宜与上文的程序法上的广义抗辩(Einrede)混用。中文译者仍将此句中 Einrede 以及下文类似之处(例如边码662,抗辩必须被主张,应为"抗辩权"必须被主张,及其他),均翻译为"抗辩",虽不算误译,但一定程度上影响了阅读和理解。
② Vgl. Helmut Köhler, BGB Allgemeiner Teil, S. 258.
③ Vgl. Larenz/Wolf, Allgemeiner Teil des Bürgerlichen Rechts, S. 642 ff. Rüthers/Stadler, Allgemeiner Teil des BGB, S. 341 ff.
④ Vgl. Medicus, Allgemeiner Teil des BGB, S. 230 ff, S. 286 ff. Bork, Allgemeiner Teil des Bürgerlichen Gesetzbuchs, S. 299 ff.

条),其后果一般是无效;其二,表意人表示时无意间出现错误,从而发生一种意思与表示之间无意识的不一致,即"错误"(《德国民法典》第119、120条),其后果为可撤销。就后者而言,欺诈和胁迫侵害表意人的意思决定自由,构成意思形成方面的瑕疵(《德国民法典》第123条),后果为可撤销。① 按上述线索总结,可将意思瑕疵区分为三类情形:①意思与表示之间故意的不一致(第二部分第十七章);②意思与表示之间无意识的不一致(第十八章);③意思表示的不自由(第十九章)。这种意思瑕疵的体系安排更为清晰地显示出问题的意义脉络,既符合事物的自然秩序,也兼顾法律效果的一致性。

3. 总体特色

布洛克斯出色的说理能力和简洁表达的能力,在其《德国民法总论》中尽显无遗。教材的每一章节,大多从基本概念的定义和分析开始,逐渐到法律规则的理解和运用,再到法学原理的深入探讨和分析,层层递进,令读者逐渐窥见民法学的堂奥。在必要之处,布洛克斯将文字讲述的内容,概括提炼成表格或图示形式,给读者以直观的体验和宏观的线索,便于初学者形成体系化的思维模式。

身为利益法学的传人,秉持着法学须为实践服务的信条,布洛克斯从不发无用之论。除了在内容中大量引用德国联邦最高法院和其他法院的判决之外,其在每一章节的开篇,还设定了数个实例题(Fälle),且提示这些题目在下文的相应解答之处,这种安排让读者带着问题进入教材内容,更容易理解具体的理论表述,也使教科书的内容直指实际问题。

教科书同时也具有学术发展和积累的功能。布洛克斯在《德国民法总论》中,往往采学界通行的、成熟的理论,与生僻的学说保持距离,这有利于学生在开始接触民法时,接受正统而适当的理论指引,保证了民法学术和知识的有效传承。此外,布洛克斯在教材的各个章节之前详细列举参考文献,给有兴趣的研究者提供了丰富的资料索引。

总之,布洛克斯的《德国民法总论》为民法学术的传承提供入门的资料线索,能够让法科学子对民法总论的体系有宏观的了解和把握,对基本概念

---

① 参见〔德〕汉斯·布洛克斯、〔德〕沃尔夫·迪特里希·瓦尔克:《德国民法总论(第33版)》,张艳译,杨大可校,中国人民大学出版社2012年版,第233页以下。

有清晰的认识和领会,为基础性的法律规则和法学原理有准确的理解和运用。这一集上述优点于一身的民法总论教材即使在德国民法界也是不可多得的。

三、从评价法学透视《德国民法总论》的法学方法论

对笔者来说,布洛克斯的学术魅力不限于《德国民法总论》这本教材。阅读布洛克斯的民法教材,会令人赞叹:为什么德国民法界会产生布洛克斯这样的将理论与实务如此妥当结合的学者,能自如地运用法学方法论分析和解决民法疑难问题?除了从布洛克斯的生平和个人能力方面得到部分答案之外,我们还需要深入了解他在德国民法学说史上的地位,才能揭示隐含在这本《德国民法总论》之下的法学方法论。

1. 从利益法学到评价法学:20世纪50年代德国法学方法论的变革

拉伦茨教授在其名著《法学方法论(学生版)》的开篇第一章将20世纪50年代之后的德国民法学方法论的发展概括为"利益法学到评价法学的转变"。① 这一转型中的关键人物哈里·维斯特曼对布洛克斯的影响最大,因此,我们须将他的方法论置于这一法学思潮之中来理解。

20世纪30年代以菲利普·黑克为代表的利益法学发展成熟,并对第二次世界大战后的德国法学方法论影响深远。黑克认为,概念法学纯粹以建构演绎式概念体系为目的,使法学远离生活,而"每一个法律命令都决定着一种利益冲突,都建立在各种对立利益之间的相互作用之上"②,因而法律应被还原为生活世界里的利益冲突。他区分法学的两重任务:获得规范和整理规范。前者是法学的首要任务,是指"法律命令的形成要从具体、真实生活的观念出发,最终是为了通过判决来继续塑造具体的生活","各种法律命令要从生活需要和利益状况出发来进行解释,并根据利益的要求予以补充"。③ 后

---

① Larenz, Methodenlehre der Rechtswissenschaft, 1960, S. 122 ff.。该书的学生版中,拉伦茨删除法学方法论的历史部分,但保留"当代法学方法论的争辩"一章作为开篇。参见〔德〕卡尔·拉伦茨:《法学方法论》,陈爱娥译,商务印书馆2003年版,第1页。但是,从《法学方法论》学生版的第三版开始,由拉伦茨的弟子卡纳利斯修订,删除了原学生版的第一章"当代的方法争辩"。参见 Larenz/Canaris, Methodenlehre der Rechtswissenschaft, Studienausgabe, 3. Aufl., 1995。
② 〔德〕菲利普·黑克:《利益法学》,傅广宇译,载《比较法研究》2006年第6期。
③ 〔德〕菲利普·黑克:《利益法学》,傅广宇译,载《比较法研究》2006年第6期。

者是将已经发现的规范和概念,进行体系化的整理,但它处于次要地位,"将概念整理为体系应该是在研究的结尾而非研究的开端"①。由此可见,黑克并不反对法学中概念和体系的形成,因为没有概念不可能思考,而体系也便于概观、整理和描述,但概念法学将体系概念体系的形成作为目的和首要任务,将获得规范与整理规范的重要次序进行了"颠倒"。②

利益法学是一门实践学问,黑克指出:"利益法学是实用法学的一种方法论。它要确定的,是法官在判决时应该遵循的原则。"③利益法学要为法官的案件裁判工作做准备,因此,他从法律解释和法律漏洞填补的角度,展开法律适用的方法论。

首先,就法律解释的原则而言,黑克提出"法官应受制定法拘束"和"有思考的服从"两个原则。前者是指,基于法治国及权力分立原理,法官应处在制定法之下,不可恣意判决。由于立法机关已经将冲突的利益进行衡量和判断,因此法官不能受自己的价值理念和价值判断的拘束,而是受从制定法中所得出的价值判断,及受法律共同体中通行的伦理与社会观的拘束。④ 但与此同时,法官的裁判不是简单地按三段论将案件事实涵摄于(subsumieren)法律规范之下,完全服从制定法,因为有时立法上的困难,造成涵摄并不一定都能达到法律适用目的。

> 因此,法官的任务就不能只是局限在概念之下的逻辑涵摄,而应该去探究立法者所考虑的利益状态。对法官所要求的,不是一种盲目的服从,而是一种在探索中"有思考的服从"(nicht ein blinder Gehorsam, ein Kadavergehorsam, sondern ein suchender, denkender Gehorsam)。不是要求单纯逻辑地适用概念,而是要求一种考虑到利益评价,也就是人们曾说过的一种考虑到"法律之精神与意义"的判决。⑤

其次,就法律解释的目的而言,黑克认为,法官解释法律应发现包含在规

---

① 〔德〕菲利普·黑克:《利益法学》,傅广宇译,载《比较法研究》2006年第6期。
② 参见吴从周:《概念法学、利益法学与价值法学》,中国法制出版社2011年版,第228—230页。
③ 〔德〕菲利普·黑克:《利益法学》,傅广宇译,载《比较法研究》2006年第6期。
④ 参见吴从周:《概念法学、利益法学与价值法学》,中国法制出版社2011年版,第268页。
⑤ Heck, Begriffsbildung und Interessenjurisprudenz, Mohr, 1932, S. 106 f.

范中的立法者的利益决断,然后将这种利益判断转用到事实上的利益冲突上,因此,探究立法者的原意才是法律解释的目的。但是不能从纯粹主观意义来理解立法者的意思,它是由立法资料所反映的立法者观念,并可追溯到法律产生的利益因果关系。追求立法者的意思,并不排除法官发现法律,甚至要求法官根据现有法律的利益评价而续造法律。这样一种历史的利益探究,黑克称为"历史的—目的论的解释"(historische - teleologische Auslegung)。①

最后,就法律漏洞论的填补而言,黑克指出法官应按照利益法学的原则,进行"评价地形成法律命令"(wertende Gebotsbildung),具体步骤是:"必须要由法官先掌握与该判决相关的利益,然后对这些利益加以比较,并且根据他从制定法或其他地方所得出的价值判断,对这些利益加以衡量,然后作出判定,按该价值判断标准所偏爱的利益获胜。"②具体的方法就是"类推",即从制定法得到的价值判断,形成新的法律规范,转而适用于有漏洞的案件。于此须掌握的原则是:虽然授予法官补充法律漏洞之权限,但基于法律安定性之利益,应该让法官受制定法所表达的价值判断的拘束。这就是黑克所谓"制定法的远距作用"(Fernwirkung)③。

在魏玛共和国时期,黑克与其杜宾根大学的同仁马克斯·吕梅林(Max Rümelin,1861—1931)、海因里希·斯托尔(Heinrich Stoll,1891—1937),共同开创利益法学,形成著名的"杜宾根学派",并于20世纪30年代达到鼎盛时期。④ 但在纳粹时期,由于"法官应受制定法之拘束"的信条与纳粹意识形态抵牾⑤,在与纳粹法学家拉伦茨、福斯特霍夫(Forsthoff)、施密特(Carl Schmit)的论战中,黑克终因势单力薄而受到排挤,并导致他在德国法学方法论上的地位一直被低估。⑥

第二次世界大战之后,利益法学的法律解释论、法律续造论,对于战后德国法治国重建以及司法实务,极具实用价值,因此在20世纪50年代,利益法

---

① Heck, Gesetzauslegung und Interessenjurisprudenz, Mohr, 1914, S. 8.
② Heck, Gesetzauslegung und Interessenjurisprudenz, S. 225.
③ Heck, Gesetzauslegung und Interessenjurisprudenz, S. 230.
④ Vgl. Franz Wieacker, Privatrechtsgeschichte der Neuzeit, Göttingen, 1996, S. 574.
⑤ 参见吴从周:《概念法学、利益法学与价值法学》,中国法制出版社2011年版,第367—385页。
⑥ Vgl. Rüthers, Rechtstheorie, 4. Aufl., C. H. Beck, 2008, Rn. 544; Schoppmeyer, Juristische Methode als Lebensaufgabe, S. 221.

学迎来了一场复兴运动。这首先要归功于实务领域的学者,例如迪特里希·安尼克(Dietrich Reinicke)和格哈特·安尼克(Gerhard Reinicke)兄弟,二人都曾做过法官,前者在明斯特大学任教授,后者从事律师和法务职业;泰奥·齐默尔曼(Theo Zimmermann)也做过律师和公证员。他们共同延续了黑克的法律解释和法律续造思想,并将其运用于法院判决的检讨,使利益法学受到应有的重视和运用。①

更重要的是,明斯特大学教授哈里·维斯特曼推动了利益法学向评价法学的发展。维斯特曼追求的理论目标与黑克是一致的,即揭示每一法律规范决定了何种利益,以及法律根据何种原则评价这些利益。② 但是,在黑克的理论表述中,"利益"概念是多义的,有时指引起法律命令产生的"原因",即利益冲突(评价客体);有时指法律命令背后的价值判断(评价标准)。③ 此外,黑克已经认识到法律规范隐含的多种价值判断经常会发生矛盾,对它们进行处理就会形成一个价值的层级秩序(Hierarchie der Werte)。④ 但是黑克仍然基于"法学的独立性"立场,认为判断这些价值位序是价值哲学的问题,已经不属于利益法学的工作了。换言之,黑克认识到了价值判断的必要性,但是他放弃去草拟一个价值秩序,甚至说"这只能留给个人,依其良知以及人类知识的不确定意识,去检验他的理想,然后勇敢地为他的确信而辩护"⑤。

针对利益法学的以上弊端,维斯特曼明确区分了评价客体(Bewertungsobjekt)和评价标准(Bewertungsmaßstäben)。他指出,法律所要评价的"利益"是指当事人在法律纠纷中为追求有利于自身的法律后果,所拥有的一种"欲望要求"(Begehrensvorstellungen),包括物质上或精神上的利益。这一"利益"与法律的评价标准严格地区分开来。⑥ 后者是指诸如所有权安全、保护

---

① Vgl. Schoppmeyer, Juristische Methode als Lebensaufgabe, S. 222 ff.
② Vgl. Schoppmeyer, Juristische Methode als Lebensaufgabe, S. 232.
③ 参见吴从周:《概念法学、利益法学与价值法学》,中国法制出版社2011年版,第325页。
④ Vgl. Heck, Begriffsbildung und Interessenjurisprudenz, S. 132.
⑤ Heck, Grundlage des Rechts, in: Bauer, Deutsche Staatsbügerkunde, 1922, S.147,转引自吴从周:《概念法学、利益法学与价值法学》,中国法制出版社2011年版,第237页。
⑥ Vgl. Westermann, Wesen und Grenzen der richterlichen Streitentscheidung im Zivilrecht, Aschendorff, Münster, 1955, S. 14 ff.

交易、权利外观等,它们不是"利益",而是决定案件裁判结果的法律评价标准。① 根据这些评价标准,立法者在相互冲突的利益中,赋予一者以优先地位,以实现其规范目的。例如《德国民法典》第 932 条善意取得制度就是将交易保护评价为在所有权安全之上。按拉伦茨的总结,评价法学的意义在于:法律规范的目的在于赋予特定利益优先地位,而他种利益相对让步,来规整个人和社会团体之间可能发生的利益冲突。"赋予优先地位"(Vorziehen)意味着一种评价,立法者如何评价不同的利益、需求,以及赋予何者优先地位,均落实在其规定之中,并且透过该规定以及立法程序参与者的言论而认识。这种立法者的评价可作为法律解释,以及法律虽未规定但应为相同评价之案件推论的基础。②

费肯切尔(Fikentscher)适切指出,利益法学欠缺一套价值顺序的安排:"人们可以探知法条背后存在的利益为何,但却无法查明经常处于冲突状态的各种利益间,何者更为优先,何者更为重要,何者应退居其次。"③而维斯特曼正式提出并尝试解决这一价值秩序的难题,从而将评价问题提升到法律适用的中心地位,使利益法学更名为评价法学。④ 但评价法学并非利益法学的"范式转型"⑤,而是对它的补充、扩展和延续。⑥

2. 布洛克斯对利益法学——评价法学的传承

利益法学在第二次世界大战后复兴至 20 世纪 50 年代末即宣告结束。安尼克兄弟、齐默尔曼和维斯特曼在 20 世纪 50 年代中期即发表他们的著

---

① Vgl. Westermann, Wesen und Grenzen der richterlichen Streitentscheidung im Zivilrecht, S. 17. Rüthers, Hans Brox als Methodenlehrer, S. 146.

② Vgl. Larenz, Methodenlehre der Rechtswissenschaft, 6. Aufl., 1991, S.119f.

③ Fikentscher, Methoden des Rechts, Mohr, 1976, Band 3, S. 382.

④ 参见 Schoppmeyer, Juristische Methode als Lebensaufgabe, S. 234; Rüthers, Hans Brox als Methodenlehrer, S.147; Fikentscher, Methoden des Rechts, Band 3, S. 406.但也有人怀疑维斯特曼在法学方法论上的贡献:其实黑克早已指出法律是利益评价的结果,只不过他认为法学的任务不是去评价(werten),因为这是立法者的事情。所以,他未将自己的学说冠以"评价法学"称谓。按夏普(Schapp)的说法:"利益法学确立了立法者和法官的评价在法律获得方式上的核心地位。"可见,利益法学已然包含评价的涵义。参见 Schulte, Harry Westermann, S. 332。

⑤ 吴从周:《概念法学、利益法学与价值法学》,中国法制出版社 2011 年版,第416 页。

⑥ 参见 Fikentscher, Methoden des Rechts, Band 3, S. 383; Rüthers, Rechtstheorie, Rn. 533.私法史家维亚尔明确地将评价法学与利益法学并列讨论。参见 Wieacker, Privatrechtsgeschichte der Neuzeit, S. 574 f.。按魏德士的说法,(维斯特曼和布洛克斯代表的)"明斯特学派"接替了(黑克代表的)"图宾根学派"。参见 Rüthers, Hans Brox als Methodenlehrer, S. 146。

述,布洛克斯算是个"迟到者"①,但还是赶上了末班车。身处于利益法学与评价法学传统中的布洛克斯对二者兼收并蓄,并将其法学方法论具体运用于教义学的著述。

布洛克斯将利益法学到评价法学的发展,看作是对利益法学的完善,而不是对其内容的改变和更新②,因此,布洛克斯的法学方法论在很大程度上是对黑克的发扬。在法律适用的原则上,布洛克斯追随黑克的思想,赞同"法律对法官的约束"。他在《德国民法总论》中写道:

> 法官不得按照其公平衡量、感觉,甚至个人喜好来裁判案件。如果法官认为某项法律规定完全不合目的,那么他可以在论文中从学术角度对此表示反对,以及为了达到修改法律的目的求助于议会中的议员。……虽然法官认为适用特定法律规定不符合其良知,但他仍应受该法律的约束。③

在法律解释方面,布洛克斯坚持黑克的主观论。他的主要依据是《德国民法典》第133条的规定,即意思表示的解释必须探求真意,不必拘泥于词句的字面含义。他将法律比作一项意思表示,须通过解释来查明。④ 那么,解释法律必须按真实意思(想法和动机)来探寻法律意义。⑤ 当然,客观的因素也对法律解释产生影响,不过处于相对次要的地位。魏德士将布洛克斯的法律解释论分为三个递进的层次:首先探寻立法意图(Gebotsvorstellungen),其次是立法者确立的利益衡量(Interessenabwägungen),最后是客观的利益状态(objektiven Interessenlagen)。⑥

---

① Schoppmeyer, Juristische Methode als Lebensaufgabe, S. 240.
② Rüthers, Hans Brox als Methodenlehrer, S. 148.
③ 参见〔德〕汉斯·布洛克斯、〔德〕沃尔夫·迪特里希·瓦尔克:《德国民法总论(第33版)》,张艳译,杨大可校,中国人民大学出版社2012年版第46页。
④ 参见〔德〕汉斯·布洛克斯、〔德〕沃尔夫·迪特里希·瓦尔克:《德国民法总论(第33版)》,张艳译,杨大可校,中国人民大学出版社2012年版,第52页;Brox, Die Einschränkung der Irrtumsanfechtung: S. 94 ff.。
⑤ Vgl. Brox, Die Einschränkung der Irrtumsanfechtung: S. 96. Schoppmeyer, Juristische Methode als Lebensaufgabe, S. 238.
⑥ 魏德士教授在布洛克斯逝世一周年的学术纪念会上的演说内容,参见 http://www.uni-muenster.de/Jura.itm/hoeren/jsm/veranstaltungen/akademische-gedenkfeier-fur-prof-brox-am-17-6-2010,访问时间:2012年8月30日。

在法律漏洞论方面,布洛克斯在《德国民法总论》中也效仿黑克。首先,黑克将漏洞分为广义的和狭义的。前者是指立法者有意不为规定,授权法官以自己的评价形成命令或确定的概念①,又可称为"有意的漏洞"(bewußte Lücke)。后者是"无意的漏洞"(unbewußte Lücke),即通常所谓的法律"违反计划的不完满性",具体又分为三种情形:①原初漏洞(primäre Lücke),即立法时就存在的漏洞;②次生漏洞(sekundäre Lücke),即生活关系随时间经过而产生的漏洞;③碰撞漏洞,即法律命令或价值评价发生了冲突和碰撞,也需要法官调和这种漏洞。② 布洛克斯关于法律漏洞分类的认识与上述思想保持一致。③

就漏洞填补的原则,类似黑克"法律的远距作用"思想,布洛克斯指出:

> 法官不得通过自己的判断填补漏洞,因为这样他就取代了立法者的地位。他必须根据法律的精神填补漏洞。他要提出以下问题:立法者会怎样规定该问题? 因此,法官在解释法律时不得停留在立法者的"立法意图"上,而必须研究作为该规定的基础的利益权衡以及立法者的动机。以此方式法官将了解到立法者会怎样解决该问题。④

就漏洞填补的具体方法,布洛克斯阐述了(个别的)法条类推(Gesetzesanalogie)、(整体的)法律类推(Rechtsanalogie)以及目的性限缩。法条类推将个别法律规定扩大适用到法律未规定的案件,例如根据《德国民法典》第 442 条第 1 款第二句的规定,买受人因重大过失而不知瑕疵,只有在买受人恶意隐瞒瑕疵或担保无瑕疵时,买受人才能主张因瑕疵享有的权利。法律并未规定出卖人恶意欺诈告知买受人无瑕疵时,买受人是否享有权利。但是,恶意欺诈与恶意隐瞒具有同样的利益状况,出卖人都故意利用了买受人对标的物品质的不知情,因此前者形成一项法律漏洞,应类

---

① Vgl. Heck, Gesetzauslegung und Interessenjurisprudenz, S. 162.
② 参见吴从周:《概念法学、利益法学与价值法学》,中国法制出版社 2011 年版,第 294—297 页。
③ 参见〔德〕汉斯·布洛克斯、〔德〕沃尔夫·迪特里希·瓦尔克:《德国民法总论(第 33 版)》,张艳译,杨大可校,中国人民大学出版社 2012 年版,第 54 页以下。
④ 〔德〕汉斯·布洛克斯、〔德〕沃尔夫·迪特里希·瓦尔克:《德国民法总论(第 33 版)》,张艳译,杨大可校,中国人民大学出版社 2012 年版,第 55 页。

推适用《德国民法典》第 442 条第 1 款第二句。① 整体法律类推是从多个法律规定中获得一项法律原则以弥补法律漏洞。例如,《德国民法典》第 1004 条第 1 款第二句规定所有权人面临侵扰可以享有不作为请求权(排除妨碍或妨碍防止),姓名权(《德国民法典》第 12 条第二句)和占有(《德国民法典》第 862 条第 1 款第 2 句)也有类似规定。那么,在法律所未规定的其他绝对性法益(如一般人格权)情形,权利人也应被赋予同样的不作为请求权。② 有时法律规定的范围过宽会导致隐藏的漏洞,法官可依法律的精神将法条进行限制性适用,即目的性限缩。例如,《德国民法典》第 400 条规定禁止扣押的债权不得让与,因此劳动者对雇主的报酬请求权不得转让给第三人,该规则的目的在于维持劳动者的生活水平。但如果第三人向债权人支付了被让与的债权的金额,那么该规则的目的就未被破坏,债权人并未处于更为不利的境地。因此,《德国民法典》第 400 条虽有明确的文义和立法者的意图,但应加以限制。③

3. 利益评价方法的运用:以意思瑕疵为例

在《德国民法总论》中,布洛克斯阐述复杂的民法问题时,往往先从各方当事人的利益状况出发,给读者一个利益权衡的概览,然后分析制定法规则如何体现其利益评价,以及如何补充法律的评价。对此,读者会在很多章节的开篇看到"利益状况的概览或概述"之类的标题。例如,第 7 节"意思表示的发出和到达:I 利益状况和概览",第 16 节"对意思瑕疵的法律层面的利益评价之概述",第 23 节"(代理)含义、利益状况和界定",以及第 25 节"委托代理权"和第 26 节"对代理权的限制"中均用"利益状况"作为次级标题。

笔者以布洛克斯关于"意思表示瑕疵"的阐述为例,说明布洛克斯利益评价方法的运用。第二部分"法律行为"第四章"意思瑕疵"的开篇,为了让

---

① 参见〔德〕汉斯・布洛克斯、〔德〕沃尔夫・迪特里希・瓦尔克:《德国民法总论(第 33 版)》,张艳译,杨大可校,中国人民大学出版社 2012 年版,第 55 页。
② 参见〔德〕汉斯・布洛克斯、〔德〕沃尔夫・迪特里希・瓦尔克:《德国民法总论(第 33 版)》,张艳译,杨大可校,中国人民大学出版社 2012 年版,第 55 页。
③ 参见〔德〕汉斯・布洛克斯、〔德〕沃尔夫・迪特里希・瓦尔克:《德国民法总论(第 33 版)》,张艳译,杨大可校,中国人民大学出版社 2012 年版,第 56 页。

读者迅速了解有关意思瑕疵的法律规整目的,第 16 节概览了意思瑕疵的利益评价。布洛克斯介绍了意思瑕疵的种类,并指出对于有瑕疵的意思表示,可运用两种法律理论:其一,意思理论(Willenstheroie),即表意人的意思起决定作用,与意思不相符的标识不发生(任何)法律效果,这有利于表意人而不利于受领人;其二,表示理论(Erklärungstheorie),即表示其决定作用,表示的内容应当引起法律后果,它有利于受领人而不利于表意人。①

布洛克斯认为,《德国民法典》的立法者并非片面地遵循上述二者中的一种理论,而是在权衡表意人和受领人之间相对立的利益基础上,为各种案件类型寻找相应公正的解决方法,从而区分三种法律后果:①意思表示有效(Gültigkeit),即尽管存在意思瑕疵,但为保护受领人对表示内容的信赖和交易安全,意思表示仍应有效,例如表意人的动机错误,不影响意思表示的有效。②意思表示无效(Nichtigkeit),即意思瑕疵相当重要,应使意思表示不产生法律后果,且表意人不须为使其无效而作任何行为。例如《德国民法典》第 117 条第 1 款规定双方通谋虚伪表示无效,是因为表示受领人自己同意作出虚假表示,其没有保护之必要。③意思表示可消灭(Vernichtbarkeit),大多数法律规范兼顾表意人和受领人的利益,选择一种处于意思表示的有效和无效之间的折衷方法:即意思表示有效,但可以撤销。申言之,可撤销意思表示的有效性有利于保护受领人的信赖,可撤销性则使表意人消灭其效力,法律行为自始无效(《德国民法典》第 142 条第 1 款),但表意人撤销导致受领人的信赖利益损失应予赔偿(《德国民法典》第 122 条第 1 款)。② 布洛克斯按上述分类,整理和介绍民法典中的相应法律规整,从制定法解读出上述的利益评价。

利益评价方法除运用在一般性的意思瑕疵之外,在"授予委托代理权时的意思瑕疵"问题上,也有显著的体现。因为委托代理权的授予是一项"须受领的、无形式要求的意思表示",因此可能存在瑕疵,尤其是错误。代理权授予的瑕疵是否可以撤销呢? 对此须按代理人是否使用了代理权

---

① 参见〔德〕汉斯·布洛克斯、〔德〕沃尔夫·迪特里希·瓦尔克:《德国民法总论(第33版)》,张艳译,杨大可校,中国人民大学出版社 2012 年版,第 234 页。
② 参见〔德〕汉斯·布洛克斯、〔德〕沃尔夫·迪特里希·瓦尔克:《德国民法总论(第33版)》,张艳译,杨大可校,中国人民大学出版社 2012 年版,第 234 页以下。

而区分两种情形：

（1）如果代理人尚未使用代理权，还应区分：（a）代理权是可以撤回的，于此授权人可随时撤回（widerrufen），从而无须撤销（anfechten）；（b）如果代理权授予是不可撤回的，根据《德国民法典》第119条以下的规定，通过撤销而使其无效。①

（2）如果代理人使用了代理权。此时，代理人不可撤回代理权，只能撤销，但与此同时还需要考虑第三人（相对人）的利益保护，因此问题相对较为复杂。如果允许撤销，则代理人自始无代理权，从而行为不发生有利或不利于被代理人的后果。第三人仅根据《德国民法典》第179条第2款向（无权）代理人请求信赖利益的损害赔偿，而代理人根据《德国民法典》第122条再向被代理人请求损害赔偿。但考虑到第三人向代理人的损害赔偿请求权可能因支付不能而无法实现，因此一种可能合理的解决方案是：第三人作为撤销的相对人，可直接向产生意思瑕疵并作出撤销的被代理人请求损害赔偿。该方案虽然照顾到第三人和被代理人的利益，但是，（无辜的）代理人却还是按《德国民法典》第179条第2款承担赔偿责任。因此，布洛克斯建议，代理人使用代理权后，原则上应排除对授权行为的撤销，其法理根据是"权利外观思想"：在表见代理情况下，尽管被代理人不知道代理人的行为，但法律对待他也是好像他已授予了代理权一样，且不享有撤销权。那么，为什么被代理人实际上授予了代理权，却可以撤销而使其溯及既往地消灭呢？在这两种情形下，善意第三人都应得到同等的保护，而在后者，被代理人并不比前者更值得保护。②

排除被代理人撤销授权，固然保护了第三人和代理人的利益，但并未全面考虑被代理人的合理利益。而且，没有理由使第三人得到比他在被代理人亲自缔结合同时所可能得到的保护更多的保护。例如，被代理人授权代理人以最低价3 500欧元出售汽车，但口误却说成了2 500欧元。假如被代理人未授权他人而是亲自作出意思表示且发生口误，那么他可以基于

---

① 参见〔德〕汉斯·布洛克斯、〔德〕沃尔夫·迪特里希·瓦尔克：《德国民法总论（第33版）》，张艳译，杨大可校，中国人民大学出版社2012年版，第342页以下。
② 参见〔德〕汉斯·布洛克斯、〔德〕沃尔夫·迪特里希·瓦尔克：《德国民法总论（第33版）》，张艳译，杨大可校，中国人民大学出版社2012年版，第343页以下。

错误而撤销。在布洛克斯看来,《德国民法典》第 166 条第 2 款的法律思想可以借鉴:代理人按授权人的特定指示实施行为,授权人就自己所知道的情况,不得援引代理人的不知,按通说,它也适用于被代理人的意思瑕疵。据此,所有与代理行为有关且对代理人缔结的合同产生影响的被代理人的意思瑕疵均被视为对代理行为影响重大的瑕疵。如果被代理人的意思瑕疵影响代理行为的内容,那么,这样的影响就存在。也即,"若授权人在授权时发生了一个导致撤销的错误,则须审查:如果被代理人亲自向第三人作出带有瑕疵的意思表示——代理人的授权正是伴随着这一瑕疵的意思表示——是否也产生撤销权。如果这些条件满足了,则被代理人可以撤销代理行为"①。因此,在刚才的例子中,授权人可以撤销代理行为。如果授权人对买卖物的性质(Eigenschaft)发生了错误而影响代理表示,也同样适用。

相反,B 授权 H 采购男士外衣。H 与 D 签订了买卖合同。B 得知 H 缺少纺织品的必要专业知识,欲撤销代理行为。此时,代理人的意思表示不得撤销。因为对代理人的性质(Eigenschaft)发生错误仅涉及被代理人与代理人之间的内部关系,它对代理行为无任何影响。于此,能够对效果意思的形成产生重大影响的只有合同当事人和行为对象。选择代理人是一种典型的授权风险,在被代理人亲自实施行为的情况下,相应的错误不会出现。因此,以下情况是不合理的:让合同相对方来承担这些授权风险,特别是授权扩大了被代理人的营业范围并因此仅为其带来利益。②

由上可见,代理权授予的意思瑕疵中,牵涉被代理人、代理人和第三人的三角关系和利益状况,为达到合理公平的立法和裁判结果,须对各方利益进行评价和权衡,区分不同的情形予以分别对待处理。

四、结语

实在法与超越其上的正义观念之间的矛盾是法哲学史上的亘古难题,也

---

① 〔德〕汉斯·布洛克斯、〔德〕沃尔夫·迪特里希·瓦尔克:《德国民法总论(第 33 版)》,张艳译,杨大可校,中国人民大学出版社 2012 年版,第 345 页以下。
② 参见〔德〕汉斯·布洛克斯、〔德〕沃尔夫·迪特里希·瓦尔克:《德国民法总论(第 33 版)》,张艳译,杨大可校,中国人民大学出版社 2012 年版,第 345 页以下。

是一个时常折磨法律人的现实问题。可以想见,1945 年第二次世界大战之后的德国法律家们面对不堪的纳粹历史,在这个问题上是怎样地纠结。一种理论解脱方式是回归自然法理念,痛批实在法的不公,如拉德布鲁赫(Radbruch)那般与实证主义宣告决裂并主张法律的合目的性和正义性。① 而黑克强调"法官应受制定法拘束"的原则以及法律解释的主观论,很容易让人联想到法律实证主义。可见,在第二次世界大战后德国部分法学家鼓吹自然法的思潮下,明斯特学派复兴利益法学,体现了极大的勇气。对于法治国的建立以及日常法律实务工作而言,法律人必须以立法目的和制定法作为解释和适用法律的起点。因此,布洛克斯强调法官应服从法律,解释应探求立法者的目的,并往往以民法典的条文规定作为阐释制度的出发点,显示出利益法学最终"在实务中的胜利"②(费肯切尔语)。

当然,时至今日,没人会天真地认为实在法是完满的。对于法律实务而言,法律人一方面需要探寻法律的字面含义和规范目的,另一方面,对于法律不公或漏洞应基于立法者的利益评价而尽力弥补之。布洛克斯在《德国民法总论》中多次运用了从制定法的利益评价推论到法律尚未规定的案情上的方法,这既体现了利益法学和评价法学的一贯主张,也向读者展示了如何保持法律忠诚与个案利益衡量的法律技术。

---

① 拉德布鲁赫在其名篇《法律的不公正和超越法律的公正》中说道:"实证主义通过'法律就是法律'的信念,已经使德国法学界无力抵抗具有暴政和犯罪内容的法律了。……法的安定性不是法律必须实现的惟一的、决定性的价值。与法的安定性同时存在的还有另外两个价值:合目的性和正义。"〔德〕拉德布鲁赫:《法哲学》,王朴译,法律出版社 2005 年版,第 232 页。
② Fikentscher, Methoden des Rechts, Band 3, S. 380.

分工、法律与社会理论*

——《社会分工论》的法律思想研究

一、引言：在社会与法律之间

19世纪末和20世纪初是社会学发展的关键时期，这一时期出现了一大批著名的社会学家，尤其是涂尔干（Emile Durkheim）和韦伯（Max Weber）共同成为了现代社会学上的两座学术高峰。与韦伯的"解释社会行动者的行动意义"不同，涂尔干的"社会学方法的规则"是把解释社会的整体事实作为社会学的任务。[①] 但是就韦伯和涂尔干的问题意识来说，二者还是有些相通之处。对于韦伯来说，由于资本主义的理性化力量使得现代社会在价值领域"祛除巫魅"，从而出现了"诸神之争"（价值多元）的局面，因此社会秩序的合法化成为韦伯的一个重要课题。而涂尔干社会学的核心问题是：传统的"社会集体意识"衰落导致个体失去了集体意识的控制，那么现代社会依靠什么把个体重新整合起来？涂尔干和韦伯的时代正是西方社会彻底地向现代转型的时期，无论是"诸神之争"还是"集体意识衰落"都反映了传统社会失去凝聚效果，社会秩序陷入合法化危机之中。只不过这个危机对韦伯来说表现

---

* 本文原载苏力办主编：《法律书评》（第1辑），法律出版社2003年，现经修订后收入本书。
① 关于韦伯和涂尔干的社会学方法论的简单比较，参见苏国勋：《理性化及其限制——韦伯思想引论》，上海人民出版社1988年版，第281页。

为"理性化与个人自由"①之间的矛盾,对涂尔干来说是社会集体意识与个体意识之间的紧张状态。② 因此,涂尔干和韦伯的社会学都可以被认为是拯救这场危机的努力。

从宏观的社会思想史的线索上看,涂尔干的社会学开始对18、19世纪的个人主义(individualism,或个体主义)学说进行批判。自启蒙运动以来,个人主义渗透到资本主义社会生活和思想精神的各个领域,在经济上,市场是"经济人"追逐私利形成的;在政治上,国家是天赋人权的"自然人"通过社会契约达成的;在哲学上,"理性人"是一切哲学和认识论的出发点。③ 在个人主义看来,原子式的个人是先验存在的,社会不过是由个体集合而成的,个体与社会的结合是偶然的。而涂尔干秉承了孔德、斯宾塞的社会学传统,把社会比喻成一个巨大的有机体,其中各种各样的社会组织是有机体的各个器官,而个人则是有机体最小的细胞,因而不是个人先于社会,而是社会塑造了个体的心性结构,社会构成个性的本质内容。对于个人主义把社会的形成想象为"从个体到社会"的观点,涂尔干有力地批判道:

> 他们(指个人主义者——引者注)假定,原始人只是一些孤立或独立的个体,他们要想合作,就必须相互产生联系,除此之外,他们没有任何理由去跨越相互之间的鸿沟而相互联合起来。这种理论虽然非常盛行,却不免流于空谈。

> 集体生活并非产生于个人生活,相反,个人生活是从集体生活里产生出来的。只有在这个条件下,我们才可以解释社会单位里的个性为什么能够得以形成和发展,而不至于对社会产生破坏作用。实际上,既然个性已经在原有的社会环境里发展起来,势必会戴上社会的标记。它既然通过这种形式构建起来,就会与集体秩序确立一种牢固的关系……它

---

① 李猛:《除魔的世界与禁欲者的守护神:韦伯社会理论中的"英国法"问题》,载李猛:《韦伯:法律与价值》,上海人民出版社2001年版,第121页。
② 参见渠敬东:《缺席与断裂——有关失范的社会学研究》,上海人民出版社1999年版,第27页。
③ 关于个人主义在政治、经济、宗教等方面的表现,参见〔英〕史蒂文·卢克斯:《个人主义》,阎克文译,江苏人民出版社2001年版。

不具有反社会性,因为它本身就是社会的产物。①

这种社会决定论被认为是功能主义也好,结构主义也罢②,总之20世纪的许多社会理论,诸如帕森斯的功能主义社会学、列维·斯特劳斯的结构主义人类学、布罗代尔的年鉴历史学等,都与涂尔干社会整体论的立场脱离不了干系。③ 在这个意义上,涂尔干可谓是20世纪宏观社会学的先驱。

"法律"在涂尔干的社会学中扮演了一个重要角色,在很多场合,涂尔干都对法律问题投入极大关注。例如在《社会分工论》中,他认为与社会的不同发展阶段相适应存在不同类型的法律制度,法律现象在某种程度上体现了社会的属性。在《自杀论》和《社会学方法的准则》中,涂尔干把自杀和犯罪现象看作社会机体正常运行必然的代价,从而开创了对社会失范现象的探讨。另外涂尔干在其他一些著作中,对财产权、契约权以及刑罚史都有所涉及。④ 1879—1882年间,涂尔干在法国的最高学府巴黎高等师范学院就读时,他的老师就是著名的罗马法学家菲斯特·古朗治和布特勒。所以涂尔干对法律的重视就不足为怪了。

尽管涂尔干在社会学上的学术地位举足轻重,但是他的法律思想却一直被法学家冷落。⑤ 虽然20世纪的法律社会学洋洋大观,但是直接从涂尔干的社会理论中吸取智识资源的并不多见,算来还是法国的社会连带主义法学家莱昂·狄骥(Léon Duguit)对涂尔干情有独钟。狄骥认为法律作为一种社会规范应该反映社会连带关系,个人的权利和国家的主权都只有在这个连带关

---

① 〔法〕涂尔干:《社会分工论》,渠东译,生活·读书·新知三联书店2000年版,第236—237页。以下《社会分工论》注释均引自该版本。
② 美国社会学家乔纳森·特纳把涂尔干同时看作社会学功能主义和结构主义的先驱。参见〔美〕乔纳森·特纳:《社会学理论的结构》,吴曲辉等译,浙江人民出版社1987年版,第51、505页。
③ 参见〔英〕帕特里克·贝尔特:《二十世纪的社会理论》,瞿铁鹏译,上海译文出版社2002年版,第4—10页。
④ 参见〔法〕涂尔干:《职业伦理与公民道德》,渠东、付德根译,上海人民出版社2001年版,第十一章至第十八章的内容;〔法〕涂尔干:《乱伦禁忌及其起源》,汲喆、付德根、渠东译,上海人民出版社2003年版,第六编的内容。
⑤ 例如麦克尼尔就说过涂尔干对法律的分析是其著作中被人们忽视的部分。参见〔美〕麦克尼尔:《新社会契约论》,雷喜宁、潘勤译,中国政法大学出版社1994年版,第132页。

系基础之上才得以产生。狄骥的这种社会连带（social solidarity）[1]学说直接出自涂尔干的《社会分工论》中社会团结的思想。[2] 可以说狄骥是涂尔干的忠实信徒。另一位法律社会学的重要人物卢曼（Luhmann）也把涂尔干当作法律社会学的创始人之一（另外还有马克思和韦伯），并且在学术谱系上，他承接了涂尔干—帕森斯的功能主义传统，但他自己承认是透过帕森斯的视角来看待涂尔干的[3]，所以只能说涂尔干的思想间接地通过帕森斯影响到卢曼。

总之，涂尔干对法律社会学的影响并不明显，在这一点上与韦伯相比，涂尔干确实稍微逊色。而且由于涂尔干早期著作中的理论稚嫩，并且有时他的论述显得有些模糊，因而这常常为后人诟病。但是所有这些丝毫不影响涂尔干思想的魅力，对于这样一位社会学大师，我们所能做的也许不是去指摘他的时代局限性，而是思考如何通过一种思想的对话来激活他的理论遗产。因此笔者试图通过阅读聚集了涂尔干法律思想精华的《社会分工论》一书，展开一次与涂尔干的对话。

二、社会团结（一）：机械团结与压制型法

《社会分工论》这部著作发表于1893年，是涂尔干的博士论文，也是他确立前期思想的奠基之作。在本书中，涂尔干提出了"社会团结""集体意识""功能""社会分化与社会整合""社会容量与社会密度"等这些被后来的社会学一直沿用和争论的术语，同时本书也是涂尔干意图运用社会学独特方法的初步尝试。

那么涂尔干为什么要在这部著作中展开对法律问题的讨论呢？本书的

---

[1] 社会连带（social solidarity），又译为社会团结、社会关联、社会联立，它是涂尔干社会学中的核心概念。社会学者大多使用"社会团结"一词，而在我国的西方法律思想史的研究中多使用"社会连带"。

[2] 狄骥说："人们有不同的能力和不同的需要。他们通过一种交换的服务来保证这些需要的满足，每个人贡献出自己固有的能力来满足他人的需要，并由此从他人手中带来一种服务的报酬。这样便在人类社会中产生一种广泛的分工，这种分工主要是构成社会的团结。按照杜尔克姆（即涂尔干——引者注）的术语来说，这就是经常分工的连带关系或有机的连带关系。"由此可见涂尔干是狄骥学说的来源。参见〔法〕莱昂·狄骥：《宪法论》（第1卷），钱克新译，商务印书馆1962年版，第63—64页。

[3] See Niklas Luhmann, *A Sociological Theory of Law*, China Social Sciences Publishing House, 1999, p. 15.

分工、法律与社会理论　299

主题是劳动分工带来了社会的现代转型问题,在分工的条件下,现代社会呈现了与传统社会不同的特质。简言之,传统社会中人们之间的相似性导致社会呈现机械团结的面貌;而劳动分工使得人与人的差别越来越大,每个人对他人也就越来越依赖,从而形成一种有机的社会团结。但是社会团结本身是一种整体上的道德现象,我们很难对它进行精确的观察,更不用说测量了。要想真正做到分类和对比,我们就应该撇开那些观察所不及的内在事实,由于内在事实是以外在事实为标志的,所以我们只能借助后者来研究前者。这种看得见的符号就是法律。……普通社会生活的不断扩大,必然同时伴随着法律活动相应地增加。因此,我们肯定会发现所有社会团结反映在法律中的主要变化了。[①]

由此可见涂尔干的方法进路是:法律现象(外在事实)的变化表现了社会的发展状态(内在属性),研究法律现象就可以发现社会团结的属性。涂尔干对自己的方法论有着清醒的自觉:

> 由此,我们的方法就已经清楚地勾画出来了。正因为法律表现了社会团结的主要形式,所以我们只要把不同的法律类型区分开来,就能够找到与之相应的社会团结类型。同样,我们可以确定,法律完全可以对劳动分工所导致的特殊团结作出表征。[②]

"社会团结"是一个难以把握的东西,直接切入这个问题失之空泛,而法律是社会团结最明显的表征形式,又是实实在在的社会事实,所以法律自然成了涂尔干的关注对象,这也是他的研究目的需要。

涂尔干首先做的就是区分法律的不同类型。传统的大陆法系法学理论从根本上把法律分为公法(public law)和私法(private law),在涂尔干看来,这种分类在广阔的社会学眼光里并不具有本质性的意义。

> 公法规定了国家和个人的关系,私法规定了个人之间的关系。然而,如果我们细致地考察这两个术语,就会发现,起初还明显异常分明的界限渐渐消失了。在某种意义上,所有的法律都变成了私人的,也就是说,每时每刻的行动者都是个体;在另一种意义上,所有的法律又都变成

[①] 〔法〕涂尔干:《社会分工论》,渠东译,生活·读书·新知三联书店2000年版,第27—28页。
[②] 〔法〕涂尔干:《社会分工论》,渠东译,生活·读书·新知三联书店2000年版,第31页。

了公共的,所有人都承担了社会功能的不同方面。①

涂尔干摒弃了这种法律分类,另辟蹊径地从法律是"能够进行制裁的行为规范"入手,根据制裁的不同对法律进行重新分类:

> 制裁一共分为两类。一类是建立在痛苦之上的,或至少要给犯人带来一定的损失。它的目的就是要损害犯人的财产、名誉、生命和自由,或者剥夺犯人所享用的某些事物,这种制裁称为压制性制裁,刑法即是一例。……第二种制裁并不一定会给犯人带来痛苦,它的目的只在于拨乱反正,即把已经变得混乱不堪的关系重新恢复到正常状态。……因此我们应该把法规主要分为两类:一类是有组织的压制性制裁,另一类是纯粹的恢复性制裁。第一类包括刑法,第二类包括民法、商业法、诉讼法、行政法和宪法等。②

压制性的法律(repressive law)和恢复性的法律(restitutive law)分别对应不同的社会团结形式。

压制法(主要是刑法)体现了社会的机械团结。涂尔干抽象了犯罪行为的本质,即任何犯罪都破坏了普遍的道德意识,是社会每个成员共同谴责的行为。也可以说犯罪损害了社会的集体感情。他举例说道:

> 即使在和平的年代里,我们对出卖国家的人的憎恨,难道真能比得上对强盗和骗子的憎恨吗?在那些对君主制度仍然怀有感情的国家里,欺君之罪难道不会引起人们的一致唾骂吗?在民主国家里,对同胞的侮辱难道不会引起人们的同样的愤慨吗?我们无法一一列举,所谓犯罪行为正是对这些情感的侵害。③

这样的社会集体情感存在于每一个社会成员的身上,它不需要特别的说明,因为它已经深深地印在每个人的意识里。涂尔干用"集体意识"来指称这个现象,"社会成员平均具有的信仰和感情的总和,构成了他们自身明确的生活体系,我们可以称之为集体意识或共同意识"④。

---

① 〔法〕涂尔干:《社会分工论》,渠东译,生活·读书·新知三联书店2000年版,第31页。
② 〔法〕涂尔干:《社会分工论》,渠东译,生活·读书·新知三联书店2000年版,第32页。
③ 〔法〕涂尔干:《社会分工论》,渠东译,生活·读书·新知三联书店2000年版,第37页。
④ 〔法〕涂尔干:《社会分工论》,渠东译,生活·读书·新知三联书店2000年版,第42页。

犯罪侵犯了集体意识,但不一定所有侵犯集体意识的行为都是犯罪。例如乱伦和通奸受到人们普遍的厌恶,可它纯粹只是一种非道德的行为。

由此看来,与犯罪相应的集体情感同其他一些集体情感的区别就很明显了,它必须达到一种固定的平均强度。它不仅要铭刻在每个人的意识里,而且要刻得更深。它绝对不是一种游移不定的、浮于表面的和变化多端的意志,而是深植在人们内心里的感情和倾向。①

于是涂尔干给犯罪下了一个这样的定义:"如果一种行为触犯了强烈而又明确的集体意识,那么这种行为就是犯罪。"②根据这个定义,涂尔干改变了人们对于犯罪的表面看法:我们不应该说一种行为因为是犯罪才会触犯集体意识,而应该说正因为它触犯了集体意识才会是犯罪。我们不能因为它是犯罪就去谴责它,而是因为我们谴责了它,它才是犯罪。这样,涂尔干就用犯罪的存在证明了集体意识的存在。

再来看看刑罚。一般认为刑罚的目的有两个:报复和防卫。涂尔干认为报复的目的更具有普遍的意义。从人类的初级社会来看,原始人总是为了惩罚而惩罚,为了使罪人受苦而使罪人受苦,而且他们给别人强加痛苦时自己也没有获得什么益处。惩罚有时殃及罪犯的妻儿和邻居,甚至还要把惩罚施于动物或者是作为犯罪工具的无机物身上。这是因为社会内心的燥热情感如果不完全发泄出来是不会平息的。这就是复仇欲望的满足。③ 还有,在文明的社会中,我们对罪犯实施惩罚时总是尽可能地使犯罪的严重程度与惩罚的强度保持适当的对称,即对抗犯罪破坏力的惩罚力量必须与破坏力相当,于是刑罚被划分为繁多的等级。如果仅仅是出于防卫的目的,对所有的犯罪采取同样的惩罚就可以达到这个目的,没有必要划定等级,所以刑罚与犯罪之间的等价关系只能来源于报复。因此"惩罚是由一种具有等级差别的反抗情绪构成的"④。

对犯罪的报复(刑罚)同样证明了社会集体意识的存在。犯罪是对集体

---

① 〔法〕涂尔干:《社会分工论》,渠东译,生活·读书·新知三联书店2000年版,第40—41页。
② 〔法〕涂尔干:《社会分工论》,渠东译,生活·读书·新知三联书店2000年版,第43页。
③ 参见〔法〕涂尔干:《社会分工论》,渠东译,生活·读书·新知三联书店2000年版,第48—49页。
④ 〔法〕涂尔干:《社会分工论》,渠东译,生活·读书·新知三联书店2000年版,第51—53页。

意识的冒犯,是对社会的一种破坏力,惩罚就是为了恢复社会集体意识和正常的社会秩序而对抗犯罪的力量。从根本上说,刑罚是社会的,个人不能实施惩罚,虽然在原始的社会中,私人用刑和血仇很盛行,但它们只是一种不完备的刑罚。只有在社会的法律代替了个人的法律之后,刑罚才成为社会的普遍意志。涂尔干说:"刑法制度的历史恰恰是永不停歇的社会侵占个人的历史。"①也许借助黑格尔的法哲学我们更能领会到涂尔干这句话的深刻含义。在黑格尔看来,法律是抽象的普遍的意志,不论是犯罪还是刑罚,只有在普遍意志的立场上才能够获得说明。他认为犯罪行为看上去是对个人的侵犯,但实际上它是对代表普遍意志的"抽象法"的违反,在这一阶段抽象的法被犯罪行为否定了;接着,对犯罪行为实施刑罚就是对犯罪行为的否定,"所以刑罚不过是否定的否定"②。"犯罪的扬弃是报复",但报复不能由受害人自己来执行,而只能由代表普遍意志的法律来执行,通过对犯罪的惩罚,普遍意志得到了恢复。所以,对个人的侵犯同时也是对社会的犯罪,对犯罪的报复就恢复了普遍意志或者是集体意识。刑法的"真正作用在于,通过维护一种充满活力的共同意识来极力维护社会凝聚力"③。

到此为止,涂尔干已经证明了犯罪与刑罚体现的强大的集体意识。那么"集体意识"是如何产生的呢?集体意识的后果是什么呢?涂尔干认为,集体意识是由个体之间的相似性导致的,由于人的趋同本性,使得人们之间容易产生共同情感和共同信仰,它们就构成了一种社会的心理类型。涂尔干说:

> 在我们的内心里存在着两种意识:一种只属于我们个人,即包含了我们每个人的个性;另一种则是全社会所共有的。前者只代表和构成了我们个人的人格,后者则代表集体类型,故而也代表社会,因为没有社会

---

① 〔法〕涂尔干:《社会分工论》,渠东译,生活·读书·新知三联书店2000年版,第57页。
② 〔德〕黑格尔:《法哲学原理》,贺麟、张企泰译,商务印书馆1996年版,第100页。
③ 〔法〕涂尔干:《社会分工论》,渠东译,生活·读书·新知三联书店2000年版,第70页。美国学者诺内特和塞尔兹尼克在《转变中的法律与社会》一书中提出的"压制型法"类似于涂尔干。在他们看来,压制型法的典型就是刑法,刑法反映了支配地位的道德态度,社会通过压制型法增强了集体的凝聚力。诺内特和塞尔兹尼克在一个脚注里指明了上述的论点得自于涂尔干。参见〔美〕诺内特、塞尔兹尼克:《转变中的法律与社会》,张志铭译,中国政法大学出版社1994年版,第35、52页。

它是不可能存在的。①

看来,涂尔干遵循卢梭的方法,把社会或集体人格化,似乎在个人身上存在的东西在集体身上也能找到,个人有意志,集体也有意志,个人有心理,集体也有心理,个人意识和心理的一致性产生了集体意识。这样一来,涂尔干以一种社会有机论证明了集体意识的存在。

需要指出的是,涂尔干所说的集体意识并不等于通常人们认为的社会整体意识,后者是任何社会都具有的社会整体的精神生活,而集体意识则是特指由社会相似性构成的一种实体性的社会情感意识。社会发展的程度越低,人与人之间的相似性越大,集体意识也就越强烈。反之,在高等社会里,也就是分工发达的社会里,由于分工导致人与人之间的差异增大,集体意识就衰落下去了。

集体意识的强大力量使得人们紧密地团结在一起,由它带来的社会团结被涂尔干称为"机械团结",由于这种团结建立在个人的相似性基础之上,个人之间没有形成一种必要的依赖关系,而只是一种集合状态,并且社会分子随时可以脱离这种团结而不至于影响整体,所以这种团结被称为"机械的"。

机械团结的必要条件是"所有社会成员的共同观念和共同倾向在数量上和强度上都超过了成员自身的观念和倾向"②。在这样的团结状态中,社会共同体的凝聚力要比个人重要得多。这里显露了一个悖论:一方面集体意识的强大,我自己完全融合进我们的共同体之中,于是我根本就丧失了自己;另一方面我又有自己的个体意识,它极力要把个人的人格表现出来,使我独立于他人和社会。集体意识体现了社会与个人之间的两极状态:"社会中总是存在着两种力量,一种是离心力,一种是向心力",离心力是个性的要求,向心力是社会的约束,这两种力量此消彼长,"当集体意识完全覆盖了我们的整个意识,并在所有方面都与我们息息相通的时候,那么相似性产生出来的团结就发展到了它的极致,但此时此刻我们的个性却已丧失殆尽"③。所以机械团结的发展与个人人格的发展是逆向而行的。

总之,低级的社会中,人们的相似性导致了社会集体意识的膨胀,从而产

---

① 〔法〕涂尔干:《社会分工论》,渠东译,生活·读书·新知三联书店2000年版,第68页。
② 〔法〕涂尔干:《社会分工论》,渠东译,生活·读书·新知三联书店2000年版,第90页。
③ 〔法〕涂尔干:《社会分工论》,渠东译,生活·读书·新知三联书店2000年版,第90页。

生机械团结的形式。在这种社会团结中,个人的人格被淹没在集体意识的洪流之中。这样我们可以得出以下的一个表达式:"个体的相似性—集体意识—机械团结—压制型法。"

三、社会团结(二):有机团结与恢复型法

与压制型法相对的是恢复型法,涂尔干主要以私法来说明与恢复型法对应的社会团结形式。在涂尔干看来,恢复型法以损害赔偿的方式,使得被破坏的社会关系重新恢复原状,就如同时钟拨回去的一样。侵害恢复型法保护的社会关系并没有触犯到社会的共同情感和集体意识,在诉讼中败诉的一方不会因此而感到羞辱,这与刑事案件中人们一想到杀人凶手就义愤填膺大大不同。买卖双方权利义务的分配,物权的变动,继承等,这些跟集体感情没有多大的关系。只有在特别的情况下,如通过暴力或欺诈而达成契约才构成人们的道德意识所不能容忍的行为。压制型法与集体意识的核心遥相呼应,而"与恢复性制裁相应的规范并不完全属于集体意识的范围,或者说它只处于非常微弱的状态……它越是自臻完善,离集体意识的距离就越远"①。

压制型法的调整方式是把个人紧紧地维系在社会的集体意识上,犯罪行为侵害的是社会关系的整体,个人直接与社会发生联系。恢复型法调整的关系不是个人与整个社会,而是"特定的社会要素之间的关系",换作民法学的表达就是平等的民事主体之间的社会关系。传统的民法理论把平等民事主体之间的关系分为两种,即绝对的法律关系和相对的法律关系,对应的民事权利也分为绝对权(物权)和相对权(债权)。而涂尔干通过社会学的眼光,按照作用于社会关系的不同,把民事关系分为"消极的"和"积极的"。

"物权"是消极性的权利。物权体现了"人"与"物"之间一种直接的归属关系,而不是人与人之间的关系。涂尔干指出:

> 有关物权的规范,以及通过物权形式确立的人际关系构成了一个确定的系统,这个系统不但不把社会各种不同的部分联系起来,反而将它们隔离开来,并为它们划定明确的界限。因此,这些规范根本结成不了

---

① 〔法〕涂尔干:《社会分工论》,渠东译,生活·读书·新知三联书店2000年版,第74—75页。

一条积极的社会纽带。……(它)代表着团结的消极方面。①

涂尔干遵循古典的物权法观念,把物权特别是所有权看作个人的意志指向物的关系,物权划分了人们之间的产权,把人们区分开来。在涂尔干看来,物权无法体现社会共同体的存在,物权"对社会机体的统一性从未作出任何贡献"②。

但是物权绝不是可有可无的,物权预先确定了权利的界限,是自由的市场交易的必要前提。产权界定清楚了,市场交易自然会发生。涂尔干坚信"凡是有消极团结的地方,都会有积极团结的存在"。他提出了"权利的相互限定"的说法来解释物权隐含的社会团结:即任何权利,即使是私人性极强的权利(如物权),都是社会上的主体之间相互妥协和让步的结果,只有互相尊重对方的产权,才能达到每个人的权利都处于和平的状态。其实早在启蒙时代,康德就已经指出文明社会共同体的存在是一切权利的前提,看似个人的权利(占有和所有权)实际上都预设了集体的存在。③ 涂尔干只不过用社会学的方法重申了康德的权利的共同体基础的观点而已。④

除物权之外,其他的恢复型法都代表了社会团结积极的一面。例如家庭法规定了丈夫、妻子、嫡子、监护人等各个主体的权利义务,实际上是一种分工和职能分配。商业法中的代理人、委托人、贷款人、借款人等都是商业活动功能专业化的产物。诉讼法也对法官、律师、检察官、陪审员、原告、被告各自的职能进行了分配。甚至连行政法和宪法都是恢复型法,因为它们规定的也是各个政府职能部门的职责问题。涂尔干把这些法律统统划归在一块的根据在于:这些法律的制裁与压制型法的制裁是不同的,即违反这些法律的行为并没有强烈地触犯到集体意识。

恢复型法是社会分工的产物,尤其是契约法最为典型。"契约是协作的最高法律体现",契约来源于交换的需要,交换的前提是每个主体都各自占有一部分的资源,这样一来,契约把原本无任何联系的两个主体团结在契约共

---

① 〔法〕涂尔干:《社会分工论》,渠东译,生活·读书·新知三联书店2000年版,第81页。
② 〔法〕涂尔干:《社会分工论》,渠东译,生活·读书·新知三联书店2000年版,第78页。
③ 参见〔德〕康德:《法的形而上学原理》,沈叔平译,商务印书馆1997年版,第75—76页。
④ 涂尔干对康德的财产权思想是非常稔熟的,此处涂尔干的观点明显地受到康德的影响。参见〔法〕涂尔干:《职业伦理与公民道德》,渠东、付德根译,上海人民出版社2001年版,第134页。

同体之中。"契约的目的就在于使各种特殊和不同的职能相互适应。"①契约的当事人互相享有权利和承担义务,这种互惠的关系只能产生于劳动分工。涂尔干这样赞扬社会分工的益处:"有了分工,个人才会摆脱孤立的状态,而形成相互间的联系;有了分工,人们才会同舟共济,而不一意孤行。总之,只有分工才能使人们牢固地结合起来形成一种联系。"②

由契约体现的社会团结形式就是由分工带来的一种协作的有机团结。之所以称这种团结是"有机团结",是因为它类似于有机体的活动,一方面有机体的器官有各自独特的活动和执行各自的功能,另一方面整个有机体在各个器官的独立活动中更加发展起来。与机械团结的相似性相比,有机团结是以个体的差异性为基础的。涂尔干认为:

> 前一种团结(指机械团结——引者注)之所以能够存在,是因为集体人格完全吸收了个人人格;后一种团结(指有机团结——引者注)之所以能够存在,是因为每个人都拥有自己的行动范围,都能够自臻其境,都有自己的人格。这样,集体意识就为部分个人意识留出了地盘,使它无法规定的特殊职能得到了确立。这种自由发展的空间越广,团结所产生的凝聚力就越强。一方面,劳动越加分化,个人就越贴近社会;另一方面,个人的活动越加专门化,他就越会成为个人。③

总结以上的论述,我们可以得出如下的理论线索:"个体的差异性—社会分工—有机团结—恢复型法。"这与压制型法和机械团结正好相对应。

在提出上述的观点之后,涂尔干随后用了两章的篇幅,从历史中发掘大量的材料来证明集体意识的衰落和社会分工的发展,以及由此导致了法律从低级社会的压制型法向高级社会的恢复型法的发展趋势。这不由地使人想起梅因爵士的著名的论断:判断一个社会的文明程度,只要看看这个社会的刑法和民法的比例就够了。实际上涂尔干也多次指出了刑法在整个社会发

---

① 〔法〕涂尔干:《社会分工论》,渠东译,生活·读书·新知三联书店2000年版,第86页。
② 〔法〕涂尔干:《社会分工论》,渠东译,生活·读书·新知三联书店2000年版,第24页。
③ 〔法〕涂尔干:《社会分工论》,渠东译,生活·读书·新知三联书店2000年版,第91页。

展中呈现了没落的趋势,而协作性的法律越来越发达。① 梅因只是指出了这种现象而已,涂尔干则认识到了这种现象的社会原因(劳动分工),并且深入地挖掘了隐藏于这种表象下面的变化:

> 个人人格在社会生活中必然会成为更加重要的要素。个人所获得的这种重要地位,不仅表现在个人的个别意识在绝对意义上有所增加,也表现在它比共同意识更加发达。个人意识越来越摆脱了集体意识的羁绊,而集体意识最初所具有的控制和决定行为的权力也正在消失殆尽。②

涂尔干透过法律现象看到的是社会发展的根本问题,即集体意识和个人意识的辩证发展关系,这又可以转换成社会团结和个人自由的关系问题。

在笔者看来,这可以说是涂尔干最有意义的发现。在机械团结中,社会总是作为个人的反面力量存在,个体总是被吸纳进集体之中,集体意识时时遏制个性的发挥。所以机械团结的社会必然处于低级阶段。在另一部著作《自杀论》中,涂尔干悖论式地指出,利己主义的自杀是社会对于个体的控制力量减弱导致个人脱离集体轨道的结果,而利他主义的自杀又恰恰是集体力量过于强大以至于使个人丧失人格的缘故。③ 社会既是个人生活的背景,同时又是个性发展的对立面,如何在社会和个性之间找到适当的平衡,从而解决个体与集体离散的危机正是涂尔干的问题意识所在。社会分工和有机团结在某种程度上缓解了上述问题的压力。在有机团结中,虽然个人的独创性还是受到诸多的限制,但涂尔干乐观地看到:

> 与此同时,我们以另一种方式所承受的重任已经不像承受整个社会那样沉重了,社会已经给了我们更多的自由活动的空间。由此,整体的个性与部分的个性得到了同步的发展,社会能够更加有效地采取一致行

---

① 参见〔法〕涂尔干:《社会分工论》,渠东译,生活·读书·新知三联书店2000年版,第103页,第115—117页。在另一篇文章中,涂尔干指出:"当社会属于更落后的类型时……惩罚的强度就越大。"参见〔法〕涂尔干:《刑罚演化的两个规律》,载〔法〕涂尔干:《乱伦禁忌及其起源》,汲喆、付德根、渠东译,上海人民出版社2003年版,第425—426页。
② 〔法〕涂尔干:《社会分工论》,渠东译,生活·读书·新知三联书店2000年版,第128页。
③ 参见〔法〕涂尔干(迪尔凯姆):《自杀论——社会学研究》,冯韵文译,商务印书馆1996年版,第185—186页,第218页。

动而它的元素也可以更加特殊地进行自我运动。①

可见涂尔干对社会分工和有机团结研究的立义就在于，为现代社会中个体自由的困境提供一条可能的出路。

四、契约的社会基础

如前文所述，分工的交换和契约的发展，形成社会的有机团结。反之，社会的团结以交换和契约为基础，或者直接说契约是社会的基础。这种看法有两种表现。

其一，以卢梭为代表的社会契约论。社会契约论假定自然状态中的人们都有着天赋的自然权利，为了共同的政治生活，每个人都许诺放弃使用暴力，共同缔结一个和平的社会契约，产生了社会和国家。社会契约论的核心问题就是社会契约所体现的人民的共同意志问题，卢梭把缔约者的一致同意称作"公意"。涂尔干认为社会契约的观念不堪一击，它根本没有历史的根源，最重要的是，它与社会分工的发展方向不符。如果要使社会契约成为可能，人们就必须在特定的时刻放弃自己独特的社会角色，放弃自己的意志，而统统变成整齐划一的立法者，也就是说社会契约中的每个人的意识都是千篇一律的，每个人都是一样的人。而由于劳动分工导致社会上的人各自从事特定的工作，各自占有一部分知识，因而不可能存在全体人们的意识一致的状况，"这就意味着，分工越是显得重要，我们就越应该彻底否定卢梭的前提"②。

其二，在斯宾塞所谓的工业社会里，自由的交换构成了社会生活的基础，即社会的产生和维持，虽然不是由于宏观的社会契约，但却是各种微观的特定的契约关系体系。社会团结就是个人利益通过契约达成一致状态的结果。③ 斯宾塞以一种功利主义的方法来设想社会构成的基础，社会不过是经济人进行自由交换的场所，社会不能对交换和契约关系进行干预，而且社会本身就来源于这种交换和契约，这是一种亚当·斯密式的社会观。虽然它看起来也是基于劳动分工以及交换的需要，但涂尔干却对这种社会团结的稳定

---

① 〔法〕涂尔干：《社会分工论》，渠东译，生活·读书·新知三联书店2000年版，第91—92页。
② 〔法〕涂尔干：《社会分工论》，渠东译，生活·读书·新知三联书店2000年版，第160页。
③ 参见〔法〕涂尔干：《社会分工论》，渠东译，生活·读书·新知三联书店2000年版，第162页。

性提出了质疑:"即使相互利益可以促使人们相互接近,但那只是瞬间的事情,它绝不可能建立一种外在的关系。……在每一种利益和谐的背后,都隐藏着潜在的冲突。"①利益的联系总是偶然的、短暂的,亚当·斯密那样描述的经济人随时可以退出社会交换,社会对他来说并不是一种本质性的规定。

卢梭和斯宾塞都错误地把契约当作社会团结的基础,契约活动本身是私人性的,用个人主义的方法来解释公共性的"社会整体事实"必然行不通。所以在契约与社会的问题上,我们最好换个角度来看一看。

契约是分工和交换的产物,似乎在契约中只有交易者的个人意志和利益存在,这符合自由资本主义契约自由的法律观念。而涂尔干反其道而行,试图在社会生活中发掘对契约关系具有决定作用的非契约因素,涂尔干坚持认为:"在契约里并不是所有一切都是契约的。……凡是契约存在的地方,都必须服从一种支配力量,这种力量只属于社会,绝不属于个人;它越来越变得强大而繁杂。"②

涂尔干从如下三个方面具体阐述了契约的社会基础问题:

第一,法律拒绝承认违法的契约义务。法律规定了契约成立和有效的具体要件,如果当事人的契约没有达到法律要求的生效要件,那么即使当事人一致同意也不能使契约有效地执行。例如没有缔约能力的契约、无权处分的契约、买卖标的是禁止流通物的契约、非法目的的契约等,这些都在法律上不能形成有效的权利义务关系。涂尔干列举了《法国民法典》中大量有关契约效力的规定说明了这一点。③

第二,法律积极地干预契约。即使是事先再精密的契约计划,也有不周全的地方,"当事人必须预先确定各种权利义务,但同时又不能完全按照预定计划实施这些权利义务。……我们无法预料到履行契约的过程中究竟会出现什么样的情况,我们也不能依靠主观臆断来推测每一方将来要履行什么样的权利和义务"④。涂尔干无疑深谙契约安排的"不完备性",于是他提出让契约法来为我们确定契约中无法预见的因素。契约法可以解决契约的不完

---

① 〔法〕涂尔干:《社会分工论》,渠东译,生活·读书·新知三联书店2000年版,第162页。
② 〔法〕涂尔干:《社会分工论》,渠东译,生活·读书·新知三联书店2000年版,第169页。
③ 参见〔法〕涂尔干:《社会分工论》,渠东译,生活·读书·新知三联书店2000年版,第170页。
④ 〔法〕涂尔干:《社会分工论》,渠东译,生活·读书·新知三联书店2000年版,第171页。

备性,但这意味着法律将对个别契约关系进行干预:

> 契约法是复杂经验的结晶,它预料到了个人所无法预料到的事情,规定了个人所无法规定的事情。……由此看来,契约法不再是人们之间缔结契约的有效补充,而实际上成了契约的根本形式。它把一种传统的经验权威强加在我们身上,并以此构成了契约关系的真实基础。①

表面上看,契约好像是当事人意思自治形成的关系,实际上它被各种契约法律规范层层地包裹着。契约法代表着传统经验的总结,从根本上说,契约是深深地镶嵌在社会和传统之中的。

第三,在正式的法律之外,契约关系还承受着来自道德规范的压力。虽然道德规范不像法律那样明确,但很多法律规范都来源于道德规范,而且道德总是具有一种社会作用,在某个时刻也会成为契约权利义务的来源,因而也构成了契约社会基础的一部分。② 这一点最典型的体现是民法上的"诚实信用原则",学理上认为,《德国民法典》第242条规定债务人有义务依诚实信用原则履行债务的义务,这开启了契约关系伦理化的突破口。③

最后用涂尔干在另一处的说法来总结契约与社会的关系:"我们最好要记住,契约所具有的维系力量,倒是社会交给它的。……所以一切契约都假定,社会存在于当事人双方的背后,社会不仅时时刻刻准备着介入这一事务,而且能够为契约本身赢得尊重。"④

涂尔干作为一个社会学家,对法律的关注只是为了论证更宏大的社会理论的需要,因此没有在具体的制度层面上详细地落实他的法律观点。但无论如何,涂尔干为我们考察契约关系带来了视角转换。《社会分工论》发表于19世纪和20世纪之交,无论涂尔干是否关注此后法律史的发展,事实上一个多世纪以来,很多契约现象和理论都验证了涂尔干的观点。20世纪契约法理论越来越明显地把"社会"推向了前台。我们不妨先举几个大陆法系契约

---

① 〔法〕涂尔干:《社会分工论》,渠东译,生活·读书·新知三联书店2000年版,第172页。
② 参见〔法〕涂尔干:《社会分工论》,渠东译,生活·读书·新知三联书店2000年版,第173页。
③ 参见〔德〕茨威格特、〔德〕克茨:《比较法总论》,潘汉典、米健、高鸿钧等译,贵州人民出版社1992年版,第276页。
④ 〔法〕涂尔干:《社会分工论》,渠东译,生活·读书·新知三联书店2000年版,第76页。

法的例子来看看。例如,对于"缔约上的过失责任",学理上的解释是,当事人为缔结契约而接触磋商之际,已经从一般的普通关系进入特殊的联系,相互之间建立了一种特殊的信赖关系,依诚实信用原则产生了协助、通知、保护、照顾、忠实等义务。① 再例如,德国君特·豪普特教授在1941年发表的《论事实上之契约关系》一文中指出,传统的契约理论拘泥于当事人的缔约行为,而其实即使没有当事人的意思表示,仅凭借社会接触的事实或当事人实际上从事了契约的履行行为(如合伙关系和劳动关系),法律上对这种没有契约形式的关系也比照正常的契约关系予以处理。②

以上民法学上的例子可视为涂尔干的契约理论在部门法上的回应。如果超越具体的部门法,契约的社会基础在更抽象的理论层面上也是适用的。美国学者麦克尼尔的"新社会契约论"是这个理论最生动的运用。

1980年麦克尼尔出版了《新社会契约论》一书,使得当时在一片"契约的死亡"的阴影笼罩下的契约法学呈现了起死回生的兆头。③ 麦克尼尔的新社会契约论主旨在于打碎传统契约法中的典型的、完备的契约观念,把契约放在社会关系的重重交织之中来考察。

麦克尼尔摒弃狭隘的法律上的契约观念,如传统的英美法把契约定义为具有法律强制执行力的一个或者一组"允诺"(promise)。这样的契约定义把一些特定的社会关系排除在契约之外(最典型的是集体谈判和集体契约完全是在法律之外实施的)。麦克尼尔认为,法律虽然是契约的内在组成部分,但法律并不是契约的全部。因此他把契约定义为"有关规划将来交换过程的当事人之间的各种关系"④。据此,许多原来不被认为是契约的社会关系就被麦克尼尔收入"关系契约"的视野中。在所有社会中,习俗、身份、习惯及其

---

① 参见王泽鉴:《民法学说与判例研究》(第1卷),中国政法大学出版社1998年版,第89页以下。
② 参见王泽鉴:《民法学说与判例研究》(第1卷),中国政法大学出版社1998年版,第106—107页。
③ 关于契约法的死亡与再生的争论,参见〔美〕格兰特·吉尔默:《契约的死亡》,曹士兵等译,载梁慧星主编:《为权利而斗争》,中国法制出版社2000年版,第53—158页;〔日〕内田贵:《契约的再生》,胡宝海译,载梁慧星主编:《为权利而斗争》,中国法制出版社2000年版,第159—326页。
④ 〔美〕麦克尼尔:《新社会契约论》,雷喜宁、潘勤译,中国政法大学出版社1994年版,第4—5页。

他为人所内化的东西都可以规划未来的交换,在实际的社会生活中,这些"非允诺机制"发挥着重要的作用,以至于使法律上的"允诺"显得无足轻重。另外,命令(command)也起着安排未来的交易的作用,例如公司内部的等级体系贯彻的命令也是一种规划未来的工具,命令还可以推广至所有的官僚体系。还有在持续性交易的情况下,甚至没有上述的任何非允诺机制,仅仅是当事人之间的一种"期待"也可以构成一种交换的安排。

上述这些非允诺机制几乎囊括了契约的所有社会因素,为什么要在契约中考虑这些呢?麦克尼尔认为这根源于"允诺规划"的不完备性。在典型的契约关系中,当事人通过意思表示对未来的规划就构成一个完备的契约,这种古典经济学的契约模式建立在当事人都是理性的经济人和信息完全对称的基础之上。然而按照赫伯特·西蒙的说法,人是"有限理性"(bounded rationality),只能预见未来的一小部分。麦克尼尔说:"人的大脑在同一时间里只能集中在有限的几件事情上,事实上,从效率上考虑,一个人实际注意的事比他能够注意的还要少。因此,承诺(即允诺——引者注)只能包括全部情况的一部分。……所以无论承诺(允诺)多么完满,都只有根据它的背景才能理解。"[①]收入大量非允诺机制的契约,聚集了丰富的社会关系内涵,被麦克尼尔称为"关系性契约",与此相对,单单由允诺构成的契约就被称为"个别性契约"。

个别性契约是理想状态中的契约,它只关心意思表示是否真实,契约自由是它的基础。而对于关系性契约来说,除了契约当事人的意思表示之外,其余的所有问题都必须诉诸背景性的社会关系和法律规范来解决,如此一来,意思自治被压缩了,契约自由的神话随之覆灭。麦克尼尔以雇佣契约的发展为例谈道:根据契约自由的理念,雇佣契约在一百多年前大都是个别性的交易关系,法律对雇佣契约采取自由放任不干涉的态度。[②] 而现代的法律为了矫正雇主与雇工之间力量对比的悬殊,对雇佣契约的干预达到了极致,在最低工资、工时、工作条件、集体谈判等领域,劳动法对劳动契约作了全面

[①] 〔美〕麦克尼尔:《新社会契约论》,雷喜宁、潘勤译,中国政法大学出版社1994年版,第7—8页。
[②] 自由资本主义时期美国法律对于雇佣契约的态度,参见〔美〕伯纳德·施瓦茨:《美国法律史》,王军等译,中国政法大学出版社1990年版,第135—139页。

而具体的限制,有关雇佣契约的内容几乎在法律中都可以找到现成的规范。① 这说明契约的内容并不是当事人的自由选择,意思表示仅仅起到"触发性的作用"②,即只要当事人同意参加某项契约,有关这种契约的法律规范就导致了权利义务的产生,而不一定需要当事人对契约内容进行协商和确认。关系性契约理论把契约的社会和法律的背景推向了前台,充分展示了契约的社会因素。

个别性契约和关系性契约的分歧还体现在契约的延续时间上。个别性契约在交易的开始就把契约从当事人交易之前和之后的关系中分离出来,可以说个别性契约只是抽离了完整契约关系的一个片断。而关系性契约则把契约看成是持续发展的,无法斩断契约的关系之流,因而也无法把契约区分为若干个别性的阶段,这样"交换前的状态和规划将来交换之后的状态之间的区别实际上都变得毫无意义了"③。于是,个别性契约精确要求的权利和责任的分担问题,在关系性契约中降低到非常模糊的程度,当事人甚至无法预测在契约的发展过程中到底会产生什么样的义务。与此印证,王泽鉴指出,债之关系是一个存在于一段时间之内的各种给付关系构成的有机体,随着债之关系的发展,在主给付义务之外产生了许多无法事先确定的从给付义务和附随义务,他以"债法上的义务群"的说法来概括债法上所有可确定和不可确定的义务的总和。④

日本学者内田贵评价麦克尼尔说,他把从社会中孤立和抽象出来的契约再次拉回到了社会之中,从而为契约的再生提供了一条新的出路。⑤ 在笔者看来,更准确地说,"再生"的并不是契约,而是契约的关系因素。与古典经济学相应的功利主义和个人主义式的契约观念退缩到关系的背景中,涂尔干

---

① 参见〔美〕麦克尼尔:《新社会契约论》,雷喜宁、潘勤译,中国政法大学出版社1994年版,第79—83页。
② 〔美〕麦克尼尔:《新社会契约论》,雷喜宁、潘勤译,中国政法大学出版社1994年版,第45页。
③ 〔美〕麦克尼尔:《新社会契约论》,雷喜宁、潘勤译,中国政法大学出版社1994年版,第79页。
④ 参见王泽鉴:《民法学说与判例研究》(第4卷),中国政法大学出版社1998年版,第88—135页。
⑤ 参见〔日〕内田贵:《契约的再生》,胡宝海译,载梁慧星主编:《为权利而斗争》,中国法制出版社2000年版,第251、272页。

是这么总结新的交换和契约法观念的:

> 尽管社会成员完成交换的时间非常短暂,但他们之间的联系却远远超出了这段时间之外。他们在执行每一项职能的过程中,都必须依赖于他人,继而最终形成了一个牢固的关系系统。因此,我们所选定的工作属性实际上来源于某些长久的责任。因为,一旦我们执行了某种家庭职务或社会职务,我们就会被陷入到义务之网中而不能自拔。①

如果我们在这条路上走得更远的话,就会遭遇狄骥的"客观法"学说。

狄骥根据涂尔干的社会团结的理论创造了他的社会连带主义法学。他指出近代以来的法学理论和法律制度都是建立在个人主义的观念之上,这种法律观念把自由自治的法律主体作为一切法律制度建构的基础,法律的目的就是为了保护法律主体的主观权利。狄骥批判说,法律主体是18世纪的自然法学说的产物,它假设了人是抽象的先于社会存在的,但事实上,人生来就处于各种社会关系的包围之中,根本没有抽象的主体,所以建立在主体和主观权利之上的法律制度也是不真实的。② 狄骥从社会学的视角出发,把法律看成社会本身的事实,法律是社会生活的公设,它不需要个人主义的论证而直接由社会生活产生,"法律规则都是自然而然存在的",这样的法律就是"客观法"。

在客观法中,"法律的规范都给社会团体的成员规定出某些行为或禁止某些事情的义务"③。因此对个人来说没有什么主观权利,而只有被法律规范创造出来的一种"社会地位"。狄骥说:"人是处于某一种社会集体之中,这个集团的存在就意味着有在集团成员的相互关系中规定出的行为规则,这些规则当然是规定出一些作为和不作为。由此就给集团的一切成员创造出一定的地位。"④而且"社会地位"由于现代社会分工的发展而被进一步强化了:社会的分工,这就是近代的重大事实,中心枢轴,今日的法律差不多就是根据了它而演进的,每一个人,每一个人群……在这个像大工厂的社会团体内,都应完成相当的职

---

① 〔法〕涂尔干:《社会分工论》,渠东译,生活·读书·新知三联书店2000年版,第184页。
② 参见〔法〕狄骥:《宪法论》(第1卷),钱克新译,商务印书馆1962年版,第148、155页。
③ 〔法〕狄骥:《宪法论》(第1卷),钱克新译,商务印书馆1962年版,第156页。
④ 〔法〕狄骥:《宪法论》(第1卷),钱克新译,商务印书馆1962年版,第160页。

务。这是由他在事实上于团体内所占的地位决定的。①

狄骥的"社会地位"说法实际上相当于社会学上的"社会功能"。在狄骥看来,个人只是在执行社会要求他的特定的功能和职务,社会通过法律把特定的社会功能或者职务强制性地加于个人身上,对于个人来说,没有主观权利而只有法律义务。狄骥在法学理论上更彻底执行涂尔干功能主义的路线,发明了一种义务本位的法律观。

五、结语:自由的辩证法

像上文那样引申涂尔干似乎得出了一个比较悲观的结论,即社会是个人的决定因素,每个人既然都是特定的社会功能的执行者,那么在法律上,个人也只不过是特定的法律命令和义务的执行者,所以个人的意思自治就丧失了大部分的存活空间,私法因此也走到了尽头。事实上现代私法的发展的确呈现了这样一番景象,狄骥把1804年《拿破仑民法典》以来私法上发生的重大变迁概括为契约法上意思自治原则的衰落,民事责任上从主观责任到客观责任,以及物权法上所有权的社会化。② 种种趋势表明,在强大的社会力量和社会利益的面前,主体的自由意志不断地被压缩。

狄骥看到的现代社会私法发展的困境确实是不可否认的事实,但能否就说个人失去了启蒙运动许诺的"自由意志"呢? 这是否意味着社会的发展就一定泯灭个体的人格呢?

自由意志的学说是启蒙哲学的产物,它的合理性已经受到20世纪社会科学的普遍怀疑。涂尔干也非常反对把自由意志作为人格的基础和内容,他认为自由意志具有"非个人的、固定不变的和形而上学的性质",是一种"抽象能力",所以它不能形成"经验的、易变的和具体的个人人格"③。无法用实证的观察方法确定的对象必须排除在社会学的研究之外,这是一条自孔德和斯宾塞以来一直被信守的社会学准则。"自由意志"在社会学家的眼光中根本是一个无法证实的形而上学的东西,而个人行动的目的性决定了人格必然

---

① 参见〔法〕狄骥:《拿破仑法典以来私法的普通变迁》,徐砥平译,中国政法大学出版社2003年版,第28页。
② 参见〔法〕狄骥:《拿破仑法典以来私法的普通变迁》,徐砥平译,中国政法大学出版社2003年版,第48—164页。
③ 〔法〕涂尔干:《社会分工论》,渠东译,生活·读书·新知三联书店2000年版,第361页。

是"具体的、经验的",所以涂尔干否定了空洞的自由意志。另外,涂尔干认为传统社会中集体意识过于强大,使得集体人格吸收了个人人格,个体在这样的社会中根本无法发展个性,这也不是涂尔干想要看到的结局。

于是,涂尔干设想现代社会的社会和个体的发展模式是这样的:由于劳动分工的发展带来个人差异性的增大,使得集体意识在现代社会中渐渐衰落下去,社会失去了原先控制和强制个人的力量。在分工状态下,原本不完整的人格通过交换和契约获得了个性的全面发展,而且人们相互之间也因此进入了一种更加紧密的互相依赖的关系中。因此,社会在失去集体凝聚力的同时又产生了另一种团结的形式,即有机团结。这里可以看出,在分工社会中,个体的发展呈现了一个双向过程:

> 一是个体化,即个体作为自主性主体,首次具有了对自己的行动作出自由规划的能力;二是社会化,即社会通过纪律等手段,使个体具有了自我规定和自我控制的道德实践能力。因此,在社会的正常状态中,社会与个体始终是相互匹配的,社会为个体提供存在的基础,个体将社会纳入到具体化的过程里。①

尽管涂尔干对现代社会中集体与个体的齐头并进充满了信心,但涂尔干一直把社会想象成一个客观的、僵硬的实体并且始终赋予社会对于个体的优先地位,这给涂尔干带来了两个无法解决的理论困境:一是"社会"对社会学家来说是"客观的"实体,这同时意味着"社会"对普通的社会行动者(个体)而言是"外在的",社会学家看不到社会行动者参与社会形成的实践,从而使得社会和个体陷入了两极化的状态,社会与个体之间的实际交流阻隔了,社会团结也就成为无本之木。二是社会对个体的绝对优先性,意味着社会行动者一直处于消极的被决定的状态,即便涂尔干高度赞扬了分工带来的个性发

---

① 渠敬东:《缺席与断裂》,上海人民出版社1998年版,第35页。涂尔干关于社会和个性发展的理论描述在社会学家诺贝特·埃利亚斯那里得到了重申。埃利亚斯说道:"分工越细,职能的数目,因之具有职能的人的数目也就越多;单个人,事无巨细,不管是最简单最日常的事务,还是最复杂最少见的事务,都依赖于这种职能。越来越多的人的行为一定要相互配合;行动的组织愈益精确、愈益严格地加以通盘安排,以使单个人的行动在其中完成其社会职能。单个人被迫愈益细致、愈益均衡、愈益稳定地调整其行为。"埃利亚斯的研究显示了社会的发展和个体心理的成熟及自我监视机制是同步的进程。参见〔英〕诺贝特·埃利亚斯:《文明的进程》(第2卷),袁志英译,生活·读书·新知三联书店1999年版,第254页。

展,但个体如何在强大的社会桎梏之下发展个性却是个悬而未决的问题。

上述问题的症结根源于涂尔干实体化倾向的思维方式,即把社会和个体都想象成实体,从而导致我们在涂尔干那里看到的"社会"在横断面上始终处于静态①,这与真实的社会现实并不相符。如何改变这个局面呢?把社会和个体同时激活的方法也许不是扭转客观的社会现实,而是改变一下我们思考和想象社会的方式。因此必须对涂尔干的社会理论进行修正。

在这方面,20世纪的社会学家已经理出了一些头绪。法国社会学大师皮埃尔·布迪厄为取消社会和个体之间对立的紧张关系,采用了"场域"和"惯习"来代替"社会"和"个体"。简言之,布迪厄把空泛的"社会"划分成不同的场域,诸如文化场域、科学场域、政治场域等,每个场域都有各自的价值观和游戏规则,在场域中活动的行动者(个体)必须接受场域的价值观和规则,并且把它们内化到个体的性情倾向系统里,这就形成了个体的惯习。但行动者并不是消极地适应场域,他们在场域中占据了特定的位置,围绕着资本和资源展开争夺,同时就改变了或维持了场域的规则。这样,一方面场域作为一种外在的结构型塑了个体的身体和性情,另一方面个体的惯习具有创造性,通过个体的策略性行动,社会场域也在发生变化,惯习再生产了社会关系本身。② 英国社会学家安东尼·吉登斯的结构化理论与布迪厄有着异曲同工之妙。吉登斯反对僵化的功能主义赋予"社会"以霸权地位,从而看不见社会行动者的实践活动。吉登斯认为社会结构和行动者之间是一种"二重性"的关系:社会结构并不像涂尔干认为的那样是外在于行动者的,而是作为一种"记忆痕迹"刻划在行动者意识里;同时社会结构也不是自然存在的,而是来源于行动者在具体情境中的不断实践。③

无论是布迪厄还是吉登斯,都改变了我们对社会和个体的想象:个体的确受到客观社会的制约,但他不是完全被动的,社会也不是铁板一块毫不松动的,社会本身就存在于个体的行动之中。由此我们可以发现行动者(个

---

① 从历时性的角度来说,涂尔干指出了从传统社会向分工社会的发展,但从共时性角度来看,某一特定时点上的社会却是静止不动的。

② 参见〔法〕皮埃尔·布迪厄、〔美〕华康德:《实践与反思——反思社会学导引》,李猛、李康译,中央编译出版社1998年版,第17—19页。

③ 参见〔英〕安东尼·吉登斯:《社会的构成》,李康、李猛译,生活·读书·新知三联书店1998年版,第89—90页。

体)的创造性或自由与社会结构之间的辩证关系:社会结构既是个体行动的前提又是它的后果,个体既受到社会结构制约又改变着社会结构本身。于是在场域或社会结构的狭窄的缝隙中,个体艰难地找到了发挥能动性的自由空间。

还是麦克尼尔为我们提供了一个契约法上的例证。麦克尼尔虽然强调了契约最主要的来源是社会,但同时他也没有完全否认契约的自由选择因素,他说:

> 如果从契约的概念中去掉了选择,那么,世界上最好的契约当事人就不是人类,而是群居性的昆虫,特别是蚂蚁了。没有意志自由——真实的、想象的或假定的意志自由,契约在概念上就不能同遗传而定的劳动的专业化和产品交换区别开。但是,请注意,契约概念并不要求选择是真实的,只要我们像是在选择一样行为就可以了。①

这一段论述显示了麦克尼尔的矛盾:他的目的是要把契约嵌入社会关系之中,发现契约中的"非允诺机制"的重大意义,但契约的存在确实意味着自由的选择。最后麦克尼尔还是承认了个别性契约的作用,他说把交易从社会背景中分离出来是一种人为的技术,通过这种技术,个别性契约具有一种"精确性"和"调焦性"的作用,"它使人们在一定时间内考虑一件事情——专心致志——这是许多人类努力的至关重要的因素"②。现代社会的法律发展证明了古典契约法的自由理念确实受到沉重的打击,使得契约被拉回到社会现实中,但人毕竟是具有能动性的社会行动者,他为了应对环境的变化时刻采取着策略性的行动,所以我们不能完全否认契约中的自由因素,至少契约还有麦克尼尔所说的"触发性作用",至少"我们像是在选择一样行为就可以了"。

---

① 〔美〕麦克尼尔:《新社会契约论》,雷喜宁、潘勤译,中国政法大学出版社1994年版,第3页。
② 〔美〕麦克尼尔:《新社会契约论》,雷喜宁、潘勤译,中国政法大学出版社1994年版,第57页。

请求权基础实例研习教学方法论*

法学是一门实践性学科。法学教育的基本目的在于培养学生认识法律、具有法律思维、具有解决法律争议问题的能力。[①] 为此，法学教育中最直接有效的方法，就是引入案例教学方法。英美法系法律教育采用兰德尔教学模式（Landellian），让学生大量阅读判例，以法院判例作为主要教学内容，训练学生解决问题的技能。[②] 大陆法系的主要法律渊源是成文法，法学院的专业课程一般是教师从法学概念、规则和原理出发进行讲授，因此需辅之以大量的案例教学，以利于学生将抽象的理论转化为可运用的知识储存。其中，德国法学教育中的"案例研习课"（Klausurenkurs）最具特色，它是为配合每一部门法的讲授，为深入领会教学知识点而由学生不断练习的案例分析课程，可以扎实有效地训练学生的解决问题能力，并习得参加国家法官资格考试的必要技能。我们时常感叹德国法学界每一时代都有群星闪耀般的法学家，但其实这些伟大法学家的成就都离不开案例研习这项基本功训练。如德国科贝尔（Körber）教授说："领会和理解生活事实，并依据法条、判决和学说去判断

---

* 本文为上海财经大学"高年级研讨课——民法请求权基础案例研习"教学项目研究成果。原载《法治研究》2018年第1期。
① 参见王泽鉴：《民法思维——请求权基础理论体系》，北京大学出版社2009年版，第2页。
② 参见何美欢：《论当代中国的普通法教育》，中国政法大学出版社2005年版，第110页以下；聂鑫：《美国法学教育模式利弊检讨》，载《环球法律评论》2011年第3期。

其中蕴含的法律争议,即解答案例,是每一法律人的日常功课。"① 可以说,案例研习课是德国法学在世界范围内成为典范的教学基础。

德国法学教育的案例研习课已被一些大陆法系国家或地区继受或效仿。② 在我国大学的法学教育中,是否适合引入该教学方法是一个尚待理论和实践检验的命题。③ 于 2015 年 3 月开始,笔者亦尝试在上海财经大学,每学期为法学本科大二、大三年级学生开设"民法请求权基础案例研习课"。该课程开设迄今已四年,现由笔者撰文将五个学期的教学经验和心得分享于众,并对这一教学方法的诸多困惑和疑虑求教于同行。

一、德国法学教育中的案例研习课

在德国从事法律职业,无论是法官还是检察官、律师或公证员,都必须首先取得法官资格。④ 根据《德国法官法》第 5 条的规定,在大学阶段完成法学专业学习并通过第一次国家考试,然后完成"见习服务"并通过第二次国家考试,才能取得法官资格。据此,德国法学教育分为两个阶段:①大学教育。根据《德国法官法》第 5a 条第 2 款的规定,大学教育的内容包括必修科目和选修科目,前者包括民法、刑法、公法和程序法等,后者是补充和加深必修课程以及跨学科和国际化方面的科目。②见习服务。根据《德国法官法》第 5b 条的规定,见习服务为在普通法院、检察院、行政机关、律师事务所等见习 2 年。

---

① Körber, Zivilrechtliche Fallbearbeitung in Klausur und Praxis, JuS 2008, 289. 原文如下:Es ist das tägliche Brot des Juristen, Lebenssachverhalte zu erfassen, auszulegen und über darin enthaltene Streitfragen von Gesetz, Rechtsprechung und Lehre zu entscheiden, kurz: Fälle zu lösen.

② 参见王泽鉴:《民法思维——请求权基础理论体系》,北京大学出版社 2009 年版;蔡圣伟:《刑法案例解析方法论》,元照出版有限公司 2014 年版。我国国家法官学院与德国国际合作机构(GIZ)十多年前即已在民法、行政法、刑法的法律适用方面举办长期的法官培训班,大量采用德国法学教育的案例研习课模式。该培训班的组织者已将培训资料整理出版。例如,自 2012 年开始,中国法制出版社即陆续出版署名为"国家法官学院、德国国际合作机构"的《法律适用方法——合同法案例分析》《法律适用方法——行政法案例分析》《法律适用方法——刑法案例分析》等作品。

③ 参见卜元石:《德国法学教育中的案例研习课:值得借鉴?如何借鉴?》,方小敏主编:《中德法学论坛》(第 13 辑),法律出版社 2016 年版,第 45—57 页;季红明、蒋毅、查云飞:《实践指向的法律人教育与案例分析——比较、反思、行动》,李昊、明辉主编:《北航法律评论》(2015 年第 1 辑),法律出版社 2016 年版,第 214—228 页。

④ 参见韩赤风:《当代德国法学教育及其启示》,载《比较法研究》2004 年第 1 期。

德国大学法学教育以科学教育为目标,以实践运用为导向,其课程类型设置包括如下几种类型①:

①大课讲授(Vorlesung),以教师讲授和学生听讲为主。限于课堂时间有限和学生人数较多,教师在课上较少采用问答方式,课堂互动根据老师的风格而有所不同。

②专题研讨(Seminar),是教师引导和学生讨论为主的课程。参加课程的学生须在教师指导下作一个专题研究报告并回答教师和参加者的提问。

③案例研习课(Klausur),是以分析案例并进行系统训练为内容的课程。大课讲授和专题研讨偏重于理论学习,而案例研习课侧重实例训练。宪法和各部门法学科均开设相应的研习课。如在课堂上或考试中,须在一定时间段内完成案例分析,不用太多的学术资料和观点的佐证,又称课堂练习(Übung)。而研习者如在课下做案例分析,即家庭作业(Hausarbeit),要更多借助文献和判例,深化案例解答的科学性,达到与通常的法律科学研究相同的品质要求。②

④学习小组(Arbeitsgemeinschaft),是一种配合大课的集体辅导班,大致按民法、刑法和公法学科进行划分,由助教或博士生主持,以解决学习中的难点和进行案例分析训练为主。参加者通常为新生,每个小组人数约20人左右。

从一个中国法科学生或教师的眼光看,上述课程中,令参与者感到震撼的是案例研习课的形式、质量和数量。这种课程将法律问题通过案例形式提出,要求学生做大量的练习题,按步骤和层次把答案呈现出来。卜元石教授称:"这种训练课程把解决法律问题变得像解数学题一样步骤明确。"③德国大学法科学生自入学后即接受这种训练,直至通过国家法官资格考试。

---

① 参见韩赤风:《当代德国法学教育及其启示》,载《比较法研究》2004年第1期;邵建东:《德国法学教育制度及其对我们的启示》,载《法学论坛》2002年第1期;杜晓明:《德国法学教育简介》,载李昊、明辉主编:《北航法律评论》(2015年第1辑),法律出版社2016年版,第229—232页。以及结合笔者2011年在德国科隆大学法学院访学听课的经验体会。

② Vgl. Tettinger/Mann, Einführung in die juristische Arbeitstechnik, 4. Aufl., C. H. Beck, 2009, S. 179.

③ 卜元石:《德国法学教育中的案例研习课:值得借鉴? 如何借鉴?》,载方小敏主编:《中德法学论坛》(第13辑),法律出版社2016年版,第45—57页。

案例研习课的核心方法是"涵摄法"(或译"归入法",Subsumtion),即审查待决案件事实是否可归属(Zuordung)在某一法律规范的构成要件之下,得出法律效果是否发生的结论。具体步骤是:①选择和确定案件事实可能适用的法律规范(T);②将法律规范分解为各个构成要件(t1,t2,t3……),并逐一与案件事实(s1,s2,s3……)进行比较,判断具体事实是否可归入抽象的构成要件(涵摄)[①];③对每一个构成要件和案件事实的涵摄都进行审查,得出相应的是或否的中间结论;④一旦案件事实满足法律规范的每一构成要件,即可得出结论认为该案适用相应的法律效果(R);如果欠缺任何一项构成要件,则不发生该法律效果。[②] 可见,涵摄法的核心就是亚里士多德的三段论(syllogistischer Schluss),即大前提—小前提—推论。[③]

涵摄法的基本步骤
以《物权法》第34条的请求权基础分析为例

【案件事实】:A将新购的自行车停于路边,B见车锁未关,趁机骑车扬长而去。

第一步:总起句(待检验的请求权)

A对B可能基于《物权法》第34条享有原物返还请求权。

第二步:法律规范的构成要件(T)各个要素的分解、定义和说明

(《物权法》第34条:无权占有不动产或者动产的,权利人可以请求返还原物。)

T = t1, t2, t3, t4

t1 = 物权人(t1' = 所有权人; t1" = 有占有权能的他物权人)

t2 = 占有人(t2' = 直接占有人; t2" = 间接占有人)

t3 = 无权占有(t3' = 无约定权源; 3" = 无法定权源)

[①] 于此特别注意,不是将案件事实概括地归入法律规范之下,而应就构成要件的每一要素查明案件事实可否归入。参见 Heinemann, Übungen im bügerlichen Recht, De Gruyter, 2008, S. 18.

[②] 参见国家法官学院、德国国际合作机构:《法律适用方法——合同法案例分析》,中国法制出版社2012年版,第18页以下;〔德〕齐佩利乌斯:《法学方法论》,金振豹译,法律出版社2009年版,第47页。

[③] Vgl. Tettinger/Mann, Einführung in die juristische Arbeitstechnik, 4. Aufl., C. H. Beck, 2009, S. 143.

t4 = 有体物(t4' = 动产; t4" = 不动产)

第三步:将案件事实(S)的要素与构成要件比较和涵摄

S = s1, s2, s3, s4

s1 = A 购买了一辆新车

s2 = B 现在占有该车

s3 = B 未经 A 之允许骑走该车

s4 = 自行车

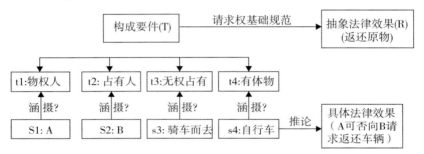

第四步:得出推论,说明是否适用法律规范的法律效果(R):
S 若可涵摄于 T 构成要件下,则适用 R 法律效果,原物返还请求权成立;若否,则请求权不成立。

表面上看,德国法学教育中的案例研习课以应试为目的,因为国家法官资格考试以这种案例题为主,大学里日常的案例研习亦与之保持一致。但正是通过这种精确乃至枯燥的案例研习训练,德国法科学生才得到法律思维的培养和锻炼:

首先,在案例解析过程中,为案件事实寻求解决问题的法律规范,一步步将事实涵摄到法律规范构成要件之下,将小前提与大前提对应,推导出结论。[①] 于此,三段论的严密逻辑确保法律适用的科学性。而且,解题者应客观仔细地将事实与法律规范对照比较,不遗漏、不增加任何事实因素和法律规范构成要件,确保法律适用的准确性。

---

① 严谨地说,从事实到规范并非简单地涵摄,而是一种双向的交流过程,案例分析者须以事实为基础选择法律、根据法律来筛选事实。参见〔德〕齐佩利乌斯:《法学方法论》,金振豹译,法律出版社 2009 年版,第 130 页。

其次,在案例解题过程中,法律规范的构成要件通过各种法律解释方法展开,包括文义解释、立法目的解释、体系解释,客观解释等,这些是涵摄的基础。[①] 学生由此学习如何采取适当的方法解释法律规范的含义。

再次,在疑难案例的解答中,研习者可能发现案件事实并不总是能够通过现有的成文法来解决,这是由事实的复杂性和法律的不周延性决定的。于此,解题者须考虑各种法律漏洞填补或法律续造的方法,对规范进行补充,包括类推、举重明轻、举轻明重等。[②] 案例研习使学生知晓法典或实定法之不足,须以批判精神,根据法律的目的,发展法律的内涵。

最后,在案例解题过程中,尤其是在家庭作业准备时间比较充裕的前提下,解题者将运用各种法律的素材进行写作,包括法典、教材、学说、判例等,从而使法学写作和研究能力得到了培养和提高。

总之,通过这种案例研习课的训练,德国法科学生在毕业时即能够掌握一套体系化的法律知识、分享法律职业共同体的思维方式、熟记法典条文及其解释,理解相关判例和学说,这种法学教育的内容和成果对于德国法治的安定性、明确性和统一性,意义深远。

二、请求权基础案例研习的方法论

1. 以请求权基础为案例思考的中心

德国法系民法主要围绕当事人之间的请求权展开各项法律关系,因而案例研习和考试主要是审查当事人的"请求权基础"(Anspruchsgrundlagen)。

这种方法论的出发点是提出"谁得向谁依据什么请求什么?"(Wer will

[①] 参见 Tettinger/Mann, Einführung in die juristische Arbeitstechnik, 4. Aufl., C. H. Beck, 2009, S. 129 ff.;王泽鉴:《民法思维——请求权基础理论体系》,北京大学出版社2009年版,第166页以下。

[②] 参见 Tettinger/Mann, Einführung in die juristische Arbeitstechnik, 4. Aufl., C. H. Beck, 2009, S. 158 ff.;王泽鉴:《民法思维——请求权基础理论体系》,北京大学出版社2009年版,第196页以下。

was von wem woaus?)①分析言之：

①"谁向谁"（Wer von wem）。请求权是相对权,在回答案例问题时须明确权利人针对哪一个义务人主张请求权。

②"请求什么"（Was）。进一步审查当事人主张要求什么,例如支付买卖价金、损害赔偿、返还原物或作出某种意思表示。②

③"依据什么"（Woraus）。权利人主张的内容须以某个法律规范为基础,这种能够确立请求权的法律规范称为"请求权基础"。请求权基础包括构成要件和法律效果两个部分。构成要件是适用该法律规定的前提条件,由数个要素组成。③ 法律效果是满足构成要件后得出的后果,一般对应着请求的内容。

民事法律关系当事人的权利不限于请求权,按照权利的作用分类,还有支配权、形成权和抗辩权。为何偏以请求权作为民法案例研习的中心呢？

首先,支配权表现为权利人直接支配客体并享受其利益,他人如不干涉,该权利即实现。只是支配权受侵害时,法律出于保护目的而赋予支配权人以请求权,如返还原物请求权[《中华人民共和国物权法》（以下简称《物权法》）第 34 条]、排除妨碍、消除危险请求权（《物权法》第 35 条）。换言之,支配权发生纠纷,最终反映为请求权问题；或曰,请求权是支配权的法律保护力。

其次,形成权也是相对权,须向对方主张。一般形成权的行使本身并非目的,例如解除权、撤销权、先买权等,权利人更想通过形成权的后果,实现返还财产、恢复原状、损害赔偿、给付财产等请求目的。因此在案例研习中,形成权的分析是一个中间的阶段,最终还是落实为请求权。④ 当然,如果案例

---

① 参见 Heinemann, Übungen im bügerlichen Recht, De Gruyter 2008, S. 6。王泽鉴教授将此提问表述为："谁得向谁,依据何种法律规范,主张何种权利。"王泽鉴：《民法思维——请求权基础理论体系》,北京大学出版社 2009 年版,第 41 页。英文对应可翻译为：Who Wants What from Whom on What Legal Basis? 参见国家法官学院、德国国际合作机构：《法律适用方法——合同法案例分析》,中国法制出版社 2012 年版,第 34 页。

② Vgl. Heinemann, Übungen im bügerlichen Recht, De Gruyter, 2008, S. 7.

③ Vgl. Heinemann, Übungen im bügerlichen Recht, De Gruyter, 2008, S. 7.

④ 例如因解除而请求具体权利,通常可表述为"某人对某人的某种请求权因合同解除而发生"。参见 Karl‐Heinz Fezer, Klausurenkurs zum Schuldrecht Allgemeiner Teil, 8. Aufl., Verlag Franz Vahlen, 2013, S. 110 ff.。

的问题以"是否可以主张解除"这样的方式提出,则上述"涵摄法"同样可以适用于形成权是否成立之分析。

再次,抗辩权是针对请求权而行使的权利,通常先有权利人主张请求权,被请求一方再主张抗辩权。若无请求权主张,抗辩权亦无行使之必要。在民法案例解题过程中,抗辩权的审查被置于"请求权是否可执行(durchsetzbar)"阶段予以考虑(详见下文)。

最后,从民事诉讼角度考虑,请求权对应给付之诉,形成权对应形成之诉,支配权对应确认之诉。通常提起确认、形成之诉的目的,最终在于请求一定给付。故而,以请求权为中心的民法案例研习,也具有诉讼实战的意义。①

2. 请求权基础案例研习的解题步骤

一份完整的德国式请求权基础案例研习报告(解题报告),包括案件事实和问题(题目)、解题结构(目录)、解题具体步骤和内容(请求权基础的审查)几部分。以下就关键步骤分述之。

(1)案件事实的领会和提取

请求权基础案例一般是出题者设计的课堂教学或考试案例。这些案例大都来源于真实的司法裁判,但并不巨细无遗地交代案件情节,而是简洁描述,抽取重要事实,并通常对应着教科书或法典中的某一民法知识板块或制度规整(Regelung)。而且,案例事实本身一般不设置争议,不需考虑举证问题。由此可见,请求权基础案例研习并非"实务训练课",而是基础理论练习课,它不是教导学习者如何操作和办理实务案件,而是培养扎实的法律理论功底。

案例研习者在解题之前,先要审读和把握案件事实,并区分重要的和非重要的情节,尤其是不能遗漏那些具有法律意义的事实。准确把握案件事实,要求解题者须在事实与规范之间不停地"目光往返流转":一方面,所要适用的法律规范表明哪些事实是重要的;另一方面,这些事实也决定可适用

---

① 参见田士永:《民法学案例研习的教学实践与思考》,载《中国法学教育研究》2011 年第 3 期。

的规范。①

案例事实的核心要素是当事人之间发生的能够产生权利义务变化的法律事实,如合同、侵权,以及权利义务的标的,如动产、不动产。此外,当事人、时间和地点对于解决案例问题也有辅助作用,涉及行为能力、时效、履行地等。

此外,梅迪库斯建议借助辅助手段领会案件事实:其一,以示意图的方式勾勒当事人之间的关系,即展示当事人的关系结构;其二,将案件中的所有事实按时间顺序排列,这尤其对一些不动产登记的顺位、债权让与的先后具有特别重要的意义。②

(2)请求权基础审查的步骤

撰写一份严谨的请求权基础案例研习报告,须遵循如下三个步骤:即请求权是否产生?请求权是否消灭?请求权是否可执行?

①请求权是否产生?(Anspruch entstanden?)

在这一阶段,首先从积极方面考察,案件事实是否符合(假定)可运用的请求权基础。如果请求权基础构成要件的每一要素都获得满足,可以判定请求权成立。③ 此处的核心方法是前述的涵摄法。然后,再从消极方面审查,案件事实中有没有使权利产生障碍的抗辩事由(权利阻却之抗辩),例如当事人无行为能力、意思表示无效、合同不成立或被撤销、附生效条件的法律行为条件未成就,等等。④

②请求权是否消灭?(Anspruch untergegangen?)

这一阶段审查有没有导致已经产生的请求权发生消灭的后果,即考虑权利毁灭之抗辩。例如,合同的清偿、免除、抵销、解除、给付不能、附解除条件

---

① 参见 Medicus, Grundwissen zum Bürgerlichen Recht, ein Basisbuch zu den Anspruchsgrundlagen, 8. Aufl., Carl Heymanns Verlag, 2008, S. 6;王泽鉴:《民法思维——请求权基础理论体系》,北京大学出版社2009年版,第30页。

② Vgl. Medicus, Grundwissen zum Bürgerlichen Recht, ein Basisbuch zu den Anspruchsgrundlagen, 8. Aufl., Carl Heymanns Verlag, 2008, S. 6 ff.

③ Vgl. Brox/Walker, AT des BGB, 34. Aufl., Verlag Franz Vahlen, 2010, Rn. 856.

④ Vgl. Brox/Walker, AT des BGB, 34. Aufl., Verlag Franz Vahlen, 2010, Rn. 857. Heinemann, Übungen im bügerlichen Recht, De Gruyter, 2008, S. 16.

法律行为的条件成就,等等。①

③请求权是否可执行? (Anspruch durchsetzbar?)

这一阶段审查有没有阻碍请求权执行的事由,即权利障碍之抗辩(私法上的抗辩权)。抗辩权须被告主张才可适用,例如诉讼时效抗辩权[《中华人民共和国民法总则》(以下简称《民法总则》)第 192 条第 1 款]、同时履行抗辩权[《中华人民共和国合同法》(以下简称《合同法》)第 66 条]、人身性给付或履行费用过高之抗辩权[《合同法》第 110 条第(二)项],等等。

以上三个步骤是审查请求权基础的完整要求。当然,在个案中,并不总是存在请求权的消灭或请求权执行障碍的事由,因此,在撰写解题报告时,对请求权的产生必须进行审查,而后两个步骤,仅在有案件事实根据时才予以审查②,也即后两个步骤在一般的解题报告中可以省略。

(3)请求权基础的审查顺序(Prüfungsreihenfolge)

在同一案件事实中,当事人之间可能发生数项请求权。于此,须依循请求权基础的审查顺序,逐一考察。德国民法教学中,根据各个请求权基础的特点或优先性考量,按照合同请求权—类似合同请求权—无因管理请求权—物权请求权—侵权行为请求权—不当得利请求权,这样的顺序进行思考和解题。具体理由如下:

①合同请求权

合同要体现私法自治原则,如果当事人之间的合同约定了权利义务关系,应首先对其尊重。如果存在其他请求权的可能,会受合同的影响。③ 具体言之,如果存在合同关系,管理他人事务构成委托(《合同法》第 396 条),不成立无因管理。如果根据合同关系占有他人之物,通常不发生无权占有(《物权法》第 241 条),从而排除"所有权人—无权占有人"规则的适用。如果基于合同取得他人财产利益,也不符合不当得利中的"无法律上原因"。而侵权行为的请求权,可能被合同修改或排除(合同约定可以排除侵权行为违法性),或者合同法可能有减轻责任的规定(如《合同法》第

---

① Vgl. Brox/Walker, AT des BGB, 34. Aufl., Verlag Franz Vahlen, 2010, Rn. 858; Heinemann, Übungen im bügerlichen Recht, De Gruyter, 2008, S. 16.
② Vgl. Körber, Jus 2008, 289.
③ Vgl. Heinemann, Übungen im bügerlichen Recht, De Gruyter, 2008, S. 10.

374条）或约定。

合同请求权可分为原初的给付请求权和次生的救济性请求权。前者如《合同法》第60条第一句的履行请求权,第135条的买受人交付标的物并转移所有权的请求权、第159条的出卖人价金请求权。后者如《合同法》第107条的实际履行、采取补救措施、损害赔偿请求权,第111条的瑕疵担保请求权,第97条的解除后恢复原状、损害赔偿请求权,以及《合同法》分则规定具体合同的违约救济请求权,于此不一一列举。

②类似合同请求权

如果合同未成立或无效、被撤销,但当事人基于缔约磋商应尽到照顾、保护缔约对方权益的义务,若有违反应承担缔约过失责任。由于其接近于合同请求权,因而紧随其后予以审查。①

根据我国民法,类似合同的请求权包括如下几类：

其一,《合同法》第42条的缔约过失请求权,第43条的缔约中违反保密义务的损害赔偿请求权。

其二,《合同法》第58条、《民法总则》第157条的法律行为或合同无效、被撤销或确定不发生效力后,发生返还财产、折价补偿、损害赔偿等请求权。

其三,《民法总则》第164条第2款的代理人与相对人恶意串通,损害被代理人权益,被代理人向二者主张连带责任的请求权。

其四,《民法总则》第171条第3款的无权代理人因代理未被追认时,善意相对人得请求其承担履行债务或损害赔偿的请求权。

③无因管理请求权

接着审查无因管理请求权的理由有如下几点：无因管理人就管理行为所生之必要费用得向受益人请求偿还（《民法总则》第121条）是一种特殊的法定之债；无因管理的管理人并非侵夺占有或妨碍物权,从而排除物权请求权；无因管理的行为阻却违法,不构成侵权行为；无因管理人因管理他人事务获得财产利益,并非"无法律上原因",不构成不当得利；无因管理人通常有责任优待（参见《德国民法典》第680条）,与其竞合的侵权请求权也同样如

---

① Vgl. Brox/Walker, AT des BGB, 34. Aufl., Verlag Franz Vahlen, 2010, Rn. 842.

此。① 例如,《民法总则》第 184 条规定自愿实施紧急救助造成受助人损害的,救助人不承担责任。

④物权请求权

物权请求权之所以先于侵权和不当得利请求权被审查,首先是因为物权法中就侵害或妨碍他人之物有特殊规定,从而排除侵权行为或不当得利的一般规定。② 例如,《物权法》第 107 条规定失主有追回遗失物的请求权。再例如,《物权法》第 242 条至 244 条规定"所有权人—无权占有人"之间的特殊规则,据此,无权占有人造成物之损害的,恶意占有人承担赔偿责任,由此反面推论,善意占有人不负赔偿责任;善意占有人返还原物时可向所有权人请求支付必要费用;无权占有人无法返还原物,但应当返还由物之毁损、灭失产生的保险金、赔偿金或补偿金。

再者,相较于侵权损害赔偿请求权而言,《物权法》上典型的原物返还请求权(第 34 条)、排除妨碍和消除危险请求权(第 35 条)、占有保护请求权(第 245 条)不以过错为要件。

最后,物权变动常为侵权行为或不当得利的前提问题。③

⑤侵权行为请求权

因为侵权行为(包括危险责任)请求权不是其他请求权的前提,故而靠后审查。④ 在审查侵权请求权之前,须审查是否存在特殊的约定或法律规定。

狭义的侵权请求权仅指损害赔偿请求权。但《中华人民共和国侵权责任法》(以下简称《侵权责任法》)采取广义的侵权责任理解,包括保护物权之类绝对权的停止侵害、排除妨碍、消除危险责任,以及非损害赔偿性质的赔礼道歉、消除影响、恢复名誉等责任形式(《侵权责任法》第 15 条)。此外,《侵权责任法》还有所谓"非真正侵权责任"⑤,包括第 23 条的受益人适当补偿责任、第 31 条的紧急避险的牺牲请求权、第 24 条和第 33 条的损失分担责任。根据实定法,上述责任形式,都可算入广义的侵权请求权。

---

① Vgl. Heinemann, Übungen im bügerlichen Recht, De Gruyter, 2008, S. 10.
② Vgl. Heinemann, Übungen im bügerlichen Recht, De Gruyter, 2008, S. 10.
③ 参见王泽鉴:《民法思维——请求权基础理论体系》,北京大学出版社 2009 年版,第 99 页。
④ 参见王泽鉴:《民法思维——请求权基础理论体系》,北京大学出版社 2009 年版,第 60 页。
⑤ 张谷:《论〈侵权责任法〉上的非真正侵权责任》,载《暨南学报》2010 年第 3 期。

就请求权基础而言,一般过错的侵权请求权基础是《侵权责任法》第 2 条第 1 款和第 6 条。特殊侵权责任请求权和危险责任请求权基础存在于《侵权责任法》第四章至第十一章,于此不赘。

⑥不当得利请求权

不当得利请求权的基本依据是《民法总则》第 122 条。如果存在合同或无因管理,将会排除不当得利。与物权请求权相比,物权人可能因物之灭失而无法主张原物返还,例如以他人油漆粉刷自己的围墙,但会发生不当得利。侵权请求权与不当得利请求权并没有逻辑上的先后顺序①,但相比而言,一般侵权请求权以过错为要件,而不当得利则不需要存在过错。例如,不知他人之物而为处分,获得对价利益。于此处分人因缺少过错而不构成侵权,但成立不当得利。② 基于上述理由,最后考虑不当得利请求权。

以上是关于请求权基础审查顺序的一般规律,此外还须补充如下两点:

第一,如果请求权基础审查后,有数项请求权均得成立并可执行,则构成请求权聚合或请求权竞合。前者是指数个请求权可以同时并行主张;后者是指同一给付目的的数个请求权并存,但当事人仅得选择其一行使。③ 请求权聚合或竞合时,每一请求权的构成要件、举证责任和诉讼时效可能存在差异,案例研习虽是理论训练,但也是为法律实务做准备,既反映法律思考的严谨性,也要考虑当事人的利益。因此,案例研习者必须通盘检讨所有可能成立的请求权基础,切勿任意选择一个请求权基础作答。④

第二,上述请求权审查的顺序和体系是以民事财产法上请求权为中心构建的,而亲属法和继承法上的请求权并未纳入进来。⑤ 这主要因为在亲属法和继承法上,根据不同法律关系和事实的情状,发生不同种类的请求权,不具

---

① Vgl. Heinemann, Übungen im bügerlichen Recht, De Gruyter, 2008, S. 10 f. Körber, Jus 2008, 289.
② 参见王泽鉴:《民法思维——请求权基础理论体系》,北京大学出版社 2009 年版,第 60 页。
③ 参见王泽鉴:《民法思维——请求权基础理论体系》,北京大学出版社 2009 年版,第 130—131 页。
④ 参见王泽鉴:《民法思维——请求权基础理论体系》,北京大学出版社 2009 年版,第 134 页。
⑤ 梅迪库斯主张,亲属法上抚养费请求权或继承法上的特留份请求权,应在上述体系中的第二顺序即类似合同请求权之后予以审查。参见 Medicus, Grundwissen zum Bürgerlichen Recht, ein Basisbuch zu den Anspruchsgrundlagen, 8. Aufl., Carl Heymanns Verlag, 2008, S. 13。但梅迪库斯并未展开为何如此安排的理由。田士永将亲属法和继承法上请求权排在财产法请求权之后。参见田士永:《民法学案例研习的教学实践与思考》,载《中国法学教育研究》2011 年第 3 期。

有可比性,例如子女扶养费请求权和遗产回复请求权,不像财产法上请求权那样可以按照事理的逻辑进行体系性安排。因此,亲属法和继承法上的请求权在案例研习中,应分别具体考虑之。

3. 案例研习中的法条运用

撰写请求权基础案例解题报告,除依循上述的步骤和顺序外,对于法条的理解和运用也很关键。

在案例研习中,解题者主要围绕请求权基础规范展开,但也不可忽略其他法律规范的运用。例如,根据《物权法》第 34 条的规定,物权人欲主张对于无权占有人的返还原物请求权,须首先确定物权人是谁。于此,关于物权变动的规定(如《物权法》第 9 条、第 23 条)或所有权取得的规定(如《物权法》第 106—116 条),有助于确定物权的归属。此类规范为"辅助性规范"(Hilfsnormen)。① 此外,反对请求权的规定,例如合同无效(《合同法》第 52 条)、诉讼时效的效力(《民法总则》第 192 条第 1 款),在请求权基础审查的每一阶段都可能涉及。此类规范为"反对性规范"(Gegennormen)。②

撰写解题报告须运用各种法律解释方法,展开法律规范的内涵分析,并为正确地进行"涵摄"奠定基础。③ 涉及的法律解释方法包括文义解释、立法目的解释(历史解释)、体系解释、客观目的解释、合宪性解释等。但在很多疑难案例中,研习者可能发现,通过法律解释,案件事实并不能准确涵摄进入相关法律规范(尤其是请求权基础),即存在立法者规整计划的漏洞(公开的漏洞)。简单的法律解释并不足以应付案例解决,需要借助于法律续造方法,包括类推、举重明轻、举轻明重、目的性扩张等。此外,在解释运用法律时,也可能发现虽然案件事实能够涵摄进入法律规范,但其实该法律规范的字面含义过宽,根据其目的不宜适用于该案,由此发生"隐蔽的法律漏洞",须对其

---

① Vgl. Medicus, Grundwissen zum Bürgerlichen Recht, ein Basisbuch zu den Anspruchsgrundlagen, 8. Aufl., Carl Heymanns Verlag, 2008, S. 11.
② Vgl. Medicus, Grundwissen zum Bürgerlichen Recht, ein Basisbuch zu den Anspruchsgrundlagen, 8. Aufl., Carl Heymanns Verlag, 2008, S. 11.
③ Vgl. Tettinger/Mann, Einführung in die juristische Arbeitstechnik, 4. Aufl., C. H. Beck, 2009, S. 130.

进行目的性限缩。①

案例研习中运用到大量法律条文,使解题者的法律适用能力得到锻炼,并结合案例留下深刻的印象,非一般教学授课可比。正如王泽鉴教授所言:"背诵记忆法律条文,不求甚解,易于忘记。经由深刻思考,亲身体验应用的条文,将成为法律人生命的法律细胞,终生难忘。"②

三、请求权基础案例研习课的教学实践

1. 请求权基础案例研习课程立项与实施

自 2015 年起,笔者在所任教的上海财经大学申请获得"上海财经大学高年级研讨课——民法请求权基础案例研习"的课程建设立项,开展教学尝试,迄今已连续四年。兹就课程规划与实施情况略作经验介绍。

(1)授课对象

与德国法学院在大学一年级就开始的,作为法学专业课配套的案例研习课不同,笔者开设的"民法请求权基础案例研习"的选课对象是法学院大二、大三的本科生,在选课之前已经学习过"民法学"。这主要是考虑到大多数法学院一年级本科生的民法专业基础知识薄弱,在学习民法之后,以案例研习方式熟悉和巩固民法知识体系效果较好。

(2)授课人数

民法请求权基础案例研习课授课两个学期,分(一)(二)两个阶段,每一班级以 30 人为上限,第一学期两个班级,总共不到 60 人;第二学期选课人数较少,通常不到 30 人,这接近于德国法学院案例研习课的规模。选课人数下降的原因是多方面的,例如大三本科生的其他法学专业课负担较重,上海财经大学三年级本科生出国学习机会较多等。据笔者调查和分析,主要的原因更可能是案例研习需要付出大量的时间精力撰写解题报告,对于国内大学文科普遍缺乏动手写作锻炼的学生而言,或许是一项负担。

(3)案例研习报告要求

就请求权基础案例研习报告的写作要求而言,包括:①在一学期之内撰

---

① 关于公开的法律漏洞和隐蔽的法律漏洞及其填补方法,参见〔德〕卡尔·拉伦茨:《法学方法论》,陈爱娥译,商务印书馆 2003 年版,第 258 页以下。
② 王泽鉴:《民法思维——请求权基础理论体系》,北京大学出版社 2009 年版,第 235 页。

写6~7篇解题报告,并至少课堂口头汇报1次;②在格式方面,要求按照德国式请求权基础分析解题模式(请求权是否产生?请求权是否消灭?请求权是否可执行?),以涵摄法为核心撰写报告;③在内容方面,要求全盘、依次审查各项请求权基础,按照合同、类似合同、无因管理、物权、侵权、不当得利的顺序,检索当事人的请求权;④在研究方法上,要求学生的解题报告须突出民法学理的要点和争点,妥当运用法律解释方法,适当进行类推等法律续造。⑤在学术规范方面,严格要求学术规范包括参考文献和引注,且每篇案例解题报告字数一般在8 000字以上。

尤其值得提出的是,解题报告的研究重点须置于案例主要争点上。尽管案例事实本身蕴含很多法律意义,例如民事主体、意思表示一致、违约、侵权、不当得利等,但出题者的目的一般是特别强调案例中的某一典型法律问题。因此,在撰写案例解题报告时,应将次要的事实和问题忽略,而集中解决主要矛盾。否则,着力点发生偏差,发生"错置重点"(fehlerhafte Schwerpunktsetzung),将达不到案例教学的效果。① 例如,明明案例中民事主体的行为能力或意思表示一致毫无疑问,解题报告者还探讨这些问题,就属无端浪费笔墨了。这个现象在第一学期比较突出,而在第二学期,学生们基本就能掌握重点,以主要问题为导向思考和解题。

(4)民法学知识点分布

就本课程的教学知识点看,笔者一般将考察重点放在民法总则、债权法和物权法三部分。就近年来的教学实践看,课程内容主要涉及意思表示和法律行为、代理、诉讼时效、合同成立、合同效力、合同变更、合同终止、有名合同、物权变动、物权保护、善意取得、抵押权、一般侵权责任以及不当得利等。一方面因为这三块民法内容是最为基础和常用的民法制度,另一方面模仿的德国式请求权基础审查顺序也是限于财产法领域。因此亲属法和继承法的案例未尝涉及。

(5)案例题目

如何选择案例题目令笔者颇费思量。田士永教授提出民法案例研习课

---

① 参见蔡圣伟:《刑法案例解析方法论》,元照出版有限公司2014年版,第37页。

请求权基础实例研习教学方法论 335

的题目应具有"启发性、现实性和综合性",以便发挥学生学习的主体性。①鉴于此,笔者在教学中使用的案例,有些是根据教学目的需要而构造假设的案例,有些是真实司法案例的改编。但无论何者,一般都简明清晰地限定事实,避免解题者感到事实不清,杜绝解题者自己假设和补充可能的事实。案例中反映的民法知识点,不能过于简单直接,否则如同教师日常讲课中的"举例",只是对于抽象概念或规则的印证而已,达不到案例研习教学的效果。因此,笔者在案例设计中经常会设置一些疑难或障碍,甚至是法律并无明文的情形,由此解题者才能体会到法律实践问题的复杂艰难。

案例题目的选择和设计可以突出一些热点和趣味话题。例如,笔者在案例研习教学中,选用一些热点问题,例如一物二卖、借名买房、冒名买房、虚假买卖等,甚至改编趣味新闻案例②,这些问题本身在民法理论上极具争议性,本科生对此撰写案例解题报告殊非易事。

(6)教学实施和进度安排

笔者开设的案例研习课程教学流程一般如下:①第一次课,教师公布案例,并提示性讲解案例的重点和难点,对于特别疑难案例会列出一些权威参考资料;②学生在课下用至少2天的学习时间撰写案例解题报告;③第二次和第三次课,课堂上由2~3名同学结合书面作业进行口头汇报,其他同学和任课教师参加讨论,最后由教师分析点评并总结;④三次课后,全体学生课后提交案例解题报告,由助教初步打分;⑤进入下一个案例教学;⑥教师最终给学生一学期的6~7篇案例解题报告总评打分。

2. 请求权基础案例研习课的教学效果与反思

"上海财经大学高年级研讨课——民法请求权基础案例研习"立项时曾规划的教学目的包括:①有助于学生形成民法思维;②培养学生熟练地运用法律条文解决案例问题,能够精确寻找和分析请求权基础以及考虑相应的抗辩事由;③培养学生查找收集文献资料和"法源"(包括重要判例)的能力;④锻炼和提高学生法学文章的写作能力。从笔者近几年来的教学实施情况

---

① 参见田士永:《民法学案例研习的教学实践与思考》,载《中国法学教育研究》2011年第3期。

② 参见朱晓喆:《"切糕王子"案》,载李昊、明辉主编:《北航法律评论》(2015年第1辑),法律出版社2016年版,第314—332页。

看,坚持完成两学期课程学习的同学们,基本能够达到上述教学目的。而且,通过案例研习教学还附带得出一些意想不到的收获。兹可总结教学效果如下。

(1)解答案例的方法能力

法学教育最终指向实践问题的解决,但对于中国大学法学院大一新生而言,面对老师提出的民法或刑法案例,同学们可能时常感到无从下手回答问题,或毫无章法,或诉诸直觉情感。于是,在一般的课程考试中,学生可能简单模糊地依据法条或法理给出一个答案或结论,而不求案例解决的论证过程。在学习请求权基础案例研习课后,学生们学会如何将法律规范构成要件进行分解阐述、如何将案件事实"涵摄"进入相应法律规范,以及如何按步骤、按条理解答问题,尤其是全盘、依次审查请求权基础,不遗漏请求权人的重要权利和相对方的抗辩事由,有助于养成缜密的民法思维。

(2)科学的论证说理能力

法学是一门技艺,也是一门科学。法律的科学性很大程度上在于法律理论的"可审查性"(可检验性),尤其是要经受住逻辑上和评价上的无矛盾审查。[①] 在案例研习报告撰写和课堂讨论中,学生和教师运用三段论,确保从大前提、小前提到结论推演的合理性。在此过程中的每一步骤,如案例事实的提取、法律规范构成要件的分析和解释、事实到规范的涵摄、推导结论、由中间结论到最终结论,都一一展现出来,每一步都应当避免逻辑上或评价上的矛盾。如果其中任何一步出现瑕疵或缺漏,研习者自己或其他评阅者都可能发现问题所在,促其改正。通过案例研习课训练,学生养成一种有逻辑的、价值连贯的说理能力,对于学生们将来讨论和判断所有法律问题和社会现象,都有着深远影响。

(3)文献检索和写作能力的提高:从"看着学"到"写着学"

在一般的法学讲授课程中,学生是被动的知识接受主体,而在案例研习课上,学生是主动的知识发现和解决问题的参与者。法律概念和法律规范的理解存在诸多法理的争议,而对于同类型案例,各个理论家和实务部门也会给出不同的答案。相比于传统授课追求确定的法学知识体系和标准答案而

---

① 参见〔德〕卡尔·拉伦茨:《法学方法论》,陈爱娥译,商务印书馆2003年版,第326页以下。

言,案例研习课不预设"唯一正解"。因此,学生们究竟选择或支持哪一种法律解释和答案,端在自己的判断,而自我判断的形成必须参考大量的理论文献。于是,失去标准答案指引的学生们,通过查找和解读法条、文献资料,对照案例事实,形成自己的答案,并行之于文。由此,学生们逐渐完成从被动听讲到主动学习的转换过程。

由于本课程案例报告主要采取"家庭作业"形式,学生在课下有充分的准备时间。据笔者调查了解,通常一篇完整的案例研习报告,学生需要花费2～3整天时间查阅资料和完成写作。对于大二、大三的法学专业本科生而言,完全可以胜任这样的研习和写作任务。笔者进一步设想,倘若每门法学专业课都开设这样配套的案例研习课,学生的学习任务虽然很重,但对各门法学专业课的掌握一定会更牢固,从而不至于出现"考前疗养院,考试疯人院"的法学院笑话。

法律职业的合格人才,不仅须具备内在的法律分析、案例解决能力和口头表达能力,而且因为法律职业者日常还面对大量的文字处理工作,以及疑难业务中的理论研究工作,法学院的教学也必须使学生具备一定的法学研究和写作能力。笔者开设案例研习课的重要目的也在于培养这种能力。[①] 按王泽鉴教授的说法,法学案例研习教学是从"看着学"到"写着学"。

(4)教学观的改进

传统的授课教学方法,以教师传授知识为主,教师是知识权威。而案例研习课的作业准备和课堂发言讨论都是以学生为中心,以发现和解决案例中的问题为目的,教师只是引导和辅助,并非终局答案的设定者,由此可以极大发挥学生的学习主动性。在案例教学过程中,教师与学生一样是"平等的知识发现者、解决问题的探索者",实现了师生在教学上的平等和民主。[②] 而且,案例和法学问题的答案本就存在自由开放的讨论空间,以笔者的经验而言,即使出题的教师,也可能没有预料到案例隐含着未被揭示的其他法律问题,而恰在学生之间及与教师的论辩和讨论过程中,各方一同发掘出案例和

---

① 德国法学教育中的"家庭作业"(大型案例分析)正是达到这种作用。参见卜元石:《德国法学教育中的案例研习课:值得借鉴? 如何借鉴?》,载方小敏主编:《中德法学论坛》(第13辑),法律出版社2016年版,第45—57页。

② 参见田士永:《民法学案例研习的教学实践与思考》,载《中国法学教育研究》2011年第3期。

法条蕴含的其他意义,甚至可能修正教师事先设想的答案。更有学生通过周密地检索法律和相关文献,提供与众不同的解题思路和依据,使得教学课堂焕发思想碰撞的色彩。这种教学相长的效果是普通讲授课程达不到的。

(5)教学的疑难与反思

笔者实施请求权基础案例研习教学,首先感到困惑的问题是,德国式民法请求权基础解题方式的形式意义是否大于实质意义?由于这种案例解答模式,要求学生严格遵循涵摄的方法和请求权基础的审查步骤,学生往往套用了解题格式,但对于案例中实质的法理问题却可能轻描淡写。案例研习的解题思维和步骤固然保障了推导过程的逻辑性与可审查性,但也有可能流于形式主义,框定了学生的思考范围。为克服这一弊端,教师应多注重引导学生发掘案例中的法理并督促学生查阅文献资料,在研究问题的基础上,撰写案例解题报告。

其次,案例研习的逻辑核心是三段论演绎法,它确保了从大前提到结论推导的准确性。但这种演绎法产生如下两种不恰当的印象:其一,法律命题似乎都可以从抽象的一般命题中推演出来;其二,法律适用过程就是将案件事实投入法律"自动售货机",即可产生想要的答案。而当代的法理学研究表明,演绎是纯粹分析性的推论,从一般命题到下位阶命题的推论,不能扩展我们的新知。如阿图尔·考夫曼所说,德国法学教育中广泛使用的"涵摄",只是确认已获得了法律结果,或者说只是一种事后的正确性控制机制。① 在考夫曼看来,演绎—涵摄方法,更多是一种事后的结论展示方法,忽略了案件事实与规范之间真正建立起关联的"类比"。② 齐佩利乌斯也认为,案件事实涵摄于法律规范之下,并非法律规定的要素在具体案件中完全一致的"重新发现",它实际上是一种"同等评价"(Gleichbewertung)。③ 拉伦茨则认为将"涵摄"改称更具包容性的"归属"(Zuordnung)或许更为恰当。④

基于上述理论反思可知,在案例研习中,如果不注意涵摄方法的片面性,

---

① 参见〔德〕阿图尔·考夫曼:《法律获取的程序——一种理性分析》,雷磊译,中国政法大学出版社2015年版,第2—5页。
② 参见〔德〕阿图尔·考夫曼:《法律获取的程序——一种理性分析》,雷磊译,中国政法大学出版社2015年版,第127页以下。
③ 参见〔德〕卡尔·齐佩利乌斯:《法学方法论》,金振豹译,法律出版社2009年版,第141页。
④ 参见〔德〕卡尔·拉伦茨:《法学方法论》,陈爱娥译,商务印书馆2003年版,第154页。

可能使得学生认为案例的解答十分容易就从大前提和案件事实推导出来。而在一些疑难案件中,事实能不能涵摄(或归属)到相应的法律规范构成要件之下,存在着重大争议,例如考夫曼一再讨论的刑法案例:硫酸是否加重抢劫罪中的"持有武器"? 于此已经涉及法律规范本身的解释,而不单纯是事实认定问题。① 因此,涵摄的思维其实是事实与法律之间的双向交流澄清的过程,是一种"同等评价"或"类比"。笔者在案例研习课的实践中,适当提高一些案例事实的难度,目的也是让学生们领悟到事实与规范之间的复杂联系。例如,在"冒名行为"案例中,究竟适用无权代理还是善意取得,并不能一眼望穿,而必须从理论上论证其更适合归属在哪一类法律规范之下。

再次,中国大学法学院较少开设文献检索类课程。案例研习课要求学生自主查阅文献资料,撰写解题报告,但在缺乏文献检索方法指引的前提下,学生起初查找和使用文献如"瞎子摸象",不分著作、文章的质量,只要是与问题相关的就复制粘贴过来。甚至直接从"百度"搜索,随便链接一个网址,就算找到文献依据。这种解题报告的严谨性和科学性会大打折扣。因此,笔者不得不花费一些课堂时间,对中国法律的文献资料类型和权威性作基本介绍,并对如何检索重要文献进行方法指导。而这些并不是案例研习课本应负载的教学内容。

最后,案例研习解题报告也是一种法学写作文体,即"鉴定体"(Gutachtenstil)②,它要求按"案例问题—提出规范—涵摄—结论"这样的写作顺序,在推导的过程中,应客观严谨、精确合理地运用语言,常常运用到"因而、所以、从而、于是……"这些具有推理性的连词。③ 写作中要避免夸张、主观或暗示性语句。笔者在教学中遇到学生实际撰写的解题报告,起初未注意遣词用语,在经过批评指正后,绝大多数学生的写作会更符合法学专业的特点。

---

① 相同观点参见吴香香:《法律适用中的请求权基础探寻方法——以"福克斯被撞致其猎物灭失案"为分析对象》,载陈金钊、谢晖主编:《法律方法》(第 7 卷),山东人民出版社 2008 年版,第 234 页。
② 与鉴定体对应的是先给出结论再叙述理由的"裁判体"(Urteilsstil)。参见 Tettinger/Mann, Einführung in die juristische Arbeitstechnik, 4. Aufl., C. H. Beck, 2009, S. 126。
③ Vgl. Heinemann, Übungen im bügerlichen Recht, De Gruyter, 2008, S. 25; Tettinger/Mann, Einführung in die juristische Arbeitstechnik, 4. Aufl., C. H. Beck, 2009, S. 126.

四、中国法学教育的考试制度与案例教学向何处去？

时下关于中国法学教育的发展方向问题，成为诸多有识之士的关注话题。① 若历陈中国法学教育的积弊与改革方向，非本文之任务。笔者仅就考试制度与本文主旨有关案例教学稍作探讨。

考试乃检测学识、选拔人才的制度。考试制度和试题设计是否科学，决定了教育体制能否合理地选拔适格人才。众所公认，法学教育的目的是培养具有法律思维，能够解决实际争议问题的法律人才。所谓实际争议问题，在考试中就表现为案例。但据笔者观察，国内大多数法学院在期末法学考试中采取闭卷考试，题型区分客观题（单选题、多选题、判断对错等）和主观题（概念题、简答题、论述题、案例分析题），甚至有学校的教务处要求试卷题型必须在四、五种以上。在 2018 年之前国家司法考试中，前三卷为客观题（选择题），只有第四卷是主观题（案例和论述）。笔者认为，这种考试形式并不符合法学的教学规律。

所谓客观题，固有考察学生基础知识掌握情况的功能。但很多选择题的题干设计并非从事例或案例出发，而纯粹考察学生的记忆背诵。尤其是在法理学、法制史等基础学科领域更甚。即使部门法选择题可以设计为案例题，但在选项给定的前提下，考生即使不知准确答案，也会胡乱"蒙一下"。试问，在法律实践活动中，谁会事先给法官、检察官、律师提供几个选项，令其做选择题？这样的考试要求，居然占据中国各大法学院考试和国家司法考试内容的主要部分！

主观题中的定义、简答或论述，也是集中考察考生的死记硬背功夫。王泽鉴教授指出，此类考题方式的出现，一是与中国科举考试方法有关，二是为了测试考生对于法律理论的了解和辨析法律概念的能力。这类试题有助于

---

① 参见方流芳：《追问法学教育》，载《中国法学》2008 年第 6 期；葛云松：《法学教育的理想》，载《中外法学》2014 年第 2 期；卜元石：《德国法学教育中的案例研习课：值得借鉴？如何借鉴？》，载方小敏主编：《中德法学论坛》（第 13 辑），法律出版社 2016 年版，第 45—57 页；季红明、蒋毅、查云飞：《实践指向的法律人教育与案例分析——比较、反思、行动》，载李昊、明辉主编：《北航法律评论》（2015 年第 1 辑），法律出版社 2016 年版，第 214—228 页。

测试考生的"法律知识",但较难培养"法律思维"及"解决争议"的能力。① 依此考试,会让在法学院的学习与日后的实务工作无法衔接。② 这种试题的弊端还在于,学生短期内应付考试而通过记忆掌握的法律知识,会随着时间而逐渐淡化,而学生却以为自己通过了考试,学习就"合格"了。笔者曾在大学二年级民法教学课堂上问学生们:上一学期"民法总论"讲过的意思表示或法律行为的含义是什么?形成权的定义是什么?几乎没有学生能够完整作答。真应验了那句古训:"纸上得来终觉浅。"

在法学考试体制中,占试卷部分内容的案例题才对考生的法律思维和解决争议问题的能力具有检测作用。但这部分案例题,出题和回答方式,既无规律可循,也无检验标准。例如试题提问:"甲是否可对乙主张什么请求权?为什么?"学生通常回答一句:"可以(或不可以)。因为……"而教师通常只要看到结论和主要理由(或关键词),即判定正误。在这种提问和回答方式中,看不到学生解答的思维过程,不知其运用的法条和法律理由为何,不明其采用何种法律解释方法,总之,缺乏法律论证过程的展现。在此一团混沌的案例试题和解答中,师生共此浑浑噩噩,完成期末考试。

2015年12月20日,中共中央办公厅、国务院办公厅印发《关于完善国家统一法律职业资格制度的意见》(简称《意见》),据此,从2018年开始,国家司法考试改为国家统一法律职业资格考试,法官、检察官、律师、公证员、法律顾问、仲裁员以及从事行政处罚的人员都需要通过该考试。《意见》的出台目的是从人才选拔上保障我国法治建设的顺利进行。《意见》第(六)条提出:"改革法律职业资格考试内容。……以案例分析、法律方法检验考生在法律适用和事实认定等方面的法治实践水平……考试以案例为主,每年更新相当比例的案例。大幅度提高案例题的分值比重。"《意见》加大考试中案例比重,对于中国法学教育和考试将发生指引作用。法学院的大学教育和考试也应顺势将案例分析作为试题的主要形式。

尽管以案例为教学和考试的重心是法学教育的发展趋势,但我国法学教育领域并无官方或学界公认的案例教学法和考试方法,因而各个高校的法学

---

① 参见王泽鉴:《民法思维——请求权基础理论体系》,北京大学出版社2009年版,第6—7页。
② 参见蔡圣伟:《刑法案例解析方法论》,元照出版有限公司2014年版,第7页。

教育者根据自己的知识背景和教学经验,摸索案例教学和考试。笔者将目前的案例教学探索大体分为两类:一类是法律实务型;另一类是基础知识型。

法律实务案例教学总体而言属于实践类课程,以律师或法官的实务工作为中心,名之为"诊所法律教育""司法案例前沿""法官、律师或仲裁实务"等。授课教师既有大学内部师资,也有经验丰富的法律实务人士。教学形式采取教师授课或模拟法庭、模拟仲裁庭,授课内容以真实案例为主,结合实体法与程序法。对于在校学生而言,这类课程是大学向实践打开的一扇窗口,为法学院学生将来走向工作岗位提前进行训练。此类法律实务课程,似发挥英美法系的"法律诊所"或学徒制,以及大陆法系"见习服务"或"司法研修所"的部分功能。但我国大学法学教育并非实务技能教育,本质上属知识教育,况且法学院的师资状况和师资比也难以达到美国法律诊所教育的要求。这就注定此类法律实务案例教学课程只能是锦上添花,而不能作为未来中国法学教育的根基。

第二类基础知识型案例教学,主要是法学院教师开设的案例分析课。例如,有些法学教师结合自己的案例研究开设专门的案例分析课程并出版教材①,但其内容主要是为了印证法律理论,而非训练学生的法律思维,且欠缺统一的方法论,个人痕迹较重。近年来在民法教学领域,探索德国式的请求权基础案例研习课成为发展潮流,例如北京大学的葛云松教授和中国政法大学的田士永教授,长期以来坚持开设请求权基础案例研习课。② 此外,中国政法大学、中南财经政法大学通过暑期班,引入德国或留德背景的师资,开设德国式的案例研习课(包括民法、刑法和行政法)。

笔者认为,在我国法制总体采用大陆法系模式的背景下,应采用德国式的案例研习教学,而偏英美式的法务实训只宜作为辅助课程。苏永钦教授称大陆法系的法学教育是"卷轴式教学",即教学内容从一般总则逐阶下降到

---

① 例如李显冬主编:《民法总则案例重述》,中国政法大学出版社 2007 年版;杨立新:《民法案例实训讲义》,中国人民大学出版社 2011 年版;于志刚主编:《案例刑法学(总论)》,中国法制出版社 2010 年版;韩玉胜:《刑法案例研习教程》,中国人民大学出版社 2014 年版。
② 参见田士永:《民法学案例研习的教学实践与思考》,载《中国法学教育研究》2011 年第 3 期。

具体分则,犹如卷轴的展开。① 这种由法典决定的教学方式有其弊端,即教师、学生须从最为抽象的一般原理开始讲授和学习,学生直到大三之后才对民法有比较完整的图像。但是让大陆法系国家抛开法典,全面引入英美法教育,以案例或论题为教学出发点,却也不现实。而且模拟法庭、法律诊所等教学活动消耗教师与学生的时间和精力以及占用法学院的资源,与达到的训练成果相比是没有效率的。② 而大陆法系教学从抽象原理学习法律的弊端,可以通过增加案例教学来克服,小班开设的案例研习课起到一种知识回顾、重新整合的作用。③ 通过案例研习,让学生不断地具象了解掌握抽象概念和规则,最终达到融会贯通的程度。

基于以上的理由,笔者认为,我国法学院未来的教学和考试形式可作如下规划。就课程设置而言,采取多层次设计,包括:讲授课程、研讨课(或读书报告)、案例研习课、实务训练课四类,分别满足不同阶段学生的学习需求。其中,案例研习课应定位法律理论教育而非技能教育。而实务训练课可弥补纯粹理论教育之不足。就考试制度而言,应摒弃毫无科学性的客观试题,采用主观试题;包括:论述题、形成性试题和案例研习。论述题主要侧重检测学生的原理掌握和写作能力;形成性试题是考察合同或其他法律文书的设计④;案例研习则考察法律思维和争议解决能力。

五、结语

纵观20世纪80年代以来中国法治化的进程及法学教育和研究发展的趋势,改革开放之初,在一片法治废墟上建立各项制度,不能只依靠本土苏联留下来的资源,而需要向各个法治成熟先进国家学习和借鉴,于是出现大量

---

① 参见苏永钦:《民法典与卷轴式教学》,载苏永钦:《寻找新民法》,北京大学出版社2012年版,第526页以下。
② 参见卜元石:《德国法学教育中的案例研习课:值得借鉴?如何借鉴?》,载方小敏主编:《中德法学论坛》(第13辑),法律出版社2016年版,第45—57页。
③ 以小班案例教学巩固法学基础知识,并非德国独有。在大陆法系其他国家,如法国和日本的法学院课程中,小班的案例研习课也很突出。
④ 事实上,德国法学教育的考试也有论述题和形成性试题,前者以法律理论和法律规定作答,后者主要是合同设计或税务筹划之类,但并非主要考试形式。参见 Heinemann, Übungen im bügerlichen Recht, De Gruyter, 2008, S. 31; Medicus, Grundwissen zum Bürgerlichen Recht, ein Basisbuch zu den Anspruchsgrundlagen, 8. Aufl., Carl Heymanns Verlag, 2008, S. 3 f.。

的法律制度和法治思想学说的移植。尤其是与发达市场经济配套的民商事法律制度,几乎照搬照抄国外经验,例如担保法、合同法、物权法、公司法、证券法、海商法、保险法、信托法等。与此同时,法学研究也主要表现为"立法论"。大致从2000年以来,我国单行民商法律基本齐备后,如何理解与适用这些法律条文成为摆在法学研究者和司法实务者面前的现实问题。于是,以阐述法律规范的含义和实践运用的"解释论"成为眼下之需。伴随这一过程,源于德国的"法学方法论"受到热捧,尤其是拉伦茨、齐佩利乌斯、王泽鉴、黄茂荣等学者系列著述的出版,我国民法学者也开始重视法律解释与法律续造,并将之运用于法律适用中。由此开始的"法学方法论移植"最终演化为部门法学者对于"法教义学"方法论的共识。近十年来,因年轻一代学者的推动,法学教育领域普遍出现模仿大陆法系或英美法系教育模式改革的潮流,在民法领域主要体现为德国式请求权基础案例研习课程的引入。由以上简单勾勒可见,改革开放以来的中国法治建设和法学发展,明显呈现出一条从"制度—思想移植"到"法学方法移植"、再到"法律教育方法移植"的轨迹。应该指出,上述三个趋势,并非前后相继的关系,而是并行发展。在中国当下法制移植和本土建设过程中,随之展开的法学研究方法和法学教育方法移植与融入,将会深远影响中国法治的进程。正如菲利普·黑克所说:"在所有的改变中,方法的改变才是最大的进步!"

  法治的运转需要依靠高法律素养的法律职业群体,法学教育是法治建设的根本保证。关于法学教育和案例研究的话题仍有探索的空间,可以预见在未来中国法学教育中,来自不同国家背景的教育者会提出不同的教育理念和实施方案。本文提出,德国式案例研习课正如德国法律制度一样,具有高度理性化和逻辑化的特点,适合他国移植借鉴。当然,它需要经过本土的改造,以便磨合进入中国法学教育体制。本文探讨民法上的案例研习方法论,但其逻辑核心是任何成文法典的适用都共享的"涵摄法"。因此,笔者建议以"涵摄法"或"归入法"作为总标题,包括行政法和刑法在内的部门法都可以运用,这必将有助于中国法学教育案例教学和考试制度的统一化与规范化。

附录

民法教义学[*]

一、引言与概念界定

法教义学的概念与推动教义学的自我认知(Selbstverständnis)显然是德国特有的现象。至少在其他语言中还找不到与德国这一概念直接对应的东西。虽然法教义学的概念历史悠久,且其意义最先形成于医学领域①,但如今这个概念的特殊意义和内涵通过19世纪的历史法学派而打上了德国法学的烙印。直至今日,法教义学概念仍带着萨维尼与普赫塔的理论设计,即以科学方法将法律作为一个体系予以固定。② 民法教义学的目标在于,以科学方法尤其是体系思维(systematischen Denkens)有序和稳固地重构现行私法。

德国的法教义学概念一方面是指一种对现行法进行体系—科学化的工作,另一方面也指这一活动的成果和对象。尽管迄今这一概念尚未有普遍认

---

* 原文系德国明斯特大学罗马法、近代私法史、德国和欧洲私法讲席教授尼尔斯·扬森教授发表于国家法哲学和社会科学联合会德国分会组织编写的《法哲学全书》。中文版发表在《苏州大学学报(法学版)》2016年第1期(朱晓喆、沈小军合译)。感谢尼尔斯·扬森教授的授权。感谢叶名怡和肖俊对于原文中法语和拉丁语的翻译提供帮助。本文虽然是译文,但具有较高的民法方法论参考价值,因此收入本书。

① Vgl. Herberger, M., Dogmatik. Zur Geschichte von Begriff und Methode in Medizin und Jurisprudenz, 1981.

② Vgl. Rückert. J., Savignys Dogmatik im System, in: A. Heldrich et al. (Hrsg.), Festschrift für Claus - Wilhelm Canaris, Bd. II, 2007, insb. S. 1263, S. 1289ff.; vgl. auch Haferkamp, H. – P., Georg Friedrich Puchta und die Begriffsjurisprudenz, 2004, insb. S. 118 ff., s. 196 FF., S. 221 ff., s. 274 FF., S. 292 ff.

可的定义①,但是在这个意义上可以将"教义学"相对没有疑义地定义为"一个语句的体系"(ein System von Stäzen),"通过这些语句,现行法在概念—体系上被贯穿起来,进而归结为一些抽象的制度,以便引导法律的适用"②。正如在德国,这一概念符合法教义学的自我认知。因此,这一定义的作者可以在保尔·拉邦德(Paul Laband)、约瑟夫·埃塞尔(Josef Esser)、弗里德里希·穆勒(Friedrich Müller)、罗伯特·阿列克西(Robert Alexy)等各路学者那里得到支持。

　　法教义学家对教义学工作及其成果的这种自我描述,体现出法教义学是一种特殊的理性实践论证。这种自我描述倾向于消除那些在法律上被认为是不合理的,也即不能理性地证立的东西,这一点毫不奇怪。因此,只有从外部视角才能看清在教义学概念里隐而不显的法教义学的主要功能:即对法律复杂性(juristischer Komplexität)必要的决断式简化,并以概念及体系知识的方式稳定法律。③ 于此存在着法教义学所谓的"理性化和结构化功能"的核心。④ 如果法律问题只是例外地找到了确定的答案,并且似乎往往也有其他言之成理的解决办法,那么法教义学必须有比说出有充分理由的解决方案更进一步的意义;法教义学可以稳定法律论证(juristischer Argumentation)特定的概念、体系或其他被普遍认可的前提;它建立起一些有约束力的基本概念、表达模式和秩序观念(Ordnungsvorstellung),这些也是关于法律论证的标准。因为在功能上,法教义学相当于其范围内同源的方法性和制度性机制,所以它本身与这些机制也很难以清楚地区分;属于此类机制的例如,具有约束力的解释或论证方法的准则、司法先例(richterliche Präjudizien)的拘束力,或者特定的非立法文本的权威,诸如法律评注书(如《民法大全注释》或《帕朗特

---

① Vgl. Esser, J., Dogmatik zwischen Theorie und Praxis, in: F. Baur et al. (Hrsg.), Festschrift für Ludwig Raiser, 1974, S. 533 f.; de Lazzer, D., Rechtsdogmatik als Kompromißformular, in: R. Dubischar (Hrsg.), Dogmatik und Methode, Festschrift für Josef Esser, 1975, S. 90 ff.; Alexy R., Theorie der juristischen Argumentaten. Die Theorie des rationalen Diskurses als Theorie der juristischen Begründung, 1983, S. 307 ff. m. w. N.
② Volkmann, U., Veränderungen der Grundrechtsdogmatik, JZ 2005, S. 262.
③ Vgl. Alexy 1983, S. 326.
④ Vgl. Volkmann 2005, S. 262.

法律评注》)之类。①

法律史学家②有时将法教义学描述为18世纪末期对法律的非概览性(Unübersichtlichkeit)问题特别的德国式回应。那时的法国和英国,通过把稳定法律的任务委诸立法机关民主的立法决断(Willkürakt)(法国)或者判例(Rechtsprechung)(英国),已经走上了制度化的道路。事实上,当时法国创制了伟大的拿破仑法典,与此同时,法律科学退缩为"注释"(Exegese)法条规范的功能。在英国,直到19世纪,判例才上升为主要的、正式的法律渊源,直到那时,最高法院的判例才被赋予严格的拘束力。与此相对,众所周知,德国在萨维尼的指引下选择了一条通过学术来稳定法律的非正式制度化的道路,在这里,"法学家法"(Juristenrecht)顺理成章地作为首要的法律渊源。③

这样的历史图景肯定没错。这符合当时且通常亦符合今日各国法学家的自我认知,并反映为德国的"教义"(Dogmatik)观念和法国对应的"学理"(la doctrine)概念。在德国,判例也理所当然地参与教义学的发展④,而法国的"学理"仅指学术上的理论[英国的"学说"(doctirne)概念在德国的"教义"与法国的"学理"之间摇摆不定]。在大学里传授的一般法学知识,被判例、法学家以及其他法律职业者作为共同前提并继续发展,在这样一种制度导向性的概念视角下肯定从一开始就是看不到的。

然而,如果就此推断,在法国和英国的法律秩序(Rechtsordungen)中不存在概念和体系上固定的、专业传授的(法学)知识,则是相当愚蠢的。即便法

---

① Vgl. Näher Jansen, N., The Making of Legal Authority. Non – legislative Codifications in Historical and Comparative Perspective, 2010, S. 113 ff.; Jansen Methoden, Institutionen, Texte. Zur diskursiven Funktion und medialen Präsenz dogmatisierender Ordnungsvorstellungen und Deutungsmuster im normativen Diskurs, ZRG (germ.) 128 (2011); Essen, G. /N. Jansen (Hrsg.), Dogmatisierungsprozesse in Recht und Religion, 2011.

② Vgl. Zuletzt etwa Grossi, P., Das Recht in der europäischen Geschichte, 2010, S. 71 –205.

③ Vgl. Von Savigny, F. C., System des heutigen römischen Rechts, Bd. I, Berlin 1840, S. 45 ff., S. 50 ff.; Puchta, G. F., Cursus der Institutionen, hrsg. von A. Rudorff, Bd I, 5. Aufl., Leipzig 1856, 35 ff. [§ 15];Windscheid, B., Lehrbuch des Pandektenrechts, 7. Aufl., Frankfurt a. M. 1891, S. 59 ff. [§ 24]).

④ Vgl. Alexy 1983, S. 313

教义学不是法律的必备要素①,如果没有这些学理,欧洲传统中也绝对无法形成现代的法律制度。② 在法国和英国,人们当然也会以一些前提性的概念和法律制度进行论证,这些概念和原理一方面表达了制定法和法官法,另一方面也被法官和立法者视为前提。例如,英国的对价学说和合同相对性理论,或者法国的不当得利制度。在法国和英国,法学基本概念、秩序观念以及表达模式也构成了有约束力的教义学知识,如果没有它们就不可能存在有意义的法学论证。不是法教义学这种现象,而是关涉教义学的法律科学的自我认知才是德国特有的。下文论述并不涉及某国法学的自我认知,而仅仅涉及结构和本质问题。

二、法教义学与法律的概念

教义学原理通常并不描述单个规范,而是揭示概念或体系种类之间重要的思想联系,或者表达对不特定的,以及未来的法律规范也适用的结构性或概念性规定。因此重要的是,一方面是一般法律原则重构性的表述③,另一方面是对规范之间联系的分析性与综合性阐释——这些联系超越了个别规范的规定,但同时至少间接地与法律规范有关,并将其以典型而一般化的形式在法学上予以说明。④ 这样的综合(Synthesen)经常出现在复杂的基础性

---

① Vgl. So aber van Hoecke, M. /Warrington, M., Legal Cultures, Legal Paradigms and Legal Doctrine: Towards a New Model for Comparative Law, (1998) 47 International and Comparative Law Quarterly (IntCompLQ), S. 522 ff.; Canaris, C. – W., Theorierezeption und Theoriestruktur, in: H. Leser (Hrsg.), Festschrift für Kitagawa, 1992, S. 61 ff., S. 63; Alexy, Juristische Begründung, System und Kohärenz, in: O. Behrends (Hrsg.), Rechtsdogmatik und praktische Vernunft. Symposion Wieacker, 1990, S. 106.

② Vgl. Bankowski, Z. /MacCormick, D. N. /Summers, R. S. /Wróblewski, J., On Method and Methodology, in: D. N. MacCormick /R. S. Summers (Hg.), Interpreting Statutes, 1991, S. 19 f.; Summers, R. S. /Taruffo, M., Interpretation and Comparative Analysis, in: D. N. MacCormick / R. S. Summers (Hrsg.), Interpreting Statutes, 1991, S. 465 ff.; Zweigert, K. /Kötz, H., Einführung in die Rechtsvergleichung, 3. Aufl., 1996, S. 95 ff., S. 145 ff., S. 262 ff.; Glenn, H. P., Legal Traditions of the World, 2000, S. 132 ff., S. 226 ff.; Basedow, J., Anforderungen an eine europäische Zivilrechtsdogmatik, in: R. Zimmermann (Hrsg.), Rechtsgeschichte und Privatrechtsdogmatik, 1999, S. 84 ff.

③ So für die *regulae iuris* in D. 50,17 bereits etwa Zasius, U., In primam partem digestorum paratitla (Opera omnia, Lyon 1550, Band I), zu D. 1,3,7 (legis virtus): "omnes iuris regulae … dogmaticae … sunt, docent, erudiunt, dant regulas."

④ Vgl. Esser 1974, S. 533 f.

法律概念中,例如债、主观权利、所有权、法律行为或者法人等。法律职业教育中会传授这些法律概念的含义和教义学原理的知识,而且法学讨论通常以此作为前提。①

这些结构要素描绘出一种长期被职业法律家掌控的、发达的法律制度的特征。在这样的法律制度中,法律要远远超出单个规范的总和;法律的概念和思想上的秩序(gedankliche Ordnung)也属于法律的一部分。所以,复杂的基本概念以及关于规范之间联系的观点也是法律的本质要素。这些联系可能会以规则形式表达出来,但这种规则并不是行为指导型的,而是在意义建构功能上更接近于语法规则的地位。具体而言,例如"主观权利通过权利的排除功能和归属内容来描述"这一命题(Satz)就被认为是德国法的组成部分。

将法教义学放进法律概念的内涵之中也并非没有问题。因为如果法教义学原理不限于规范的命题(Behauptung von Normen),而同时还表达规范总和在概念和思想上的系统安排,那么它的有效性主张(Geltungsanspruch)虽不是基于立法规定,但也不是仅仅基于一种描述性的真实性主张(deskriptive Wahrheitsanspruch),即对实在法规范准确地描述或表现。即使如此,法教义学原理毫无疑问通常还是法学讨论进而也是立法上制定规范和法官进行法律续造的前提,并在此意义上被运用着。但是法教义学语句于此并不产生行为强制,而是产生"思维强制"(Denkzwänge)。② 在此意义上,学说上区分"对具有教义学特征的法律方法的研究"和"以这种法律方法来进行的研究"。③ 无论如何,由此产生了法学原理的描述性、概念性和规范性各个意义成分之间的复杂联系。

一直以来,描述性的真实性主张与(非立法的)规范的有效性主张的并存,将法教义学塑造成一门以应用为导向的实践性科学。科学的法教义学的首要目标并不在于原始地创制法律规范,而是典型地复述法律规

---

① Vgl. Ernst, W., Gelehrtes Recht – Die Jurisprudenz aus der Sicht des Zivilrechtslehrers, in: C. Engel /W. Schön, Das Proprium der Rechtswissenschaft, 2007, Rn. 8 ff., Rn. 34 ff.
② Vgl. Meyer – Cording, U., Kann der Jurist heute noch Dogmatiker sein?, 1973, S. 15; Esser 1974, S. 532 f.
③ Esser 1974, S. 518

范。教义学语句具有"描述性意义"①;而且法教义学活动完全可以与对某种外语的命令的翻译启发式地比较。② 但并不能简单地将法教义学简化为外语翻译,因为它是对制定法和法官法规范之整体的思想秩序进行整合性与重构性的描述。③ 法教义学的内容不仅仅是复述法律体系中个别规定的规范设置;教义学语句通常都有自己独立的规范性内容。④ 因此,法教义学原理一方面对法律进行重构式的表达,另一方面它也在法学讨论中置入概念和思维的框架。此外,法律教义学长久以来也使新的法律推论成为可能。⑤

20世纪的法理学在表述法律的概念时尽可能地⑥淡化法教义学以及科学原理(的影响)。⑦ 将这解释为民族国家垄断立法权力的后果(其在一定程度上导致法律的"去学理化"和"去教义学化"),也未尝不可理解。⑧ 但是一般而言,法律并不限于国家的立法,根据通行的法理,它也包括习惯法和法官法。⑨ 二者在结构上与国家的制定法并无区别。法官的判决毫无疑问可以理解为某个规范的权威表述,从而也可将其导入仅与规范有关的法律概念。

---

① Kelsen, H., Reine Rechtslehre, 2. Aufl., 1960, S. 77; dazu Golding, M. P., Kelsen and the Concept of a "Legal System", ARSP 47 (1961), S. 357 ff., S. 361 ff., vgl. auch Funke, A., Allgemeine Rechtslehre als juristische Strukturtheorie, 2004, S. 212, 220 f. m. w. N. zu entsprechenden Ansätzen bei Bierling und Somló.

② Vgl. Hart, H. L. A., Kelsen Visited, in: ders., Essays in Jurisprudence and Philosophy, 1983, S. 287 ff., S. 293 f.

③ Vgl. Hart 1983, S. 294 f.; Golding 1961, S. 361 ff., S. 365 f.

④ Vgl. Alexy 1983, S. 313 f.

⑤ Vgl. Azo 1574, prooemium ad summam institutionum (vor I. 1. 1); Zasius 1550, zu D. 1, 3, 17 [scire leges]; heute etwa Bankowski et al. 1991, S. 19 f.; Canaris, Funktion, Struktur und Falsifikation juristischer Theorien, JZ 1993, S 1993, S. 378.

⑥ Vgl. Siehe aber Drosdeck, T., Die herrschende Meinung – Autorität als Rechtsquelle, 1989, S. 89 ff., S. 119 ff. und öfter, im Rekurs auf soziologische Literatur, insb. Luhmann, N., Rechtssystem und Rechtsdogmatik, 1974, S. 15 ff.

⑦ Vgl. Kelsen 1960, S. 72 ff., S. 196 ff.; Hart, The Concept of Law, 2. Aufl., 1994, besonders S. 91 ff.; Alexy, Begriff und Geltung des Rechts, 2. Aufl., 1994.

⑧ Vgl. Möllers, C., Globalisierte Jurisprudenz – Einflüsse relativierter Nationalstaatlichkeit auf das Konzept des Rechts und die Funktion seiner Theorie, in: M. Anderheiden (Hrsg.), Globalisierung als Problem von Gerechtigkeit und Steuerungsfähigkeit des Rechts, ARSP Beiheft 79, 2001, S. 43 ff.; vgl. auch J. Schröder, Das Verhältnis von Rechtsdogmatik und Gesetzgebung in der neuzeitlichen Rechtsgeschichte (am Beispiel des Privatrechts), in: O. Behrends/W. Henckel (Hrsg.), Gesetzgebung und Dogmatik, 1989, S. 41 ff.

⑨ Vgl. Kelsen 1960, S. 242 ff.; Hart 1994, S. 96 f., S. 141 ff., S. 272 ff.

不能简化为上述意义上(即国家法、法官法意义上)的规范命题(Normbehauptung)的教义学原理,在20世纪也不再是法律概念和方法论的主题。有趣的是,最近从比较法的视角看①,尤其是在欧洲法的影响下②,这一点似乎有所改变。

法律概念的简化确实令人感到惊讶,因为几百年以来在法学文献中规范性陈述和描述性陈述(präskriptive und deskriptive Aussagen)的结合一直被认为理所当然。③ 但是现代的立法实践在这方面已然发生变化。在18世纪,人们仍将确立必要的教义学框架作为精巧立法的目标④,而现代的立法者则满足于尽可能少教义学化的规范设置。像《德国民法典》第903条(第1句)这样固定教义学原理的"条文"是一个例外。法学上的正确性要求(Richtigkeitsanspruch)恰恰不能满足于法律的准确适用,除此之外,还必须考虑如何正确地对待法教义学。⑤ 如今,法教义学原理的恰当对待也被认为是正确的法律论证的前提。⑥ 弗朗茨·维亚克尔(Franz Wieacker)直接将教义学描述为一种"规则","其不依赖制定法而要求获得普遍认可和遵守"⑦。因此,一个对于"私法"也适合的法律概念必须包括法教义学。

除此之外,如果不借助教义学上形成的技术概念——例如"主观权利"和"法律行为",或者不借助普遍认可的学说——例如"抽象原则"和"交往义

---

① Vgl. Van Hoecke/Warrington 1998, S. 521, S. 522 ff.; Jost, F., The Adjudication of Law and the Doctrine of Private Law, in: M. van Hoecke /F. Ost (Hrsg.), The Harmonisation of European Private Law, 2000.

② Vgl. Canaris, Die Stellung der "UNIDROIT Principles" und der "Principles of European Contract Law" im System der Rechtsquellen, in: J. Basedow (Hrsg.), Europäische Vertragsrechtsvereinheitlichung und deutsches Recht, 2000, S. 9 ff.

③ Vgl. Zasius 1550, zu D. 1,3,7 [legis virtus]; Falck, N., Juristische Encyclopädie, hrsg. von R. v. Jhering, 5. Aufl., Leipzig 1851, 4 [§ 1]; vgl. auch J. Schröder 1989, S. 41 ff.

④ Vgl. Schlosser, J. G., Briefe über die Gesetzgebung, Frankfurt a. M. 1789, S. 161, S. 338 ff.

⑤ Vgl. Möglichkeiten und Grenzen des dogmatischen Denkens im modernen Zivilrecht, Archiv für die civilistische Praxis (AcP) 172 (1972), S. 99.

⑥ Vgl. Esser 1972, S. 104; Alexy 1983, S. 334, S. 366; Schlapp, T., Theoriestrukturen und Rechtsdogmatik, 1989, S. 54; Diederichsen, U., Auf dem Weg zur Rechtsdogmatik, in: R. Zimmermann (Hrsg.), Rechtsgeschichte und Privatrechtsdogmatik, 1999, S. 66 ff.

⑦ Wieacker, F., Zur praktischen Leistung der Rechtsdogmatik, in: R. Bubner (Hrsg.), Festschrift für Hans – Georg Gadamer, Bd. II, 1970, S. 319; ähnlich Alexy, Die Idee einer proceduralen Theorie der juristischen Argumentation, Rechtstheorie 1981, Beiheft 2, S. 177.

务",就根本无法恰当地描述现代法律秩序(Rechtsordnung)中的私法。① 因此,法学家常常类比地看待法教义学原理和语法规则的地位,这一点不足为奇。② 正如语法是单个词语的涵义相互联系起来并由此连接成复杂的整句意思的前提一样,单个的、孤立的法律规范只有在教义学的背景下才能作为有意义的整体而被理解,此即为教义学的整合和意义构成功能。又如语法规则在说话时只是间接地表现在句子成分的顺序(Reihung der Satzbestandteile)及其变格和动词变位上一样,在表述和运用单个规范时,教义学前提在很大程度上常常也是隐而不显的,它们的存在并不取决于其是否被科学地表达出来。如果没有法律规则之间在思想上的教义学秩序(Ordnung),那么免责事由与侵权法或者刑法的构成要件就无法联系起来;或者在判断买卖中意思表示错误对于所有权有效转移的重要性时就不存在可靠的支点了。法律适用者甚至都无法将所有权取得过程的这两个方面准确地区分开来。

反对将这种科学要素放进法律概念之中,最重要的可能异议是"可简化性论证"(Reduzierbarkeitsnachweis)。据此,教义学原理也许只是单个或多个法律规范的非独立成分,并且只是出于语用学(pragmatisch)的原因而被抽象地讨论。在经常作为教义学原理例证的语言使用规则(Wortgebrauchsregeln)的情形③,这种异议完全成立。但是——为保持在语言的情景中——语言使用规则并不具有语法命令的地位,而只具有一种辞典的地位;它们并不构成私法教义学的核心。但是,在法学的分类构成、结构表述(如"责任法的二元划分"),以及在基本概念分类的表达上(如"法律行为"),却呈现另一方景象。这里涉及的是联结单个规范以及安排它们之间相互联系的法律要素。在表述个别规范时,这些要素不会直接或间接地出现;然而,它们对于理解法律以及具体的规范论点的关联性和可接受性(Zulässigkeit)问题具有重要意义。因此,"简化论"的观点不值赞同,或者

---

① Vgl. Samuel, G., English Private Law: Old and New Thinking in the Taxonomy Debate, (2004) 24 Oxford Journal of Legal Studies (OJLSt), S. 342 ff.
② Vgl. Herberger 1981, S. 37 f., S. 74 ff., S. 119, S. 257 f. m. w. N.; heute etwa Bankowski et al. 1991, S. 20.
③ Vgl. Von Savigny, E., Die Jurisprudenz im Schatten des Empirismus, Jb. für Rechtssoziologie und Rechtstheorie 2 (1972),, S. 98; vgl. auch Alexy 1983, S. 316

说至少到目前为止尚未证成。

私法不能简化为法律规范的总和,而是应当恰当地理解为包括法教义学在内的、一个有关法律思想秩序的传承的文化知识的集合。与其他实践性论点(如公共道德)相比,由于教义学理论与实在法的技术性联系,从而获得一种特殊的地位,其赋予教义学以特有的论证力量。尽管教义学理论具有权威性特征,但其仍须对更好的认知和理解作出保留,并且可以在普遍的法学讨论中被修正,这是不言而喻的。① 因为教义学语句不是作为"命令的理性"(ratione imperii),而只能作为"理性的命令"(imperio rationis)而有效。然而,如果总是期待更好论点不确定的约束,则又是错误的。教义学化在法律面临模糊不清时尤为必要,因为不同的解决方案似乎都有道理。在这种情况下,制度化的承认与权威化过程(例如民法教义学中的"通说"②或判例)将教义学理论转化为一种权威的法律性的法教义学。③

三、法教义学与教义学的理论构成

各种法学理论确立关于教义学理论的合理假设,并由此表达了科学的法教义学。与此相应地,法教义学大多具有"多维的"综合性特征。④ 一方面,它描述现行有效的法律,分析法律概念并表述法律规则和法律原则;另一方面,它在概念上和体系上总结这些规则和原则,并将其有目的地编排到更广泛的联系之中。从而使法学理论以规范性陈述(Aussagen)连接起描述性陈述与分析性陈述。⑤

法学理论可以理想地被分为应用—解释型理论和构建型理论(applikativ-exegetische und konstruktive Theorien)。⑥ 应用型理论在广泛确立的规范教义

---

① Vgl. Wieacker 1970, S. 320 ff.; Alexy 1983, S. 324 f.; Schlapp 1989, S. 21 ff.
② Drosdeck 1989, S. 78 ff., S. 89 ff., S. 99 ff., S. 111 ff., S. 134 ff.
③ Vgl. Jansen, Methoden, Institutionen, Texte. Zur diskursiven Funktion und medialen Präsenz dogmatisierender Ordnungsvorstellungen und Deutungsmuster im normativen Diskurs, ZRG (germ.) 128 (2011).
④ Vgl. Dreier, R., Zur Theoriebildung in der Jurisprudenz, in: F. Kaulbach (Hrsg.), Festschrift für Helmut Schelsky, 1978, S. 124; Alexy 1983, S. 313 ff.
⑤ Vgl. Alexy, Theorie der Grundrechte, 3. Aufl., 1996, S. 22 ff.
⑥ Vgl. Jansen, "Tief ist der Brunnen der Vergangenheit". Funktion, Methode und Ausgangspunkt historischer Fragestellungen in der Privatrechtsdogmatik, Zeitschrift für Neuere Rechtsgeschichte (ZNR) 27 (2005), 2005, S. 223 ff.

学框架下转化为权威性的规定。其通常涉及的是在特定的由教义学所发展出来的法律体系的背景下所表述的理论,它并不讨论自身的法律概念和结构,而仅仅是详细展开阐述以及适用于那些迄今尚未解决的问题。尽管应用型理论在面对新的法律问题时也不可能只有描述的性质,但这些理论多数是以演绎方式或概念方式进行论证;侵权法中的"行为不法说"和"结果不法说"以及"交往义务"理论,就是这方面的例子。它们一方面总是涉及不法行为责任既定概念框架的恰当理解,另一方面还涉及对间接行为后果的特定归责问题的回答。此种应用型法学的优缺点都很明显。一方面它可以确保法律体系的稳定性以及法律的可信赖性;但另一方面它也会导致法律秩序的僵化和缺乏继续发展的能力。

与此相对,构建型法学则不以此种概念—体系框架为前提来表达法律理论,但是它并不排除纯粹描述性的自我认知——历史法学派提供了一个引人注目的例子。构建型法学的研究对象是单个的、没有在思想上连接起来的法律规范,也即零碎的法典条文和先例。因而构建型法学典型地是以归纳方式(induktiv)进行的,于此并不排除追溯至那些经受检验过的法律思想或已被承认的价值判断:它构造案例群组(Fallgruppen),可能还有新的分类(Kategorien)和概念,并且突显那些作为概念和分类构成基础的价值内涵。当现行法在传统概念框架下不能恰当地被描述时,它还提供替代性方案。构建型理论在任何时代的欧洲私法中都存在过;在古老的普通法中一个特别有影响的例子是巴特鲁斯(Bartolus)提出的所有权概念。① 在近代,历史法学派在构建型理论方面特别富有成果。通过诸如法人概念、物权行为之于债权行为的抽象性,以及代理权之于相应的基础行为的抽象性等,历史法学派阐释并体系化地续造了源自古罗马的法律,而不必诉诸一个既定的概念—体系框架。

构建型和应用型理论都是理想类型。大多数的法学理论既非纯粹的构建型也非纯粹的应用型。比如不当得利法上的"非统一说"(Trennungslehre)

---

① 参见 Bartolus, Commentaria, Lyon, 1552, zu D. 41,2 (*De acquirenda possessione*), bei 17, *Si quis vi /Differentia*, Rn. 4: *ius de re corporali perfecte disponendi nisi lege prohibeatur*; der Eigentümer sei "suae ... rei moderator et arbiter"(巴托鲁斯的《市民法评注》(里昂,1552)在 D. 41.2.17.1"论占有取得"中,提到关于占有和所有权的区分,提出"完美的对于有体物在法律不禁止的范围内进行处分的权利"。即所有权人是自己事务的主人和领导者)。

就兼有构建—应用型的混合特点。该理论在《德国民法典》——某种程度上是开放的——体系内通过归纳性的论证,将给付型和侵害型不当得利塑造成不当得利法框架内根本不同的请求权类型。① 因而,如果将今天的法教义学置于一个纯粹的应用—注释型方法之下,或者将构建型和应用型法学类型与普通法和体系性法典化的法律秩序对应起来,都可能太过简化。在普通法中也存在很多由判例与学说(Rechtsprechung und Lehre) 应用性地转化而来,在教义学上固定下来的观点。例如,合同法中的对价要求,或者错误规则中表示错误或共同错误的要求。

此外,法典化体系经常被证明是过于狭隘的,因而通常由判例与学说以归纳的、构建的理论构成方式来补充。法国判例直到 19 世纪才将禁止不当得利的公平原则(Grundsatz d'équité, qui défend de s'enrichir au détriment d'autrui) 发展成为在个别的、特别法典化的不当得利返还请求权构成要件之外的一般性补充。② 欧洲法律体系中一再出现这种补充性的构建型学说,它们旨在填补被传承的体系中真正的或表见的法的漏洞(Gerechtigkeitslücken)。一个著名的例子是"事实上的契约"学说,属于此类的还有几乎全部不以过错行为为要件的合同外责任的法律,即德国法上的"危险责任"③和牺牲责任,或者法国的因物致害的监管者责任(die Gardien-Haftung in Frankreich für faits des Choses)④。这些理论经常缺乏思想联系地被并置于传承下来的体系分类之旁。⑤ 这种法律续造的代价在于,传统的体系不再能够恰当地构造和组织法律。如果通过这种方式,以法典为前提的并且传统沿袭下来的教义学

---

① Vgl. Wilburg, W., Die Lehre von der ungerechtfertigten Bereicherung, 1934, S. 5 ff., S. 27 ff.; v. Caemmerer, E., Bereicherung und unerlaubte Handlung, in: H. Dölle (Hrsg.), Festschrift für Ernst Rabel, Bd. I, 1954; Larenz, K. /Canaris, C. - W., Lehrbuch des Schuldrechts, Bd. II/2, 13. Aufl., 1994, S. 129 f.

② Vgl. *Cour de Cassation*, Recueil Sirey 1893, prem. part., 281, 283; Zweigert/Kötz 1996, 547 ff.

③ 有关萨维尼在传统民法侵权法的教义学界限之外"发明"危险责任,参见 Baums, T., Die Einführung der Gefährdungshaftung durch F. C. von Savigny, Zeitschrift der Savigny - Stiftung für Rechtsgeschichte (germanistische Abteilung) (ZRG[germ.]) 104 (1987); Jansen, Die Struktur des Haftungsrechts. Geschichte, Theorie und Dogmatik außervertraglicher Ansprüche auf Schadensersatz, 2003, S. 369 ff.。

④ Vgl. Zum Ganzen Jansen, Binnenmarkt, Privatrecht und europäische Identität, 2004, S. 33 ff.

⑤ Vgl. Larenz, K., Methodenlehre der Rechtswissenschaft, 6. Aufl., 1991, S. 228 f.; kritisch auch Esser 1972, S. 109 ff.

概念和分类构成,被证明在目的论上是不恰当的,那么用替代的学说来描述现行法的再构建理论(rekonstruktive Theorien)就是必要的。

四、展望

　　法秩序的教义学化程度越高,则法学讨论越要遵循规范的、构建的和概念的教义学内在逻辑,相对于一般的实践性话语和政治控制,越是因此变得更加独立(自治)。① 因此,续造法律受限于概念—教义学的特别约束,因为单个法律概念的含义原则上不能随意确定。当不同的概念和规则在教义学上有相互牵连之处,那么单个的基本概念的含义总是与法律体系中的其他概念和规则有关,并且只有追溯到这些概念和规则上始得确定。例如今天的"所有权"概念包含如下复杂的规则:权利的个人归属与分割、所有权返还请求权、(物权性)防御性的所有权保护和(债法上)个人归属法律地位的责任法保护,以及所有权让与规则等。政治上的立法者只是"用"(mit)这些概念进行立法,而很少"对"(an)它们进行研究。

　　在这种背景下,不受政治控制的行政管理与职业法律精英对法教义学的续造,便出现了严重的合法性问题。然而,"教义学已死"(Tod der Dogmatik)②的意识形态论断并不妥当。此外,一个恰当的法律概念必须将教义学中所表达的规范联系的思想秩序也包括在法律的概念中;惟其如此,才有可能讨论相关的合法性问题。通过自我克制放弃创新的、构建性的法教义学并不能解决这种合法性问题。这对于法典化的法律尤其如此,因其一般难以进行立法改革,从而使法律体系的规范现状变得僵化。因此,法典化的法律秩序恰依赖于一个动态的、灵活的法教义学——它描述和勾勒了法律的历史性发展。在20世纪通常由判例承担了这一任务,但学术性的法律科学更能胜任该任务。

　　今日的欧洲私法发展提出了特殊的挑战。在教义学主导的法学技术论证之前,还有(确立)教义学概念工具的工作。于此,以注释为基础的、应用型的法教义学碰到了边界,因为正在形成的欧洲私法的蓝图是以法秩序中具有决定性意义的教义学方法来表达。由于欧洲私法不仅要在欧盟的共同体

---

① Vgl. Jansen 2005, S. 213 ff.
② Meyer – Cording 1973, S. 32 ff.

法(*acquis communautaire*)中寻求根基,而且要追溯到各个成员国所传承的法律(即共同法 *acquis commun*)。因而,从这两种法律素材归纳发展共同的法律原则,目前正是欧洲私法学的焦点。尽管如此,不仅教义学的个别问题是开放的:欧洲法学家还从来没拥有过统一的有关法律获取的欧洲理论(europäische Theorie der Rechtsgewinnung)[1],而且他们也只能暂时例外地假定欧洲的基本概念、解释模式和秩序观念。这反映了当前欧洲(私法)话语的乱象,其讨论的议程上不仅有技术上的细节问题,也有法政策上争议的基本价值判断问题,以及适当的文本形式和概念的基本结构问题。

---

[1] Vgl. Hierzu Jansen, Dogmatik, Erkenntnis und Theorie im europäischen Privatrecht, Zeitschrift für Europäisches Privatrecht (ZEuP) 2005a, S. 767 ff., S. 772 ff.

图书在版编目(CIP)数据

私法的历史与理性 / 朱晓喆著. —北京：北京大学出版社，2019.11

ISBN 978-7-301-30807-3

Ⅰ.①私… Ⅱ.①朱… Ⅲ.①私法—研究 Ⅳ.①D90

中国版本图书馆 CIP 数据核字(2019)第 215988 号

书　　　名	私法的历史与理性 SIFA DE LISHI YU LIXING
著作责任者	朱晓喆　著
责 任 编 辑	杨玉洁
标 准 书 号	ISBN 978-7-301-30807-3
出 版 发 行	北京大学出版社
地　　　址	北京市海淀区成府路 205 号　100871
网　　　址	http://www.pup.cn　http://www.yandayuanzhao.com
电 子 信 箱	yandayuanzhao@163.com
新 浪 微 博	@北京大学出版社　@北大出版社燕大元照法律图书
电　　　话	邮购部 010-62752015　发行部 010-62750672　编辑部 010-62117788
印 刷 者	三河市北燕印装有限公司
经 销 者	新华书店
	965mm×1300mm　16 开本　23 印张　405 千字 2019 年 11 月第 1 版　2020 年 3 月第 2 次印刷
定　　　价	59.00 元

未经许可，不得以任何方式复制或抄袭本书之部分或全部内容。
版权所有，侵权必究
举报电话：010-62752024　电子信箱：fd@pup.pku.edu.cn
图书如有印装质量问题，请与出版部联系，电话：010-62756370